형사소송법

- 수사와 증거를 중심으로 -

김 재 운

형사소송법

- 수사와 증거를 중심으로 -

김재운 저

2025년 9월 1일 초판 인쇄
2025년 9월 5일 초판 발행

발행인 박 진 영
발행처 도서출판 진영사
인천광역시 부평구 주부토로 236번지 인천테크노밸리 U1 지식산업센터 B동 1507호
전화 : 032)505-4207
팩스 : 032)505-4206
E-mail : 0183734207@hanmail.net
신고번호 : 제2007-000001호

ISBN 978-89-6541-720-0 93360
값 33,000원

이 책은 세종사이버대학교 출판지원사업으로 출간되었습니다.

머리말
Preface

2022년부터 경찰공무원 채용시험 과목이 개편되면서, 기존의 단일 과목이었던 형사소송법은 형법과 함께 '형사법' 과목으로 통합되었습니다. 이 과정에서 시험 제도는 실질적인 경찰 직무와 밀접한 내용을 중심으로 개편되었고, 이에 따라 형사소송법 전반에 걸친 출제에서 벗어나 '수사'와 '증거' 중심의 문제 출제가 이뤄지게 되었습니다. 이는 경찰의 실무와 밀접한 영역에 초점을 맞춘 방향으로, 공소제기 · 공판 · 상소절차 등 주로 검찰과 법원의 역할에 해당하는 영역은 축소하고, 경찰실무의 수사절차와 그 결과물인 증거의 법적 효력에 초점을 맞춘 교재의 편찬이 절실히 필요하다고 생각했습니다.

필자는 수년간 형사소송법과 형법을 강의하며 경찰공무원을 지망하는 수많은 수험생들을 만나 왔습니다. 그 과정에서 많은 학생들이 이론 위주의 방대한 기존 교과서에 압도되어 법학에 대한 흥미를 잃거나, 실무와의 연계성 부족으로 인해 혼란을 겪는 모습을 자주 보았습니다. 실제로 형사소송법은 법체계적으로는 정교하게 짜여 있지만, 초심자들에게는 난해하게 느껴질 수밖에 없습니다. 특히 경찰공무원을 목표로 하는 수험생들에게 있어 '실무에 밀접한 내용'이 무엇보다 중요하다는 점을 절감하였습니다.

이에 본 교재는 경찰 실무 중심의 형사소송법 학습서를 목표로 하여, 경찰 수사 및 증거절차에 초점을 맞춰 집필하게 되었습니다. 개편된 경찰공무원 시험제도에 부응하고자 형사소송법 중 수사와 증거 영역을 중심으로 편성하였으며, 여기에 경찰의 실무와 밀접한 관련이 있는 피의자의 진술거부권, 무죄추정의 원칙, 공소시효, 즉결심판절차 등도 수록하여 독자들이 보다 입체적으로 형사절차를 이해할 수 있도록 하였습니다.

특히 다음과 같은 점에 중점을 두어 본서를 편찬하였습니다.

첫째, 형사소송법과 형사정책의 최근 변화를 반영하고자 노력했습니다. 2019년 이후 진행된 검찰개혁과 검경 수사권 조정은 형사소송법, 검찰청법 등 핵심 법령에 적지 않은 변화를 가져왔습니다. '고위공직자범죄수사처 설치 및 운영에 관한 법률'의 제정, 형사소송법 및 검찰청법의 개정, 그리고 이에 따른 하위법령('검사와 사법경찰관의 상호협력과 일반적 수사준칙', '경찰수사규칙')의 제정은 경찰의 수사 실무에 직접적인 영향을 미칩니다. 또한, 2022년 5월 개정된 형사소송법은 검사의 직접 수사개시의 범위를 더욱 축소하였습니다. 본서에는 이러한 최신 법령과 제도의 변화를 빠짐없이 반영하였습니다.

둘째, 판례 중심의 구성을 통해 실무 감각을 높이고자 하였습니다. 형사소송법의 이론과 실무는 판례를 통해 구체화됩니다. 이에 본서에서는 형사절차와 관련된 최신 대법원 판례 및 헌법재판소 결정례를 본문에 충실히 수록하였으며, 대립되는 견해는 도표로 정리하여 시각적으로 쉽게 비교할 수 있도록 하였습니다. 이를 통해 독자들이 추상적인 법 이론을 구체적으로 이해할 수 있도록 배려하였습니다.

셋째, 사법경찰관의 입장에서 형사절차를 재구성하였습니다. 형사소송법은 본래 공판 중심 구조로 설계되어 있어, 수사 절차를 이해하려면 공판 절차를 참고해야 하는 불편함이 존재합니다. 특히 강제수사에 관한 구속, 압수 · 수색 · 검증 등은 모두 공판절차의 증거조사 규정을 준용하도록 되어 있어, 입문자들이 형사소송법을 이해하기에는 상당한 혼란을 야기합니다. 본 교재는 경찰 실무에 가까운 서술을 기본 원칙으로 삼고, 사법경찰관의 수사 과정과 연결되는 조문과 해석을 중심으로 내용을 재배치함으로써 학습의 효율성을 높이고자 하였습니다.

머리말
Preface

물론, 본서가 완전무결하다고 말할 수는 없습니다. 집필 과정에서 많은 노력을 기울였음에도 불구하고, 실무와 학문을 아우르려는 시도 속에서 부족한 점이 적지 않다는 사실을 고백하지 않을 수 없습니다. 이 책이 경찰공무원을 준비하는 수험생은 물론, 대학의 경찰행정학과 학생 및 일선 경찰관들에게 실질적인 도움이 되기를 바라며, 앞으로 독자 여러분의 날카로운 비판과 애정 어린 조언을 바탕으로 더욱 발전된 개정판을 선보일 수 있도록 하겠습니다.

끝으로 이 교재의 편집과 출간을 위해 힘써주신 도서출판 진영사의 박진영 사장님과 관계자 여러분께 깊은 감사의 마음을 전합니다. 또한 늘 곁에서 묵묵히 응원해준 가족들에게도 이 자리를 빌려 고마움을 전합니다.

2025년 8월 20일

군자동에서

김 재 운 씀

목 차
Contents

목 차
Contents

목 차
Contents

제4편 증거

제5편 상소와 특별절차

제 1 편

형사소송법의 기초

제1장 형사소송법의 의의와 법원

제1절 형사소송법의 의의와 성격

1. 의의

형사소송법은 형법을 구체적인 사건에 적용하여 실현하기 위한 절차를 규정한 법률이다. 이러한 형사절차는 협의로는 공판절차만을 의미하지만, 광의로는 수사절차, 공판절차, 형의 집행절차까지 포함한다. 형법이 범죄와 형벌에 대한 실체적 규범이라면, 형사소송법은 그 형법을 실제로 적용하고 국가의 형벌권을 실현하기 위한 절차적 규범이다.

국가는 범죄에 대해 형벌을 부과할 수 있는 권한, 즉 형벌권을 가진다. 그러나 이 권한을 행사하는 과정에서는 개인의 자유와 권리를 필연적으로 제한할 수밖에 없다. 따라서 국가형벌권의 행사와 국민의 기본권 보장 사이에는 균형이 필요하며, 이를 위해 형사절차는 반드시 법률에 의거하여 이루어져야 한다. 이러한 원칙을 '형사절차법정주의'라 하며, 이는 헌법 제12조 제1항에 명시되어 있다. 이는 단순한 입법 원칙이 아닌, 국민의 인권 보장을 위한 헌법상의 기본 원칙이다.

2. 성격

형사소송법은 절차법으로서 형법과 구별되며, 기술적 · 운용적인 특성을 지닌다. 형법이 도덕적 · 윤리적 기준에 무게를 둔 정적인 법이라면, 형사소송법은 현실적 상황과 시대의 변화에 따라 끊임없이 조정되는 동적이고 발전적인 성격을 갖는다.

또한 형사소송법은 공법의 일종으로서, 국가와 국민 간의 불평등한 법률관계를 조정하는 기능을 한다. 민사소송법이 개인 간의 분쟁을 조정하여 평균적 정의를 실현하는 데 목적이 있다면, 형사소송법은 범죄에 대한 국가의 대응이라는 측면에서 배분적 정의를 실현한다. 이 과정에서 민사소송에서 강조되는 사적 자치나 당사자 처분권은 제한될 수 박에 없다.

형사소송법은 사법작용의 절차와 방식을 규율하는 사법법(司法法)으로서, 법적 안정성과 합법성이 중시된다. 다만 수사절차나 형의 집행에 있어서는 실질적 효율성과 목적 달성이라는 합목적성도 함께 고려된다. 이러한 절차법으로서의 형사소송법은 형법과 함께 형사법 체계를 구성하며, 특히 정치적 환경 변화에 민감하게 반응하는 법 영역으로 평가된다. 역사적으로도 정치적 변동이 있을 때마다 형사소송법의 개정이 이루어진다는 점에서, 형사소송법은 단순한 절차 규범을 넘어 정치적, 사회적 의미를 내포한 법률이라 할 수 있다.

제2절 형사소송법의 법원

형사소송법의 법원(法源)이란 형사절차를 규율하는 법이 어떠한 형식으로 존재하는지를 의미하며, 국가가 형벌권을 행사하는 데 있어 준수해야 할 법적 근거를 말한다. 형사절차에서 국민의 기본권을 침해할 가능성이 존재하는 만큼, 절차를 규율하는 법의 존재형식은 매우 중요하며, 헌법상 형사절차법정주의에 따라 형사소송법의 법원은 원칙적으로 성문법에 한정된다.

1. 헌법

형사소송법의 최고법원은 헌법이다. 헌법은 형사절차 전반에 걸쳐 개인의 기본권 보장을 위한 다양한 규정을 두고 있으며, 이는 형사절차를 지배하는 최상위 규범으로 작용한다. 구체적으로는 헌법 제12조 제1항의 형사절차법정주의와 적정절차의 원칙을 비롯하여, 고문금지와 진술거부권(§12②), 영장주의(§12③), 변호인의 조력을 받을 권리(§12④), 체포 · 구속적부심사권(§12⑥), 자백의 증거능력 제한과 보강법칙(§12⑦), 일사부재리의 원칙(§13①), 신속한 공개재판을 받을 권리(§27③), 무죄추정의 원칙(§27④), 피해자의 법정진술권(§27⑤), 형사보상청구권(§28) 등이 대표적인 예이다.

이러한 헌법의 규정들은 형사소송법의 모든 해석과 적용의 기준이 되는 동시에, 형사소송절차의 정당성을 확보하는 법적 기반을 형성한다.

2. 법률

헌법에 규정된 형사절차의 기본원칙은 구체적인 법률을 통해 실현되며, 그 중심에는 형사소송법이 있다. 형사소송법은 형식적 의미의 법률이자 형사절차를 규율하는 가장 기본적인 법원이다. 그 내용은 수사, 공판, 형의 집행까지 형사사법작용의 전 과정을 포괄하며, 헌법의 추상적 원칙을 구체화한 '응용된 헌법'으로 평가되기도 한다.

형사소송법 외에도 실질적 의미에서 형사절차를 규율하는 다양한 법률들이 존재한다. 예를 들면, 법원조직법, 검찰청법, 변호사법, 국민의 형사재판 참여에 관한 법률, 소년법, 군사법원법, 고위공직자범죄수사처 설치 및 운영에 관한 법률('공수처법'으로 약칭), 조세범처벌절차법, 경찰관직무집행법, 형사보상 및 명예회복에 관한 법률, 형의 집행 및 수용자의 처우에 관한 법률('행형법'으로 약칭), 통신비밀보호법, 사면법, 형의 실효에 관한 법률 등이 이에 해당한다. 이들 법률은 각기 특정한 형사절차 또는 형사사법기관의 운영을 규율하며, 실질적으로 형사소송법의 법원으로 기능한다.

3. 대법원규칙

헌법 제108조는 대법원이 법률에 위배되지 않는 범위에서 소송절차 및 법원의 내부규율에 관한 규칙을 제정할 수 있도록 규정하고 있다. 이에 따라 제정된 형사소송규칙('형규'로 약칭)은 법률에 근거한 형사절차의 구체적인 집행을 위해 필요한 절차적 사항들을 정리한 규범으로, 형사소송법의 법원 중 하나이다.

이 외에도 법정 좌석에 관한 규칙, 법정 방청 및 촬영 등에 관한 규칙, 질서유지 재판에 관한 규칙, 국민의 형사재판 참여에 관한 규칙, 소년심판규칙, 형사소송비용 등에 관한 규칙 등도 형사절차의 보완적 법원으로 기능하고 있다.

4. 대통령령과 부령

행정부는 형사절차의 운영과 관련하여 대통령령 또는 부령의 형태로 규정을 마련하고 있으며, 이는 법률의 위임에 근거하여 제정된다. 대표적인 대통령령으로는 검사와 사법경찰관의 상호협력과 일반적 수사준칙에 관한 규정('준칙'으로 약칭)이 있다. 부령에는 행정안전부령으로 경찰수사규칙('경규'로 약칭)이 있고, 법무부령으로는 검찰사건사무규칙('검규'로 약칭), 검찰압수물사무규칙, 검찰집행사무규칙 등이 있다. 이들 규정은 형사절차의 실제 운영에 있어 지침이나 세부 기준을 제시함으로써 실무적 효력을 지닌다.

5. 판례와 관습법

판례는 법원의 재판을 통해 형성된 법적 판단이지만, 우리나라의 법원조직법은 판례의 일반적 구속력을 명시적으로 인정하지 않고 있다. 즉, 판례는 당해 사건에 한해서만 효력을 가지므로 원칙적으로 형사소송법의 법원으로 보기는 어렵다(법원조직법 제8조). 다만, 헌법재판소의 위헌결정은 모든 국가기관과 지자체를 기속하기 때문에 법원성이 인정된다(다수설).

한편, 관습법은 국회에서 제정된 성문법이 아니므로 형사절차법정주의 원칙상 형사소송법의 법원이 될 수 없다. 우리나라는 성문법주의를 채택하고 있으므로, 형사소송절차는 반드시 법률 또는 이에 준하는 성문 규범에 근거하여야 한다.

제3절 형사소송법의 적용범위

형사소송법의 적용범위는 형사절차가 언제, 어디서, 누구에게 적용되는지를 규정한 것으로, 장소적 · 인적 · 시간적 범위로 나누어 살펴볼 수 있다.

1. 장소적 적용범위

먼저 장소적 적용범위에 있어서 형사소송법은 원칙적으로 대한민국 법원이 심판하는 사건에만 적용된다(속지주의). 따라서 범죄가 대한민국의 영토, 영해 또는 영공 내에서 발생한 경우, 피고인 또는 피의자의 국적에 관계없이 형사소송법이 적용된다.

2. 인적 적용범위

인적 적용범위 역시 속인주의 원칙에 따라 대한민국 영역 내에 있는 모든 사람에게 미친다. 즉, 대한민국에서 재판권이 인정되는 자라면 국적, 주거지, 범죄자와의 관계를 불문하고 우리 형사소송법이 적용된다. 그러나 일부 예외가 존재한다. 국내법상으로는 헌법 제84조에 따라 대통령은 내란 또는 외환의 죄를 범한 경우를 제외하고는 재직 중 형사소추를 받지 않으며, 국회의원도 헌법규정에 따라 면책특권(헌법 §44)과 불체포특권(헌법 §45①)이 인정된다.

국제법상으로는 비엔나협약과 한미행정협정(대한민국에서의 합중국 군대의 지위에 관한 협정, SOFA-Status of Forces Agreement)에 따라 예외가 인정된다. 외교관계에 관한 비엔나협약의 적용을 받는 외국의 원수나 외교사절, 그 가족은 우리나라 법원의 재판권에서 면제되며, 한미행정협정에 따라 공무집행 중 발생한 주한미군의 범죄에 대해서도 우리나라가 재판권을 행사할 수 없다(SOFA §22③).

3. 시간적 적용범위

한편, 시간적 적용범위에 있어서 형사소송법은 원칙적으로 시행시부터 폐지시까지 효력을 가지며, 소송절차가 신법 시행 이후 개시되었다면 신법을 적용하는 것이 원칙이다. 형사소송법은 절차법이므로 실체법인 형법과 달리 소급효금지 원칙이 엄격하게 적용되지 않으며, 입법정책에 따라 신법 또는 구법 중 선택적으로 적용할 수 있다. 통상적으로는 신법 시행 당시 수사 중이거나 법원에 계속 중인 사건에 대해 신법을 적용하면서, 신법 시행 전에 이미 행한 절차적 행위의 효력은 그대로 인정하는 혼합주의를 채택하고 있다. 예를 들어 형사소송법 부칙 제4조는 “이 법은 시행 당시 수사 중이거나 법원에 계속 중인 사건에도 적용한다”고 규정하면서도, 기존 절차의 효력은 유지하도록 하여 경과조치를 명확히 하고 있다.

제2장 형사소송법의 이념과 구조

제1절 형사소송법의 지도이념

1. 의의

형사소송법은 범죄에 대한 실체적 진실을 발견하고, 그에 따라 형벌을 적정하게 부과함으로써 사회질서를 유지하고 정의를 실현하는 데 목적이 있다. 이를 위해 형사소송법은 실체적 진실주의, 적정절차의 원칙, 신속한 재판의 원칙을 핵심 지도이념으로 삼고 있다. 이 세 가지 이념은 상호 긴장과 조화를 이루며 형사절차의 기본 틀을 형성한다.

2. 실체적 진실주의

실체적 진실주의란, 법원이 당사자의 주장이나 증거에만 구속되지 않고, 사안의 진상을 밝혀 객관적 진실을 발견할 것을 요구하는 원칙이다. 이는 당사자의 주장과 입증에 구속되어 이를 기초로 사실을 인정하는 민사소송법상 형식적 진실주의와 대비되는 개념으로, 형사절차에서는 사실 인정에 있어서 사적 처분을 허용하지 않는다는 것을 의미한다.

실체적 진실주의는 다시 두 가지로 구분하여 설명한다. '열 사람의 범인이 있으면 열 사람 모두 처벌해야 한다'라고 표현되는 적극적 실체적 진실주의는 범죄사실을 명백히 하여 죄 있는 자를 빠짐없이 처벌하자는 것이다(유죄자 필벌). '열 사람의 범인을 놓치는 한이 있더라도 한 사람의 죄 없는 사람을 벌하여서는 안된다'라고 표현되는 소극적 실체적 진실주의는 죄 없는 자를 억울하게 처벌해서는 안된다는 것이다(무죄자 불벌). 이는 '의심스러운 때에는 피고인의 이익으로(in dubio pro reo)'라는 원칙과 무죄추정의 원칙을 강조한다. 대륙법계 국가의 직권주의적 소송구조에서는 전자에 중점이 있었으나 영미법계 국가의 당사자주의 소송구조에서는 후자에 중점을 둔다. 현행 형사소송법에서는 헌법상의 무죄추정의 원칙상 소극적 실체적 진실주의가 더 강조된다.

3. 적정절차의 원리

적정절차의 원칙은 실체적 진실 발견이 아무리 중요하더라도, 공정한 법적 절차를 통해 국가의 형벌권이 실현되어야 한다는 헌법상의 기본원칙이다. 이는 헌법 제12조 제1항의 '누구든지 법률과 적법한 절차에 의하지 아니하고는 처벌 · 보안처분 · 강제노역을 받지 아니한다'는 규정에 그 근거를 둔다.

이 원칙은 다음 세 가지 하위 원칙으로 구체화된다. 첫째, 공정한 재판의 원칙은 독립된 법관에 의해 인간의 존엄과 가치를 존중하면서 재판이 이뤄져야 함을 의미한다. 이는 공평한 법원 구성, 피고인의 방어권 보장, 무기대등의 원칙을 그 내용으로 한다. 둘째, 비례성의 원칙은 형사절차의 강제처분이 필요최소한이어야 한다는 것으로, 과잉금지 원칙이라고도 한다. '참새를 잡는데 대포를 쏘아서는 안 된다'는 독일의 법언은 이 원칙을 잘 표현한다. 셋째, 피고인 보호의 원칙은 법원 또는 수사기관이 피의자 · 피고인에게 절차와 권리를 충분히 설명해 정당한 방어 기회를 보장해야 한다는 취지다. 이처럼 적정절차는 실체적 진실주의의 남용을 억제하는 역할을 한다.

4. 신속한 재판의 원칙

형사소송법은 또한 신속하게 절차가 진행되어야 한다는 원칙을 강조한다. 헌법 제27조 제3항은 "모든 국민은 신속한 재판을 받을 권리를 가진다."고 규정하여, 이를 국민의 기본적 권리로 명문화하고 있다. 재판의 지연은 곧 정의의 실현을 방해하는 것이며, 때로는 정의의 부정으로 이어질 수 있다.

신속한 재판의 필요성은 세 가지 측면에서 이해할 수 있다. 첫째, 피고인의 불안정한 상태를 해소하고, 미결구금의 장기화로 인한 인권침해를 방지하자는 것이다. 둘째, 소송이 장기화될 경우 증인의 기억이 희미해지고 증거가 멸실될 우려가 있어 실체진실 발견을 저해할 수 있다. 셋째, 범죄예방이라는 형사정책적 필요도 존재한다. 형사소송법은 이를 위해 구속기간의 제한, 공소시효 제도, 집중심리제도, 간이공판절차, 약식절차, 즉결심판 등 다양한 절차적 장치를 마련하고 있다.

5. 결론

형사소송법의 실체적 진실주의, 적정절차의 원칙, 신속한 재판의 원칙은 형사절차에서 조화롭게 구현되어야 할 핵심 지도이념이다. 진실을 발견하는 것이 중요하지만, 그것이 인권침해나 절차적 부당함을 정당화할 수는 없다. 반대로 절차의 정당성만을 강조하여 유죄자를 처벌하지 못한다면 사회정의도 실현될 수 없다. 따라서 형사소송법은 이 세 가지 원칙 사이의 균형 속에서 정의를 추구해야 할 과제를 안고 있다.

제2절 형사소송법의 기본구조

1. 규문주의와 탄핵주의

가. 규문주의

규문주의(糾問主義)란 법원이 스스로 절차를 개시하여, 심리와 재판을 직접 수행하는 형사절차를 말한다. 규문주의에서는 소추기관과 재판기관이 분리되지 않으며, 소추기관의 공소제기가 없어도 재판이 가능하므로 '불고불리(不告不理)'의 원칙이 적용되지 않는다. 이로 인해 피고인은 수동적인 조사 대상에 불과하고, 법관이 소추기관으로 기능하게 되어 제3자에 의한 공정한 재판을 기대할 수 없다는 비판을 받는다.

나. 탄핵주의

반면, 탄핵주의(彈劾主義)는 소추기관(검사 등)과 재판기관(법원)이 명확히 분리되어, 소추기관이 공소를 제기한 경우에만 법원이 심리 및 재판을 할 수 있는 구조이다. 탄핵주의에서는 불고불리의 원칙이 적용되어, 법원은 공소가 제기된 사건에 한해서만 심판할 수 있다. 이 구조에서는 피고인이 소송의 주체로서 절차에 관여하여 자기의 정당한 이익을 방어할 수 있는 지위를 갖게 된다. 또한, 탄핵주의는 누가 소추권을 갖느냐에 따라 국가소추주의, 피해자소추주의, 공중소추주의로 다시 나뉜다. 우리나라는 국가소추주의, 즉 검사가 소추권을 전담하는 구조를 채택하고 있다.

2. 직권주의와 당사자주의

탄핵주의 하에서 소송의 주도권이 누구에게 있느냐에 따라 형사소송의 구조는 다시 직권주의와 당사자주의로 구분된다. 일반적으로 대륙법계 국가는 직권주의, 영미법계 국가는 당사자주의를 따른다.

가. 직권주의

직권주의는 법원이 소송의 주도적 역할을 맡아 실체적 진실을 밝히기 위해 필요한 증거를 직권으로 수집하고 조사하는 구조이다. 법원은 실체적 진실을 발견하기 위하여 검사나 피고인의 주장에 구애받지 않고 직권으로 증거를 수집하고 조사한다. 이러한 구조는 실체적 진실의 발견과 절차의 신속성과 능률을 도모할 수 있으나, 법원이 제3자로서의 공정성을 상실할 우려가 있고, 사건의 심리가 법원의 자의와 독선에 빠질 위험이 있으며, 피고인이 조사·심리의 객체로 전락할 위험이 있다.

나. 당사자주의

이에 비해 당사자주의는 검사와 피고인이 소송을 주도하고, 법원은 제3자의 입장에서 당사자 간의 주장과 입증을 판단하는 소송구조이다. 당사자주의에서는 소송의 주도적 지위가 당사자에게 있으므로 당사자의 청구에 의하여 소송이 개시되며, 증거의 수집과 제출도 당사자에게 맡겨지고 심리도 당사자의 공격·방어에 의해 진행된다. 당사자주의에 너무 철저하게 되면 소송절차 뿐만 아니라 소송물에 대해서도 당사자의 처분에 따르게 될 수 있다(당사자처분권주의).

당사자주의는 소송결과에 이해관계를 갖는 당사자의 직접적인 주장과 입증으로 실체적 진실발견에 효과적이며, 피고인에게 검사와 대등한 지위를 인정하여 방어권 행사가 충분히 보장되고, 법원은 제3자적 입장에서 공정한 재판이 가능하다는 장점이 있다. 그러나 당사자간의 지나친 공격과 방어활동으로 심리의 능률과 신속을 저해할 우려가 있고, 재판결과가 당사자의 열의와 능력에 좌우되어 소위 '소송의 스포츠화'를 초래하고 형벌권의 행사가 당사자의 타협이나 거래의 대상이 될 수 있다는 문제점도 있다.

다. 현행 형사소송법의 소송구조

우리나라 형사소송법은 기본적으로 탄핵주의를 채택하고 있으며, 소추기관과 재판기관의 분리를 명확히 하고 있다. 그 외에 형사소송의 주도권과 관련해서는 당사자주의와 직권주의가 절충된 형태를 보이고 있다. 이에 대해 학계에서는 ① 당사자주의라는 견해, ② 당사자주의를 기본으로 하되 직권주의를 보완적으로 인정한다는 견해, ③ 직권주의를 기본으로 하되 당사자주의를 보완한다는 견해로 나뉘어 논의가 계속되고 있다.

현행법상 당사자주의적 요소로는 공판기일변경신청권, 공판정출석권, 피고인의 증거신청권, 증거조사에 대한 의견진술권 등이 있으며, 직권주의적 요소로는 재판장의 피고인신문, 당사자 증거신청에 대한 법원의 결정권, 직권증거조사, 법원의 공소장 변경요구권 등이 있다. 이러한 절충적 구조는 제도의 균형성과 유연성을 확보하는 데 기여하고 있으며, 앞으로도 피고인의 권리 보장과 공정한 형사사법 실현이라는 목표 아래 지속적인 개선과 논의가 요구된다. 헌법재판소는 우리 형사소송법이 기본적으로 당사자주의적 소송구조를 채택하고 있다고 판시하고 있다(헌결 1995.11.30. 92헌마44)

제 2 편

수사

제1장

수사의 의의와 조건

제1절 수사의 의의

1. 수사의 의의와 특성

수사는 형사절차의 출발점으로서, 범죄혐의의 유무를 명확히 하여 공소를 제기할 것인지, 나아가 제기한 공소를 유지할 수 있을지를 결정하기 위한 국가기관의 일련의 활동을 의미한다. 수사란 수사기관이 범죄의 혐의를 밝히기 위하여 범인을 발견·확보하고, 증거를 수집·보전하는 일련의 행위를 말한다(대판 1999.12.7. 98도3329). 이는 단순히 피의자를 조사하는 것에 그치지 않고, 범죄에 대한 실체적 진실을 밝히기 위한 포괄적이고 적극적인 작용이라 할 수 있다.

수사는 일반적으로 공소제기 전에 이루어지지만, 공소제기 이후에도 공소의 유지를 위한 증거 보강이나 공소유지 여부를 결정하기 위한 수사는 허용된다(대판 1984.9.25. 84도1646). 예컨대 피고인이나 참고인에 대한 추가 조사 등이 이에 해당하며, 이는 공판절차에서도 일정한 수사의 필요성을 인정한 것이다.

공판절차와 비교하면, 수사절차는 그 특성과 방식에서 뚜렷한 차이를 보인다. 공판은 이미 특정된 피고인과 사건을 대상으로 법정에서 정형화된 절차에 따라 진행되며, 절차의 투명성과 공정성이 핵심이다. 반면 수사는 사건과 대상이 다양하고 예측하기 어려운 상황에서 진행되므로, 절차의 탄력성과 기동성, 임기응변성, 그리고 광역성이 요구된다. 이는 수사가 고도로 합목적적인 활동임을 의미한다.

또한 수사는 수사기관만이 수행할 수 있는 고유한 권한이다. 따라서 검사가 당사자로서 공판정 내에서 행하는 피고인신문이나 증인신문과 같은 소송행위, 사인의 현행범 체포, 법원의 피고인구속, 압수 · 수색 · 검증 등은 수사에 해당하지 않는다. 수사는 국가기관이 범죄를 인지하여 사건을 공식적으로 입건(立件)함으로써 개시되며, 일정한 수사행위가 이루어진 경우 당연히 수사가 개시된 것으로 본다. 예컨대 피혐의자의 수사기관 출석조사, 피의자신문조서의 작성, 긴급체포, 체포 · 구속 · 압수 · 수색영장의 청구 또는 신청(단, 부검을 위한 검증영장은 제외)에 착수한 경우가 그러하다. 이때 수사기관은 즉시 사건을 입건하여 관련 절차를 진행해야 하며(준칙 §16①), 이는 수사단계에서 피의자의 인권을 보장하고 남용을 방지하기 위한 제도적 장치로 기능한다.

결국 수사는 공소제기라는 형사소송의 중대한 분기점에 이르기 위한 필수적 단계이며, 실체적 진실 발견과 적법절차의 실현이라는 형사소송의 이념을 구현하기 위한 기초작업이라고 할 수 있다.

2. 내사의 의의

수사는 수사기관이 범죄를 인지하여 입건(立件)함으로써 공식적으로 개시된다. 입건 전에 수사기관이 범죄혐의를 확인하기 위한 사실관계의 확인 등 조사활동은 수사가 아닌 내사(內査)로 분류되며 이는 수사의 전 단계일 뿐이다. 내사 과정에서 조사 대상이 되는 사람을 피내사자 또는 용의자라고 하며, 이들은 수사가 개시(입건)이 되어야 비로소 피의자로 전환된다. 형사소송법에는 '내사'나 '피내사자'라는 용어는 존재하지 않으며, 이는 학술적 개념에 해당한다. 피내사자에게는 대인적 강제처분은 허용되지 않지만, 일정한 요건 하에 대물적 강제처분은 가능하다.

영미에서는 조직 내부에서 규정을 위반한 조직원을 징계하기 위한 조사, 즉 감찰 목적의 조사를 내사(internal investigation)라고 표현하여 용어 혼동의 소지가 있다. 이에 따라 우리나라 수사실무에는 학술상 내사를 '입건 전 조사'라는 용어로 표현한다. 수사기관은 입건을 하기 전에 범죄를 의심할 만한 정황이 있어 수사 개시 여부를 결정하기 위한 사실관계의 확인 등 필요한 조사를 할 때에는 적법절차를 준수하고 사건관계인의 인권을 존중하며, 조사가 부당하게 장기화되지 않도록 신속하게 진행해야 한다(준칙 §16③). 경찰관은 입건 전 조사 과정에서 범죄혐의가 있다고 판단될 때에는 지체없이 범죄인지서를 작성하여 수사를 개시해야 한다(입건 전 조사 사건 처리에 관한 규칙 §8).

이처럼 내사는 수사를 개시하기 전의 절차로, 입건과 수사의 필요성을 판단하는 중요한 역할을 한다. 다만 피내사자의 기본권 침해를 방지하기 위해 수사기관의 자의적 판단은 제한되어야 한다. 따라서 수사기관의 내사 활동은 법과 원칙에 따라 신중하고 공정하게 이루어져야 한다.

《헌결 2011.2.15. 2011헌마30》 내사는 범죄혐의 유무를 확인하기 위하여 범죄인지 전에 행해지는 수사기관 내부의 조사활동에 불과하므로, 내사 그 자체만으로는 피내사자에게 어떠한 의무를 부과하거나 피내사자의 기본권에 직접적이고 구체적인 침해를 가한다고 볼 수 없다

《대판 2001.10.26. 2000도2968》 인지절차를 밟기 전에 수사를 하였다고 하더라도, 그 수사가 장차 인지의 가능성이 전혀 없는 상태하에서 행해졌다는 등의 특별한 사정이 없는 한, 인지절차가 이루어지기 전에 수사를 하였다는 이유만으로 그 수사가 위법하다고 볼 수는 없고, 따라서 그 수사과정에서 작성된 피의자신문조서나 진술조서 등의 증거능력도 이를 부인할 수 없다.

제2절 수사기관

수사기관이란 법률상 수사를 행할 수 있는 권한이 있는 국가기관을 뜻한다. 현행법상 수사기관에는 검사와 사법경찰관리가 있고, 사법경찰관리는 일반사법경찰관리와 특별사법경찰관리로 구분된다. 형사소송법은 범죄의 혐의가 있다고 사료하는 때에는 수사를 개시하여 사실을 밝혀야 하는 수사기관의 직무상 의무를 규정하고 있다(§196①, §197①).

1. 검사

현행법상 검사는 수사기관이면서 동시에 소추기관이고, 재판의 집행기관이다. 수사기관으로서의 검사는 일부 범죄에 대해 수사개시 · 진행권을 가지고 있으며, 소추기관으로서의 검사는 공소를 제기하여 유지하는 공소권을 독점적으로 행사한다(기소독점주의). 집행기관으로서의 검사는 재판에서 유죄가 확정되면 형의 집행을 지휘 · 감독한다.

수사기관으로서의 검사는 수사권, 일정한 사법경찰관리에 대한 수사지휘권, 일정한 사건에 대한 수사종결권을 가지고 범죄를 수사한다. 경찰청 소속 사법경찰관리와는 범죄수사에 있어서 사법경찰관과 상호 협력하여야 한다(§195①). 검사는 범죄의 혐의가 있다고 사료하는 때에는 범인 · 범죄사실과 증거를 수사한다(§196①). 검사는 피의자신문, 참고인조사 등의 임의수사는 물론 체포와 구속, 압수 · 수색 · 검증 등의 강제수사를 할 수 있고, 특히 영장청구권, 증인신문청구권은 검사만이 수행할 수 있다. 검사는 수사에 필요한 때에는 관할구역이 아닌 곳에서 직무를 수행할 수 있다(검찰청법 §5 단서).

검사는 ① 부패범죄, 경제범죄 등 대통령령으로 정하는 중요 범죄, ② 경찰공무원 및 고위공직자범죄수사처 소속 공무원이 범한 범죄, ③ 위의 범죄 및 사법경찰관이 송치한 범죄와 관련하여 인지한 각 해당 범죄와 직접 관련성이 있는 범죄에 대해서는 범죄수사를 개시할 수 있다(검찰청법 §4①1) '부패범죄, 경제범죄 등 대통령령으로 정하는 중요 범죄'에 대해서는 '검사의 수사개시 범죄 범위에 관한 규정'에서 구체적으로 정하고 있으며, 이외의 일반범죄에 대해서는 검사가 수사를 개시할 수 없다. 따라서 일반적인 범죄에 관하여는 사법경찰관리가 제1차적 수사권을 가진다. 공소제기를 위하여 사법경찰관으로부터 송치받은 사건에 대한 수사를 진행할 수 있으나 해당 사건과 동일성을 해치지 아니하는 범위 내에서만 수사할 수 있다(§196②).

검사에는 검찰청 소속 검사 이외에 고위공직자범죄수사처(이하 '공수처'로 약칭) 소속 검사도 있다. 공수처 검사는 고위공직자[1]로 재직 중에 본인 또는 본인의 가족이 범한 고위공직자범죄와 관련범죄에 한정해서 수사를 개시 · 진행할 수 있다(공수처법 §3, §23). 공수처 검사는 고위공직자 중 ① 대법원장 및 대법관, ② 검찰총장, ③ 판사 및 검사, ④ 경무관 이상 경찰공무원으로 재직 중에 본인 또는 본인의 가족이 범한 고위공직자범죄 및 관련 범죄에 대해서는 공소를 제기하고 유지할 권한을 가지고 있다(공수처법 §3①2). 이외의 일반적인 고위공직자 범죄에 대해서는 수사종결 후 관계서류와 증거물을 지체 없이 서울중앙지방검찰청 소속 검사에게 송부하고, 송부받은 검사는 사건의 공소제기 여부를 공수처장에게 통보해야 한다(공수처법 §26).

2. 사법경찰관리

사법경찰관리는 임무와 권한에서 지역적, 사항적으로 제한을 받지 않는 일반사법경찰관리와 제한을 받는 특별사법경찰관리로 구분된다.

가. 일반사법경찰관리

일반사법경찰관리에는 직무 권한에 따라 수사의 주체인 사법경찰관과 수사의 보조자인 사법경찰리가 있고, 소속기관에 따라 경찰청 또는 해양경찰청 소속의 일반사법경찰관리와 검찰청 소속 일반사법경찰관리가 있다. 일반사법경찰관은 수사기관으로서 독자적으로 수사를 개시, 진행, 종결할 수 있다. 즉 경무관, 총경, 경정, 경감, 경위는 사법경찰관으로서 범죄의 혐의가 있다고 사료하는 때에는 범인, 범죄사실과 증거를 수사한다(§197①). 경사, 경장, 순경은 사법경찰리로서 수사의 보조를 하여야 한다(§197②).

국가경찰과 자치경찰의 조직 및 운영에 관한 법률(이하 '경찰법'으로 약칭)은 경찰청 내에 경찰의 수사를 담당하는 국가수사본부를 두고, 국가수사본부장으로 하여금 형사소송법에 따른 경찰의 수사에 관하여 각 시 · 도경찰청장과 경찰서장 및 수사부서 소속 공무원을 지휘 · 감독하도록 하였다(경찰법 §16②). 경찰청장은 개별 사건의 수사에 대하여 구체적으로 지휘 · 감독할 수 없고, 일정한 요건하에 긴급하고 중요한 사건의 수사에 있어 현

---

1) '고위공직자'란 ① 대통령, ② 국회의장 및 국회의원, ③ 대법원장 및 대법관, ④ 헌법재판소장 및 헌법재판관, ⑤ 국무총리와 국무총리비서실 소속의 정무직공무원, ⑥ 중앙선거관리위원회의 정무직공무원, ⑦ 공공감사에 관한 법률 제2조제2호에 따른 중앙행정기관의 정무직공무원, ⑧ 대통령비서실 · 국가안보실 · 대통령경호처 · 국가정보원 소속의 3급 이상 공무원, ⑨ 국회사무처, 국회도서관, 국회예산정책처, 국회입법조사처의 정무직공무원, ⑩ 대법원장비서실, 사법정책연구원, 법원공무원교육원, 헌법재판소사무처의 정무직공무원, ⑪ 검찰총장, ⑫ 특별시장 · 광역시장 · 특별자치시장 · 도지사 · 특별자치도지사 및 교육감, ⑬ 판사 및 검사, ⑭ 경무관 이상 경찰공무원, ⑮ 장성급 장교, ⑯ 금융감독원 원장 · 부원장 · 감사, ⑰ 감사원 · 국세청 · 공정거래위원회 · 금융위원회 소속의 3급 이상 공무원에 재직 중인 사람 또는 그 직에서 퇴직한 사람을 말한다(고위공직자범죄수사처 설치 및 운영에 관한 법률 §2.1.).

장 대응이 필요한 경우에만 국가수사본부장을 통해 개별 사건의 수사를 지휘 · 감독할 수 있도록 하여 경찰수사의 독립성을 도모하였다(경찰법 §14⑥).

검찰수사서기관, 검찰사무관 및 마약수사사무관은 검사를 보좌하며 사법경찰관으로서 검사의 지휘를 받아 범죄수사를 하며(§245-9②, 검찰청법 §46②), 검찰주사, 마약수사주사, 검찰주사보, 마약수사주사보로서 검찰총장 또는 각급 검찰청 검사장의 지명을 받은 사람은 소속 검찰청 또는 지청에서 접수한 사건에 관하여 사법경찰관으로서 검사의 지휘를 받아 범죄수사를 한다(§245-9②, 검찰청법 §47①1). 검찰서기, 마약수사서기, 검찰서기보 또는 마약수사서기보로서 검찰총장 또는 각급 검찰청 검사장의 지명을 받은 사람은 사법경찰리로서 소속 검찰청 또는 지청에서 접수한 사건에 관하여 사법경찰관을 보좌하여 범죄수사를 한다(§245-9③, 검찰청법 §47①2).

사법경찰관에 비해 사법경찰리는 범죄수사권한에 법률상 제약이 있다. 예컨대 형사소송법상 사법경찰리는 긴급체포권, 피의자신문조서 작성권한이 없다(§200-3①, §242). 긴급체포나 피의자신문의 대부분은 사법경찰리에 의해 이루어지고 있는 현실을 감안하여 판례는 사법경찰리가 사법경찰관으로부터 구체적 사건에 관하여 특정한 수사명령을 받으면 사법경찰관의 사무를 취급할 권한이 인정되며, 이를 실무상 사법경찰관사무취급이라고 한다. 판례는 사법경찰리가 사법경찰관사무취급으로서 작성한 피의자신문조서, 참고인진술조서, 압수조서 등을 권한 없는 자가 작성한 조서로 보지 않는다(대판 1981.6.9. 81도1357).

《대판 1982.12.28. 82도1080 (사법경찰리 작성 피신조서 사건)》 사법경찰리 작성의 진술조서 및 피의자신문조서는 형사소송법 제196조 제2항 등에 의하여 사법경찰리가 검사의 지휘를 받고 수사사무를 보조하기 위하여 작성한 서류라 할 것이므로 이를 권한 없는 자의 조서라 할 수 없다.
《대판 1965.1.19. 64도740 (춘성군 산림보호서기보 사건)》 사법경찰리의 직무를 행하는 산림보호서기가 사법경찰관 직무취급인 산림계장의 지시에 의하여 임산물 단속에 관한 법률위반으로 주사를 받는 피의자를 체포하여 긴급구속하려다가 폭행을 당한 경우에는 공무집행방해죄가 성립한다 할 것이며 여러 사정에 의하여 여하한 이유로 긴급구속을 하려는가를 명백히 알 수 있다면 긴급구속하는 이유를 고지하지 아니하였다 하더라도 그 공무집행은 적법하다.

사법경찰관리는 소속 관서의 관할구역내에서 직무를 수행한다. 사법경찰관리가 관할구역 외에서 수사하거나 관할구역 외의 사법경찰관리의 촉탁을 받아 수사할 때에는 관할지방검찰청 검사장 또는 지청장에게 보고하여야 한다. 다만, 일정한 경우 긴급을 요할 때에는 사후에 보고할 수 있다(§210).

나. 특별사법경찰관리

사항적, 지역적으로 특별한 분야의 수사를 담당하는 사법경찰관리를 특별사법경찰관리라고 한다. 특별사법경찰관리는 산림·해사·전매·세무·군수사기관 기타 특별한 사항에 관하여 사법경찰관리의 직무를 행하는 자로 '사법경찰관리의 직무를 수행할 자와 그 직무범위에 관한 법률(이하 "특사경법"으로 약칭)'이 규정한다(§245-10). 예컨대 교도소장, 소년원장, 출입국공무원, 근로감독관, 선장 등과 철도경찰, 세관공무원, 환경공무원 등으로서 지방검찰청 검사장의 지명을 받은 경우 규정된 사항에 관해서 사법경찰관리로서의 직무를 수행한다(특사경법 §3, §5). 특별사법경찰관리의 권한과 직무범위는 사항적, 지역적으로 제한되어 있지만, 지위와 권한사항에 대해서는 일반사법경찰관리와 동일하다. 다만, 특별사법경찰관리는 검사의 지휘를 받아 수사를 진행하며, 수사종결권도 인정되지 않는다(§245-10②,④,⑤).

3. 검사와 사법경찰관리의 관계

가. 상호협력관계

2020년 개정 형사소송법은 검사와 사법경찰관리의 관계를 종전의 지휘·감독관계에서 상호협력 관계로 개선하였다(§196①). 따라서 검사와 사법경찰관은 상호 존중하여야 하며, 수사, 공소제기 및 공소유지와 관련하여 협력해야 하며, 필요한 경우 수사·기소·재판 관련 자료를 서로 요청할 수 있다. 검사와 사법경찰관의 협의는 신속히 이루어져야 하며, 협의의 지연 등으로 수사 또는 관련 절차가 지연되어서는 안 된다(준칙 §6).

1) 중요사건 협력절차

검사와 사법경찰관은 공소시효가 임박한 사건이나 내란, 외환, 선거, 테러, 대형참사, 연쇄살인 관련 사건, 주한 미합중국 군대의 구성원·외국인 군무원 및 그 가족이나 초청계약자의 범죄 관련 사건, 그밖에 많은 피해자가 발생하거나 국가적·사회적 피해가 큰 중요한 사건의 경우에는 송치 전에 수사할 사항, 증거수집의 대상, 법령의 적용 등에 관하여 상호 의견을 제시·교환할 것을 요청할 수 있다(준칙 §7).

2) 일반사건 협의요청

검사와 사법경찰관은 수사와 사건의 송치, 송부 등에 관한 이견의 조정이나 협력 등이 필요한 경우 서로 협의를 요청할 수 있다. 이 경우 특별한 사정이 없으면 상대방의 협의 요청에 응해야 한다(준칙 §8①). 협의에도 불구하고 이견이 해소되지 않은 경우로 ① 중요

사건에 관하여 상호 의견을 제시 · 교환하는 것에 대해 이견이 있거나, 제시 · 교환한 의견의 내용에 대해 이견이 있는 경우, ② 검사의 보완수사요구에 대한 정당한 이유의 유무에 대해 이견이 있는 경우, ③ 사건의 경합에 있어 사법경찰관이 계속 수사할 수 있는지 여부나 사법경찰관이 계속 수사할 수 있는 경우 수사를 계속할 주체 또는 사건의 이송 여부 등에 대해 이견이 있는 경우, ④ 재수사의 결과에 대해 이견이 있는 경우에는 해당 검사가 소속된 검찰청의 장과 해당 사법경찰관이 소속된 경찰관서의 장의 협의에 따른다(준칙 §8②).

3) 수사기관협의회

대검찰청, 경찰청 및 해양경찰청 간에 수사에 관한 제도 개선 방안 등을 논의하고, 수사기관 간 협조가 필요한 사항에 대해 서로 의견을 협의 · 조정하기 위해 수사기관협의회를 두며, 수사기관협의회는 반기마다 정기적으로 개최하되, 어느 한 기관이 요청하면 수시로 개최할 수 있다(준칙 §9①,③).

나. 사건수사에 대한 검사의 수사감독권

1) 검사의 영장청구권과 긴급체포에 관한 사후승인권

헌법 제12조 제3항과 제16조 단서에 따라 체포 · 구속 · 압수 · 수색 등 강제수사에 있어서 영장청구는 검사만이 할 수 있도록 규정하고 있다. 이에 따라 형사소송법 제200조의1, 제201조 및 제215조는 영장은 검사가 관할 지방법원판사에게 청구할 수 있도록 하며, 사법경찰관은 검사에게 신청하여 검사의 청구로 관할 지방법원판사의 영장을 받도록 하고 있다. 검사는 사법경찰관이 신청한 영장의 청구 여부 결정에 관하여 필요한 경우 사건송치 전이라도 사법경찰관에게 보완수사를 요구할 수 있으며(§197-2①.2), 사법경찰관은 검사의 요구가 있는 때에는 정당한 이유가 없는 한 지체 없이 이를 이행하고 그 결과를 검사에게 통보하여야 한다.

사법경찰관이 피의자를 긴급체포한 경우에는 즉시 검사의 승인을 얻어야 하며(§200-3②), 사법경찰관이 긴급체포한 피의자에 대하여 구속영장을 신청하지 아니하고 석방한 경우에는 즉시 검사에게 보고하여야 한다(§200-4⑥).

2) 시정조치요구 및 사건송치 요구

검사는 사법경찰관리의 수사과정에서 법령위반, 인권침해 또는 현저한 수사권 남용이 의심되는 사실의 신고가 있거나 그러한 사실을 인식하게 된 경우에는 사법경찰관에게 사건기록 등본의 송부를 요구할 수 있다(§197-3①). 검사는 사법경찰관에게 사건기록 등본의 송부를 요구할 때에는 그 내용과 이유를 구체적으로 적은 서면으로 해야 한다(준칙 §45①). 송부 요구를 받은 사법경찰관은 요구를 받은 날부터 7일 이내에 사건기록 등본을 검사에게 송부해야 한다(준칙 §45②).

송부를 받은 검사는 필요하다고 인정되는 경우에는 사법경찰관에게 시정조치를 요구할 수 있다(§197-3③). 검사는 사건기록 등본을 송부받은 날부터 30일(사안의 경중 등을 고려하여 10일의 범위에서 한 차례 연장할 수 있다) 이내에 시정조치 요구 여부를 결정하여 사법경찰관에게 통보해야 한다. 이 경우 시정조치 요구의 통보는 그 내용과 이유를 구체적으로 적은 서면으로 해야 한다(준칙 §45③). 사법경찰관은 시정조치 요구가 있는 때에는 정당한 이유가 없으면 지체 없이 이를 이행하고, 그 결과를 검사에게 통보하여야 한다(§197-3④).

통보를 받은 검사는 시정조치 요구가 정당한 이유 없이 이행되지 않았다고 인정되는 경우에는 사법경찰관에게 사건을 송치할 것을 요구할 수 있다(§197-3⑤). 이 경우 그 내용과 이유를 구체적으로 적은 서면으로 해야 한다(준칙 §45⑤). 송치 요구를 받은 사법경찰관은 서면으로 사건송치를 요구받은 날부터 7일 이내에 사건을 검사에게 송치해야 한다. 이 경우 관계 서류와 증거물을 함께 송부해야 한다(§197-3⑥, 준칙 §45⑥). 검사는 공소시효 만료일의 임박 등 특별한 사유가 있을 때에는 제5항에 따른 서면에 그 사유를 명시하고 별도의 송치기한을 정하여 사법경찰관에게 통지할 수 있다. 이 경우 사법경찰관은 정당한 이유가 있는 경우를 제외하고는 통지받은 송치기한까지 사건을 검사에게 송치해야 한다(준칙 §45⑦).

검찰총장 또는 각급 검찰청 검사장은 사법경찰관리의 수사과정에서 법령위반, 인권침해 또는 현저한 수사권 남용이 있었던 때에는 권한 있는 사람에게 해당 사법경찰관리의 징계를 요구할 수 있다(§197-3⑦). 사법경찰관은 피의자를 신문하기 전에 수사과정에서 법령위반, 인권침해 또는 현저한 수사권 남용이 있는 경우 검사에게 구제를 신청할 수 있음을 피의자에게 알려주어야 한다(§197-3⑧). 사법경찰관은 검사에게 구제를 신청할 수 있음을 피의자에게 알려준 경우에는 피의자로부터 고지 확인서를 받아 사건기록에 편철한다(준칙 §47).

3) 보완수사요구권

검사는 ① 송치사건의 공소제기 여부 결정 또는 공소의 유지에 관하여 필요한 경우, ② 사법경찰관이 신청한 영장의 청구 여부 결정에 관하여 필요한 경우 사법경찰관에게 보완수사를 요구할 수 있다(§197-2①, 준칙 §59③). 송치사건의 공소제기 여부 결정 또는 공소의 유지에 관하여 필요한 경우의 보완수사요구에 대해서는 후술하기로 하고, 여기서는 영장신청의 청구여부 결정에 관하여 필요한 경우의 보완수사요구에 대해서만 설명한다.

검사는 사법경찰관이 신청한 영장(통신제한조치허가서, 통신사실확인자료 제공요청허가서 포함)의 청구 여부를 결정하기 위해 필요한 경우 사법경찰관에게 보완수사를 요구할 수 있다. 검사가 보완수사를 요구할 때에는 원칙적으로 그 이유와 내용 등을 구체적으로 적은 서면과 관계 서류 및 증거물을 사법경찰관에게 함께 송부해야 한다.

사법경찰관은 보완수사 요구가 있는 때에는 정당한 이유가 없는 한 지체 없이 이를 이행하고, 그 결과를 검사에게 통보하여야 한다(§197-2②). 사법경찰관은 보완수사요구가 접수된 날부터 3개월 이내에 보완수사를 마쳐야 한다(준칙 §60③). 사법경찰관은 보완수사를 이행한 경우에는 그 이행 결과를 검사에게 서면으로 통보해야 한다(준칙 §60④).

검찰총장 또는 각급 검찰청 검사장은 사법경찰관이 정당한 이유 없이 보완수사 요구에 따르지 아니하는 때에는 권한 있는 사람에게 해당 사법경찰관의 직무배제 또는 징계를 요구할 수 있다(§197-2③). 사법경찰관과 검사와의 사이에 '정당한 이유'의 유무에 대한 이견의 조정이 필요한 경우 사법경찰관은 검사에 대하여 협의를 요청할 수 있다. 이 경우 검사는 특별한 사정이 없으면 사법경찰관의 협의 요청에 응해야 한다(준칙 §8①). 협의에도 불구하고 '정당한 이유'의 유무에 대한 이견이 해소되지 않는 경우에는 해당 검사가 소속된 검찰청의 장과 해당 사법경찰관이 소속된 경찰관서의 장의 협의에 따른다(준칙 §8②).

4) 수사경합시 사건송치요구

검사는 사법경찰관과 동일한 범죄사실을 수사하게 된 때에는 사법경찰관에게 사건을 송치할 것을 요구할 수 있다(§197-4①). 송치요구를 받은 사법경찰관은 지체 없이 검사에게 사건을 송치하여야 한다. 검사가 사법경찰관에게 사건송치를 요구할 때에는 그 내용과 이유를 구체적으로 적은 서면으로 해야 한다(준칙 §49①). 사법경찰관은 송치 요구를 받은 날부터 7일 이내에 사건을 검사에게 송치해야 한다. 이 경우 관계 서류와 증거물을 함께 송부해야 한다(준칙 §49②).

다만, 검사가 영장을 청구하기 전에 동일한 범죄사실에 관하여 사법경찰관이 영장을 신청한 경우에는 해당 영장에 기재된 범죄사실을 계속 수사할 수 있다(§197-4②). 검사와 사법경찰관은 수사의 경합과 관련하여 동일한 범죄사실 여부나 영장(통신제한조치허가서 및 통신사실 확인자료제공 요청 허가서 포함) 청구·신청의 시간적 선후관계 등을 판단하기 위해 필요한 경우에는 그 필요한 범위에서 사건기록의 상호 열람을 요청할 수 있고, 영장청구·신청의 시간적 선후관계는 검사의 영장청구서와 사법경찰관의 영장신청서가 각각 법원과 검찰청에 접수된 시점을 기준으로 판단한다(준칙 §48①,②). 검사는 사법경찰관이 범죄사실을 계속 수사할 수 있게 된 경우에는 정당한 사유가 있는 경우를 제외하고는 그와 동일한 범죄사실에 대한 사건을 이송하는 등 중복수사를 피하기 위해 노력해야 한다(준칙 §50).

5) 그밖의 수사감독권

2020년 형사소송법의 개정에도 불구하고 사법경찰관리의 관할구역 외에서 수사시 보고의무, 검사의 체포·구속장소 감찰권, 각종 영장의 집행지휘권, 압수물 처분지휘권, 수사중지 및 교체·임용요구권 등은 종전대로 유지되고 있다.

체포·구속장소 감찰권이란 관할 지방검찰청 검사가 불법체포·구속의 유무를 조사하기 위하여 매월 1회 이상 경찰관서의 피의자의 체포·구속장소를 감찰하는 것으로 감찰결과 적법한 절차에 의하지 아니하고 체포 또는 구속된 것이라고 의심할 만한 상당한 이유가 있는 경우에는 체포 또는 구속된 자를 석방하거나 사건을 검찰에 송치할 것을 명한다(§198-2).

체포·구속·압수·수색 등 각종영장의 청구권뿐만 아니라 영장의 집행에 대한 지휘권도 검사만이 행사할 수 있다. 즉 각종 영장은 검사의 지휘에 의하여 사법경찰관리가 집행한다(§200-6, §209, §219). 사법경찰관이 압수물의 위탁보관, 폐기처분, 대가보관, 가환부 및 환부(피해자환부 포함)을 함에는 검사의 지휘를 받아야 한다(§218-2, §219).

서장이 아닌 경정 이하의 사법경찰관리가 직무 집행과 관련하여 부당한 행위를 하는 경우 지방검찰청 검사장은 해당 사건의 수사 중지를 명하고, 임용권자에게 그 사법경찰관리의 교체임용을 요구할 수 있다. 이 경우 요구를 받은 임용권자는 정당한 사유가 없으면 교체임용을 하여야 한다(검찰청법 §54).

다. 검사와 검찰청 소속 사법경찰관리 및 특별사법경찰관리와의 관계

검사와 일반사법경찰관리의 관계가 상호협력관계로 전환된 반면 검사와 검찰청 소속 사법경찰관리와의 관계 또는 검사와 특별사법경찰관리와의 관계는 종전대로 지휘·감독관계로 유지되고 있다. 사법경찰관의 직무를 행하는 검찰청 직원은 검사의 지휘를 받아 수사하여야 하며(§245-9②), 사법경찰리의 직무를 행하는 검찰청 직원은 검사 또는 사법경찰관의 직무를 행하는 검찰청 직원의 수사를 보조하여야 한다(§245-9③). 특별사법경찰관은 범죄의 혐의가 있다고 인식하는 때에는 범인, 범죄사실과 증거에 관하여 수사를 개시·진행하여야 한다(§245-10③). 다만 특별사법경찰관은 모든 수사에 관하여 검사의 지휘를 받는다(§245-10②). 특별사법경찰관리는 검사의 지휘가 있는 때에는 이에 따라야 하며, 범죄를 수사한 때에는 지체 없이 검사에게 사건을 송치하고, 관계 서류와 증거물을 송부하여야 한다(§245-10④,⑤).

제3절 피의자

피의자란 수사기관에 의하여 범죄의 혐의를 받고 수사의 대상이 되어 있는 자를 말한다. 피의자는 수사개시 이후 공소제기 전까지의 개념으로서 진범인가의 여부는 불문한다. 피의자는 아직 내사 중에 있는 피내사자 또는 용의자와 구별되고, 공소제기 후의 피고인과도 구별된다.

1. 피의자의 시기와 종기

가. 피의자의 시기(始期)

피의자로 되는 시점은 수사기관이 실질적으로 수사를 개시한 때로 본다. 이는 단순히 사건을 형식적으로 입건해서 사건 수리절차를 거친 때가 아니라, 실질적으로 수사기관이 범죄혐의를 인정하고 실질적인 수사를 개시하는 행위를 한 때를 기준으로 한다. 이를 실질설이라고 하며, 대법원도 같은 견해를 보이고 있다.

현실적으로는 수사기관이 범죄를 인지(認知)하고 수사를 개시할 경우는 범죄인지시에 피의자가 된다. 범죄인지의 원인은 다양하며, 범죄신고, 신문기사, 정보입수, 투고 등 제한이 없다. 수사기관은 범죄인지서를 작성하고 수사를 개시해야 한다(경규 §18②). 다만 범죄인지서를 작성하기 전이라도 범죄혐의가 있다고 보아 사실상 수사를 개시했다면, 그 때에 범죄를 인지한 것으로 보아야 하고 이로써 그 대상자는 피의자가 된다(대판 2011.11.10. 2010도8294). 수사기관이 현행범인을 체포하거나 인도받은 경우에는 체포시 또는 인도시에 그 대상자는 피의자가 된다. 고소·고발 등으로 사건을 접수한 경우에는 그때에 피의자가 되고, 자수의 경우에는 자수한 때에 그 대상자는 피의자가 된다. 이와 같이 피의자의 지위는 실질적인 수사 개시 여부에 따라 결정되며, 그 판단 기준은 형식보다 실질에 중점을 두어야 합니다.

《대판 2001.10.26. 2000도2968》 범죄의 인지는 실질적 개념이므로 검사가 사건을 수리하는 절차를 거치기 전에 범죄의 혐의가 있다고 보아 수사를 개시하는 행위를 한 때에는 이 때에 범죄를 인지한 것으로 보아야 하고, 그 뒤 범죄인지서를 작성하여 사건수리 절차를 밟은 때에 비로소 범죄를 인지하였다고 볼 것이 아니다.

나. 피의자의 종기(終期)

피의자의 지위는 검사가 공소를 제기하면 피고인으로 전환되어 소멸한다. 검사가 불기소처분을 확정하는 경우에는 그 확정시에 피의자의 지위도 소멸한다. 한편, 검사의 불기소처분에 대해 고소·고발인이 검찰항고나 재정신청을 제기한 경우에는 그 절차가 완전히 종결되어야만 피의자의 지위가 소멸된다. 즉, 피의자의 종기는 공소제기 또는 불기소 절차의 최종적인 종료시점에 있게 된다.

2. 피의자의 소송법상 지위

형사소송법상 피의자는 수사의 대상에 불과하고 수사의 주체는 아니다. 피의자는 조사의 객체에 불과하고 사건수사와 관련하여 인적 증거방법인 동시에 피의자의 신체가 검증의 대상으로 물적 증거방법이 되기도 한다. 그러나 피의자는 앞으로 당사자인 피고인이 된다는 점에서 준당사자라고 할 수 있고 형사소송법은 적정절차의 이념을 실현하기 위하여 피의자에게 여러 권리를 인정해 주고 있다.

형사소송법은 피의자의 지위를 강화하기 위해 진술거부권, 변호인의 조력을 받을 권리, 구속적부심사청구권, 압수·수색·검증에의 참여권 등을 보장하고 있다. 또한 피의자에 대해서는 불구속 수사가 원칙이고, 수사기관은 피의자 등의 인권을 존중하고 수사과정에서 취득한 비밀을 엄수할 의무를 부담한다(§198①,②). 피의자의 소송법상 지위와 관련하여 헌법상의 권리인 무죄추정의 원칙과 진술거부권에 대해 별도로 설명한다.

가. 무죄추정의 원칙

1) 의의

피고인은 유죄의 판결이 확정될 때까지는 무죄로 추정된다(§275-2). 무죄추정의 원칙은 직권주의와 당사자주의 소송구조와 관계없이 인정되는 근대국가 형사소송의 대원칙에 해당한다. 헌법 제27조 제4항은 '형사피고인은 유죄의 판결이 확정될 때까지는 무죄로 추정된다.'로 규정하여 피고인에 대한 무죄추정의 원칙을 선언하고 있다. 헌법과 형사소송법에서 피고인에 대해 무죄추정의 원칙을 인정되고 있는 이상, 그 전제가 되는 피의자에 대해서도 당연히 무죄추정의 원칙이 보장되고 있는 것으로 해석되고 있다.

2) 무죄추정의 원칙의 내용

가) 인신구속의 제한

무죄추정의 원칙은 인신구속의 제한 등 강제수사의 제한원리가 된다. 수사절차에서는 임의수사가 원칙이며, 강제수사는 법률주의와 영장주의가 적용되고 비례성의 원칙에 의한 제한이 있다. 따라서 피의자에 대해서는 불구속 수사를 원칙으로 하고(§198①), 피고인에 대해서는 불구속 재판이 원칙이다. 또한 피의자 · 피고인에게는 접견교통권을 보장하며, 구속하는 경우에도 구속 이외의 불필요한 고통을 주지 못하도록 하고 있다.

《헌결 1992.4.14. 90헌마82》 형사소송법상의 구속기간은 헌법상의 무죄추정의 원칙에서 파생되는 불구속 수사원칙에 대한 예외로서 설정된 기간이다.

《대판 2001.11.30. 2001도5225》 파기환송 사건에 있어 구속기간 갱신 및 구속으로 인하여 신체의 자유가 제한되는 것은 무죄추정의 원칙에 위배되지 아니한다.

나) 의심스러울 때는 피고인의 이익으로(in dubio pro reo)

무죄추정의 원칙은 범죄사실의 증명에서 가장 중요한 의미를 갖는다. '의심스러울 때는 피고인의 이익으로'라는 원칙은 공판절차에서 무죄추정의 원칙을 반영하는 증명의 기본원칙이 된다. 따라서 범죄사실에 대한 증명책임은 검사에게 있고, 피고인에 대하여 유죄판결을 하기 위해서는 법관에게 '합리적 의심이 없는 정도의 증명(§307②), 즉 확신이 있어야 한다. 법관이 피고인에게 유죄의 심증이 있다 하더라도 유죄의 확신에 미치치 못한 경우에는 피고인에게 유리하게 무죄판결을 선고해야 한다.

《헌결 2001.11.29. 2001헌바41》 무죄추정의 원칙이 제도적으로 표현된 것으로는, 공판절차의 입증단계에서 거증책임을 검사에게 부담시키는 제도, 보석 및 구속적부심 등 인신구속의 제한을 위한 제도, 그리고 피의자 및 피고인에 대한 부당한 대우 금지 등이 있다.

다) 불이익처우의 금지

무죄추정의 원칙으로 인하여 국가기관은 피고인(피의자)을 예단하거나 불이익한 처우를 해서는 안된다. 피고인은 무죄로 추정되므로 법원은 피고인의 변론을 듣지 않고 미리 피고인의 유죄를 미리 예단해서는 안된다. 예단배제의 원칙은 무죄의 추정에서 유래하며, 예단배제의 제도적 표현이 공소장일본주의이다. 피의자는 무죄로 추정되므로 불리한 진술을 강요당하지 않고 진술을 거부할 수 있다. 무죄추정의 원칙에 의해 피의자를 상대로 고문이나 모욕적인 신문 등의 부당한 대우는 금지된다.

《헌결 1990.11.19. 90헌가48》 헌법 제27조 제4항에서 무죄추정을 통해 금지되는 불이익에는 형사절차상의 처분에 의한 불이익뿐만 아니라 그 밖의 기본권 제한과 같은 처분에 의한 불이익도 입어서는 아니된다는 의미도 포함된다.

《대판 1986.6.10. 85누407》 형사재판절차에서 유죄의 확정판결을 받기 전에 처분청이 징계혐의 사실을 인정하는 것은 무죄추정의 원칙에 위배되지 아니한다.

《대판 1990.10.16. 90도1813》 공소장의 공소사실 첫머리에 피고인이 전에 받은 소년부송치처분과 직업 없음을 기재하였다 하더라도 헌법상의 형사피고인에 대한 무죄추정조항이나 평등조항에 위배되는 것이 아니다.

《헌결 2002.1.31. 2001헌바43》 공정거래위원회의 고발조치 등으로 장차 형사절차내에서 진술을 해야할 행위자에게 사전에 이와 같은 법위반사실의 공표를 하게 하는 것은 공소제기조차 되지 아니하고 단지 고발만 이루어진 수사의 초기단계에서 아직 법원의 유무죄에 대한 판단이 가려지지 아니하였는데도 관련 행위자를 유죄로 추정하는 불이익한 처분이 된다.

《헌결 2005.3.8. 2005헌마169》 청구인의 동일성을 확인하기 위한 질문에서 '객관적 혐의를 받고 있는 죄명'을 의미하는 "죄명"이라는 용어를 사용하는 것은 무죄추정의 원칙을 반하지 않는다.

《헌결 2015.7.30. 2014헌바447》 기소된 범죄가 합의부 관할사건인 경우에만 피고인에게 국민참여재판 신청권을 부여한 국민의 형사재판 참여에 관한 법률 제5조 제1항 제1호는 피고인에 대한 범죄사실 인정이나 유죄판결을 전제로 하여 불이익을 과하는 것이 아니므로 무죄추정의 원칙과 무관하다.

《헌결 1999.5.27. 97헌마137 (구치소 수감자 수의 착용 사건)》 수사 및 재판단계에서 유죄가 확정되지 아니한 미결수용자에게 재소자용 의류를 입게 하는 것은 무죄추정의 원칙에 반하고 인간으로서의 존엄과 가치에서 유래하는 인격권과 행복추구권, 공정한 재판을 받을 권리를 침해하는 것이다.

《헌결 2005.5.26. 2001헌마728 (검사조사실 계구해제 거부 사건)》 당시 구속되어 조사를 받는 피의자가 도주 · 폭행 · 소요 또는 자해 등의 우려가 없었다고 판단되고, 수사검사도 이러한 사정 및 당시 검사조사실의 정황을 종합적으로 고려하여 피의자에 대한 계구의 해제를 요청하였음에도 불구하고 계호교도관이 이를 거절하고 피의자로 하여금 수갑 및 포승을 계속 사용한 채 피의자조사를 받도록 하였는바, 이와 같은 계구의 사용은 무죄추정원칙 및 방어권 행사 보장원칙의 근본취지에도 반한다.

3) 무죄추정의 원칙의 적용범위

가) 피의자와 피고인

헌법과 형사소송법은 피고인에 대하여만 무죄의 추정을 규정하고 있다. 그러나 무죄추정은 피고인은 물론 피의자 및 피내사자 등에 대해서도 인정된다. 피고인이 무죄로 추정되는 이상 피고인보다 전단계인 피의자, 피내사자는 당연히 무죄로 추정된다.

《헌결 1997.5.29. 96헌가17》 무죄추정의 원칙은 형사절차와 관련하여 아직 공소가 제기되지 아니한 피의자는 물론 비록 공소가 제기된 피고인이라 할지라도 유죄의 판결이 확정될 때까지는 원칙적으로 죄가 없는 자로 다루어져야 하고, 그 불이익은 필요최소한에 그쳐야 한다는 원칙을 의미한다.

나) 시간적 단계

무죄추정은 '유죄판결 확정시'까지 인정된다. 따라서 제1심, 제2심에서 유죄판결이 선고되었더라도 그것이 확정되기 전까지는 무죄의 추정을 받는다(§275-2). '유죄판결'에는 형선고판결, 형면제판결과 형의 선고유예 판결이 포함된다. 따라서 공소기각 또는 관할위반, 면소판결이 확정되어도 무죄추정은 유지된다. 재심청구사건은 이미 유죄판결이 확정된 경우가 명백한 이상 재심청구인에게는 무죄가 추정될 수는 없다(다수설).

나. 진술거부권

1) 의의

가) 진술거부권의 의의

진술거부권이란 피의자(피고인)이 수사절차 또는 공판절차에서 수사기관이나 법원의 신문에 대하여 진술을 거부할 수 있는 권리를 말한다(§244-3, §283-2). 진술거부권은 "누구든지 형사사건에 있어서 자기의 증인이 되는 것을 강요받지 아니한다."라는 영국의 자기부죄거부(自己負罪拒否)의 특권에서 유래된 권한으로 무기평등원칙과 이를 통한 인권보장을 실질적으로 실현하기 위해 인정되는 권리이다. 우리 헌법도 '모든 국민은 형사상 자기에게 불리한 진술을 강요당하지 아니한다(헌법 §12②)'라고 규정함으로써 진술거부권을 헌법적으로 보장하고 있다.

《헌결 1990.8.27. 89헌가118 (교통사고 운전자 미신고 사건)》 진술거부권은 형사상 자기에게 불리한 내용의 진술을 강요당하지 아니하는 것이므로 고문 등 폭행에 의한 강요는 물론 법률로서도 진술을 강제할 수 없음을 의미한다.

나) 진술거부권의 주체

헌법 제12조 제2항은 '모든 국민'을 주체로 하여, '형사상 불리한 진술의 강요를 금지'하고 있어 진술거부권 행사의 주체에는 제한이 없다. 형사소송법은 피의자의 진술거부권은 제244조의3에, '피고인'의 진술거부권은 제283조의2 제1항에 규정하고 있다. 나아가, 피의자, 피고인 이외에 의사무능력자의 대리인, 피고인인 법인의 대표자도 진술거부권을 가진다. 외국인에게도 인정된다. 진술거부권은 수사를 개시하기 전의 피내사자나 참고인에게도 인정된다(헌결 1990.8.27. 89헌가118). 따라서 불심검문을 할 때 답변을 강요하는 것은 위법하다.

《헌결 1990.8.27. 89헌가118 (교통사고 운전자 미신고 사건)》 진술거부권은 현재 피의자나 피고인으로서 수사 또는 공판절차에 계속 중인 자 뿐만 아니라 장차 피의자나 피고인이 될 자에게도 보장되며, 형사절차뿐 아니라 행정절차나 국회에서의 조사 절차 등에서도 보장된다.

2) 진술거부권의 내용

가) 진술의 강요금지

진술거부권은 형벌 기타 제재에 의한 진술의 강요금지를 본질적 내용으로 한다. 따라서 피의자는 수사기관에 대해 진술할 의무가 없다. 즉 피의자는 진술하지 아니하거나 개개의 질문에 대하여 진술을 거부할 수 있다(§244-3).

강요당하지 않는 것은 진술에 한한다. '진술'이라 함은 생각이나 지식, 경험사실을 정신작용의 일환인 언어를 통하여 표현하는 것을 뜻한다(헌결 1997.3.27. 96헌가11). 따라서 진술이 아닌 지문·족형의 채취, 신체의 측정, 사진촬영, 신체검사, 음주측정 등에 대해서는 진술거부권이 미치지 않는다.

《헌결 1997.3.27. 96헌가11》 도로교통법에 따른 음주측정은 호흡측정기에 입을 대고 호흡을 불어 넣음으로써 신체의 물리적, 사실적 상태를 그대로 드러내는 행위에 불과하므로 이를 두고 '진술'이라 할 수 없고, 따라서 주취운전의 혐의자에게 호흡측정기에 의한 주취여부의 측정에 응할 것을 요구하고 이에 불응할 경우 처벌한다고 하여도 이는 형사상 불리한 '진술'을 강요하는 것에 해당한다고 할 수 없으므로 헌법 제12조 제2항의 진술거부권조항에 위배되지 아니한다.

그러나 진술인 이상 구두에 의한 진술은 물론 서면에 의한 진술에도 진술거부권이 인정되므로 진술서 작성을 강요하는 것도 진술거부권의 침해에 해당된다. 거짓말탐지기에 의한 검사에 대해서는 진술거부권의 대상이 아니라는 견해와 진술거부권의 대상이 된다는 견해가 대립하고 있다. 그러나 마취분석은 직접 진술을 얻어내는 방법이므로 진술거부권의 침해에 해당한다.

나) 진술강요금지의 범위

강요가 금지되는 것은 형사상 자기에게 불리한 진술, 즉 형사책임에 관한 진술이다. 따라서 민사책임이나 행정책임에 대한 진술은 포함되지 않는다. 형사책임에 관한 한 범죄사실뿐만 아니라 범죄사실 발견의 단서가 되는 사실도 포함된다. 통설은 형사책임관련 진술이면 개개의 진술뿐만 아니라, 일체의 진술을 거부할 수 있다고 본다. 헌법은 형사상 불리한 진술의 강요를 금지하고 있으나 형사소송법은 불리한 진술로 제한하지 않고 있다(§283-2). 따라서 이익 · 불이익을 불문한다. 증인의 증언거부권이 자기에게 불이익한 증언에 제한되어 있는 것과 구별된다.

《대판 2015.10.29. 2014도5939》 조사대상자의 진술 내용이 단순히 제3자의 범죄에 관한 경우가 아니라 자신과 제3자에게 공동으로 관련된 범죄에 관한 것이거나 제3자의 피의사실뿐만 아니라 자신의 피의사실에 관한 것이기도 하여 실질이 피의자신문조서의 성격을 가지는 경우에 수사기관은 진술을 듣기 전에 미리 진술거부권을 고지하여야 한다.

다) 인정신문과 진술거부권

피의자 · 피고인의 인적 사항에 대한 신문, 즉 인정신문에 대해서도 진술거부가 가능한가에 대해 견해의 대립이 있다. 통설은 진술거부권의 대상이 되는 진술에는 제한이 없으므로 인정신문에 대해서도 진술거부권을 행사할 수 있고 본다(적극설). 이러한 취지에 따라 2007년 개정 형사소송법은 인정신문에 앞서 피고인에게 진술거부권을 고지하도록 규정하고 있다(§283-②).

3) 진술거부권의 고지

가) 고지 방법

진술거부권의 고지는 피의자(피고인)가 진술거부권을 이해할 수 있도록 명시적 · 적극적으로 고지해야 한다. 피의자에 대해서는 피의자를 신문하기 전에 고지하되, 동일한 수사기관의 일련의 수사과정에서 신문할 때마다 고지할 필요는 없다. 다만 상당한 기간 중단되었다가 다시 신문하거나 조사자가 경질된 때에는 다시 고지해야 한다.

수사기관이 피의자신문을 할 때 사전에 고지해야 할 사항은 ① 일체의 진술을 하지 아니하거나 개개의 질문에 대하여 진술을 하지 아니할 수 있다는 것, ② 진술을 거부할 권리를 포기하고 행한 진술은 법정에서 유죄의 증거로 사용될 수 있다는 것, ③ 진술을 하지 아니하더라도 불이익을 받지 아니한다는 것, ④ 신문을 받을 때에는 변호인을 참여하게 하는 등 변호인의 조력을 받을 수 있다는 것이다(§244-3). 공판절차에서 재판장은 인정신문을 하기 전에 피고인에게 진술을 하지 아니하거나 개개의 질문에 대하여 진술을 거부할 수 있고, 이익되는 사실을 진술할 수 있음을 알려주어야 한다(§283-2, 형규 §127).

나) 고지시기

피의자의 진술거부권 행사를 실질적으로 보장해 주기 위하여 수사기관은 피의자를 신문하기 전에 미리 진술을 거부할 수 있음을 알려주어야 한다(§244-3). 영장실질심사에 있어서도 지방법원 판사는 피의자에게 구속영장청구서에 기재된 범죄사실의 요지를 고지하고, 피의자에게 일체의 진술을 하지 아니하거나 개개의 질문에 대하여 진술을 거부할 수 있으며, 이익 되는 사실을 진술할 수 있음을 알려주어야 한다(형규 §96-16①). 재판장은 공판절차상 피고인 신문을 할 경우 인정신문에 들어가기 전에 고지하여야 하고(§283-2②), 공판기일마다 할 필요는 없으나, 공판절차를 갱신하는 경우에는 다시 고지하여야 한다(형규 §144①3).

다) 고지의 상대방

피의자에 대해서는 피의자 신문을 하기 전에 고지하여야 한다(§244-3). 참고인의 경우 진술거부권을 고지할 필요가 없다. 수사기관으로부터 참고인 자격으로 조사를 받으면서 진술거부권을 고지 받지 않았다고 하더라도 그 이유만으로 그 진술조서가 위법수집증거로서 증거능력이 없다고 할 수 없다(대판 2011.11.10. 2011도8125). 피고인에 대해서는 모두절차에서 인정신문을 시작하기 전에 고지하여야 한다. 진술거부권이 보장되는 절차에서도 진술거부권 고지에 관한 명문의 규정이 없는 경우, 수사기관이나 조사자에게는 그 고지의무가 없다는 것이 판례의 입장이다(대판 2014.1.16. 2013도5441). 불심검문 대상자나 피내사자도 진술거부권을 가지고 있지만 진술거부권을 고지할 필요는 없다.

《대판 2011.11.10. 2011도8125 (필로폰 곡물포대 사건)》 수사기관에 의한 진술거부권 고지의 대상이 되는 피의자의 지위는 수사기관이 조사대상자에 대한 범죄혐의를 인정하여 수사를 개시하는 행위를 한 때에 인정되는 것으로 봄이 상당하다. 따라서 이러한 피의자의 지위에 있지 아니한 자에 대하여는 진술거부권이 고지되지 아니하였다 하더라도 그 진술의 증거능력을 부정할 것은 아니다.

《대판 2013.7.25. 2012도8698》 수사기관에 의한 진술거부권 고지의 대상이 되는 피의자의 지위는 수사기관이 범죄인지서를 작성하는 등의 형식적인 사건수리 절차를 거치기 전이라도 조사대상자에 대하여 범죄의 혐의가 있다고 보아 실질적으로 수사를 개시하는 행위를 한 때에 인정되는 것으로 봄이 상당하다

《대판 2014.1.16. 2013도5441 (선거범죄 문답서 요구사건)》 [1] 진술거부권이 보장되는 절차에서 진술거부권을 고지받을 권리가 헌법 제12조 제2항에 의하여 바로 도출된다고 할 수는 없고, 이를 인정하기 위해서는 입법적 뒷받침이 필요하다.

[2] 구 공직선거법 시행 당시 선거관리위원회 위원 · 직원이 선거범죄 조사와 관련하여 관계자에게 질문을 하면서 미리 진술거부권을 고지하지 않았다고 하여 단지 그러한 이유만으로 그 조사절차가 위법하다거나 그 과정에서 작성 · 수집된 선거관리위원회 문답서의 증거능력이 당연히 부정된다고 할 수는 없다.

《대판 2009.8.20. 2008도8213》 검사가 구속영장을 발부받아 피의자신문을 한 다음, 구속 기소한 후 다시 피의자를 소환하여 신문을 하면서 피의자신문조서가 아닌 일반적인 진술조서의 형식으로 조서를 작성한 경우, 진술조서의 내용이 피의자신문조서와 실질적으로 같고, 진술의 임의성이 인정되는 경우라도 미리 피의자에게 진술거부권을 고지하지 않았다면 위법수집증거에 해당하므로, 유죄인정의 증거로 사용할 수 없다.

4) 진술거부권의 효과

가) 증거능력의 배제

진술거부권을 고지하지 아니하고 얻은 자백은 임의성이 인정되는 경우라도 증거능력이 부정된다(대판 2009.8.20. 2008도8213). 증거능력을 부정하는 근거에 대해서는 견해의 대립이 있다. 다수설은 자백배제법칙을 근거로 하나 판례는 위법수집증거배제법칙을 적용하여 증거능력을 부정하고 있다(대판 1992.6.23. 92도682; 대판 2011.11.10. 2010도8294). 한편, 자백을 강요하거나 고문하는 등으로 진술을 강요하여 진술거부권을 침해하여 얻은 자백이나 진술은 증거능력이 없다.

《대판 1992.6.23. 92도682 (신이십세기파 사건)》 [1] 피의자의 진술거부권은 헌법이 보장하는 형사상 자기에 불리한 진술을 강요당하지 않는 자기부죄거부의 권리에 터잡은 것이므로 수사기관이 피의자를 신문함에 있어서 피의자에게 미리 진술거부권을 고지하지 않은 때에는 그 피의자의 진술은 위법하게 수집된 증거로서 진술의 임의성이 인정되는 경우라도 증거능력이 부인되어야 한다.
[2] 검사가 피의자와 사건에 관하여 대화하는 내용과 장면을 비디오테이프로 녹화하면서 녹화 당

시 피의자의 진술을 들음에 있어 동인에게 미리 진술거부권이 있음을 고지한 사실을 인정할 자료가 없으므로 위 녹화내용은 위법하게 수집된 증거로서 증거능력이 없는 것으로 볼 수밖에 없고, 따라서 이러한 녹화내용에 대한 법원의 검증조서 기재는 유죄증거로 삼을 수 없다.

나) 불이익한 추정의 금지

진술의 거부는 헌법상 기본권이므로 진술거부권의 행사를 이유로 형벌 등의 법적 제재를 가하는 것은 헌법위반이 된다. 따라서 진술거부권을 행사한 사실을 이유로 피고인이 유죄라고 추정하거나 피고인에게 불이익한 간접증거로 삼는 것은 허용되지 않는다. 양형에서 진술거부권 행사를 고려할 수 있는지 여부에 대해 견해가 대립하나, 판례는 피고인에게 보장된 방어권 행사의 범위를 넘은 경우, 가중적 양형조건으로 참작될 수 있다는 입장이다(대판 2001.3.9. 2001도192).

《대판 2015.5.28. 2015도3136 (새마을금고 임직원 거짓진술 처벌 사건)》 만일 법률이 범법자에게 자기의 범죄사실을 반드시 신고하도록 명시하고 그 미신고를 이유로 처벌하는 벌칙을 규정하는 것은 헌법상 보장된 국민의 기본권인 진술거부권을 침해하는 것이 된다.

《대판 2001.3.9. 2001도192》 형사소송절차에서 피고인이 진술을 거부하거나 거짓 진술을 하는 태도나 행위가 피고인에게 보장된 방어권 행사의 범위를 넘어 객관적이고 명백한 증거가 있음에도 진실의 발견을 적극적으로 숨기거나 법원을 오도하려는 시도에 기인한 경우에는 가중적 양형의 조건으로 참작될 수 있다.

《헌결 1990.8.27. 89헌가118 (교통사고 운전자 미신고 사건)》 교통사고를 일으킨 운전자에게 신고의무를 부담시키고 있는 도로교통법 제54조 제2항, 제154조 제4호는, 피해자의 구호 및 교통질서의 회복을 위한 조치가 필요한 범위 내에서 교통사고의 객관적 내용만을 신고하도록 한 것으로 해석하고, 형사책임과 관련되는 사항에는 적용되지 아니하는 것으로 해석하는 한 헌법에 위반되지 아니한다.

5) 진술거부권의 포기

진술거부권은 헌법상의 기본권이므로 미리 그 권리를 포기할 수 없다. 다만, 진술거부권의 불행사는 가능하다. 즉 피의자·피고인은 진술거부권을 행사하지 않고 진술할 수 있으나, 일단 진술을 시작한 경우에도 언제든지 진술거부권을 행사하여 이후의 진술을 거부할 수 있다.

제4절 수사의 조건

1. 의의

수사는 항상 국민의 기본권을 침해할 위험을 수반하기 때문에 수사기관이 수사를 개시하기 위해서는 일정한 조건이 갖추어야 하는데 이를 수사의 조건이라 한다. 수사의 조건은 수사기관의 자의적 수사활동을 억제하여 수사권 남용을 방지하기 위한 이론이다. 수사의 조건으로 수사의 개시에는 수사의 필요성이, 수사의 실행에는 수사의 상당성이 문제된다.

2. 수사의 필요성

가. 의의

수사는 그 목적을 달성을 위하여 필요한 경우에 한하여 허용된다(§199①). 수사의 필요성은 수사개시의 측면에서 파악한 수사의 조건이다. 수사는 임의수사, 강제수사를 불문하고 수사의 목적을 달성하기 위해 필요한 때에만 수사를 할 수 있다(§200①, §200-2②). 수사의 필요성이 없음에도 불구하고 수사를 행하는 경우 위법한 수사이다.

《대결 2003.3.25. 2003모126 (폐수방류공장 싹쓸이압수사건)》 형사소송법상 검사나 사법경찰관이 범죄수사에 필요한 때에는 영장에 의하여 압수를 할 수 있으나, 여기서 '범죄수사에 필요한 때'라 함은 단지 수사를 위해 필요할 뿐만 아니라 강제처분으로서 압수를 행하지 않으면 수사의 목적을 달성할 수 없는 경우를 의미한다.

나. 범죄혐의

수사기관은 '범죄의 혐의가 있다고 사료되는 때'에만 수사의 의무가 있다(§195). 여기서 범죄의 혐의란 단순한 추측이 아닌 구체적 사실에 근거를 둔 수사기관의 주관적 혐의를 말한다. 사법경찰관은 구체적인 사실에 근거를 둔 범죄의 혐의를 인식한 때에는 수사를 개시한다(경규 §18①). 주관적 혐의여부는 주위 사정을 합리적으로 판단하여 결정해야 한다. 추상적 범죄혐의만으로는 수사개시가 불가능하고 내사가 가능할 뿐이다. 수사개시에 필요한 주관적 혐의는 체포 · 구속에 필요한 객관적 혐의와 다르다. 피의자를 체포 · 구속하기 위한 상당한 혐의는 증거에 의해 뒷받침될 것이 요구되는 객관적인 혐의를 말한다.

다. 공소제기의 가능성

소송조건이 구비되지 않으면 검사가 공소를 제기할 수 없으며, 수사의 목적은 공소를 제기하여 범인을 처벌하는 것이다. 수사는 공소제기 전의 절차라는 점에서 소송조건이 구비되지 않은 경우에도 수사를 개시할 수 있는지 문제된다. 예컨대, 친고죄나 전속고발범죄의 경우 고소나 고발이 없는 경우 또는 고소 · 고발이 있기 전에도 수사를 개시할 수 있는지가 문제된다. 이에 대해 ① 전면허용설, ② 전면불허설, ③ 제한적 허용설 등의 견해가 대립한다. 고소 · 고발이 없더라도 고소 · 고발의 가능성이 있는 경우에는 임의수사는 물론 강제수사도 허용된다는 제한적 허용설이 다수설과 판례의 입장이다. 그러나 고소기간이 이미 경과하였거나 고소권자가 고소를 하지 않겠다는 의사를 명백히 한 경우 등 고소의 가능성이 없는 때에는 임의수사와 강제수사가 모두 허용되지 않는다.

《대판 1995.2.24. 94도252 (피신조서 작성 후 고발 사건)》 [1] 친고죄나 고발이 있어야 논할 수 있는 죄에 있어서 고소나 고발이 있기 전에 수사를 하였다 하더라도 그 수사가 장차 고소나 고발이 있을 가능성이 없는 상태 하에서 행해졌다는 등의 특단의 사정이 없는 한 고소나 고발이 있기 전에 수사를 하였다는 이유만으로 그 수사가 위법하다고 볼 수는 없다.

[2] 검사 작성의 피고인에 대한 피의자신문조서, 제3자에 대한 각 진술조서 등본이 조세범처벌법 위반죄에 대한 세무서장의 고발이 있기 전에 작성된 것이라 하더라도 고발의 가능성이 없는 상태 하에서 이루어졌다고 볼 아무런 자료도 없다면, 그 조서나 각 조서등본의 증거능력을 부정할 수는 없다.

《대판 1995.3.10. 94도3373 (세금계산서 교부 안한 사건)》 수사기관이 고발에 앞서 수사를 하고 피고인에 대한 구속영장을 발부받은 후 검찰의 요청에 따라 세무서장이 고발조치를 하였다고 하더라도 공소제기 전에 고발이 있는 이상 조세범처벌법 위반사건 피고인에 대한 공소제기의 절차가 법률의 규정에 위반하여 무효라고 할 수 없다.

《대판 2008.8.14. 2008도7724 (유학비자 중국어강사 고용 사건)》 출입국관리법 위반사건을 입건한 지방경찰청이 지체없이 관할 출입국관리사무소장 등에게 인계하지 않고 그 고발없이 수사를 하였다는 것만으로는 지방경찰청 및 검찰의 수사가 위법하다거나 공소제기절차가 법률의 규정에 위배되어 무효인 때에 해당하지 않는다.

3. 수사의 상당성

수사의 필요성이 인정되는 경우라도 수사는 수사목적을 달성하기 위해 상당한 방법으로 실행하여야 한다. 수사의 상당성은 수사의 실행 측면에서 파악된 수사조건으로 피의자의 인권침해를 방지하는 역할을 하므로 강제수사에서 더욱 강조된다. 수사의 상당성과 관련하여 비례의 원칙과 수사상 신의칙이 문제가 된다.

가. 비례의 원칙

수사는 필요하더라도 그 방법과 정도가 수사의 목적에 비추어 허용되는 범위 내이어야 한다. 수사비례의 원칙이란 수사에 의하여 달성하려는 공익과 그에 의하여 침해되는 사익 사이에 정당한 균형관계가 있어야 한다는 원칙을 말한다. 예를 들어 경범죄처벌법위반과 같은 경미사건 피의자를 수사기관이 체포·구속하는 것은 비례의 원칙에 반하므로 최대한 지양하여야 한다. 수사비례의 원칙에 따라 수사는 그 수단이 목적달성에 적합한 것이어야 하고(수단의 적합성), 수사처분은 수사의 목적을 달성하기 위해 필요한 최소한의 범위 내에서 행해져야 하며(침해의 최소성), 수사로 인한 법익침해와 수사목적달성으로 인한 이익 사이에 균형이 있어야 한다(법익의 균형성 또는 상당성).

나. 수사상 신의칙

범죄수사에 있어 수사기관은 국민을 기망하거나 국민의 신뢰를 침해하는 형태로 행해져서는 안된다는 원칙을 말한다. 국민에게 모범을 보여야 할 국가가 국민을 속이거나 정당하지 못한 행위를 하는 것은 옳지 못하다. 이를 수사의 신의칙 또는 사술금지의 원칙이라고 한다. 수사의 신의칙과 관련하여 특히 함정수사가 문제가 된다.

다. 함정수사

함정수사란 수사기관 또는 수사기관의 사주를 받은 자가 그 의도를 숨긴 채 범죄를 교사하거나 방조한 후 그 실행을 기다려 범인을 검거하는 수사기법을 말한다. 함정수사는 마약범죄, 조직범죄, 도박범죄, 성매매범죄 등 은밀하게 이루어지는 조직적 범죄에서 많이 사용된다. 함정수사에는 기회제공형 함정수사와 범의유발형 함정수사가 있다.

1) 기회제공형 함정수사

기회제공형 함정수사란 이미 범죄의사가 있는 자에 대하여 범죄에 나아갈 기회만을 제공하는 경우로 통설은 이를 적법한 수사로 보고 있다. 판례는 기회제공형 함정수사는 적법함은 물론이고 애초에 함정수사에 포함되지 않는다고 보고 있다. 은밀히 이루어지는 마약범죄나 뇌물범죄 등의 경우 기회제공형 함정수사가 사실상 불가피한 측면이 있다.

《대판 2004.5.14. 2004도1066 (구속정보원 공적조작 사건)》 함정수사라 함은 본래 범의를 가지지 아니한 자에 대하여 수사기관이 사술이나 계략 등을 써서 범죄를 유발케 하여 범죄인을 검거하는 수사방법을 말하는 것이므로, 범의를 가진 자에 대하여 범행의 기회를 주거나 범행을 용이하게 한 것에 불과한 경우에는 함정수사라고 할 수 없다.

《대판 2007.6.29. 2007도3164 (추가범행 지켜보기 사건)》 수사기관이 피고인의 범죄사실을 인지하고도 피고인을 바로 체포하지 않고 추가 범행을 지켜보고 있다가 범죄사실이 많이 늘어난 뒤에야 피고인을 체포하였다는 사정만으로 피고인에 대한 수사와 공소제기가 위법하다거나 함정수사에 해당한다고 할 수 없다.

《대판 2007.5.31. 2007도1903 (까치공원 부축빼기 사건)》 경찰관이 취객을 상대로 한 이른바 부축빼기 절도범을 단속하기 위하여, 공원 인도에 쓰러져 있는 취객 근처에서 감시하고 있다가, 마침 피고인이 나타나 취객을 부축하여 10m 정도를 끌고 가 지갑을 뒤지자 현장에서 체포하여 기소한 경우, 위법한 함정수사에 기한 공소제기가 아니다.

《대판 2007.7.26. 2007도4532》 수사기관이 이미 범행을 저지른 범인을 검거하기 위해 정보원을 이용하여 범인을 검거장소로 유인한 경우, 함정수사로 볼 수 없다.

《대판 2007.7.12. 2006도2339 (청송감호소 감방동료 사건)》 유인자가 수사기관과 직접적인 관련을 맺지 아니한 상태에서 피유인자를 상대로 단순히 수차례 반복적으로 범행을 부탁하였을 뿐 수사기관이 사술이나 계략 등을 사용하였다고 볼 수 없는 경우는, 설령 그로 인하여 피유인자의 범의가 유발되었다 하더라도 위법한 함정수사에 해당하지 아니한다.

《대판 1987.6.9. 87도915》 물품반출업무담당자가 소속회사에 밀반출행위를 사전에 알리고 그 정확한 증거를 확보하기 위하여 피고인의 밀반출행위를 묵인하였다는 것은 이른바 함정수사에 비유할 수는 없다.

《대판 2007.11.29. 2007도7680 (동거남 공적쌓기 사건)》 甲이 수사기관에 체포된 동거남의 석방을 위한 공적을 쌓기 위하여 乙에게 필로폰 밀수입에 관한 정보제공을 부탁하면서 대가의 지급을 약속하고, 이에 乙이 丙에게, 丙은 丁에게 순차 필로폰 밀수입을 권유하여, 이를 승낙하고 필로폰을 받으러 나온 丁이 체포된 경우, 乙, 丙 등이 각자의 사적인 동기에 기하여 수사기관과 직접적인 관련이 없이 독자적으로 丁을 유인한 것으로서 위법한 함정수사에 해당하지 않는다.

2) 범의유발형 함정수사

범의유발형 함정수사란 본래 범죄의사 없는 자에 대하여 수사기관이 사술이나 계략 등을 써서 범의를 유발시킨 후 범죄의 실행을 기다렸다가 체포하는 방법으로 통설은 위법한 수사로 본다. 판례는 범의유발형 함정수사에 대해 원칙적으로 위법하지만, 수사기관이 아닌 사인이 유인자인 경우 유인자와 수사기관의 직접 관련 여부 및 피유인자의 범의유발에 개입한 정도에 따라 적법한 함정수사가 될 수도 있다는 입장으로 변경하였다.

《대판 2020.7.9. 2020도4833》 구체적인 사건에 있어서 위법한 함정수사에 해당하는지 여부는, 해당 범죄의 종류와 성질, 유인자의 지위와 역할, 유인의 경위와 방법, 유인에 따른 피유인자의 반응, 피유인자의 처벌 전력 및 유인행위 자체의 위법성 등을 종합하여 판단하여야 한다.

《대판 2008.10.23. 2008도7362 (노래방 도우미 단속 사건)》 경찰관들이 노래방 단속 실적을 올리기 위하여 평소 손님들에게 도우미 알선 영업을 해 왔다는 자료나 첩보가 없음에도 노래방에 손님을 가장하고 들어가 도우미를 불러 줄 것을 요구한 후 이를 단속한 것은 수사기관이 사술이나 계략 등을 써서 피고인의 범의를 유발케 한 것으로서 위법하고, 이러한 함정수사에 기한 이 사건 공소제기 또한 그 절차가 법률의 규정에 위반하여 무효인 때에 해당한다.

《대판 2007.7.12. 2006도2339 (청송감호소 감방동료 사건)》 수사기관과 직접 관련이 있는 유인자가 피유인자와의 개인적인 친밀관계를 이용하여 피유인자의 동정심이나 감정에 호소하거나, 금전적 · 심리적 압박이나 위협 등을 가하거나, 거절하기 힘든 유혹을 하거나, 범행방법을 구체적으로 제시하고 범행에 사용할 금전까지 제공하는 등으로 과도하게 개입함으로써 피유인자로 하여금 범행을 일으키게 하는 것은 위법한 함정수사에 해당하여 허용되지 아니한다.

3) 위법한 함정수사의 효과

위법한 함정수사로 인하여 수집한 증거는 적법절차에 위배하여 수사절차에 중대한 위법이 있는 경우에 해당하므로 위법수집증거배제법칙에 의해 증거능력이 배제된다. 위법한 함정수사로 인한 검사의 공소제기가 있는 경우 법원은 공소제기의 절차가 법률의 규정에 위반하여 무효인 경우(§327.2)에 해당하므로 판결로써 공소를 기각한다. 위법수사를 한 수사기관은 직권남용죄의 형사책임과 국가배상의 책임을 부담할 수 있다.

《대판 2005.10.28. 2005도1247 (구속정보원 공적조작 사건)》 본래 범의를 가지지 아니한 자에 대하여 수사기관이 사술이나 계략 등을 써서 범의를 유발케 하여 범죄인을 검거하는 함정수사는 위법함을 면할 수 없고, 이러한 함정수사에 기한 공소제기는 그 절차가 법률의 규정에 위반하여 무효인 때에 해당하므로 공소기각판결을 선고하여야 한다.

라. 디지털 성범죄에 대한 위장수사

1) 의의

인터넷과 스마트폰의 발달로 디지털 성범죄는 그 수법이 점점 더 교묘하고 은밀해지고 있다. 또한 디지털 성범죄는 주로 온라인에서 발생하므로, 경찰이 증거를 수집하는데 어려움이 많다. 이런 이유로 2021년 개정된 아동·청소년의 성보호에 관한 법률(이하 '아청법'으로 약칭)은 경찰의 위장수사를 허용하고 있다. 위장수사는 경찰이 범죄자 또는 일반인으로 가장해 텔레그램 등 범죄현장에 잠입하는 방식으로, 범죄행위가 발생하는 상황을 직접 확인하고 피의자의 증거를 확보하는 수사기법이다. 디지털 성범죄에 대한 위장수사는 도입 초기 제기된 우려와 달리 위법한 남용사례도 거의 없고, 그에 비해 수사효과가 상당한 것으로 입증되어, 성인 대상 디지털 성범죄에도 활용할 수 있도록 2024년 성폭력범죄의 처벌 등에 관한 특례법(이하 '성폭법'으로 약칭)을 개정하였다.

2) 신분비공개수사와 신분위장수사

아청법과 성폭법상의 위장수사는 크게 신분비공개수사와 신분위장수사로 구분된다. 신분비공개수사는 범죄혐의가 있고 수사의 필요성이 있을 때 경찰관의 신분을 밝히지 않거나 부인하는 방식으로 증거 및 자료를 수집할 수 있는 수사방법이다. 신분위장수사는 범죄혐의가 상당히 있고 혐의사실에 대한 보충이 필요한 경우 경찰관이 신분을 위장하기 위하여 문서·도화·전자기록 등의 작성·변경·행사하거나 위장신분으로 계약, 거래하는 등의 방식으로 증거 및 자료를 수집할 수 있는 수사방법이다.

즉, 사법경찰관리는 디지털 성범죄[2]에 대하여 신분을 비공개하고 범죄현장(정보통신망을 포함) 또는 범인으로 추정되는 자들에게 접근하여 범죄행위의 증거 및 자료 등을 수집(이하 '신분비공개수사'라 함)할 수 있고(성폭법 §22-2①, 아청법 §25-2①), 디지털성범죄를 계획 또는 실행하고 있거나 실행하였다고 의심할 만한 충분한 이유가 있고, 다른 방법으로는 그 범죄의 실행을 저지하거나 범인의 체포 또는 증거의 수집이 어려운 경우에 한정하여 수사목적을 달성하기 위하여 부득이한 때에는 ① 신분을 위장하기 위한 문서, 도화 및 전자기록 등의 작성, 변경 또는 행사, ② 위장 신분을 사용한 계약·거래, ③ 아동·청소년성착취물, 성폭법 제14조 제2항의 촬영물 또는 복제물(복제물의 복제물을 포함), 성폭법 제14조의2에 따른 편집물·합성물·가공물 또는 복제물(복제물의 복제물을 포함), 유락영상

2) 아청법상 디지털 성범죄는 ① 아동·청소년성착취물 제작·배포죄(아청법 §11), ② 정보통신망을 통한 아동·청소년성매매알선행위죄(아청법 §15-2), ③ 아동·청소년에 대한 카메라이용촬영죄(성폭법 §14②,③)이고, 성폭법상 디지털 성범죄는 ① 카메라이용촬영죄(성폭법 §14), ② 허위영상물 등 반포죄(§14-2), ③ 촬영물·편집물 등 이용 협박·강요죄(성폭법 §14-3)이다.

물 등의 소지, 판매 또는 광고하는 행위(이하 '신분위장수사'라 함)를 할 수 있다(성폭법 §22-2②, 아청법 §25-2②).

3) 위장수사의 절차

사법경찰관리가 신분비공개수사를 진행하고자 할 때에는 사전에 상급 경찰관서 수사부서의 장의 승인을 받아야 한다. 이 경우 그 수사기간은 3개월을 초과할 수 없다(성폭법 §22-3①, 아청법 §25-3①). 신분위장수사를 하려는 경우에는 검사에게 신분위장수사에 대한 허가를 신청하고, 검사는 법원에 그 허가를 청구한다(성폭법 §22-3③, 아청법 §25-3③). 법원은 신분위장수사의 신청이 이유 있다고 인정하는 경우에는 신분위장수사를 허가하고, 이를 증명하는 서류(이하 '허가서'라 함)를 신청인에게 발부한다(성폭법 §22-3⑤, 아청법 §25-3⑤). 신분위장수사의 기간은 3개월을 초과할 수 없으며, 그 수사기간 중 수사의 목적이 달성되었을 경우에는 즉시 종료하여야 한다(성폭법 §22-3⑦, 아청법 §25-3⑦). 신분위장수사 신청요건이 존속하여 그 수사기간을 연장할 필요가 있는 경우에는 사법경찰관리는 소명자료를 첨부하여 3개월의 범위에서 수사기간의 연장을 검사에게 신청하고, 검사는 법원에 그 연장을 청구한다. 이 경우 신분위장수사의 총 기간은 1년을 초과할 수 없다(성폭법 §22-3⑧, 아청법 §25-3⑧).

4) 긴급위장수사의 절차

사법경찰관리는 디지털 성범죄에 대하여 신분비공개수사 절차를 거칠 수 없는 긴급을 요하는 때에는 상급 경찰관서 수사부서의 장의 승인 없이 긴급신분비공개수사를 할 수 있다(성폭법 §22-4①, 아청법 §25-4①). 긴급신분비공개수사 개시 후 지체 없이 상급 경찰관서 수사부서의 장에게 보고하여야 하고, 사법경찰관리는 48시간 이내에 상급 경찰관서 수사부서의 장의 승인을 받지 못한 때에는 즉시 긴급신분비공개수사를 중지하여야 한다(성폭법 §22-4②, 아청법 §25-4②). 긴급신분비공개 수사기간은 3개월을 초과할 수 없다(성폭법 §22-4③, 아청법 §25-4③).

사법경찰관리는 신분위장수사의 요건을 구비하고, 그 절차를 거칠 수 없는 긴급을 요하는 때에는 법원의 허가 없이 긴급신분위장수사를 할 수 있다(성폭법 §22-5①, 아청법 §25-5①). 사법경찰관리는 긴급신분위장수사 개시 후 지체 없이 검사에게 허가를 신청하여야 하고, 사법경찰관리는 48시간 이내에 법원의 허가를 받지 못한 때에는 즉시 긴급신분위장수사를 중지하여야 한다(성폭법 §22-5②, 아청법 §25-5②). 긴급신분위장수사의 기간은 신분위장수사의 기간과 같다(성폭법 §22-5③, 아청법 §25-5③).

5) 위장수사로 수집한 증거 등의 사용

사법경찰관리가 디지털 성범죄에 대한 신분비공개수사 또는 신분위장수사로 수집한 증거 및 자료 등은 ① 신분비공개수사 또는 신분위장수사의 목적이 된 디지털 성범죄나 이와 관련되는 범죄를 수사·소추하거나 그 범죄를 예방하기 위하여 사용하는 경우, ② 신분비공개수사 또는 신분위장수사의 목적이 된 디지털 성범죄나 이와 관련되는 범죄로 인한 징계절차에 사용하는 경우, ③ 증거 및 자료 수집의 대상자가 제기하는 손해배상청구소송에서 사용하는 경우, ④ 그밖에 다른 법률의 규정에 의하여 사용하는 경우 이외에는 사용할 수 없다(아청법 §25-6).

제2장

수사의 단서

수사기관은 범죄의 혐의가 있다고 생각되면 범인, 범죄사실과 증거를 수사할 수 있다(§196①, §197①, §245-10③). 이와 같이 수사는 수사기관의 주관적 혐의에 의하여 개시되는데, '수사기관이 범죄혐의를 두게 된 원인'을 수사의 단서라고 한다. 수사의 단서에는 제한이 없으므로 그 어떤 것도 수사의 단서가 될 수 있다. 수사의 단서에는 수사기관 자신의 체험에 의한 경우와 타인 체험의 청취에 의한 경우가 있다. 수사기관 자신의 체험에 의한 수사의 단서란 현행범인체포, 변사자 검시, 불심검문, 신문기사, 방송보도, 풍설, 다른 사건수사 중 범인을 발견한 경우와 같이 수사기관이 자율적 또는 능동적으로 수사를 개시하는 경우를 말한다. 이 경우 곧바로 수사가 개시되는 것은 아니며 수사기관의 범죄인지에 의하여 비로소 수사가 개시된다. 이에 비해 고소, 고발, 자수, 진정, 탄원, 투서, 범죄신고 등에 의해 수사를 개시하는 경우 즉시 수사가 개시되고 피고소인, 피고발인, 자수자 등은 피의자가 된다.

제1절 변사자의 검시

1. 변사자와 검시

변사자란 통상의 병사 또는 자연사가 아닌 사체로서 범죄로 인한 사망이라는 의심이 있는 사체를 의미한다. 자연사한 사체나 천재지변으로 인한 사망이 명백한 경우에는 검시의 대상이 아니다.

《대판 2003.6.27. 2003도1331》 형법 제163조(변사체검시방해)의 변사자라 함은 부자연한 사망으로서 그 사인이 분명하지 않은 자를 의미하고 그 사인이 명백한 경우는 변사자라 할 수 없으므로, 범죄로 인하여 사망한 것이 명백한 자의 사체는 같은 법조 소정의 변사체검시방해죄의 객체가 될 수 없다.

변사자 검시란 범죄혐의 유무를 발견하기 위하여 관할 지방검찰청 검사가 변사자의 상황을 조사하는 것을 말한다. 변사자 검시는 수사의 단서로서 범죄혐의 유무를 확인하기 위한 수사전 처분이다. 따라서 범죄혐의를 인지하여 수사를 개시한 후 행하는 검증과 구별된다. 변사체 검시의 결과 범죄혐의가 인정되면 수사를 개시한다.

2. 변사자검시의 주체

형사소송법상 변사자 검시의 주체는 검사이다. 즉 '변사자 또는 변사의 의심있는 사체가 있는 때에는 그 소재지를 관할하는 지방검찰청 검사가 검시하여야 한다(§222①). 다만 검사는 사법경찰관에게 검시에 관한 처분을 명할 수 있다(§222③). 이를 대행검시라고 하며, 실무상 사법경찰관의 대행검시가 일반적이다.

3. 변사자 검시의 영장 여부

검시는 수사의 단서에 불과하므로 법관의 영장이 필요없다. 검시를 위하여 타인의 주거에 들어갈 필요가 있는 때에는 주거자의 동의가 없는 한 영장을 요한다는 것이 다수설의 입장이다. 검시 후 범죄혐의를 인정하여 시체해부(부검)를 하기 위해서는 압수·수색·검증영장을 받아 검증을 하되 의사 기타 적당한 감정인에게 시체의 해부를 위촉한다. 변사자 검시를 통하여 범죄혐의를 인정하고 긴급을 요할 때에는 영장 없이 검증을 할 수 있다(§222②).

4. 변사자 검시의 절차

사법경찰관은 변사자 또는 변사한 것으로 의심되는 사체가 있으면 변사사건 발생사실을 검사에게 통보해야 한다(준칙 §17①). 검사 또는 사법경찰관은 변사자 또는 변사한 것으로 의심되는 사체를 검시했을 경우에는 검시조서를, 검증을 했을 경우에는 검증조서를 각각 작성하여 상호 송부해야 한다(준칙 §17②,③). 검사와 사법경찰관은 변사자의 검시를 한 사건에 대해 사건 종결 전에 수사할 사항 등에 관하여 상호 의견을 제시·교환해야 한다(준칙 §17④).

제2절 불심검문

1. 의의

불심검문(不審檢問)이란 경찰관이 거동이 수상한 자를 발견한 때에 이를 정지시켜 질문하는 것을 의미한다. 운행중인 자동차를 정차시켜 운전자나 동승자에게 질문하는 것(자동차 검문)도 일종의 불심검문에 해당한다. 불심검문은 경찰관직무집행법(이하 '경직법') 제3조에 규정되어 있다.

불심검문의 법적 성격에 대해서는 ① 행정경찰작용설, ② 사법경찰작용포함설(병유설) 등의 대립이 있으나 기본적으로는 행정경찰작용에 속하는 수사 전 처분에 불과하다. 그러나 수사와 밀접한 관계가 있고, 수사기관이 범죄혐의를 갖게 되면 언제든지 수사로 발전할 수 있기 때문에 불심검문은 중요한 수사의 단서에 해당한다. 불심검문과 임의수사는 범죄혐의의 '특정여부'에 의하여 구별된다. 예를 들어, 범죄혐의가 특정되지 않은 거동수상자에게 질문을 하거나 경찰관서에 동행시키는 것은 불심검문에 해당하지만, 절도혐의를 받는 피의자에게 질문(신문)하거나 경찰관서에 동행시키는 것은 임의수사에 해당한다.

《대판 2006.7.6. 2005도6810 (화천서 피의자 도주 사건)》 행정경찰 목적의 경찰활동으로 행하여지는 경찰관 직무집행법 제3조 제2항 소정의 질문을 위한 동행요구가 형사소송법의 규율을 받는 수사로 이어지는 경우에는 형사소송법 제199조 제1항 및 제200조의 법리가 적용되어야 한다.

2. 불심검문의 대상

불심검문의 대상자는 '수상한 행동이나 그 밖의 주위 사정을 합리적으로 판단하여 볼 때, ① 어떠한 죄를 범하였거나 범하려 하고 있다고 의심할 만한 상당한 이유가 있는 사람, 또는 ② 이미 행하여진 범죄나 행하여지려고 하는 범죄행위에 관하여 그 사실을 안다고 인정되는 사람'이다(경직법 §3①). 행동이 수상한지의 판단은 경찰관의 경험과 지식 등을 종합하여 합리적으로 판단하여야 한다.

《대판 2014.2.27. 2011도13999》 경찰관이 불심검문 대상자 해당 여부를 판단할 때에는 불심검문 당시의 구체적 상황은 물론 사전에 얻은 정보나 전문적 지식 등에 기초하여 불심검문 대상자인지를 객관적 · 합리적인 기준에 따라 판단하여야 하나, 반드시 불심검문 대상자에게 형사소송법상 체포나 구속에 이를 정도의 혐의가 있을 것을 요한다고 할 수는 없다.

3. 정지와 질문

가. 정지

정지란 현장에서의 질문이나 질문을 위한 동행요구를 목적으로 거동불심자를 불러 세우는 것을 말한다. 정지는 질문을 위한 수단이므로 강제수단에 의해 정지시키는 것은 허용되지 않는다. 따라서 상대방이 정지하여 질문에 응하는 경우에는 문제가 없다. 그러나 정지요구에 응하지 않고 지나가거나 질문 도중에 그 장소를 떠나려고 하는 경우에 어느 정도 유형력을 행사할 수 있는지가 문제된다. 다수설과 판례는 목적달성에 필요한 최소한의 범위 내에서 사회통념상 용인될 수 있는 상당한 방법으로 정지시키는 것은 가능하다는 입장이다. 예컨대 정지를 위하여 앞에서 가로막거나(대판 2014.12.11. 2014도7976 등) 추석하거나(대판 2000.11.10. 2000다26807, 26814) 몸에 손을 내는 정도는 허용된다.

《대판 2012.9.13. 2010도6203 (부평 자전거 검문 사건)》 범행 장소 인근에서 자전거를 이용한 날치기 사건이 발생한 직후 검문을 실시 중이던 경찰관들이 위 날치기 사건의 범인과 흡사한 인상착의의 피고인을 발견하고 앞을 가로막으며 진행을 제지한 행위는 사회통념상 용인될 수 있는 상당한 방법으로 법 제3조 제1항에 규정된 자에 대하여 의심되는 사항에 관한 질문을 하기 위하여 정지시킨 것으로 보아야 한다.

《대판 2014.12.11. 2014도7976 (분당 카페 검문 사건)》 경찰관들로서는 참고인들에 대한 확인절차를 거쳐 피고인이 범인이라고 의심할 만한 상당한 이유가 있었으므로 경찰관들의 검문에 불응하고 막무가내로 밖으로 나가려고 하는 피고인을 막아선 정도로 유형력을 행사한 것은 그 목적 달성에 필요한 최소한의 범위에서 사회통념상 용인될 수 있는 방법으로 이루어진 것으로 봄이 상당하다.

나. 질문

불심검문은 종국적으로 질문을 하기 위한 것이다. 정지와 동행요구는 질문을 위한 수단에 불과하다. 질문은 검문대상자에게 행선지나 용건 또는 성명 · 주소 · 연령 등을 묻고, 필요한 경우 소지품의 내용을 질문하여 수상한 점을 밝히는 것이다. 질문은 어디까지나 임의수단이므로 질문을 강제하는 것은 어떤 경우에도 허용될 수 없다. 질문에 대하여 상대방은 그 의사에 반하여 답변을 강요당하지 아니한다(경직법 §3⑦). 대상자에게 진술거부권이 있지만, 피의자신문이 아니므로 진술거부권을 고지할 필요가 없다.

질문을 할 경우 경찰관은 자신의 신분을 표시하는 증표를 제시하면서 소속과 성명을 밝히고 그 목적과 이유를 설명해야 한다(경직법 §3④). 경찰관이 사복으로 근무하고 있을 경우 대상자에게 특히 주민등록증의 제시를 요구할 경우에는 미리 자신의 신분증을 대상자에게 보여주어야 한다(주민등록법 §26②).

《대판 2014.12.11. 2014도7976 (수내파출소 카페 출동 사건)》 불심검문 당시 검문을 하는 경찰관들의 복장 등을 종합적으로 고려하여, 검문하는 사람이 경찰관이고 검문하는 이유가 범죄행위에 관한 것임을 피고인이 충분히 알고 있었다고 보이는 경우에는 신분증을 제시하지 않았다고 하여 그 불심검문이 위법한 공무집행이라고 할 수 없다.

4. 동행요구

불심검문을 함에 있어 정지시킨 장소에서 질문하는 것이 ① 그 사람에게 불리하거나 ② 교통에 방해가 된다고 인정되는 경우 경찰관은 질문을 하기 위하여 가까운 지구대·파출소 등 경찰관서에 동행할 것을 요구할 수 있다. 이 경우 동행을 요구받은 사람은 그 요구를 거절할 수 있다(경직법 §3②).[3] 동행요구를 하는 경우에도 경찰관은 자신의 신분증을 제시하면서 소속과 성명을 밝히고 그 목적과 이유를 설명하여야 하며, 동행 장소를 밝혀야 한다(경직법 §3④). 동행한 경우에 경찰관은 가족 또는 친지 등에게 동행한 경찰관의 신분, 동행 장소, 동행목적과 이유를 알리거나 본인으로 하여금 즉시 연락할 수 있는 기회를 주어야 하며, 변호인의 조력을 받을 권리가 있음을 알려야 한다(경직법 §3⑤). 동행한 사람은 동행이 개시된 이후 언제라도 퇴거할 자유가 있으며, 경찰관은 동행한 사람을 6시간을 초과하여 경찰관서에 머물게 할 수 없다(경직법 §3⑥). 동행을 요구받은 사람은 형사소송에 관한 법률에 따르지 아니하고는 신체를 구속당하지 아니하며, 그 의사에 반하여 답변을 강요당하지 아니한다(경직법 §3⑦).

《대결 1985.7.29. 85모16 (불온삐라 소지자 보호실유치 사건)》 수사의 필요상 피의자를 임의동행한 경우에도 조사 후 귀가시키지 아니하고 그의 의사에 반하여 경찰서 조사실 또는 보호실 등에 계속 유치함으로써 신체의 자유를 속박하였다면 이는 구금에 해당한다.

《대판 2011.6.30. 2009도6717 (티켓영업 성매매 사건)》 임의동행을 함에 있어, 수사관이 동행에 앞서 피의자에게 동행을 거부할 수 있음을 알려 주었거나 동행한 피의자가 언제든지 자유로이

---

3) 경찰관 甲이 불심검문 중 현행범 아닌 乙에게 임의동행을 요구하였으나 乙이 거절하고, 甲이 강제로 연행하려고 하자 乙이 강제적인 임의동행을 거부하는 방법으로서 甲을 폭행하면, 경찰관 甲의 공무집행은 위법하므로 공무집행방해죄가 성립하지 않는다(대판 1994.10.25. 94도2283).

동행과정에서 이탈 또는 동행장소에서 퇴거할 수 있었음이 인정되는 등 오로지 피의자의 자발적인 의사에 의하여 수사관서 등에 동행이 이루어졌다는 것이 객관적인 사정에 의하여 명백하게 입증된 경우에 한하여, 동행의 적법성이 인정된다고 보는 것이 타당하다.

《대판 2020.5.14. 2020도398 (마약투약자 임의동행 사건)》 경찰관이 甲의 정신상태, 신체에 있는 주사바늘 자국, 알콜솜 휴대, 전과 등을 근거로 甲의 마약류 투약 혐의가 상당하다고 판단하여 경찰서로 임의동행을 요구하였ㄱ, 동행장소인 경찰서에서 甲에게 마약류 투약 혐의를 밝힐 수 있는 소변과 모발의 임의제출을 요구한 경우, 甲에 대한 임의동행은 마약류 투약 혐의에 대한 수사를 위한 것이어서 형사소송법 제199조 제1항에 따른 임의동행에 해당한다.

《대판 1997.8.22. 97도1240 (부산 송도파출소 임의동행 사건)》 경찰관직무집행법 제3조 제6항이 임의동행한 경우 당해인을 6시간을 초과하여 경찰관서에 머물게 할 수 없다고 규정하고 있다고 하여 그 규정이 임의동행한 자를 6시간 동안 경찰관서에 구금하는 것을 허용하는 것은 아니다.[4)]

5. 소지품검사

소지품검사란 불심검문 과정에서 흉기 등의 소지 여부를 밝히기 위하여 대상자의 의복 및 휴대품을 조사하는 것을 의미한다. 소지품 검사는 수사의 단서에 불과하며 수사상 강제처분인 수색과 다르다. 경찰관직무집행법은 검문대상자에게 질문을 할 때에 그 사람이 흉기를 가지고 있는지를 조사할 수 있다고 규정(경직법 §3③)하여 흉기에 대해서만 규정하고 있다. 흉기 이외의 일반소지품(마약, 장물, 위조통화 등)에 대한 검사는 법적 근거가 없기 때문에 허용되지 않는다는 주장도 있고, 불심검문의 안전을 확보하거나 질문의 실효성을 유지하기 위해 흉기 이외의 소지품검사도 허용된다는 견해도 있다.

소지품검사의 한계와 관련하여 소지인의 승낙에 의한 검사는 임의처분이므로 허용된다. 한편, 의복 또는 휴대품의 외부를 손으로 만져 확인하는 것은 불심검문에 수반하는 행위로서 허용된다고 본다. 이를 미국에서는 Stop and Frisk라고 한다. 여기서 stop은 정지에 해당하는 개념이며, frisk는 의복·휴대품의 외부를 손으로 만져서 확인하는 것으로 수색 이전의 소지품 검사를 말한다고 할 수 있다. Stop and Frisk는 미국 Terry 사건 판례에 의하여 확립된 원칙이다. 소지품의 내용을 꺼내 보여줄(개시) 것을 요구하는 것도 허용된다고 본다.

4) 피고인이 부산 송도파출소까지 임의동행한 후 조사받기를 거부하고 파출소에서 나가려고 하다가 경찰관이 이를 제지하자 이에 항거하여 그 경찰관을 폭행한 경우, 경찰관이 임의동행한 피고인을 파출소에서 나가지 못하게 한 것은 적법한 공무집행이라고 볼 수 없다(대판 1997.8.22. 97도1240).

《대판 2012.9.13. 2010도6203 (부평 자전거 검문 사건)》 경찰관은 불심검문 대상자에게 질문을 하기 위하여 목적 달성에 필요한 최소한의 범위 내에서 사회통념상 용인될 수 있는 상당한 방법으로 대상자를 정지시킬 수 있고 질문에 수반하여 흉기의 소지 여부도 조사할 수 있다.

제3절 고소

1. 고소의 의의

가. 고소의 개념

고소(告訴)란 범죄의 피해자 또는 그와 일정한 관계가 있는 고소권자가 수사기관에 대하여 범죄사실을 신고하여 범인의 처벌을 구하는 의사표시를 말한다. 따라서 고소는 피해자 등 고소를 할 수 있는 적법한 권한이 있는 자의 소송행위이다. 피해자가 아닌 제3자가 하는 고발이나 범인 스스로 소추의 의사를 표시하는 자수는 고소가 아니다. 고소장은 수사기관에 제출하여야 한다. 수사기관이 아닌 법원에 진정서를 제출하거나 범인의 처벌을 희망한 것은 고소가 아니다.

고소는 범죄사실을 신고하는 것이다. 따라서 그 대상인 범죄사실은 특정되어야 한다. 다만 범죄사실 특정의 정도는 고소인이 구체적으로 어떤 범죄사실을 지정하여 처벌을 구하고 있는 것인가를 확정할 수 있을 정도이면 충분하다(대판 1984.3.27. 84도50). 범인의 성명이 불명확하거나 오기가 있거나, 범행의 일시·장소·방법 등이 명확하지 않거나 틀린 곳이 있어도 고소의 효력에는 영향이 없다(대판 1984.10.23. 84도1704). 범죄사실에 대한 신고가 있으면 되고 범인이 누구인가를 적시할 필요도 없다.

고소는 범인의 처벌을 구하는 의사표시이다. 따라서 도난신고나 피해신고 등과 같이 피해사실을 신고함에 그치고 범인의 처벌을 구하지 않는 경우에는 고소가 아니다. 고소는 의사표시이므로 고소인에게 고소의 의미를 이해할 수 있는 고소능력이 있어야 한다. 고소능력이란 고소의 의미를 이해할 수 있는 사실상의 정신능력을 말하며, 민법상 행위능력과는 구별이 된다.

《대판 1984.6.26. 84도709》 고소는 서면 또는 구술로써 검사 또는 사법경찰관에게 하여야 하는 것이므로 피해자가 피고인을 심리하고 있는 법원에 대하여 간통사실을 적시하고 피고인을 엄벌에 처하라는 내용의 진술서를 제출하거나 증인으로서 증언하면서 판사의 신문에 대해 피고인의 처벌을 바란다는 취지의 진술을 하였다 하더라도 이는 고소로서의 효력이 없다.

《대판 2012.2.23. 2010도9524 (계약없이 e-book제작·판매 사건)》 피해자가 경찰청 인터넷 홈페이지에 '피고인을 철저히 조사해 달라'는 취지의 민원을 접수하는 형태로 피고인에 대한 조사를 촉구하는 의사표시를 한 것은 형사소송법에 따른 적법한 고소로 보기 어렵다.

《대판 1999.2.9. 98도2074》 고소능력은 피해를 받은 사실을 이해하고 고소에 따른 사회생활상의 이해관계를 알아차릴 수 있는 사실상의 의사능력으로 충분하므로 민법상의 행위능력이 없는 자라도 위와 같은 능력을 갖춘 자에게는 고소능력이 인정된다.

《대판 1984.9.11. 84도1579》 법정대리인의 고소권은 무능력자의 보호를 위하여 법정대리인에게 주어진 고유권이어서 피해자의 고소권 소멸여부에 관계없이 고소할 수 있는 것이며, 그 고소기간은 법정대리인 자신이 범인을 알게 된 날로부터 진행한다.

《대판 2013.3.28. 2010도8467》 구 컴퓨터프로그램 보호법 제48조는 '프로그램저작권자 또는 프로그램배타적발행권자' 등의 고소가 있어야 공소를 제기할 수 있다고 규정하고 있는데, 프로그램저작권이 명의신탁된 경우 대외적인 관계에서는 명의수탁자만이 프로그램저작권자이므로 제3자의 침해행위에 대한 고소권자는 명의수탁자이다.

《대판 1984.10.23. 84도1704》 고소는 범인의 성명이 불명이거나 또는 오기가 있었다거나 범행의 일시 · 장소 · 방법 등이 명확하지 않거나 틀리는 것이 있다고 하더라도 그 효력에는 아무 영향이 없다.

《대판 1996.3.12. 94도2423》 고소인은 범죄사실을 특정하여 신고하면 족하고 범인이 누구인지 나아가 범인 중 처벌을 구하는 자가 누구인지를 적시할 필요도 없다.

《대판 1996.3.12. 94도2423》 고소인은 범죄사실을 특정하여 신고하면 족하고 범인이 누구인지 나아가 범인 중 처벌을 구하는 자가 누구인지를 적시할 필요도 없는바, 저작권법 제103조의 양벌규정은 직접 위법행위를 한 자 이외에 아무런 조건이나 면책조항 없이 그 업무의 주체 등을 당연하게 처벌하도록 되어 있는 규정으로서 당해 위법행위와 별개의 범죄를 규정한 것이라고는 할 수 없으므로, 친고죄의 경우 있어서도 행위자의 범죄에 대한 고소가 있으면 족하고, 나아가 양벌규정에 의하여 처벌받는 자에 대하여 별도의 고소를 요하지 않는다.

나. 고소의 성질

살인죄나 강도죄와 같은 비친고죄에 있어서 고소는 수사의 단서일 뿐이다. 그러나 친고죄에 있어서 고소는 수사의 단서이자 소송조건으로 작용하므로 고소가 없으면 공소를 제기할 수 없고, 공소제기가 있어도 유죄판결을 할 수 없다.

2. 고소의 절차

가. 고소권자

고소권자는 원칙적으로 범죄의 피해자이다. 다만, 범죄의 피해자가 고소를 할 수 없는 일정한 사정이 있는 경우에는 피해자의 법정대리인 등으로 그 범위가 확대된다. 친족관계에 의하여 고소를 할 경우(§225~§227)에는 고소인과 피해자와의 신분관계를 소명하는 서면을 제출해야 한다(형규 §116①).

1) 범죄의 피해자

범죄로 인한 피해자는 고소할 수 있다(§223). 고소권자가 되는 피해자는 직접 피해자에 한정되고 간접피해자는 제외된다. 직접 피해자인 이상 자연인에 한정되지 않고 법인은 물론 법인격 없는 사단·재단도 고소권자가 될 수 있다. 고소권은 일신전속권으로 상속이나 양도가 불가능하다. 다만, 저작권과 같이 침해가 계속적인 때에는 권리이전에 따라 고소권도 이전된다.

2) 피해자의 법정대리인

피해자의 법정대리인은 독립하여 고소할 수 있다(§225①). 법정대리인이란 친권자나 후견인 등과 같이 무능력자의 행위를 일반적으로 대리할 수 있는 자를 의미한다. 재산관리인, 파산관재인, 법인의 대표자는 법정대리인이 아니다. 법정대리인의 고소권의 성질에 관하여 ① 고유권설과 ② 독립대리권설의 대립하나, 다수설과 판례는 무능력자의 보호를 위해 고유권설의 입장이다. 고유권설에 의하면 피해자의 고소권이 소멸해도 법정대리인은 고소권을 행사할 수 있으며, 피해자의 명시한 의사에 반해서도 행사할 수 있다(대판 1999.12.24. 99도3784). 고유권설에 의하면 피해자는 법정대리인 한 고소를 취소할 수 없다. 피해자에게 고소능력이 있다면 피해자의 고소권과 법정대리인의 고소권이 함께 존재한다. 법정대리인이라는 지위는 고소할 당시에 있어야 한다. 즉 고소 후에 지위를 상실하였거나 범죄당시에는 그 지위에 없었더라도 고소는 유효하다.

《대판 1999.12.24. 99도3784》 법정대리인의 고소권은 무능력자의 보호를 위하여 법정대리인에게 주어진 고유권이므로, 법정대리인은 피해자의 고소권 소멸 여부에 관계없이 고소할 수 있고, 이러한 고소권은 피해자의 명시한 의사에 반하여도 행사할 수 있다.

《대판 2022.5.26. 2021도2488》 법원이 선임한 부재자 재산관리인이 그 관리대상인 부재자의 재산에 대한 범죄행위에 관하여 법원으로부터 고소권 행사에 관한 허가를 얻은 경우 부재자 재산 관리인은 형사소송법 제225조 제1항에서 정한 법정대리인으로서 적법한 고소권자에 해당한다.

3) 피해자의 배우자, 친족 등

피해자가 사망한 때에는 그 배우자, 직계친족, 형제자매는 고소할 수 있다. 단, 피해자의 명시한 의사에 반하지 못한다(§225②). 신분관계의 존부는 사망시를 기준으로 판단한다. 피해자의 법정대리인이 피의자이거나 법정대리인의 친족이 피의자인 때에는 피해자의 친족은 독립하여 고소할 수 있다(§226). 사자의 명예를 훼손한 범죄에 대하여는 그 친족과 자손은 고소할 수 있다(§227).

《대판 1986.11.11. 86도1982 (피해자의 할머니가 고소한 사건)》 모자관계는 호적에 입적되어 있는 여부와는 관계없이 자의 출생으로 법률상 당연히 생기는 것이므로 생모와 그 자(子)의 자(子) 사이에도 법률상 친족관계가 있다 할 것인바, 피고인의 생모가 피고인의 그 딸에 대한 강제추행 등 범죄사실에 대하여 고소를 제기한 것은 형사소송법 제226조 소정의 피해자의 친족에 의한 피해자의 법정대리인에 대한 적법한 고소라 할 것이다.

4) 지정고소권자

친고죄에 있어 고소할 자가 없는 경우 이해관계인 신청이 있으면 검사는 10일 이내에 고소할 수 있는 자를 지정해야 한다(§228). 사유는 묻지 않는다. 검사의 지정을 받은 고소인이 고소할 때에는 그 지정받은 사실을 소명하는 서면을 제출하여야 한다(형규 §116②).

나. 고소의 방법

고소는 서면 또는 구술로 검사 또는 사법경찰관에게 하여야 한다(§237①). 검사 또는 사법경찰관이 구술에 의한 고소 또는 고발을 받은 때에는 조서를 작성하여야 한다(§237②). 고소는 처벌을 희망하는 의사표시만 있으면 되기 때문에 반드시 독립된 조서에 작성할 필요는 없다.

고소는 대리인에게 하게 할 수 있다(§236). 대리권 수여 방식에는 특별한 제한이 없고 대리인도 서면 또는 구술로 고소할 수 있다. 다만, 대리권이 없는 자가 고소한 경우 고소의 효력은 발생하지 아니한다. 대리인으로부터 고소를 수리하는 경우에는 고소인 본인의 위임장을 제출받아야 한다(경규 §23①).

검사 또는 사법경찰관리가 고소에 의하여 범죄를 수사할 때에는 고소를 수리한 날로부터 3개월 이내에 수사를 완료해야 한다(§257, 경규 §24①). 사법경찰관이 고소사건을 접수 받은 때에는 신속히 조사하여 관계서류와 증거물을 검사에게 송부하여야 한다(§238).

《대판 2002.6.14. 2000도4595》 대리인에 의한 고소의 경우, 대리권이 정당한 고소권자에 의하여 수여되었음이 실질적으로 증명되면 충분하고, 그 방식에 특별한 제한은 없으므로, 고소를 할 때 반드시 위임장을 제출한다거나 '대리'라는 표시를 하여야 하는 것은 아니다.

《대판 2011.6.24. 2011도4451》 구술에 의한 고소가 있는 경우에는 조서를 작성하어야 하는 바, 그 조서가 반드시 독립된 조서가 아니라 하더라도 수사기관이 고소권자를 증인 또는 피해자로서 신문한 경우에 그 진술에서 범인이 처벌을 요구하는 의사표시를 하고 그 의사표시를 조서에 기재하였을 경우 고소는 유효하다.

다. 고소기간

일반범죄의 경우 고소는 수사의 단서에 불과하므로 고소기간에 아무런 제한이 없다. 그러나 친고죄에서는 고소인이 고소기간의 제한이 있다. 친고죄에 있어서는 '범인을 알게 된 날'로부터 6월을 경과하면 고소하지 못한다. 범인을 알게 된다는 것은 고소권자가 고소할 수 있을 정도로 범죄사실과 범인을 아는 것을 의미한다. 이때 범죄사실을 알게 된다는 것은 고소권자가 친고죄에 해당하는 범죄의 피해가 있었다는 사실관계에 관하여 확정적인 인식이 있음을 의미한다(대판 2001.10.6. 2001도3106). 범인이 누구인가 특정할 수 있을 정도로 알아야 하지만, 범인의 동일성을 식별할 수 있을 정도로 인식함으로써 족하고 범인의 주소·성명까지 알 필요는 없다(대판 1999.4.23. 99도576). 범인은 정범·공범을 불문한다. 범인이 수인인 때에는 그중 1인만 알면 족하다. 다만, 상대적 친고죄의 경우에는 신분관계 있는 범인을 알게 된 날이 기준이 된다. 법정대리인이 고소를 하는 경우에는 해석상 법정대리인 자신이 범인을 알게 된 날로부터 진행된다.

고소할 수 없는 불가항력의 사유가 있는 때에는 그 사유가 없어진 날로부터 고소기간을 기산한다(§230①단서). 범행 당시 피해자가 고소능력이 없었다가 고소 당시에 비로소 고소능력이 생겼다면, 그 고소기간은 고소능력이 생긴 때로부터 기산되어야 한다(대판 1995.5.9. 95도696). 범죄가 아직 진행 중인 경우에는 범인을 알게 되었을지라도 범죄종료 시로부터 고소기간이 진행된다(대판 2004.10.28. 2004도5014). 고소할 수 있는 자가 수인인 경우에는 1인의 기간의 해태(懈怠)는 타인의 고소에 영향이 없다(§231).

《대판 2001.10.6. 2001도3106》 [1] 형사소송법 제230조 제1항 규정에서 범인을 알게 된다 함은 통상인의 입장에서 보아 고소권자가 고소를 할 수 있을 정도로 범죄사실과 범인을 아는 것을 의미하고, 여기서 범죄사실을 안다는 것은 고소권자가 친고죄에 해당하는 범죄의 피해가 있었다는 사실관계에 관하여 확정적인 인식이 있음을 의미한다.

[2] 고소인이 처와 상간자 간에 성관계가 있었다는 사실을 알게 되었으나 처가 상간자와의 성관계는 강간에 의한 것이라고 주장하며 상간자를 강간죄로 고소하였고 이에 대하여 검찰에서 무혐의 결정이 나자 이들을 간통죄로 고소한 경우, 고소인으로서는 그 강간 고소사건에 대한 검찰의 무혐의결정이 있을 때 비로소 처와 상간자 간의 간통사실을 알았다고 봄이 상당하므로, 그 때로부터 고소기간을 기산하여야 한다.

《대판 1995.5.9. 95도696》 강제추행의 피해자가 범인을 안 날로부터 6월이 경과된 후에 고소제기하였더라도, 범행 당시 피해자가 11세의 소년에 불과하여 고소능력이 없었다가 고소 당시에 비로소 고소능력이 생겼다면, 그 고소기간은 고소능력이 생긴 때로부터 기산되어야 하므로, 고소기간이 경과된 것으로 볼 것이 아니다.

《대판 1987.6.9. 87도857》 법정대리인의 고소기간은 피해자가 아니라 법정대리인 자신이 범인을 알게 된 날로부터 진행한다.

《대판 1985.9.10. 85도1273》 자기의 피용자인 부녀를 간음하면서 불응하는 경우 해고할 것을 위협하였다 하더라도 이는 업무상 위력에 의한 간음죄의 구성요건일 뿐 그 경우 해고될 것이 두려워 고소를 하지 않은 것이 고소할 수 없는 불가항력적 사유에 해당한다고 할 수 없다.

3. 고소불가분의 원칙

가. 의의

고소불가분의 원칙은 친고죄에서 고소의 효력이 미치는 범위에 관한 원칙이다. 형사소송법은 주관적 불가분의 원칙에 대해서만 규정(§233)하고 있으나, 객관적 불가분의 원칙도 '하나의 사건은 소송법적으로 나눌 수 없다.'라는 법언에 비추어 이론상 당연한 것으로 인정되고 있다.

나. 객관적 불가분의 원칙

객관적 불가분의 원칙이란 친고죄에 있어서 하나의 범죄사실의 일부에 대한 고소나 그 취소는 그 전부에 대하여 효력이 발생한다는 원칙을 말한다. 고발이나 공소제기의 경우에도 동일한 효력이 발생한다(대판 2005.1.14. 2002도5411). 형사소송법 등에 규정은 없으나 이론과 판례는 형사절차의 객관성을 위해 인정하고 있다.

1) 단순일죄

단순일죄의 경우 객관적 불가분의 원칙이 예외 없이 적용된다. 예를 들어 甲이 모욕죄를 구성하는 수개의 모욕적 언사 중 일부만을 고소한 경우 고소의 효력은 그 전부에 미친다.

2) 상상적 경합

상상적 경합(想像的 競合)이란 하나의 행위가 여러 개의 죄에 해당하는 경우를 뜻한다. 과형상 일죄라고도 한다. 상상적 경합의 경우 피해자의 동일성 여부, 범죄의 친고죄 여부에 따라 객관적 불가분의 원칙이 적용되는 효력범위가 달라진다.

① 모두 친고죄이고 피해자가 동일한 경우에는 객관적 불가분의 원칙이 적용된다. 예를 들어 의사인 甲이 피해자 乙에게 업무상비밀누설의 방법으로 모욕을 한 경우 甲이 乙을 모욕으로만 고소하더라도 그 고소의 효력은 업무상비밀누설죄에도 미친다.

② 모두 친고죄이지만 피해자가 다른 경우에는 피해자 수인 중 1인의 고소의 효력은 다른 피해자에 대한 범죄사실에는 미치지 않는다. 예를 들어 甲이 하나의 문서로 A, B, C를 모욕한 경우 A가 甲을 모욕죄로 고소한 경우 그 고소의 효력은 B, C에 대한 모욕죄에는 미치지 않는다.

③ 일부는 친고죄이고 다른 일부는 친고죄가 아닌 경우에는 객관적 불가분의 원칙이 적용되지 않는다. 즉 비친고죄에 대한 고소는 친고죄에 대하여 효력이 없다(통설). 예를 들어 甲이 하나의 행위로 乙에게 업무상비밀누설과 명예훼손을 동시에 한 경우 피해자는 동일하지만 명예훼손죄는 친고죄가 아니므로 乙이 명예훼손죄로 고소해도 그 고소의 효력은 업무상비밀누설죄에는 미치지 아니한다. 또한 친고죄에 대한 고소취소는 비친고죄에 대하여 효력이 없다. 예를 들어 甲이 피해자 乙을 강제추행과 동시에 모욕한 경우 乙이 모욕죄에 대한 고소를 취소하더라도 강제추행죄에는 효력이 미치지 않는다.

《대판 1983.4.26. 83도323 (조개트럭 사건)》 형이 중한 강간미수죄가 친고죄로서 고소가 취소되었다 하더라도 형이 경한 감금죄에 대하여는 아무런 영향을 미치지 않는다.[5)]

---

5) 강간죄를 비롯한 성범죄에 대한 친고죄 규정은 2013년 폐지되었다. 강간죄에 대한 친고죄규정이 폐지되기 전 상상적 경합관계에 있는 강간죄와 감금죄에 대해 강간죄에 대해 고소취소한 경우 대법원은 감금죄로는 처벌할 수 있다고 하였다(대판 1983.4.26. 83도323 조개트럭 사건).

3) 실체적 경합

실체적 경합(實體的 競合)이란 여러 개의 행위가 여러 개의 죄를 성립시키는 경우를 뜻한다. 단순히 경합범이라고 할 때 실체적 경합을 의미한다. 객관적 불가분의 원칙은 하나의 범죄사실을 전제로 하므로 실체적 경합범 관계에 있는 수죄에는 적용되지 않는다. 예컨대 甲이 A, B, C를 각각 모욕한 경우 각 모욕은 실체적 경합관계에 있으므로 A가 甲을 고소하거나 고소를 취소하여도 그 효력은 B나 C의 고소나 그 취소에 영향을 미치지 않는다.

《대판 2011.6.24. 2011도4451》 일죄의 관계에 있는 범죄사실 일부에 대한 고소의 효력은 일죄 전부에 대하여 미친다.

다. 주관적 불가분의 원칙

1) 의의

주관적 불가분의 원칙이란 '친고죄의 공범 중 그 1인 또는 수인에 대한 고소 또는 그 취소는 다른 공범자에 대하여도 효력이 있다.'는 원칙을 말한다(§233). 예를 들어 공범관계인 甲, 乙이 A를 모욕한 경우 A가 甲만 고소한 경우 乙에 대해서도 고소의 효력이 미친다. 공범은 임의적 공범과 필요적 공범을 모두 포함한다(대판 1985.11.12. 85도1940). 주관적 불가분의 원칙을 인정하는 이유는 고소인의 자의에 의하여 불공평한 결과가 발생하는 것을 방지하고자 하는데 의의가 있다. 주관적 불가분의 원칙이 적용되는 범위는 대상범죄가 절대적 친고죄이냐 상대적 친고죄이냐에 따라 달라진다.

2) 절대적 친고죄

절대적 친고죄란 범죄자와 피해자의 신분관계와 관계없이 일정한 범죄사실에 대한 공소제기를 위해 반드시 고소권자의 고소를 필요로 하는 범죄이다. 형법상 사자 명예훼손죄, 모욕죄, 비밀침해죄, 업무상비밀누설죄가 있다. 성범죄에 대한 친고죄 규정은 2013년부터 삭제되어 현재 성범죄는 모두 비친고죄로 바뀌었으며, 친고죄가 아니다. 절대적 친고죄에 있어서는 주관적 불가분의 원칙이 예외 없이 적용된다. 따라서 공범 중 1인에 대한 고소의 효력은 전원에 대하여 미친다. 주관적 불가분의 원칙은 저작권법위반죄와 같은 친고죄의 양벌규정에도 적용된다.

《대판 2015.11.17. 2013도7987》 고소권자가 비친고죄로 고소한 사건이더라도 검사가 사건을 친고죄로 구성하여 공소를 제기하였다면 공소장 변경절차를 거쳐 공소사실이 비친고죄로 변경되지 아니하는 한, 법원으로서는 친고죄에서 소송조건이 되는 고소가 유효하게 존재하는지를 직권으로 조사·심리하여야 한다. 그리고 이 경우 친고죄에서 고소와 고소취소의 불가분 원칙을 규정한 형사소송법 제233조는 당연히 적용되므로, 만일 공소사실에 대하여 피고인과 공범관계에 있는 사람에 대한 적법한 고소취소가 있다면 고소취소의 효력은 피고인에 대하여 미친다.

《대판 2010.9.30. 2008도4762》 친고죄에 관한 고소의 주관적 불가분원칙을 규정하고 있는 형사소송법 제233조가 공정거래위원회의 고발에도 유추적용된다고 해석한다면 이는 공정거래위원회의 고발이 없는 행위자에 대해서까지 형사처벌의 범위를 확장하는 것으로서, 결국 피고인에게 불리하게 형벌법규의 문언을 유추해석한 경우에 해당하므로 죄형법정주의에 반하여 허용될 수 없다.

《대판 1976.4.27. 76도578》 친고죄인 실용신안법 제30조 제1항 제1호 소정 실용신안권을 침해한 공범자 중의 1인에 대한 고소취하의 효력은 형사소송법 233조에 의하여 다른 공범자에 대하여도 효력이 있다.

《대판 2009.1.30. 2008도7462》 고소불가분의 원칙상 공범 중 일부에 대하여만 처벌을 구하고 나머지에 대하여는 처벌을 원하지 않는 내용의 고소는 적법한 고소라고 할 수 없다.

3) 상대적 친고죄

상대적 친고죄란 범인과 피해자 사이에 일정한 신분관계가 있을 경우에만 친고죄인 범죄를 말한다. 형법상 친족상도례 규정[6]을 적용받는 절도죄, 사기죄, 공갈죄, 횡령죄, 배임죄, 장물죄, 권리행사방해죄 등이 이에 해당한다. 상대적 친고죄에 있어 비신분자에 대한 고소의 효력은 신분관계 있는 공범에게는 미치지 않는다. 예를 들어 조카가 제3자인 공범과 함께 분가하여 살고 있는 삼촌의 물건을 훔치자 삼촌이 조카가 아닌 제3자만 고소한 경우 공범인 제3자에게만 고소가 유효하며, 그 고소는 조카에게 미치지 않는다. 또한 상대적 친고죄에 있어 신분관계 있는 사람에 대한 고소인의 고소취소는 비신분자에게 효력이 없다. 위의 경우 삼촌이 조카와 제3자를 절도죄로 고소한 이후 조카만을 상대로 고소취소한 경우 그 고소취소의 효력은 제3자에게 미치치 않는다.

《대판 1964.12.15. 64도481》 친족상도례와 같이 범인과 피해자 사이에 일정한 신분관계가 있는 경우에만 친고죄로 되는 '상대적 친고죄'에 있어서는 비신분자에 대한 고소의 효력은 신분관계

6) 형법 제328조(친족 간의 범행과 고소) ① 직계혈족, 배우자, 동거친족, 동거가족 또는 그 배우자간의 제323조의 죄는 그 형을 면제한다.
② 제1항 이외의 친족간에 제323조의 죄를 범한 때에는 고소가 있어야 고소가 있어야 공소를 제기할 수 있다.
③ 전 2항의 신분관계가 없는 공범에 대하여는 전 2항을 적용하지 아니한다.

에 있는 공범에게는 미치지 아니하며, 신분관계에 있는 자에 대한 피해자의 고소취소는 비신분자에게 효력이 없다.

4) 반의사불벌죄에의 적용여부

반의사불벌죄(反意思不罰罪)란 피해자의 고소가 없어도 공소제기할 수 있지만, 피해자가 범인의 처벌을 원하지 않는다는 의사를 표시하면 기소할 수 없고 기소한 후에 그러한 의사를 표시하면 형사재판을 종료해야 하는 범죄를 말한다. 형법상 반의사불벌죄에는 폭행죄, 협박죄, 명예훼손죄, 출판물에 의한 명예훼손죄, 과실치상죄 등이 있다. 반의사불벌죄에서도 공범자 사이에 고소불가분의 원칙이 적용되는지에 대하여 준용하는 명문의 규정이 없는 점에 비추어 적용되지 않는다. 예를 들어 출판물에 의한 명예훼손죄의 공범 A와 B에 대해여 피해자가 A에 대해서만 처벌불원의 의사를 표시한 경우 A에 대해서만 처벌불원의 효력이 미친다.

《대판 1994.4.26. 93도1689》 형사소송법 제233조에서 고소와 고소취소의 불가분에 관한 규정을 함에 있어서는 반의사불벌죄에 이를 준용하는 규정을 두지 아니한 것은 처벌을 희망하지 아니하는 의사표시나 처벌을 희망하는 의사표시의 철회에 관하여 친고죄와는 달리 공범자간에 불가분의 원칙을 적용하지 아니하고자 함에 있다고 볼 것이지, 입법의 불비로 볼 것은 아니다.

《대판 2002.3.15. 2002도158》 반의사불벌죄에 있어서 처벌불원의 의사표시의 부존재는 소극적 소송조건으로서 직권조사사항이라 할 것이므로 당사자가 항소이유로 주장하지 아니하였다고 하더라도 원심은 이를 직권으로 조사 · 판단하여야 한다.

《대판 2017.9.7. 2017도8989》 반의사불벌죄의 피해자는 피의자나 피고인 및 그들의 변호인에게 자신을 대리하여 수사기관이나 법원에 자신의 처벌불원의사를 표시할 수 있는 권한을 수여할 수 있다.

《대판 2023.7.17. 2021도11126 全合 》 [1] 반의사불벌죄에서 성년후견인은 명문의 규정이 없는 한 의사무능력자인 피해자를 대리하여 피고인 또는 피의자에 대하여 처벌을 희망하지 않는다는 의사를 결정하거나 처벌을 희망하는 의사표시를 철회하는 행위를 할 수 없다. 이는 성년후견인의 법정대리권 범위에 통상적인 소송행위가 포함되어 있거나 성년후견개시심판에서 정하는 바에 따라 성년후견인이 소송행위를 할 때 가정법원의 허가를 얻었더라도 마찬가지이다.

[2] 피고인이 자전거를 운행하던 중 전방주시의무를 게을리하여 보행자인 피해자 甲을 들이받아 중상해를 입게 하였다는 교통사고처리 특례법 위반(치상)의 공소사실로 기소되었고, 위 사고로 의

식불명이 된 甲에 대하여 성년후견이 개시되어 성년후견인으로 甲의 법률상 배우자 乙이 선임되었는데, 乙이 피고인 측으로부터 합의금을 수령한 후 제1심 판결선고 전에 甲을 대리하여 처벌불원 의사를 표시한 경우, 위 특례법 제3조 제2항에서 차의 운전자가 교통사고로 인하여 범한 업무상과실치상죄는 '피해자의 명시적인 의사'에 반하여 공소를 제기할 수 없도록 규정하여 문언상 그 처벌 여부가 '피해자'의 '명시적'인 의사에 달려 있음이 명백하므로, 乙이 甲을 대신하여 처벌불원의사를 형성하거나 결정할 수 있다고 해석하는 것은 법의 문언에 반한다.

5) 전속고발범죄에의 적용여부

전속고발 또는 즉시고발사건이란 일정한 관계 공무원의 고발이 있어야 검사가 공소를 제기할 수 있는 사건이다. 조세범처벌법(동법 §21), 관세법(§284), 독점규제 및 공정거래에 관한 법률(§129) 등 관계 법률에는 관계 공무원의 고발이 없으면 검사가 공소를 제기할 수 없도록 규정하고 있다. 관계 공무원의 고발이 없으면 검사는 공소를 제기할 수 없다는 점에서 친고죄와 유사하다. 전속고발범죄에 주관적 불가분의 원칙이 적용한다는 명문의 규정이 없는 이상 전속고발사건에도 주관적 고소불가분의 원칙이 적용되지 않는다. 주관적 불가분의 원칙은 전속고발범죄의 양벌규정에도 적용되지 않는다.

《대판 2010.9.30. 2008도4762》 형사소송법은 고발에 대하여 그 주관적 불가분의 원칙에 관한 규정을 두고 있지 않고, 또한 형사소송법 제233조를 준용하고 있지도 아니하다. 친고죄에 관한 고소의 주관적 불가분원칙을 규정하고 있는 형사소송법 제233조가 공정거래위원회의 고발에도 유추적용된다고 해석한다면 피고인에게 불리하게 형벌법규의 문언을 유추해석한 경우에 해당하므로 죄형법정주의에 반하여 허용될 수 없다.

《대판 2004.9.24. 2004도4066》 조세범처벌법에 의한 고발에 있어서는 이른바 고소 · 고발 불가분의 원칙이 적용되지 아니하므로, 고발의 구비 여부는 양벌규정에 의하여 처벌받는 자연인인 행위자와 법인에 대하여 개별적으로 논하여야 한다.

4. 고소의 취소와 포기

가. 고소의 취소

고소의 취소는 친고죄에 있어서 일단 제기한 고소를 철회하는 고소인의 의사표시를 의미한다. 반의사불벌죄에 있어서 처벌희망 의사표시의 철회도 고소의 취소에 준한다(§232③).

1) 취소권자

고소취소를 할 수 있는 자는 고유의 고소권자이거나 고소의 대리행사권자이거나 불문한다. 다만 고유의 고소권자는 고소대리권자가 제기한 고소를 취소할 수 있으나, 고소대리권자는 고유의 고소권자가 제기한 고소를 독자적으로 취소할 수는 없다. 따라서 피해자가 한 고소를 피해자가 사망한 후에 그 아버지가 고소를 취소하여도 적법한 고소취소라고 할 수 없다(대판 2010.5.27. 2010도2680).

《대판 2009.11.19. 2009도6058 全合》 반의사불벌죄에 있어서 피해자의 피의자에 대한 처벌을 희망하지 않는다는 의사표시 또는 처벌을 희망하는 의사표시의 철회는 의사능력이 있는 피해자(14세 10개월)가 단독으로 이를 할 수 있고, 거기에 법정대리인의 동의가 있어야 한다거나 법정대리인에 의해 대리되어야만 한다고 볼 것은 아니다.

《대판 2019.12.13. 2019도10678》 성폭력범죄의 처벌 등에 관한 특례법 제27조에 따른 성폭력범죄 피해자의 변호사는 대리가 허용될 수 있는 모든 소송행위에 대한 포괄적인 대리권을 가진다. 따라서 피해자의 변호사는 피해자를 대리하여 피고인에 대한 처벌을 희망하는 의사표시를 철회하거나 처벌을 희망하지 않는 의사표시를 할 수 있다.

《대판 2010.5.27. 2010도2680 (생일빵 사건)》 폭행죄는 피해자의 명시한 의사에 반하여 공소를 제기할 수 없는 반의사불벌죄로서 처벌불원의 의사표시는 의사능력이 있는 피해자가 단독으로 할 수 있는 것이고, 피해자가 사망한 후 그 상속인이 피해자를 대신하여 처벌불원의 의사표시를 할 수는 없다고 보아야 한다.

2) 고소취소의 시기

고소는 형벌권의 발동이 고소인의 자의에 의해 좌우되는 것을 막기 위하여 제1심 판결선고 전까지만 취소할 수 있도록 규정(§232①)하고 있다. 여기의 고소는 물론 친고죄의 고소를 말한다. 비친고죄의 고소는 수사단서에 불과하므로 언제나 취소할 수 있다. 제1심 판결 선고 후에 고소가 취소된 때에는 고소취소는 효력이 없고(대판 1967.2.28. 67도41), 항소심에서 비친고죄가 친고죄로 공소장이 변경된 때에도 마찬가지로 고소취소의 효력이 없다(대판 1999.4.15. 96도1922 全合). 그러나 항소심 파기환송 후의 제1심 판결선고 전의 고소취소는 효력이 있다(대판 2011.8.25. 2009도9112). 반의사불벌죄에서 처벌을 희망하는 의사표시의 철회도 제1심 판결선고 전까지만 가능하다(§232③). 따라서 제1심 판결선고 후에 처벌불원의 의사표시를 하는 경우 그 효력이 없다(대판 1979.2.27. 79도30).

《대판 1999.4.15. 96도1922 全合》 항소심에서 공소장의 변경에 의하여 또는 공소장변경절차를 거치지 아니하고 법원 직권에 의하여 친고죄가 아닌 범죄를 친고죄로 인정하였더라도 항소심을 제1심이라 할 수는 없는 것이므로, 항소심에 이르러 비로소 고소인이 고소를 취소하였다면 이는 친고죄에 대한 고소취소로서의 효력은 없다.

《대판 2016.11.25. 2016도9470》 [1] 제1심 법원이 반의사불벌죄로 기소된 피고인에 대하여 소송촉진법 제23조에 따라 피고인의 진술 없이 유죄를 선고하여 판결이 확정된 경우, 만일 피고인이 책임을 질 수 없는 사유로 공판절차에 출석할 수 없었음을 이유로 소송촉진법 제23조의2에 따라 제1심 법원에 재심을 청구하여 재심개시결정이 내려졌다면 피해자는 재심의 제1심 판결 선고 전까지 처벌을 희망하는 의사표시를 철회할 수 있다.

[2] 피고인이 제1심 법원에 소송촉진법 제23조의2에 따른 재심을 청구하는 대신 항소권회복청구를 함으로써 항소심 재판을 받게 되었다면 항소심을 제1심이라고 할 수 없는 이상 항소심 절차에서는 처벌을 희망하는 의사표시를 철회할 수 없다.

《대판 1988.3.8. 85도2518》 항소심에 이르러 비로소 반의사불벌죄가 아닌 죄에서 반의사불벌죄로 공소장변경이 있었다 하여 항소심인 제2심을 제1심으로 볼 수는 없다. 이 경우 피해자가 항소심에서 처벌의사를 철회하였다 하더라도 법원은 실체판결을 하여야 한다.

《대판 1985.11.12. 85도1940 (가리봉동 여중생 집단강간 사건)》 친고죄의 공범 중 그 일부에 대하여 제1심판결이 선고된 후에는 제1심판결선고 전의 다른 공범자에 대하여는 그 고소를 취소할 수 없고 그 고소의 취소가 있다 하더라도 그 효력을 발생할 수 없으며, 이러한 법리는 필요적 공범이나 임의적 공범이냐를 구별함이 없이 모두 적용된다.

《대판 2011.5.13. 2011도2233》 친고죄에서 피해자의 고소가 없거나 고소가 취소되었음에도 친고죄로 기소되었다가 그 후 당초에 기소된 공소사실과 동일성이 인정되는 비친고죄로 공소장변경이 허용된 경우 그 공소제기의 흠은 치유된다.

《대판 1957.3.29. 4290형상58》 조세범처벌법 위반 사건에 대한 세무공무원의 고발취소는 제1심 판결선고 전에 한하여 취소할 수 있다고 해석함이 타당하다.

3) 고소취소의 방법

고소취소의 방법은 고소의 방법과 동일하다. 따라서 서면 또는 구술로 할 수 있으며(§239), 구술에 의한 경우 조서를 작성해야 한다. 대리도 허용된다(§236). 수사기관의 진술조서 작성시에 고소취소의 진술이 있었다면 그 고소는 적법하게 취소되었다고 할 수 있다(대판 1983.7.26. 83도1431). 다만 공소제기 전에는 수사기관에 대하여 고소취소를 하지만, 공소제기 이후에는 수소법원에 대하여만 할 수 있다. 고소인과 피고소인 사이에 합의서가 작성된 것만으로는 고소취소라고 할 수 없다(대판 1980.10.27. 80도1448). 합의서가 수사기관이나 법원에 제출되었다면 고소취소의 효력이 있다. 고소불가분의 원칙은 고소취소의 경우에도 적용된다(§233).

비교판례

고소취소 또는 처벌희망 의사표시의 철회로 인정하는 경우	고소취소 또는 처벌희망 의사표시의 철회로 인정하지 않는 경우
① 피해자가 경찰에 강간치상의 범죄사실을 신고한 후 경찰관에게 가해자의 처벌을 원한다는 취지의 진술을 하였다가, 그 다음에 가해자와 합의한 후 "이 사건 전체에 대하여 가해자와 원만히 합의하였으므로 피해자는 가해자를 상대로 이 사건과 관련한 "어떠한 민·형사상의 책임도 묻지 아니한다."는 취지의 가해자와 피해자 사이의 합의서가 경찰에 제출되었다면, 위와 같은 합의서의 제출로써 피해자는 가해자에 대하여 처벌을 희망하던 종전의 의사를 철회한 것으로서 공소제기 전에 고소를 취소한 것으로 봄이 상당하다(대판 2002.7.12. 2001도6777 주병진 사건). ② 강간피해자 명의의 "당사자 간에 원만히 합의되어 민·형사상 문제를 일체 거론하지 않기로 화해되었으므로 합의서를 1심 재판장 앞으로 제출한다"는 취지의 합의서 및 피고인들에게 중형을 내리기보다는 법의 온정을 베풀어 사회에 봉사할 수 있도록 관대한 처분을 바란다는 취지의 탄원서가 제1심 법원에 제출되었다면 이는 결국 고소취소가 있은 것으로 보아야 한다(대판 1981.11.10. 81도1171). ③ 강간미수의 피해자(당시15세)의 어머니와 피고인의 아버지간에 피해가 변상되었으니 관대한 처벌을 하여 달라는 내용의 합의서가 제출되었고 또 피해자의 어머니가 피해자는 물론 자기도 처벌을 원치 않는다고 합의서의 기재를 부연하는 증언을 하였다면 이는 처벌을 희망하는 의사표시의 철회로 볼 것이므로 공소기각 판결을 해야 한다(대판 1974.12.24. 74도3335). ④ '피해자(여, 14)는 가해자측으로부터 50만원을 받아 합의를 하였기에 차후 이 사건으로 민형사상의 이의를 제기하지 않겠다'는 취지의 피해자의 모	① 형사소송법 제239조, 제237조의 규정상 고소인이 (고소인과 피의자 사이에 "민형사상 아무런 이의를 제기하지 않는다."는) 합의서를 피고인에게 작성하여 준 것만으로는 고소가 적법하게 취소된 것으로 볼 수 없다(대판 1983.9.27. 83도516). ② 관련 민사사건에서 '이 사건과 관련하여 서로 상대방에 대하여 제기한 형사 고소 사건 일체를 모두 취하한다'는 내용이 포함된 조정이 성립된 것만으로는 고소취소나 처벌불원의 의사표시를 한 것으로 보기 어렵다(대판 2004.3.25. 2003도8136). ③ 고소인(강간피해자)과 피고인(가해자)사이에 작성된 "상호간에 원만히 해결되었으므로 이후에 민·형사간 어떠한 이의도 제기하지 아니할 것을 합의한다."는 취지의 합의서가 제1심 법원에 제출되었으나 고소인이 제1심에서 고소취소의 의사가 없다고 증언하였다면 위 합의서의 제출로 고소취소의 효력이 발생하지 아니한다(대판 1981.10.6. 81도1968). ④ 검사가 작성한 피해자에 대한 진술조서기재 중 '피의자들의 처벌을 원하는가요?'라는 물음에 대하여 '법대로 처벌하여 주기 바랍니다.'로 되어 있고 이어서 '더 할 말이 있는 가요?'라는 물음에 대하여 '젊은 사람들이니 한번 기회를 주시면 감사하겠습니다.'로 기재되어 있다면 피해자의 진술취지는 법대로 처벌하되 관대한 처분을 바란다는 취지로 보아야 하고 처벌의사를 철회한 것으로 볼 것이 아니다(대판 1981.1.13. 80도2210). ⑤ 피해자가 증인으로 출석하라는 소환장을 송달받고서 "업무출장 관계로 출석할 수 없으니 기일을 변경하여 주시기 바랍니다. 乙(피고인 甲과 함

(母) 명의의 합의서가 법원에 제출되었고 이후 다시 '처벌을 원하지 않는다는 합의가 이루어졌음을 확인한다'는 내용의 피해자의 모의 탄원서가 추가로 제출된 경우 처벌불원의사가 포함되어 있다(대판 2009.12.24. 2009도11859). ⑤ 피해자는 피고인의 제1심 국선변호인을 통하여 "가해자와 피해자 간에 원만한 합의를 하였으므로 이 건을 차후 민 · 형사상 어떠한 이의도 제기치 않을 것을 서약하면서 합의서를 제출합니다."라는 내용과 "합의금 이백 중 나머지 일백만 원은 11월부터 매월 10만 원씩 송금하기로 함"이라는 내용이 기재된 합의서를 제1심법원에 제출하였다면 피고인에 대한 처벌을 희망하지 아니한다는 의사를 명시적으로 표시한 것으로 봄이 상당하다(대판 2008.2.29. 2007도11339).	께 고소된 사람임)은 90회 이상 증인을 고소, 고발하여 괴롭히고 있습니다. 乙을 고소취하 하였는데 "무엇 때문에 또 증인을 부르시나요? 제발 생업에 종사할 수 있도록 선처하여 주시기 바랍니다."라는 내용의 서면을 제출하고 불출석한 경우(대판 2001.6.15. 2001도1809). ⑥ 피고인이 피해자로부터 합의서를 교부받아 피고인이 피해자를 대리하여 처벌불원의사서를 수사기관에 제출한 이상, 이후 피고인이 피해자에게 약속한 치료비 전액을 지급하지 아니한 경우에도 민사상 치료비에 관한 합의금지급채무가 남는 것은 별론으로 하고 처벌불원의사를 철회할 수 없다(대판 2001.12.14. 2001도4283). ⑦ 피해자가 피고인을 고소한 사건에서, 법원으로부터 증인으로 출석하라는 소환장을 받은 피해자가 자신에 대한 증인소환을 연기해 달라고 하거나 기일변경신청을 하고 출석을 하지 않는 경우, 피고인에 대한 처벌을 희망하지 아니하거나 처벌을 희망하는 의사표시를 철회하는 피해자의 진정한 의사가 명백하고 믿을 수 있는 방법으로 표시되었다고 볼 수 없다(대판 2001.6.15. 2001도1809).

4) 고소취소의 효과

고소를 취소한 사람은 다시 고소하지 못한다(§232②). 즉 친고죄에서 고소를 취소하면 고소권은 소멸한다. 고소를 취소한 자는 고소기간이 남아 있다고 할지라도 다시 고소할 수 없다. 고소권자의 고소취소로 대리권자의 고소권도 소멸한다. '고소취소'를 다시 취소하여 소멸된 고소권을 회복시키지 못한다. 다만, 하나의 범죄에 있어 피해자가 수인인 경우 1인이 고소를 취소하더라도 다른 피해자의 고소권은 소멸하지 아니한다. 반의사불벌죄의 경우도 처벌불원의사를 표시하면 다시 처벌희망의 의사표시를 할 수 없다. 고소를 취소하면 고소인의 지위를 상실하므로 재정신청, 검찰항고 등을 청구할 권리도 상실한다.

친고죄에서 고소취소가 있으면 검사는 공소권 없음의 불기소처분을 해야 하고, 법원은 공소기각 판결을 선고해야 한다(§327.5). 그러나 비친고죄의 경우 피해자의 고소취소는 양형상 참고사유에 불과하다.

《대판 2009.9.24. 2009도6779》 고소권자가 서면 또는 구술로써 수사기관 또는 법원에 고소를 취소하는 의사표시를 하였다고 보여지는 이상 그 고소는 적법하게 취소되었다고 할 것이고 그 후 고소취소를 철회하는 의사표시를 다시 하였다고 하여도 그것은 효력이 없다.

《대판 2007.9.6. 2007도3405》 반의사불벌죄에 있어서 피해자가 처벌을 희망하지 아니하는 의사표시나 처벌을 희망하는 의사표시의 철회가 명시적으로 표시된 이후에는 다시 처벌을 희망하지 아니하는 의사표시를 철회하거나 처벌을 희망하는 의사를 표시할 수 없다.

《대판 2008.11.27. 2007도4977》 고소인이 사건 당일 현장에 출동한 경찰관에게 고소장을 교부하였다가 경찰서에 도착하여 최종적으로 고소장을 접수시키지 아니하기로 결심하고 고소장을 반환받은 것이라면, 3개월 뒤 다시 고소를 제기하였다 할지라도 재고소의 금지를 규정한 형사소송법 제232조 제2항에 위반된다고 볼 수 없다.

나. 고소의 포기

고소의 포기란 고소권자가 친고죄의 고소기간 안에 미리 장차 고소권을 행사하지 않겠다는 의사표시를 하는 것을 의미한다. 고소권의 불행사는 고소기간의 경과로 인해 고소권이 소멸하는 경우라는 점에서 고소의 포기와 구별된다. 고소의 포기를 인정할 수 있는지에 대해서는 ① 긍정설, ② 부정설, ③ 고소의 포기를 인정하지만 그 폐단 방지를 위해 고소취소와 동일한 방식으로 한 경우에 한하여 고소포기의 효력이 있다는 견해(다수설)가 대립한다. 판례는 고소권은 공법상의 권리이므로 처분이 불가능하여 고소권 포기를 부정하고 있다.

《대판 1967.5.23. 67도471 (주월한국군 성폭행 사건)》 친고죄에 있어서의 피해자의 고소권은 공법상의 권리라고 할 것이므로 법이 특히 명문으로 인정하는 경우를 제외하고는 자유처분을 할 수 없고 따라서 일단 한 고소는 취소할 수 있으나 고소 전에 고소권을 포기할 수 없다.

《대판 1993.10.22. 93도1620》 피해자가 고소장을 제출하여 처벌을 희망하는 의사를 분명히 표시한 후 고소를 취소한 바 없다면 비록 고소 전에 피해자가 처벌을 원치 않았다 하더라도 그 후에 한 피해자의 고소는 유효하다.

4. 고소의 제한

자기 또는 배우자의 직계존속은 고소하지 못한다(§224). 이는 전통적인 가정의 질서유지를 위한 규정이다. 이 고소제한 규정은 헌법상 평등의 원칙에 위반되지 아니한다(헌결 2011.2.24. 2008헌바56). 다만, 성폭력범죄와 가정폭력범죄에 대하여는 자기 또는 배우자의 직계존속이라도 고소할 수 있다(성폭법 §18, 가정폭력범죄의 처벌 등에 관한 특례법[7] §6②).

7) 이하 '가폭법'이라 한다.

제4절 고발

1. 의의

고발(告發)이란 고소권자나 범인 이외의 제3자가 수사기관에 범죄사실을 신고하여 범인의 처벌을 구하는 의사표시를 말한다. 고발은 범죄사실을 신고하여 처벌을 구하는 의사표시이므로, 처벌의 의사표시 없이 단순히 범죄사실을 신고하는 것은 고발이라고 할 수 없다. 고발의 경우에는 반드시 범인을 적시할 필요가 없고, 또한 범인으로 지정한 자가 진범인이 아니더라도 고발의 효력에는 영향이 없다(대판 1994.5.13. 94도458). 고발은 원칙적으로 수사의 단서에 불과하지만, 전속고발범죄(즉시고발사건)에서는 소송조건이 되기도 한다.

《대판 1994.5.13. 94도458 (농지전용 고발 사건)》 고발이란 범죄사실을 수사기관에 고하여 그 소추를 촉구하는 것으로서 범인을 지적할 필요가 없는 것이고 또한 고발에서 지정한 범인이 진범인이 아니더라도 고발의 효력에는 영향이 없다.

2. 고발권자

고발은 고소권자나 범인이 아니면 누구나 할 수 있다. 즉 범죄사실이 있다고 생각하는 자는 누구든지 고발할 수 있다(§234①). 다만 직무를 행함에 있어서 죄가 있다고 생각하는 경우 공무원에게는 고발의 의무가 있다(§234②). 공무원이 직무와 상관없이 우연히 범죄를 발견한 경우에는 고발의무가 없다. 고발은 대리가 허용되지 않는다. 누구든지 고발할 수 있으므로 굳이 고발의 대리를 인정할 필요가 없다. 전속고발사건의 경우에는 세무서장, 관세청장, 출입국관리소장, 공정거래위원장 등 법에 명시된 공무원만 고발권을 행사할 수 있다. 이 경우 고발권자 이외의 자의 고발은 효력이 인정되지 않는다.

《대판 1985.8.13. 85도1193》 농지의 보전 및 이용에 관한 법률 제21조 제4항이 규정하는 군수의 고발권에 대하여 이를 면장에게 위임할 수 있다는 근거법령을 찾아 볼 수 없으니 결국 면장이 위 조항에 의거 행한 고발은 적법한 고발이라고 할 수 없다.

3. 고발의 방식과 처리

고발의 방식과 취소의 절차는 고소의 경우와 같다. 즉 서면 또는 구술로 수사기관에 대해서 해야만 한다(§237①). 대리고발은 허용되지 않는다. 수사기관이 구술에 의한 고발을 받은 때에는 조서를 작성해야 한다(§237②). 고발과 고발취소의 기간에는 제한이 없다. 다만 전속고발사건에 있어서는 제1심판결 선고 전까지 취소할 수 있다는 것이 판례의 입장이다(대판 1957.3.29. 57도58). 고발을 취소한 후에도 다시 고발할 수 있다(통설). 이는 친고죄의 고소와 다른 점이다. 고발에 있어서는 고소와 같은 주관적 불가분의 원칙이 적용되지 않는다. 자기 또는 배우자의 직계존속은 고발하지 못한다(§235). 사법경찰관이 고발을 받은 때에는 신속히 조사하여 관계서류와 증거물을 검사에게 송부하여야 한다(§238).

《대판 2014.10.15. 2013도5650》 조세범 처벌절차법에 따라 범칙사건에 대한 고발이 있는 경우 고발의 효력은 범칙사건에 관련된 범칙사실의 전부에 미치고 한 개의 범칙사실의 일부에 대한 고발은 전부에 대하여 효력이 생긴다. 그러나 수 개의 범칙사실 중 일부만을 범칙사건으로 하는 고발이 있는 경우 고발장에 기재된 범칙사실과 동일성이 인정되지 않는 다른 범칙사실에 대해서까지 고발의 효력이 미칠 수는 없다.

《대판 2015.9.10. 2015도3926》 공정거래위원회가 독점규제 및 공정거래에 관한 법률 제71조에 따라 사업자를 고발하였는데, 법원이 본안에 대하여 심판한 결과 혐의 사실이 인정되지 아니하거나 공정거래위원회의 처분이 위법하여 행정소송에서 취소된다 하더라도 고발을 기초로 이루어진 공소제기 등 형사절차의 효력에 영향을 미치지 아니한다.

《대판 2004.9.24. 2004도4066》 조세범처벌법에 의한 고발에 있어서는 이른바 고소 · 고발 불가분의 원칙이 적용되지 아니하므로, 고발의 구비여부는 양벌규정에 의하여 처벌받는 자연인인 행위자와 법인에 대하여 개별적으로 논하여야 한다. 피고발인을 법인으로 명시한 다음, 이어서 법인의 등록번호와 대표자의 인적 사항을 기재한 고발장의 표시를 자연인인 개인까지를 피고발자로 표시한 것이라고 볼 수는 없다.

제5절 자수

1. 자수의 의의

자수(自首)란 범인 스스로 수사기관에 대하여 자기의 범죄사실을 신고하여 수사와 소추를 구하는 의사표시를 의미한다. 자수는 자기의 범죄사실을 신고한다는 점에서 타인의 범죄사실을 신고하는 고소·고발과 다르다. 자수는 범인이 자발적으로 하여야 하므로 수사기관의 조사에 응하여 자기의 범죄사실을 진술하는 자백과 다르다. 자수는 수사기관에 대한 의사표시라는 점에서 반의사불벌죄에서 피해자에게 자발적으로 자기의 범죄사실을 고하여 용서를 구하는 자복과 다르다.

실체법상 자수는 임의적 감면 사유로 그 형을 감경 또는 면제할 수 있다(형법 §52①). 다만 형법상의 위증죄, 무고죄와 국가보안법위반사범(동법 §16)의 경우 자수는 필요적 감면사유가 된다. 형사소송법상 범죄발각 전의 자수는 수사의 단서가 된다.

《대판 2006.9.22. 2006도4883 (DNA결과 추궁후 자백사건)》 자수라 함은 범인이 스스로 수사책임이 있는 관서에 자기의 범행을 자발적으로 신고하고 그 처분을 구하는 의사표시를 말하고, 가령 수사기관의 직무상의 질문 또는 조사에 응하여 범죄사실을 진술하는 것은 자백일 뿐 자수로는 되지 않는다.

《대판 999.4.13. 98도4560 (세관원 추궁 대마수입 자인 사건)》 세관검색시 금속탐지기에 의해 대마 휴대 사실이 발각될 상황에서 세관 검색원의 추궁에 의하여 대마 수입 범행을 시인한 경우, 자발성이 결여되어 자수에 해당하지 않는다.

《대판 1994.10.14. 94도2130 (신월동 강간 사건)》 범죄사실을 부인하거나 죄의 뉘우침이 없는 자수는 그 외형은 자수일지라도 법률상 형의 감경사유가 되는 진정한 자수라고는 할 수 없다.

《대판 1999.7.9. 99도1695 (먼지털이개 속 히로뽕 사건)》 형법 제52조 제1항 소정의 자수란 범인이 자발적으로 자신의 범죄사실을 수사기관에 신고하여 그 소추를 구하는 의사표시를 함으로써 성립하는 것으로서, 일단 자수가 성립한 이상 자수의 효력은 확정적으로 발생하고 그 후에 범인이 번복하여 수사기관이나 법정에서 범행을 부인한다고 하더라도 일단 발생한 자수의 효력이 소멸하는 것은 아니다.

2. 자수의 절차 등

자수의 시기에는 제한이 없다. 범죄사실이 발각된 후에 신고(대판 1965.10.5. 65도579)하거나, 지명수배가 된 후라도 체포 전에 자발적으로 신고한 이상 자수에 해당된다. 범인이 타인(제3자)을 시켜서도 자수할 수 있지만, 제3자에게 자수의사를 전달하여 달라고 한 것만으로 자수라고 할 수는 없다. 자수는 대리에 부적합하므로 대리인에 의한 자수는 허용되지 아니한다.

고소 · 고발의 방식에 관한 규정은 자수에 대하여 준용한다(§240). 따라서 자수는 서면 또는 구술로써 검사 또는 사법경찰관에게 하여야 하며, 검사 또는 사법경찰관이 구술에 의한 자수를 받은 때에는 조서를 작성하여야 한다(§237①,②). 사법경찰관이 자수를 받은 때에는 신속히 조사하여 관계서류와 증거물을 검사에게 송부하여야 한다(§238).

제3장

임의수사

제1절 임의수사와 강제수사

1. 수사의 일반원칙

가. 임의수사의 원칙

수사에 관하여는 그 목적을 달성하기 위하여 필요한 조사를 할 수 있다. 다만, 강제처분은 이 법률에 특별한 규정이 있는 경우에 한하며, 필요한 최소한도의 범위 안에서만 하여야 한다(§199①). 피의자에 대한 수사는 불구속 상태에서 함을 원칙으로 한다(§198①). 수사기관이 수사를 할 때에는 수사 대상자의 자유로운 의사에 따른 임의수사를 원칙으로 해야 하고, 강제수사는 법률에서 정한 바에 따라 필요한 경우에만 최소한의 범위에서 하되, 수사 대상자의 권익 침해의 정도가 더 적은 절차와 방법을 선택해야 한다(준칙 §10①). 이와 같이 수사는 원칙적으로 같은 목적을 달성할 수 있으면 임의수사에 의하여야 하고 강제수사는 법률에 규정된 경우에 한하여 예외적으로 허용된다는 원칙을 임의수사의 원칙이라고 한다. 임의수사의 원칙은 무죄추정의 원칙 또는 비례의 원칙의 제도적 표현이다. 임의수사라고 하여 임의수사의 자유를 의미하는 것은 아니라, 형사절차인 이상 적정절차의 법리에 의한 규제를 받으며, 필요한 한도에서만 허용되어야 한다는 수사비례의 원칙이 적용된다. 따라서 범죄혐의가 인정되지 않으면 임의수사도 할 수 없다.

나. 강제수사법정주의

강제수사는 법률에 규정된 경우에 한하여 그 요건과 절차에 따라서만 할 수 있다는 원칙을 말한다(§199①단서). 인권침해의 위험을 방지하기 위하여 강제수사의 허용조건을 법률에 규정함으로써 수사기관의 자의적 강제수사를 억제하는 효과가 있다. 강제수사법정주의에 의하여 강제수사의 종류와 요건 및 절차는 법률에 규정되어 있을 것을 요하며, 강제수사는 법률이 규정하고 있는 유형과 그 절차에 한하여 허용된다. 강제수사 법정주의는 영장주의가 전제되는 원칙이다.

다. 영장주의

영장주의란 법원 또는 법관이 적법하게 발부한 영장에 의하지 않으면 형사절차상의 강제수사를 할 수 없다는 원칙을 말한다. 헌법 제12조 제3항은 '체포 · 구속 · 압수 또는 수색을 할 때에는 적법한 절차에 따라 검사의 신청에 의하여 법관이 발부한 영장을 제시하여야 한다'고 규정하여 영장주의를 천명하고 있다. 즉 영장주의는 영장을 법원 또는 법관이 발부할 것을 요한다. 따라서 수사기관은 법관이 발부한 영장에 의하여만 강제수사를 할 수 있다. 영장은 사전영장을 말한다. 따라서 강제수사를 한 후에 사후영장을 발부받는 것도 영장주의의 예외가 된다. 영장은 처분을 받는 자에게 반드시 제시하여야 한다. 영장주의는 영장의 내용이 특정될 것을 요구하며 강제처분의 대상, 기간, 장소 등을 특정하지 않은 일반영장은 허용되지 않는다.

비교판례

영장이 필요한 경우	영장이 필요 없는 경우
① 형사절차에 있어서의 영장주의란 체포 · 구속 · 압수 등의 강제처분을 함에 있어서는 사법권 독립에 의하여 그 신분이 보장되는 법관이 발부한 영장에 의하지 않으면 아니된다는 원칙이고, 따라서 영장주의의 본질은 신체의 자유를 침해하는 강제처분을 함에 있어서는 중립적인 법관이 구체적 판단을 거쳐 발부한 영장에 의하여야만 한다는 데에 있다(헌결 1997.3.27. 96헌바28 5 · 18 직권발부 사건). ② 법원이 직권으로 발부하는 영장과 수사기관의 청구에 의하여 발부하는 구속영장의 법적 성격은 갖지 않다. 즉, 전자는 명령장으로서의 성질을 갖지만 후자는 허가장으로서의 성질을 갖는 것으로 이해되고 있다(헌결 1997.3.27. 96헌바28 5 · 18 직권발부 사건). ③ 수출입물품을 검사하는 과정에서 마약류가 감	① 범죄의 피의자로 입건된 사람들에게 경찰공무원이나 검사의 신문을 받으면서 자신의 신원을 밝히지 않고 지문채취에 불응하는 경우 형사처벌을 통하여 지문채취를 강제하는 구 경범죄처벌법 제1조 제42호 …조항에 의한 지문채취의 강요는 영장주의에 의하여야 할 강제처분이라 할 수 없다(헌결 2004.9.23. 2002헌가17 부시 방한반대 집회참가자 사건). ② 도로교통법 제41조 제2항에 규정된 음주측정은 법관의 영장을 필요로 하는 강제처분이라 할 수 없다. 따라서 주취운전의 혐의자에게 영장없는 음주측정에 응할 의무를 지우고 이에 불응한 사람을 처벌한다고 하더라도 영장주의에 위배되지 아니한다(헌결 1997.3.27. 96헌가11 집에 찾아온 경찰 사건).

추어져 있다고 밝혀지거나 그러한 의심이 드는 경우, 마약류 불법거래 방지에 관한 특례법 제4조 제1항에 따라 검사의 요청으로 세관장이 특정한 수출입물품을 개봉하여 검사하고 그 내용물의 점유를 취득한 행위는 범죄수사인 압수 또는 수색에 해당하여 사전 또는 사후에 영장을 받아야 한다(대판 2017.7.18. 2014도8719).	③ 마약류사범인 청구인에게 마약류반응검사를 위하여 소변을 받아 제출하게 한 것은 교도소의 안전과 질서유지를 위한 것으로 수사에 필요한 처분이 아닐 뿐만 아니라 검사대상자들의 협력이 필수적이어서 강제처분이라고 할 수도 없어 영장주의의 원칙이 적용되지 않는다(헌결 2006.7.27. 2005헌마277). ④ 관세법상 우편물 통관검사절차에서 이루어지는 우편물의 개봉, 시료채취, 성분분석 등의 검사는 수출입물품에 대한 적정한 통관 등을 목적으로 한 행정조사의 성격을 가지는 것으로서 수사기관의 강제처분이라고 할 수 없으므로, 압수·수색영장 없이 우편물의 개봉, 시료채취, 성분분석 등 검사가 진행되었다 하더라도 특별한 사정이 없는 한 위법하다고 볼 수 없다(대판2013.9.26. 2013도7718 인천공항세관 우편물 성분분석 사건).

라. 수사비례의 원칙

수사는 목적달성에 필요한 최소한에 그쳐야 하며 수사에 의하여 달성하려는 공익과 그에 의하여 침해되는 사익 사이에 정당한 균형관계가 있어야 한다는 원칙을 말한다.

마. 수사비공개의 원칙

수사의 개시와 실행은 공개하지 아니한다. 이를 수사비공개의 원칙이라고 한다. 이는 공판절차에서 공개주의가 지배하는 것과 다르다. 수사기관은 공소제기 전의 형사사건에 관한 내용을 공개해서는 안 되며, 수사의 전(全) 과정에서 피의자와 사건관계인의 사생활의 비밀을 보호하고 그들의 명예나 신용이 훼손되지 않도록 노력해야 한다(준칙 §5①,②).

2. 임의수사와 강제수사

가. 임의수사와 강제수사의 구별

수사의 방법에는 임의수사와 강제수사가 있다. 임의수사는 강제력을 행사하지 않고 상대방의 동의나 승낙을 받아서 행하는 수사를 말한다. 예를 들어 피의자신문, 참고인조사, 공무소 등에 대한 조회, 감정·통역·번역 위촉 등은 임의수사에 해당한다. 이에 비해 강제수사란 상대방의 의사여하를 불문하고 강제적으로 행하는 수사를 의미한다. 예를 들어 체포, 구속, 압수, 수색(임의제출물의 압수 포함), 검증, 통신제한조치 등은 강제수사에 해당한다. 임의수사와 강제수사를 구별하는 실익은 영장주의의 적용과 수집한 증거의 증거능력 인정여부에 있다. 임의수사에 비해 강제수사에는 엄격한 법적 규제가 가해지고 있기 때문에 법정의 요건과 절차를 준수하지 않으면 그로 인해 획득한 증거는 위법수집증거배제법칙에 의하여 증거능력이 부정된다.

나. 구별기준

임의수사와 강제수사를 구별하는 기준으로 ① 형사소송법이 명문으로 허용하고 있는 것만 강제처분으로 보는 형식설, ② 물리적 강제력의 행사유무나 상대방의 의사에 반하여 실질적으로 그 법익을 침해하는 처분이 강제수사(강제처분)라고 보는 실질설, ③ 적법절차의 원칙을 배경으로 수사기관의 처분이 최소한의 기본적 인권을 침해할 우려가 있는 경우가 강제수사에 해당한다고 보는 적법절차기준설이 대립하고 있다.

다. 임의수사와 강제수사의 한계영역

1) 임의동행

수사상 임의동행이란 수사기관이 '범죄수사를 위하여' 피의자의 동의를 얻어 그를 수사관서에 동행하는 것을 의미한다. 임의수사로서의 임의동행은 수사단서인 경찰관직무집행법상의 직무질문을 위한 임의동행과 구별된다. 임의동행은 상대방의 동의를 전제로 하므로 형소법 제199조 제1항 본문을 근거로 임의수사로 보는 것이 다수설이다. 임의동행은 아직 정식의 체포·구속된 피의자에게 부여되는 각종의 권리 보장장치가 제공되지 않는 등 형사소송법의 원리에 반하는 결과를 초래할 가능성이 크므로 원칙적으로 제한되거나 매우 엄격한 요건 하에 허용될 수 있다(대판 2006.7.6. 2005도6810). 임의동행의 형식을 취한 경우에도 강제의 실질을 갖춘 때에는 강제연행에 해당하므로 체포·구속의 요건을 갖추지 못한 경우에는 위법한 수사가 된다. 임의동행과 강제연행은 ① 동행의 시간과 장소, ② 동행의 방법, ③ 동행 후의 신문방법, ④ 체포 또는 구속영장의 유무, ⑤ 식사·휴식·용변의 감시, ⑥ 퇴거희망이나 동행거부의 유무를 종합하여 판단해야 한다.

《대판 2006.7.6. 2005도6810 (화천서 피의자도주 사건)》 경찰관들이 피고인을 동행한 시각이 동틀 무렵인 새벽 06:00경이었고, 피고인에게 동행 요구를 거부할 수 있음을 말해주지 않은 점과 피고인이 경찰서에서 화장실에 갈 때도 경찰관 1명이 따라와 감시한 점 등 제반 사정에 비추어 보면, 비록 사법경찰관이 피고인을 동행할 당시에 물리력을 행사한 바가 없고, 피고인이 명시적으로 거부의사를 표명한 적이 없다고 하더라도 사법경찰관이 피고인을 수사관서까지 동행한 것은 적법요건이 갖추어지지 아니한 채 사법경찰관의 동행 요구를 거절할 수 없는 심리적 압박 아래 행하여진 사실상의 강제연행, 즉 불법 체포에 해당한다고 보아야 한다.

2) 승낙유치

상대방의 의사와 관계없이 강제로 유치하는 강제유치는 강제수사로서 영장이 없는 한 허용되지 않는다. 피의자의 승낙을 받아 유치하는 승낙유치도 실질적으로 본인의 동의를 이유로 신체구속을 허용하는 것으로 영장주의를 유린하는 결과를 가져오므로 허용되지 않는다. 경찰은 종래 피의자의 승낙을 전제로 영장없이 보호실에 피의자를 유치하여 왔는데 1994년 영장 없이 보호실에 유치하는 것은 영장주의 위반이라는 대법원 판례의 취지에 따라 점차적으로 보호실을 폐지하고 2000년부터 주취자안정실로 변경하여 운영하다가 이마저도 2012년에 모두 폐지하였다.

《대판 1985.7.29. 85모16 (보호실구금→영장발부 사건)》 수사의 필요상 피의자를 임의동행한 경우에도 조사 후 귀가시키지 아니하고 그의 의사에 반하여 경찰서 조사실 또는 보호실 등에 계속 유치함으로써 신체의 자유를 속박하였다면 이는 구금에 해당한다.

《대판 1994.3.11. 93도958 (강남경찰서 보호실유치 사건)》 경찰관직무집행법상 정신착란자, 주취자, 자살기도자 등 응급의 구호를 요하는 자를 24시간을 초과하지 아니하는 범위 내에서 경찰관서에 보호조치할 수 있는 시설로 제한적으로 운영되는 경우를 제외하고는 구속영장을 발부받음이 없이 피의자를 보호실에 유치함은 영장주의에 위배되는 위법한 구금으로서 적법한 공무수행이라고 볼 수 없다.

3) 승낙수색과 승낙검증

승낙수색 또는 승낙검증이란 상대방의 승낙을 받아 수색이나 검증을 행하는 것을 말한다. 이는 권리침해가 경미한 경우가 대부분이고, 단기간에 종료하므로 승낙유치와는 본질적으로 다른 임의수사에 해당한다. 따라서 상대방의 진지한 승낙을 전제로 허용된다는 것이 다수설과 판례(대판 1976.11.9. 76도2703)의 입장이다. 계좌추적은 명의인의 서면동의를 받은 경우 법적으로 허용된다(금융실명거래 및 비밀보장에 관한 법률 §4①).

4) 거짓말탐지기에 의한 검사

거짓말탐지기(polygraph)는 피의자 기타 피검자에게 피의사실과 관계있는 질문을 하고 대답을 할 때 피검자의 호흡, 맥박, 피부전기반사 등 생리적 변화를 기록하는 장치를 말한다. 거짓말탐지기에 의한 검사란 거짓말탐지기에 기록된 내용을 관찰·분석하여 답변의 진위 또는 피의사실에 대한 인식의 유무를 판단하는 것을 말한다. 독일의 경우 거짓말탐지기에 의한 검사는 답변에 대한 인격적 지배를 박탈하는 것이므로 헌법상 인격권을 침해하여 피검자의 동의 여부를 불문하고 허용되지 않는다고 한다. 그러나 거짓말탐지기에 의한 검사는 상대방의 동의를 전제로 임의수사로서 허용된다고 해야 한다. 대법원도 거짓말탐지기에 의한 검사는 검사를 받는 사람이 동의한 것을 전제로 일정한 요건을 갖춘 경우에만 증거로 할 수 있으며, 증거능력을 갖기 위한 요건을 갖추었을지라도 정황증거로서의 기능을 인정하고 있다(대판 1987.7.21. 87도968).

《대판 1987.7.21. 87도968》 수사기관은 피검사자의 동의를 얻은 경우에 거짓말탐지기를 사용할 수 있다. 다만, 그 검사결과를 공소사실의 존부를 인정하는 직접증거로는 사용할 수 없고, 진술의 신빙성유무를 판단하는 정황증거로만 사용할 수 있다.

5) 마취분석

마취분석이란 약품의 작용에 의하여 진실을 진술하게 하는 것을 말한다. 마취분석은 인간의 존엄성을 파괴하고 인격권을 침해하므로 피의자의 동의유무를 불문하고 허용되지 않는다.

6) 사진촬영

사진촬영의 법적 성질에 관해서는 임의수사설과 강제수사설이 대립하고 있다. 임의수사설은 사진촬영이 대상자에게 직접적인 물리력을 행사하거나 상대방에게 의무를 과하는 등의 강제수사로서의 속성이 없기 때문에 임의수사에 속한다고 한다. 이에 반해 강제수사설은 피촬영자의 의사에 반하는 사진촬영은 초상권을 침해한다는 점에서 강제수사에 해당한다고 본다(통설). 강제수사설에 의할 때 사진촬영은 강제수사이므로 원칙적으로 영장주의가 적용된다. 그러나 일정한 경우 사진촬영도 압수 · 수색 · 검증에 관한 영장주의의 예외 규정들이 유추적용 될 수 있으며 판례도 일정한 조건하에 영장없는 촬영을 허용하고 있다.

《대판 1999.9.3. 99도2317 (영남위원회 사건)》 [1] 누구든지 자기의 얼굴이나 모습을 함부로 촬영당하지 않을 자유를 가지나, 이러한 자유도 무제한으로 보장되는 것은 아니고 국가의 안전보장 · 질서유지 · 공공복리를 위하여 필요한 경우에는 그 범위 내에서 상당한 제한이 있을 수 있으며, 수사기관이 범죄를 수사함에 있어 현재 범행이 행하여지고 있거나 행하여진 직후이고, 증거보전의 필요성 및 긴급성이 있으며, 일반적으로 허용되는 상당한 방법으로 촬영한 경우라면 위 촬영이 영장 없이 이루어졌다 하여 이를 위법하다고 단정할 수 없다.

[2] 이 사건 비디오촬영은 피고인들에 대한 범죄의 혐의가 상당히 포착된 상태에서 그 회합의 증

거를 보전하기 위한 필요에서 이루어진 것이고 A의 주거지 외부에서 담장 밖 및 2층 계단을 통하여 A의 집에 출입하는 피고인들의 모습을 촬영한 것으로 그 촬영방법 또한 반드시 상당성이 결여된 것이라고는 할 수 없다.

《대판 1999.12.7. 98도3329 (과속단속 CCTV촬용 사건)》 무인장비에 의한 제한속도 위반차량 단속은 도로교통법령에 따라 정해진 제한속도를 위반하여 차량을 주행하는 범죄가 현재 행하여지고 있고, 그 범죄의 성실 · 태양으로 보아 긴급히게 증거보전을 할 필요가 있는 상태에서 일반적으로 허용되는 한도를 넘지 않는 상당한 방법에 의한 것이라고 판단되므로, 이를 통하여 운전 차량의 차량번호 등을 촬영한 사진을 두고 위법하게 수집된 증거로서 증거능력이 없다고 말할 수 없다.

《대판 2024.5.30. 2020도9370 (성매매현장 콘돔촬영 사건)》 경찰관들이 甲이 운영하는 성매매업소를 단속하여 甲을 현행범체포하면서 성매매업소 내부를 수색하여 발견한 콘돔 7개와 업소시설을 사진 촬영하고 콘돔은 그대로 두고 나온 경우, 형사소송법 제216조 제1항 제2호에 의하여 예외적으로 영장에 의하지 아니한 강제처분을 할 수 있는 경우에 해당한다고 봄이 상당하므로 그 수색이나 촬영이 영장 없이 이루어졌다고 하더라도 위법하다고 할 수 없다. 범행현장에서 발견된 콘돔을 촬영하였다고 하여 강제로 그 점유를 취득하여 이를 압수하였다고 할 수 없으므로 사후에 압수영장을 받을 필요도 없다.

7) 실황조사

실황조사란 수사기관이 범죄의 현장 또는 그 밖의 장소에서 피의사실을 확인하거나 증거물의 증명력을 확보하기 위해 사람 · 물건의 성질 · 형상 등을 오관의 작용에 의하여 인식하는 조사활동을 말한다. 물리적 강제력을 수반하는 검증과 달리 실황조사는 통상 강제력을 수반하지 않으므로 임의수사로 보는 것이 일반적이다. 사법경찰관리는 실황조사를 한 경우에는 실황조사서에 조사 내용을 상세하게 적고, 현장도면이나 사진이 있으면 이를 실황조사서에 첨부해야 한다(경규 §41③).

8) 음주측정 및 채뇨행위

《대결 2002.10.25. 2002도4220 (숨을 내쉬는 시늉만 한 사건)》 특별한 이유 없이 호흡측정기에 의한 측정에 불응하는 운전자에게 경찰공무원이 혈액채취에 의한 측정방법이 있음을 고지하고 그 선택 여부를 물어야 할 의무가 있다고는 할 수 없다.

《대판 2015.7.9. 2014도16051 (호흡 0.024 채혈 0.239 사건)》 음주운전에 대한 수사 과정에서 음주운전 혐의가 있는 운전자에 대하여 도로교통법에 따른 호흡측정이 이루어진 경우에는 그에 따라 과학적이고 중립적인 호흡측정 수치가 도출된 이상 다시 음주측정을 할 필요성은 사라졌으므로 운전자의 불복이 없는 한 다시 음주측정을 하는 것은 원칙적으로 허용되지 아니한다. 그러나 호흡측정 결과에 오류가 있다고 인정할 만한 객관적이고 합리적인 사정이 있는 경우라면 추가로 음주측정을 할 수 있다. 이 경우 운전자는 재차 음주측정에 따라야 할 의무까지 당연히 있다고 할 수는 없다.

《대판 2013.3.14. 2012도13611 (호프집 필로폰커피 마신 사건)》 피의자가 동행을 거부하는 의사를 표시하였음에도 불구하고 경찰관들이 영장에 의하지 아니하고 피의자를 강제로 연행한 행위는 수사상의 강제처분에 관한 형사소송법상의 절차를 무시한 채 이루어진 것으로 위법한 체포에 해당하고, 이와 같이 위법한 체포상태에서 마약 투약 혐의를 확인하기 위한 채뇨 요구가 이루어진 경우, 채뇨 요구를 위한 위법한 체포와 그에 이은 채뇨 요구는 마약 투약이라는 범죄행위에 대한 증거 수집을 위하여 연속하여 이루어진 것으로서 개별적으로 그 적법 여부를 평가하는 것은 적절하지 아니하므로 그 일련의 과정을 전체적으로 보아 위법한 채뇨 요구가 있었던 것으로 볼 수밖에 없다.

제2절 피의자신문

1. 의의와 성격

피의자신문이란 수사기관이 수사에 필요한 경우 피의자의 출석을 요구하여 피의자를 신문하고 그 진술을 듣는 절차를 의미한다(§200). 사건을 수사함에 있어 범죄사실에 대한 자백이나 부인 등 피의자의 진술은 사건의 진상을 파악하는 중요한 자료이고 기소여부의 결정과 유무죄 판단에 중요한 증거가 된다. 따라서 피의자신문은 수사절차의 핵심이다.

피의자신문의 법적 성격과 관련하여 임의수사에 해당한다고 보는 것이 통설과 판례(대결 2013.7.1. 2013모160)의 입장이다. 피의자는 수사기관에 출석할 의무도 없고 출석했다고 하더라도 언제든지 퇴거할 자유가 있다. 피의자에게는 진술거부권도 보장되어 있으므로 진술할 의무도 없고 수사기관도 진술을 강요할 수 없다.

《대결 2013.7.1. 2013모160 (서울구치소→국정원 구인거부 사건)》 구속영장 발부에 의하여 적법하게 구금된 피의자가 피의자신문을 위한 출석요구에 응하지 아니하면서 수사기관 조사실에 출석을 거부한다면 수사기관은 그 구속영장의 효력에 의하여 피의자를 조사실로 구인할 수 있다고 보아야 한다. 다만 이러한 경우에도 그 피의자신문 절차는 어디까지나 임의수사의 한 방법으로 진행되어야 하므로, 수사기관은 피의자를 신문하기 전에 진술거부권이 있음을 고지하여야 한다.

2. 피의자신문의 주체와 참여자

검사 또는 사법경찰관은 피의자를 신문할 권한이 있다(§200). 다만 사법경찰리도 실무상 사법경찰관사무취급의 지위에서 피의자를 신문할 권한이 있다는 것이 판례의 입장이다(대판 1981.6.9. 81도1357 등).

검사가 피의자를 신문함에는 검찰청수사관 또는 서기관이나 서기를 참여하게 하여야 하고 사법경찰관이 피의자를 신문함에는 사법경찰관리를 참여하게 하여야 한다(§243). 검사 또는 사법경찰관은 일정한 경우 변호인을 피의자에 대한 신문에 참여하게 하여야 한다(§243-2①). 검사 또는 사법경찰관은 일정한 경우 신뢰관계인을 동석하게 할 수 있다(§244-5).

검사는 공소제기 여부와 관련된 사실관계를 분명하게 하기 위하여 필요한 경우에는 직권이나 피의자 또는 변호인의 신청에 의하여 전문수사자문위원을 지정하여 수사절차에 참여하게 하고 자문을 들을 수 있다(§245-2①). 전문수사자문위원은 전문적인 지식에 의한 설명 또는 의견을 기재한 서면을 제출하거나 전문적인 지식에 의하여 설명이나 의견을 진술할 수 있다(§245-2②).

3. 피의자신문의 방법

가. 출석요구

검사 또는 사법경찰관이 피의자신문을 하기 위해서는 피의자에게 출석을 요구하여야 한다. 피의자에게 출석요구를 하려는 경우 피의자와 조사의 일시·장소에 관하여 협의해야 하며, 변호인이 있는 경우에는 변호인과도 사전에 협의해야 한다. 출석요구는 피의사실의 요지 등 출석요구의 취지를 구체적으로 적은 출석요구서를 발송해야 한다. 다만, 신속한 출석요구가 필요한 경우 등 부득이한 사정이 있는 경우에는 전화, 문자메시지, 그 밖의 상당한 방법으로 출석요구를 할 수 있다(준칙 §19②,③). 출석요구하는 장소는 반드시 수사관서에 국한되지 않으며, 치료 등으로 인해 출석조사가 현저히 곤란한 경우에는 수사관서 외의 장소에서 조사할 수 있다(준칙 §19⑤). 피의자는 수사기관의 출석요구에 응할 의무가 없으며 출석한 경우에도 언제든지 퇴거할 수 있다(통설). 피의자 신문을 위한 구인은 허용되지 않는다.

나. 진술거부권 등 고지

검사 또는 사법경찰관은 피의자를 신문하기 전에 ① 일체의 진술을 하지 아니하거나 개개의 질문에 대하여 진술을 하지 아니할 수 있다는 것, ② 진술을 거부할 권리를 포기하고 행한 진술은 법정에서 유죄의 증거로 사용될 수 있다는 것, ③ 진술을 하지 아니하더라도 불이익을 받지 아니한다는 것, ④ 신문을 받을 때에는 변호인을 참여하게 하는 등 변호인의 조력을 받을 수 있다는 것을 피의자에게 알려주어야 한다(§244-3①).

검사와 사법경찰관은 위 사항을 알려 준 때에는 피의자가 진술을 거부할 권리와 변호인의 조력을 받을 권리를 행사할 것인지의 여부를 질문하고, 이에 대한 피의자의 답변을 조서에 기재하여야 한다. 이 경우 피의자의 답변은 피의자로 하여금 자필로 기재하게 하거나 검사 또는 사법경찰관이 피의자의 답변을 기재한 부분에 기명날인 또는 서명하게 해야 한다(§244-3②).

《대판 2013.3.28. 2010도3359 (인천공항 버스기사 운임횡령 사건)》 피의자가 변호인의 참여를 원한다는 의사를 명백하게 표시하였음에도 수사기관이 정당한 사유 없이 변호인을 참여하게 하지 아니한 채 피의자를 신문하여 작성한 피의자신문조서는 형사소송법 제312조에 정한 '적법한 절차와 방식'에 위반된 증거일 뿐만 아니라, 형사소송법 제308조의2에서 정한 '적법한 절차에 따르지 아니하고 수집한 증거'에 해당하므로 이를 증거로 할 수 없다.

다. 신문사항

검사 또는 사법경찰관이 피의자를 신문함에는 먼저 그 성명, 연령, 등록기준지, 주거와 직업을 물어 피의자임에 틀림없음을 확인하여야 한다(§241). 이를 인정신문(人定訊問)이라 한다. 인정신문도 진술거부권의 대상에 포함된다. 피의자신문사항은 범죄사실과 정상에 관한 필요사항이며, 피의자에게 이익되는 사실을 진술한 기회도 주어야 한다(§242). 사실을 발견함에 필요한 때에는 피의자와 다른 피의자 또는 피의자 아닌 자와 대질하게 할 수 있다(§245).

라. 조서작성

피의자의 진술은 조서에 기재하여야 한다(§244①). 이 조서를 피의자신문조서라고 한다. 진술이 기재된 조서는 피의자에게 열람하게 하거나 읽어 들려주어야 하며, 진술한 대로 기재되지 아니하였거나 사실과 다른 부분의 유무를 물어 피의자가 증감 또는 변경의 청구 등 이의를 제기하거나 의견을 진술한 때에는 이를 조서에 추가로 기재하여야 한다. 이 경우 피의자가 이의를 제기하였던 부분은 읽을 수 있도록 남겨두어야 한다(§244②). 피의자가 조서에 대하여 이의나 의견이 없음을 진술한 때에는 피의자로 하여금 그 취지를 자필로 기재하게 하고 조서에 간인한 후 기명날인 또는 서명하게 한다(§244③).

검사 또는 사법경찰관은 피의자가 조사장소에 도착한 시각, 조사를 시작하고 마친 시각, 그 밖에 조사과정의 진행경과를 확인하기 위하여 필요한 사항을 피의자신문 조서에 기록하거나 별도의 서면에 기록한 후 수사기록에 편철하여야 한다(§244-4①).

마. 심야조사 등의 제한

2020년에 제정된 '검사와 사법경찰관의 상호협력과 일반적 수사준칙에 관한 규정'은 수사과정에서 국민의 인권을 보호하고, 수사절차의 투명성과 수사의 효율성을 보장하기 위하여 심야조사와 장시간 조사를 제한하고 조사도중 충분한 휴식을 부여할 것을 수사기관에 요구하고 있다.

1) 심야조사 제한

검사 또는 사법경찰관은 조사, 신문, 면담 등 그 명칭을 불문하고 피의자나 사건관계인에 대해 오후 9시부터 오전 6시까지 사이에 조사를 해서는 안된다. 다만, 이미 작성된 조서의 열람을 위한 절차는 자정 이전까지 진행할 수 있다(준칙 §21①). 그러나 ① 피의자를 체포한 후 48시간 이내에 구속영장의 청구 또는 신청 여부를 판단하기 위해 불가피한 경우, ② 공소시효가 임박한 경우, ③ 피의자나 사건관계인이 출국, 입원, 원거리 거주, 직업상 사유 등 재출석이 곤란한 구체적인 사유를 들어 심야조사를 요청한 경우로서 해당 요청에 상당한 이유가 있다고 인정되는 경우, ④ 그 밖에 사건의 성질 등을 고려할 때 심야조사가 불가피하다고 판단되는 경우 등 법무부장관, 경찰청장 또는 해양경찰청장이 정하는 경우로서 검사 또는 사법경찰관의 소속기관의 장이 정하는 인권보호 책임자의 허가 등을 받은 경우에는 심야조사를 할 수 있다. 이 경우 심야조사의 사유를 조서에 명확하게 적어야 한다(준칙 §21②).

2) 장시간 조사 제한

검사 또는 사법경찰관은 조사, 신문, 면담 등 그 명칭을 불문하고 피의자나 사건관계인을 조사하는 경우에는 대기시간, 휴식시간, 식사시간 등 모든 시간을 합산한 조사시간(총 조사시간)이 12시간을 초과하지 않도록 해야 한다. 다만, ① 피의자나 사건관계인의 서면 요청에 따라 조서를 열람하는 경우, ② 심야조사사유의 어느 하나에 해당하는 경우에는 12시간을 초과할 수 있다(준칙 §22①). 특별한 사정이 없으면 총 조사시간 중 식사시간, 휴식시간 및 조서의 열람시간 등을 제외한 실제 조사시간(실조사시간)이 8시간을 초과하지 않도록 해야 한다(준칙 §22②). 피의자나 사건관계인에 대한 조사를 마친 때부터 8시간이 지나기 전에는 다시 조사할 수 없다. 다만, 준칙상의 심야조사사유에 행하는 경우는 예외로 한다(준칙 §22③).

3) 휴식시간 부여

검사 또는 사법경찰관은 조사에 상당한 시간이 소요되는 경우에는 특별한 사정이 없으면 피의자 또는 사건관계인에게 조사 도중에 최소한 2시간 마다 10분 이상의 휴식시간을 주어야 한다(준칙 §23①). 조사 도중 피의자, 사건관계인 또는 그 변호인으로부터 휴식시간의 부여를 요청받았을 때에는 그때까지 조사에 소요된 시간, 피의자 또는 사건관계인의 건강상태 등을 고려해 적정하다고 판단될 경우 휴식시간을 주어야 한다(준칙 §23②).

4. 피의자신문시 변호인참여

가. 의의와 참여변호인 지정

피의자신문을 할 때에는 피의자의 방어권을 보장하기 위하여 변호인을 참여시켜야 한다. 즉 검사 또는 사법경찰관은 피의자 또는 그 변호인·법정대리인·배우자·직계친족·형제자매의 신청에 따라 변호인을 피의자와 접견하게 하거나 정당한 사유가 없는 한 피의자에 대한 신문에 참여하게 해야 한다(§243-2①). 피의자신문에 참여를 허용하는 것이므로 신문 이외의 수사기관의 활동에 해당하는 '조사'의 경우까지 참여를 허용해야 하는 것은 아니며 변호인의 참여를 허용한다는 취지일 뿐이고 국선 변호인을 선정해 주어야 한다는 의미는 아니다. 변호인은 불구속 피의자에 대한 피의자신문에도 참여할 수 있다. 변호인의 피의자 신문참여권을 보장하기 위해서 수사기관은 피의자신문을 하기 전에 '변호인을 참여하게 하는 등 변호인의 조력을 받을 수 있다는 것'을 피의자에게 알려주어야 한다(§244-3). 참여 변호인이 2인 이상인 때는 피의자가 신문에 참여할 변호인 1인을 지정한다. 지정이 없는 경우에는 검사 또는 사법경찰관이 지정할 수 있다(§243-2②).

《헌결 2004.9.23. 2000헌마138 (총선시민연대 최열·박원순 조사 사건)》 변호인의 조력을 받을 권리는 불구속 피의자, 피고인 모두에게 포괄적으로 인정되는 권리이므로 신체 구속상태에 있지 아니한 자도 변호인의 조력을 받을 권리의 주체가 될 수 있다.

나. 변호인 참여 방법

검사 또는 사법경찰관은 피의자신문에 참여한 변호인이 피의자의 옆자리 등 실질적인 조력을 할 수 있는 위치에 앉도록 해야 하고, 정당한 사유가 없으면 피의자에 대한 법적인 조언·상담을 보장해야 하며, 법적인 조언·상담을 위한 변호인의 메모를 허용해야 한다(준칙 §13①). 피의자에 대한 신문이 아닌 단순 면담 등이라는 이유로 변호인의 참여·조력을 제한해서는 안 된다(준칙 §13②). 피의자신문에 참여한 변호인은 신문 후 의견을 진술할 수 있다. 다만, 신문 중이라도 부당한 신문방법에 대하여 이의를 제기할 수 있고, 검사 또는 사법경찰관의 승인을 얻어 의견을 진술할 수 있다(§243-2③). 변호인의 의견이 기재된 피의자신문조서는 변호인에게 열람하게 한 후 변호인이 그 조서에 기명날인 또는 서명하게 하여야 한다(§243-2④). 피의자신문에 참여한 변호인은 신문 후 조서를 열람하고 의견을 진술할 수 있다. 변호인이 별도의 서면으로 의견을 제출하는 경우 검사 또는 사법경찰관은 해당 서면을 사건기록에 편철한다(§14①).

다. 변호인 참여의 제한

형사소송법은 검사 또는 사법경찰관은 정당한 사유가 있는 때에는 변호인참여권을 제한할 수 있다고 규정하고 있다(§243-2①). '정당한 사유'란 변호인이 피의자신문을 방해하거나 수사기밀을 누설할 염려가 있음이 객관적으로 명백한 경우 등을 말한다(대결 2020.3.17. 2015모2357). 사법경찰관리는 변호인의 참여로 증거를 인멸·은닉·조작할 위험이 구체적으로 드러나거나, 신문 방해, 수사기밀 누설 등 수사에 현저한 지장을 초래하는 경우에는 피의자신문 중이라도 변호인의 참여를 제한할 수 있다(경규 §13①). 다만 이 경우 변호인 참여 제한 처분에 대해 준항고를 제기할 수 있다는 사실을 고지해야 하며, 피의자 또는 변호인에게 제한사유를 설명하고 의견을 진술할 기회와 다른 변호인을 참여시킬 기회를 주어야 한다(경규 §13①,②). 변호인의 신문참여 및 그 제한에 관한 사항은 피의자신문조서에 기재하여야 한다(§243-2⑤).

검사 또는 사법경찰관의 변호인의 참여 등에 관한 처분에 대하여 불복이 있으면 그 직무집행지의 관할법원에 준항고로 그 처분의 취소 또는 변경을 청구할 수 있다(§417).

《헌결 2017.11.30. 2016헌마503 (후방착석 요구 사건)》 변호인의 수사방해나 수사기밀의 유출에 대한 우려가 없고 조사실의 장소적 제약 등과 같은 특별한 사정이 없는 상황에서 수사관 甲이 피의자신문에 참여한 변호인 乙에게 피의자 후방에 앉으라고 요구하는 행위는 목적의 정당성과 수단의 적절성뿐만 아니라 침해의 최소성과 법익 균형성도 충족하지 못하므로 乙의 변호권을 침해한다.

《대결 2008.9.12. 2008모793 (변호인 퇴실명령 사건)》 변호인의 피의자신문 참여권을 규정한 형사소송법 제243조의2 제1항에서 '정당한 사유'란 변호인이 피의자신문을 방해하거나 수사기밀을 누설할 염려가 있음이 객관적으로 명백한 경우 등을 말하는 것이므로, 수사기관이 피의자신문을 하면서 위와 같은 정당한 사유가 없는데도 변호인에 대하여 피의자로부터 떨어진 곳으로 옮겨 앉으라고 지시를 한 다음 이러한 지시에 따르지 않았음을 이유로 변호인의 피의자신문 참여권을 제한하는 것은 허용될 수 없다.

《대판 2020.3.17. 2015모2357 (수갑 해제요구 거부 사건)》 변호인이 인정신문을 시작하기 전 검사에게 피의자의 수갑을 해제하여 달라고 계속 요구하자, 검사가 수사에 현저한 지장을 초래한다는 이유로 변호인을 퇴실시킨 경우, 변호인의 수갑 해제 요구는 정당하며, 이 요구를 거부한 검사의 조치가 위법하다. 따라서 검사가 변호인의 수갑 해제 요구가 부당하다는 전제에서 피의자신문 방해에 해당한다고 보아 변호인을 퇴거시킨 조치도 마찬가지로 위법하다.

5. 신뢰관계인의 동석

검사 또는 사법경찰관은 피의자를 신문하는 경우 ① 피의자가 신체적 또는 성신적 장애로 사물을 변별하거나 의사를 결정 · 전달할 능력이 미약한 때, ② 피의자의 연령 · 성별 · 국적 등의 사정을 고려하여 그 심리적 안정의 도모와 원활한 의사소통을 위하여 필요한 경우 직권 또는 피의자 · 법정대리인의 신청에 따라 피의자와 신뢰관계에 있는 자를 동석하게 할 수 있다(§244-5). 장애인, 아동 · 노인 · 여성 · 외국인 등 사회적 약자들이 심리적 위축 등으로 방어권을 충분히 행사하지 못하는 것을 고려한 규정이다. 피의자와 동석할 수 있는 신뢰관계에 있는 자는 피의자의 직계친족, 형제자매, 배우자, 가족, 동거인, 보호시설 또는 교육시설의 보호 또는 교육담당자 등 피의자의 심리적 안정과 원활한 의사소통에 도움을 줄 수 있는 자를 의미한다(준칙 §24①). 피의자와 신뢰관계에 있는 자를 피의자신문과정에 동석하게 허락할 것인지의 여부는 원칙적으로 검사 또는 사법경찰관이 그 피의자의 건강상태 등 여러 사정을 고려하여 재량에 따라 판단하여야 한다.

6. 피의자진술의 영상녹화

가. 영상녹화의 의의

형사소송법은 피의자진술의 영상녹화를 인정하고 있다. 즉 피의자의 진술은 영상녹화할 수 있다(§244-2①). 수사기관의 영상녹화물은 피의자의 진술내용을 사실대로 녹화하여 재생시킬 수 있는 과학적 증거방법이다. 그러나 녹화와 편집과정에서 조작의 위험이 발생할 수 있고 이에 따라 형사재판이 좌우될 위험이 내재되어 있다. 따라서 영상녹화의 절차를 법률로 정하고 법정에서는 진술자의 기억이 불명확한 경우에 기억환기용으로만 사용할 수 있게 하고 있다(§318-2②).

나. 영상녹화 방법과 절차

피의자의 진술을 영상녹화할 경우 미리 피의자에게 영상 녹화사실을 알려주어야 하며, 조사의 개시부터 조사가 종료까지의 전 과정 및 객관적 정황을 영상녹화하여야 한다(§244-2①). 미리 알려주면 충분하고 피의자 또는 변호인의 동의는 필요하지 않다. 조사의 개시부터 종료까지의 전과정이란 조사의 시작부터 조서에 기명날인 또는 서명을 마치는 시점까지의 모든 과정을 말한다. 다만, 조사 도중 영상녹화의 필요성이 발생한 때에는 그 시점에서 진행 중인 조사를 중단하고, 중단한 조사를 다시 시작하는 때부터 조서에 기명날인 또는 서명을 마치는 시점까지의 모든 과정을 영상녹화해야 한다(경규 §43

①). 조사를 마친 후 조서 정리에 오랜 시간이 필요한 경우에는 조서 정리과정을 영상녹화하지 않고, 조서 열람 시부터 영상녹화를 다시 시작할 수 있다(경규 §43②). 당해 조사에서 의도적으로 조사 과정의 일부만을 선별하여 영상녹화하는 방법은 허용되지 않는다. 다만 여러 차례의 조사가 이루어진 경우 최초 조사부터 모든 조사과정을 영상녹화해야 하는 것은 아니다.

영상녹화가 완료된 때에는 피의자 또는 변호인 앞에서 지체 없이 그 원본을 봉인하고 피의자로 하여금 기명날인 또는 서명하게 하여야 한다(§244-2②). 사법경찰관리가 영상녹화를 한 경우에는 영상녹화용 컴퓨터에 저장된 영상녹화 파일을 이용하여 영상녹화물(CD, DVD 등) 2개를 제작한 후, 피조사자 또는 변호인 앞에서 지체 없이 제작된 영상녹화물을 봉인하고 피조사자로 하여금 기명날인 또는 서명하게 해야 한다(경규 §44①). 영상녹화물을 제작한 후 영상녹화용 컴퓨터에 저장되어 있는 영상녹화 파일을 데이터베이스 서버에 전송하여 보관할 수 있다(경규 §44②). 피의자 또는 변호인의 요구가 있는 때에는 영상녹화물을 재생하여 시청하게 하여야 한다. 이때 내용에 대하여 이의를 진술하는 때에는 그 취지를 기재한 서면을 첨부한다(§244-2③).

다. 영상녹화물의 사용

피의자 진술의 영상녹화물은 공소사실을 직접 증명할 수 있는 독립적 증거로 사용할 수 없고, 탄핵증거로도 사용할 수 없다. 다만 공판정에서 진술함에 있어 기억이 명백하지 아니한 사항에 관하여 기억을 환기시켜야 할 필요가 있다고 인정되는 때에 한하여 기억환기용으로만 재생하여 시청하게 할 수 있을 뿐이다(§318-2②). 종래 검사 작성 피의자신문조서의 성립의 진정을 인정하는 방법으로 인정되었으나 2020년 형사소송법 개정으로 폐지되었다.

제3절 참고인조사

1. 의의와 성격

검사 또는 사법경찰관은 수사에 필요한 때에는 피의자 아닌 자의 출석을 요구하여 그 진술을 들을 수 있다(§221①). 형사절차상 '피의자 아닌 자'를 참고인이라 하고 참고인을 조사하는 것을 참고인조사라고 한다. 참고인조사는 임의수사의 한 종류에 해당한다.

참고인은 수사기관에 대하여 체험사실을 진술하는 자라는 점에서, 법원·법관에 앞에서 체험사실을 진술하는 증인과 구별된다. 참고인 조사는 임의수사이며 따라서 증인과 달리 참고인이 강제로 구인 당하거나 과태료 부과 등의 제재를 받지 아니한다. 따라서 참고인은 수사관서에 출석의무 및 진술의무가 없다. 다만 참고인이 수사기관의 출석요구에 응하지 않거나 진술을 거부하는 경우에 검사는 1회 공판기일 전에 한하여 증인 신문을 청구할 수 있다(§221-2).

2. 참고인조사의 절차

참고인조사절차는 피의자신문에 준한다. 다만, 참고인에 대해서는 피의자신문과 달리 진술거부권을 고지할 필요는 없다. 그러나 진술거부권은 모든 국민에게 인정되는 권리이므로 참고인도 진술거부권을 행사할 수 있다(헌법 §12②). 참고인에 대한 조사와 조서작성 방법은 임의성 보장, 진술서 작성 등 피의자 신문과 동일하다. 참고인의 진술은 조서에 기재하는데 이를 참고인진술조서라고 한다. 조사가 끝난 후 참고인진술조서는 참고인에게 열람·낭독하여야 하며 이에 대한 이의제기의 처리절차는 피의자신문조서와 같다(§244-4③, §244②,③). 검사 또는 사법경찰관은 참고인이 조사장소에 도착한 시각, 조사를 시작하고 마친 시각, 그밖에 조사과정의 진행경과를 확인하기 위하여 필요한 사항을 참고인진술조서에 기록하거나 별도의 서면에 기록한 후 수사기록에 편철하여야 한다(§244-4①,③). 참고인이 수사과정에서 진술조서를 작성하였지만 수사기관이 그에 대한 조사과정을 기록하지 아니한 경우 증거능력을 인정할 수 없다(대판 2015.4.23. 2013도3790).

3. 신뢰관계인의 동석

수사기관은 범죄로 인한 피해자를 참고인으로 조사하는 경우 피해자의 연령, 심신의 상태, 그 밖의 사정을 고려하여 피해자가 현저하게 불안 또는 긴장을 느낄 우려가 있다고 인정되는 때에는 직권 또는 피해자·법정대리인의 신청에 따라 피해자와 신뢰관계에 있는 자를 동석하게 할 수 있다(§221③, §163-2①). 여기서 신뢰관계에 있는 사람은 피해자의 배우자, 직계친족, 형제자매, 가족, 동거인, 고용주, 변호사, 그 밖에 피해자의 심리적 안정과 원활한 의사소통에 도움을 줄 수 있는 사람을 말한다(형규 §84-3①). 피해자와 신뢰관계에 있는 사람을 동석시키는지 여부는 수사기관의 재량이다. 여성, 청소년, 장애인 등 일정한 사유가 있는 경우에는 신뢰관계인 동석을 의무화 하고 있다. 즉 수사기관은 범죄로 인한 피해자가 13세 미만이거나 신체적 또는 정신적 장애로 사물을 변별하거나 의사를 결정할 능력이 미약한 경우에 수사에 지장을 초래할 우려가 있는 등 부득이한 경우가 아닌 한 피해자와 신뢰관계에 있는 자를 동석하게 해야 한다(§221③, §163-2②). 수사기관이 일정한 성폭력범죄 또는 아동·청소년대상 성범죄의 피해자를 조사하는 경우에 피해자 또는 법정대리인이 신청할 때에는 수사에 지장을 줄 우려가 있는 등 부득이한 경우가 아니면 피해자와 신뢰관계에 있는 사람을 동석하게 하여야 한다(성폭법 §34①,②; 아청법 §28①,②). 동석한 자는 수사기관의 신문 또는 참고인의 진술을 방해하거나 그 진술의 내용에 부당한 영향을 미칠 수 있는 행위를 하여서는 아니 된다(§221③, §163-2③).

《대판 2009.6.23. 2009도1322 (양산시 TM실 선거운동 사건)》 피의자를 신문하는 경우 피의자와 신뢰관계에 있는 자의 동석을 허락할 것인지는 원칙적으로 검사 또는 사법경찰관이 피의자의 건강 상태 등 여러 사정을 고려하여 재량에 따라 판단하여야 할 것이나, 이를 허락하는 경우에도 동석한 사람으로 하여금 피의자를 대신하여 진술하도록 하여서는 안 된다.

4. 참고인진술의 영상녹화

피의자 아닌 자(참고인)의 진술도 영상녹화할 수 있다. 그러나 이 경우에는 반드시 참고인의 동의가 필요하다(§221①). 일반적으로 참고인 진술의 영상녹화는 수사기관의 재량이지만 성범죄 피해자 등 일정한 경우에는 영상녹화를 의무화하고 있다. 즉 성폭력범죄의 피해자가 19세 미만이거나 신체적인 또는 정신적인 장애로 사물을 변별하거나 의사를 결정할 능력이 미약한 경우에는 피해자의 진술 내용과 조사 과정을 비디오녹화기 등 영상물 녹화장치로 촬영·보존하여야 한다(성폭법 §제30조①). 아동·청소년대상 성범죄 피해자의 경우에도 같다(아청법 §26①). 그럼에도 불구하고 19세미만 성폭력범죄피해자,

피해아동·청소년 등이나 그 법정대리인(법정대리인이 가해자이거나 가해자의 배우자인 경우는 제외한다)이 이를 원하지 아니하는 의사를 표시하는 경우에는 영상녹화를 하여서는 아니 된다. 검사 또는 사법경찰관은 19세미만 성폭력범죄피해자, 피해아동·청소년 등을 조사하기 전에 ① 조사과정이 영상녹화된다는 사실, ② 영상녹화된 영상녹화물이 증거로 사용될 수 있다는 사실을 피해자의 나이 등을 고려한 적절한 방식으로 피해자에게 설명하여야 한다(성폭법 §30②,③, 아청법 §26②,③). 수사기관이 작성한 영상녹화물은 공소사실을 직접 증명할 수 있는 독립적인 증거로 사용될 수는 없다(대판 2014.7.10. 2012도5041).

제4절 감정·통역·번역의 위촉

검사 또는 사법경찰관은 수사에 필요한 때에는 감정, 통역 또는 번역을 위촉할 수 있다(§221②). 위촉받은 자의 수락여부는 그의 자유이다. 또 위촉받은 이후에도 위촉사항을 언제든지 거부할 수 있다. 감정·통역·번역은 대체할 수 있는 성질의 것이므로 다른 사람에게 위촉할 수 있기 때문이다. 수사상 감정위촉을 받은 자를 감정수탁자라 하고 법원으로부터 감정의 명을 받은 자를 감정인이라고 한다. 감정수탁자는 선서를 하지 않아도 되고 감정시 당사자의 참여 등에 관한 규정이 적용되지 않는다는 점에서 감정인과 다르다.

감정수탁자가 작성한 감정서도 일정한 조건 아래에서 증거능력이 인정된다(§313①,②,③). 수사기관은 감정서의 기재내용을 명백히 하기 위해 감정수탁자를 참고인으로 조사할 수 있다. 감정수탁자는 판사의 감정처분허가장을 발부 받아 감정에 필요한 처분을 할 수 있다(§221-4①, §173①).

제5절 공무소 등에의 조회

형사소송법 제199조 제2항은 수사기관이 수사를 위해 공무소 또는 공사단체에 사실조회할 수 있는 권한을 규정하고 있다. 이는 수사의 일환으로 인적사항 확인을 위한 주민등록 조회, 전과기록 조회, 신원조회 등 다양한 정보를 요청할 수 있음을 의미한다. 이러한 사실조회는 임의수사의 일종으로, 강제처분이 아니므로 영장의 발부 없이도 가능하다. 조회를 받은 공공기관 등은 일반적으로 보고의무를 부담한다고 해석된다. 다만, 이에 응하지 않더라도 법적으로 강제할 수단은 존재하지 않는다. 따라서 사실조회는 수사의 효율성과 협조에 의존하는 측면이 크다.

제4장

체포와 구속

제1절 강제수사 총설

강제수사란 수사기관이 수사의 목적을 달성하기 위하여 강제력을 사용하는 수사방법을 말한다. 강제력이란 직접 사람의 신체나 물건에 물리력을 가하는 것을 의미하고 단순히 일정한 의무를 과하는 것도 강제처분에 해당한다. 강제수사는 필연적으로 헌법에 의해 보장되고 있는 기본권을 침해하지 않을 수 없다. 체포와 구속은 개인의 자유를 제한하고, 압수는 재산권을 수색은 주거권을, 신체에 대한 검정과 감정은 신체의 완전성을 침해한다. 따라서 헌법상 보장된 국민의 기본적 인권을 보장하기 위하여 강제수사에 의한 개인의 자유의 제한은 엄격히 제한되어야 한다. 따라서 수사기관의 강제수사는 법정주의와 영장주의의 제한을 받게 된다.

강제수사는 강제력이 행사되는 대상에 따라 대인적 강제수사와 대물적 강제수사로 구분된다. 체포와 구속은 전자에 속하고, 압수 · 수색 · 검증은 후자에 해당한다. 수사기관의 강제수사에 대해 법원이 소송의 진행을 위해 강제력을 사용하는 것을 강제처분이라고 한다. 수사기관의 강제수사에는 체포, 구속, 압수, 수색, 검증 등이 있고, 법원의 강제처분에는 구속, 압수, 수색, 소환, 제출명령, 감정유치 등이 있다. 수사기관은 공소제기 이후에는 당사자의 지위에 있는 피고인을 대상으로 강제수사를 할 수 없다. 즉 공소제기 후에는 강제처분권이 법원으로 이전되어 수사기관이 체포 · 구속 등 강제수사를 할 수 없다.

대인적 강제수사에는 체포와 구속이 있다. 체포는 단기간 동안 피의자의 신병을 확보하는 대인적 강제수사이고, 구속은 비교적 장기간 피의자의 신병을 확보하는 수단이 되는 대인적 강제수사이다. 체포에는 체포영장에 의한 체포, 영장이 필요 없는 긴급체포와 현행범 체포가 있다. 구속은 구인과 구금으로 구분한다. 공소제기 이후의 피고인에게는 체포제도가 적용되지 않으며 법원의 구속만 가능하다.

제2절 체포

1. 영장에 의한 체포

가. 의의

영장에 의한 체포란 범죄혐의가 있고 일정한 체포사유가 존재할 경우 사전영장에 의하여 48시간 동안 피의자의 신병을 확보하는 대인적 강제수사를 말한다. 이는 체포의 원칙적인 형태로 '통상체포' 또는 단순히 '체포'라고 칭한다. 수사 초기에 구속의 필요성에 대한 확신이 없는 경우, 피의자의 신병확보를 위한 구속의 전 단계 처분으로 체포기간이 48시간을 초과하지 않는 점에서 구속과 구별된다. 종래 탈법적인 임의동행이나 보호실 유치 등 수사관행을 근절하고 불필요한 구속을 억제하기 위해 도입된 간이한 강제수사 제도이다.

나. 요건

피의자가 죄를 범하였다고 의심할 만한 상당한 이유가 있고, 정당한 이유없이 제200조의 규정에 의한 출석요구에 응하지 아니하거나 응하지 아니할 우려가 있는 때에는 검사는 관할 지방법원판사에게 청구하여 체포영장을 발부받아 피의자를 체포할 수 있고, 사법경찰관은 검사에게 신청하여 검사의 청구로 관할지방법원판사의 체포영장을 발부받아 피의자를 체포할 수 있다. 다만, 다액 50만원이하의 벌금, 구류 또는 과료에 해당하는 사건에 관하여는 피의자가 일정한 주거가 없는 경우 또는 정당한 이유없이 제200조의 규정에 의한 출석요구에 응하지 아니한 경우에 한한다(§200-2①).

1) 범죄혐의의 상당성

체포영장을 청구하기 위해서는 피의자를 체포하기 위하여 피의자가 죄를 범하였다고 의심할 만한 상당한 이유가 있어야 한다(§200-2①). 체포요건인 범죄혐의는 수사기관의 객관적인 혐의, 즉 무죄추정을 깨뜨릴 수 있을 정도의 유죄판결에 대한 고도의 개연성이 있어야 한다.

2) 체포사유

체포영장을 청구하기 위해서는 피의자가 정당한 이유 없이 수사기관의 출석요구에 응하지 아니하거나 응하지 아니할 우려가 있어야 한다(§200-2①). 정당한 이유란 천재지변, 질병과 같은 사실상의 이유 또는 법률상의 이유를 말한다. 다만, 다액 50만원 이하 벌금·구류·과료에 해당하는 사건에 관하여는 ① 피의자가 일정한 주거가 없는 경우 또는 ② 정당한 이유 없이 출석요구에 불응한 경우에 한하여 체포할 수 있다(§200-2①단서).

3) 체포의 필요성

명백히 체포의 필요가 인정되지 않는 경우, 즉 도망 또는 증거인멸의 염려가 없는 경우에는 판사는 체포영장을 발부할 수 없다(§200-2②). 체포의 필요성은 통상체포의 요건이 되지는 않는다. 다만 체포의 필요성이 전혀 없는 경우 체포를 허용하지 않는 소극적 요건이 된다.

다. 체포절차

1) 체포영장의 신청 및 청구

사법경찰관은 검사에게 신청하여 검사의 청구로 관할 지방법원판사의 체포영장을 발부받아 피의자를 체포하고, 검사는 직접 관할 지방법원 판사에게 청구하여 체포영장을 받아 피의자를 체포한다(§200-2①). 체포영장의 청구는 체포영장청구서에 의하여야 하며, 체포의 사유 및 필요를 인정할 수 있는 자료를 제출하여야 한다(형규 §96①). 검사는 영장을 청구함에 있어 동일한 범죄사실에 관하여 그 피의자에 대하여 전에 체포영장을 청구하였거나 발부받은 사실이 있는 때에는 다시 체포영장을 청구하는 취지 및 이유를 기재하여야 한다(§200-2④). 피의자 또는 변호인, 법정대리인, 배우자, 직계친족, 형제자매나 가족, 동거인 또는 고용주는 체포영장 청구를 받은 판사에게 유리한 자료를 제출할 수 있다(형규 §96③).

2) 체포영장의 발부

체포영장 청구를 받은 지방법원판사는 상당하다고 인정할 때에는 체포영장을 발부한다. 다만, 명백히 체포의 필요가 인정되지 아니하는 경우에는 그러하지 아니하다(§200-2②). 지방법원판사가 체포영장을 발부하지 아니할 때에는 청구서에 그 취지 및 이유를 기재하고 서명날인하여 청구한 검사에게 교부한다(§200-2③). 영장의 발부 또는 기각 결정에 대하여는 불복할 방법이 없다(대판 2006.12.18. 2006모646).

검사가 사법경찰관이 신청한 영장을 정당한 이유 없이 판사에게 청구하지 아니한 경우 사법경찰관은 그 검사 소속의 지방검찰청 소재지를 관할하는 고등검찰청에 영장청구 여부에 대한 심의를 신청할 수 있다(§221-5①). 검사의 영장불청구에 대한 사법경찰관의 심의 신청에 관한 사항을 심의하기 위하여 각 고등검찰청에 영장심의위원회를 둔다(§221-5②). 위원은 각 고등검찰청 검사장이 위촉하며, 사법경찰관은 심의위원회에 출석하여 의견을 개진할 수 있다(§221-5③,④).

체포영장에는 피의자의 성명, 주거, 죄명, 피의사실의 요지, 인치구금할 장소, 발부연월일, 그 유효기간과 그 기간을 경과하면 집행에 착수하지 못하며 영장을 반환하여야 할 취지를 기재하고 법관이 서명·날인하여야 한다(§200-6, §75①). 피의자의 성명이 분명하지 아니한 때에는 인상, 체격, 기타 피의자를 특정할 수 있는 사항으로 피의자를 표시할 수 있다(§200-6, §75②). 피의자의 주거가 분명하지 아니한 때에는 그 주거의 기재를 생략할 수 있다(§200-6, §75③). 체포영장은 수통을 작성하여 사법경찰관리 수인에게 교부할 수 있으며, 이 경우 그 사유를 체포영장에 기재하여야 한다(§200-6, §82). 영장의 유효기간은 7일로 한다. 다만 법관이 상당하다고 인정하는 때에는 7일을 넘는 기간을 정할 수 있다(형규 §178). 검사는 체포영장의 유효기간을 연장할 필요가 있다고 인정하는 때에는 그 사유를 소명하여 다시 체포영장을 청구하여야 한다(형규 §96-4).

《대결 2006.12.18. 2006모646 (론스타코리아 유회원 대표 영장기각 사건)》 검사의 체포영장 또는 구속영장 청구에 대한 지방법원판사의 재판은 형사소송법 제402조의 규정에 의하여 항고의 대상이 되는 '법원의 결정'에 해당하지 아니하고, 제416조 제1항의 규정에 의하여 준항고의 대상이 되는 '재판장 또는 수명법관의 구금 등에 관한 재판'에도 해당하지 아니한다.

3) 체포영장의 집행

체포영장은 검사의 지휘에 의하여 사법경찰관리가 집행한다(§200-6, §81①). 교도소 또는 구치소에 있는 피의자에 대하여 발부된 체포영장은 검사의 지휘에 의해 교도관이 집행한다(§200-6, §81③). 검사는 필요에 의하여 관할구역 외에서 체포영장의 집행을 지휘할 수 있고 또는 당해관할구역의 검사에게 집행지휘를 촉탁할 수 있다(§200-6, §83①). 사법경찰관리는 필요에 의하여 관할구역 외에서 체포영장을 집행할 수 있고 또는 당해 관할구역의 사법경찰관리에게 집행을 촉탁할 수 있다(§200-6, §83②).

검사 또는 사법경찰관은 피의자를 체포할 때에는 피의자에게 ① 피의사실의 요지, ② 체포의 이유와 ③ 변호인을 선임할 수 있음을 말하고, ④ 변명할 기회를 주어야 하며, ⑤

진술거부권을 알려주어야 한다(§200-5, 준칙 §32①). 2020년 개정 검사와 사법경찰관의 상호협력과 일반적 수사준칙에 관한 규정에 의해 진술거부권의 고지도 추가되었다. 체포할 때 수사기관이 피의자에게 알려줘야 하는 진술거부권의 내용은 ① 일체의 진술을 하지 아니하거나 개개의 질문에 대하여 진술을 하지 아니할 수 있다는 것, ② 진술을 하지 아니하더라도 불이익을 받지 아니한다는 것, ③ 진술을 거부할 권리를 포기하고 행한 진술은 법정에서 유죄의 증거로 사용될 수 있다는 것의 세 가지 사항을 알려주어야 한다(준칙 §32②, 법 §244-3①). 검사와 사법경찰관이 피의자에게 그 권리를 알려준 경우에는 피의자로부터 권리고지 확인서를 받아 사건기록에 편철한다(준칙 §32③).

체포영장을 집행할 때에는 피의자에게 반드시 이를 제시하고 그 사본을 교부하여야 하며 신속히 지정된 장소에 인치하여야 한다(§200-6, §85①). 다만, 체포영장을 소지하지 아니한 경우에 급속을 요하는 때에는 피의자에 대하여 피의사실의 요지와 영장이 발부되었음을 고하고 집행할 수 있다(§200-6, §85③). 이 경우 집행을 완료한 후에는 신속히 체포영장을 제시하고 그 사본을 교부하여야 한다(§200-6, §85④). 검사는 체포영장을 발부받은 후 피의자를 체포하기 이전에 체포영장을 첨부하여 판사에게 인치·구금할 장소의 변경을 청구할 수 있다(형규 §96-3).

사법경찰관은 체포영장의 유효기간 내에 영장의 집행에 착수하지 못했거나, 그 밖의 사유로 영장의 집행이 불가능하거나 불필요하게 되었을 때에는 즉시 해당 영장을 청구한 검사에게 반환하고, 검사는 사법경찰관이 반환한 영장을 법원에 반환한다. 이 경우 체포영장이 여러 통 발부된 경우에는 모두 반환해야 한다(준칙 §35①,③).

검사 또는 사법경찰관은 체포영장을 발부받아 피의자를 체포하는 경우에 필요한 때에는 수색영장 없이 타인의 주거나 타인이 간수하는 가옥, 건조물 등에서 피의자 수색을 할 수 있다. 다만 미리 수색영장을 발부받기 어려운 긴급한 사정이 있는 때에 한한다(§216①1). 검사 또는 사법경찰관은 피의자를 체포하는 경우에 필요한 때에는 영장 없이 체포현장에서 압수·수색·검증을 할 수 있다(§216①2). 경찰관은 피의자를 체포할 때 상당한 이유가 있는 때에는 제한된 요건하에 무기를 사용할 수 있다(경직법 §10-4).

《대판 1996.12.23. 96도2673 (범민련 간부집 불시출입 사건)》 피의자를 체포하기 위하여는 체포 당시에 피의자에 대한 범죄사실의 요지, 구속의 이유와 변호인을 선임할 수 있음을 말하고 변명할 기회를 준 후가 아니면 체포할 수 없고, 이와 같은 절차를 밟지 아니한 채 실력으로 연행하려 하였다면 적법한 공무집행으로 볼 수 없다.

《대판 2000.7.4. 99도4341 (인천 신흥동 삼익A 그랜저 사건)》 형사소송법 제200조의5의 권리고지는 체포를 위한 실력행사에 들어가기 이전에 미리 하여야 하는 것이 원칙이나, 달아나는 피의자를 쫓아가 붙들거나 폭력으로 대항하는 피의자를 실력으로 제압하는 경우에는 붙들거나 제압하는 과정에서 하거나, 그것이 여의치 않은 경우에라도 일단 붙들거나 제압한 후에는 지체 없이 행하여야 한다.

《대판 2017.9.21. 2017도10866 (체포 직후 영장제시한 사건)》 피고인이 경찰관들과 마주하자마자 도망가려는 태도를 보이거나 먼저 폭력을 행사하며 대항한 바 없는 등 경찰관들이 체포를 위한 실력행사에 나아가기 전에 체포영장을 제시하고 미란다 원칙을 고지할 여유가 있었음에도 애초부터 미란다 원칙을 체포 후에 고지할 생각으로 먼저 체포행위에 나선 행위는 적법한 공무집행이라고 보기 어렵다.

《대판 2021.6.24. 2021도4648 (체포영장 수배자, 현행범 체포 사건》 112신고를 받고 현장에 출동한 경찰관들이 승용차에 타고 있던 피고인의 주민등록번호를 조회하여 피고인에 대한 체포영장이 발부된 수배자인 것을 확인하고 하차를 요구하며 체포절차에 착수하였으나, 피의자가 흥분하여 타고 있던 승용차를 출발시켜 경찰관들에게 상해를 입히는 범죄를 추가로 저지르자, 경찰관들이 그 승용차를 멈춘 후 저항하는 피고인을 별도 범죄인 특수공무집행방해치상의 현행범으로 체포한 경우, 피고인에 대한 체포절차는 적법하며, 집행완료에 이르지 못한 체포영장을 사후에 피고인에게 제시할 필요도 없다.

《대판 2017.11.29. 2017도9747 (시나닷컴 이메일 압색 사건)》 체포 및 압수 · 수색현장에서 변호인의 체포영장 등사 요구를 거절한 것만으로는 변호인의 조력을 받을 권리를 원천적으로 침해한 행위라고 보기 어렵다.

라. 체포 후의 절차

1) 체포통지

피의자를 체포한 때에는 ① 변호인이 있는 경우에는 변호인에게, ② 변호인이 없는 경우에는 법정대리인, 배우자, 직계친족, 형제자매 중 피의자가 지정한 자에게 피의사건명, 체포일시 · 장소, 범죄사실의 요지, 체포의 이유와 변호인을 선임할 수 있는 취지를 알려야 한다(§200-6, §87①). 체포통지는 체포한 때로부터 늦어도 24시간 이내에 서면으로 하여야 한다(형규 §100①, §51②). 급속을 요하는 경우에는 체포되었다는 취지 및 체포의 일시 · 장소를 전화 또는 모사전송기 기타 상당한 방법에 의하여 통지할 수 있다. 다만, 이 경우에도 체포통지는 다시 서면으로 하여야 한다(형규 §100①, §51③).

2) 체포된 피의자의 권리

체포된 피의자는 관련 법률이 정한 범위에서 타인과 접견하고 서류나 물건을 수수하며 의사의 진료를 받을 수 있다(§200-6, §89). 체포된 피의자는 수사기관에게 변호사를 지정하여 변호인의 선임을 의뢰할 수 있고, 의뢰를 받은 수사기관은 급속히 피의자가 지명한 변호사에게 그 취지를 통지하여야 한다(§200-6, §90). 체포영장에 의해 체포된 피의자 등은 법원에 체포적부심사청구를 할 수 있다(§214-2①). 체포의 사유가 없거나 소멸된 때에는 수사기관은 직권 또는 검사, 피의자, 변호인과 제30조제2항에 규정한 자의 청구에 의하여 결정으로 체포를 취소하여야 한다(§200-6, §93). 검사 또는 사법경찰관은 제214조의2 제1항에 따른 자가 체포영장 등본의 교부를 청구하면 그 등본을 교부해야 한다(준칙 §34).

3) 구속영장의 청구 또는 석방

검사 또는 사법경찰관이 체포한 피의자를 구속하고자 할 때에는 체포한 때부터 48시간 이내에 구속영장을 청구하여야 한다(§200-2⑤). 48시간 이내에 구속영장을 청구하면 족하고 구속영장이 발부될 것을 요하지 않는다.

사법경찰관은 48시간 내에 구속영장을 신청하지 아니하거나 신청하였으나 구속영장을 검사가 불청구하거나 판사가 기각하여 발부받지 못한 때에는 즉시 석방하여야 한다(§200-2⑤, §200-4②). 이 경우 피의자 석방서를 작성하여 지체없이 검사에게 석방사실을 통보한다(준칙 §36①,②). 체포영장의 발부를 받은 후 피의자를 체포하지 아니하거나 체포한 피의자를 석방한 때에는 지체없이 검사는 영장을 발부한 법원에 그 사유를 서면으로 통지하여야 한다(§204). 이 경우 체포영장의 원본을 첨부해야 한다(형규 §96-19③).

2. 긴급체포

가. 의의

중대한 죄를 범하였다고 의심할 만한 상당한 이유가 있는 피의자를 수사기관이 긴급하여 영장없이 체포하도록 예외적으로 허용하는 제도가 긴급체포이다. 체포에 있어서 현행범인 체포와 함께 헌법 제12조 제3항에 의해 영장주의의 예외로서 인정되고 있다.

나. 요건

피의자가 사형 · 무기 또는 장기 3년 이상의 징역에 해당하는 죄를 범하였다고 의심할 만한 상당한 이유가 있고, ① 피의자가 증거를 인멸할 염려가 있는 때, ② 피의자가 도망하거나 도망할 우려가 있는 때에 해당하는 경우에 긴급을 요하여 지방법원판사의 체포영장을 받을 수 없는 때에는 그 사유를 알리고 영장없이 피의자를 체포할 수 있다. 이 경우 긴급을 요한다 함은 피의자를 우연히 발견한 경우 등과 같이 체포영장을 받을 시간적 여유가 없는 때를 말한다(§200-3①).

1) 범죄의 중대성

피의자가 사형 · 무기 또는 장기 3년 이상의 징역이나 금고에 해당하는 죄를 범하였다고 의심할만한 상당한 이유가 있어야 한다(§200-3①). 법정형의 장기가 3년이 되지 않는 범죄는 긴급체포하지 못한다. 긴급체포의 경우 인권침해의 소지가 큰 만큼 일정한 기준에 의한 중대한 범죄로 제한하는 것이다. 긴급체포의 경우에도 영장에 의한 체포와 마찬가지로 범죄혐의의 상당성이 요구되는 것은 당연하다. 범죄혐의는 주관적 혐의로는 부족하고 객관적 혐의가 필요하다.

2) 체포의 필요성

피의자가 증거를 인멸할 염려가 있거나 도망하거나 도망할 우려가 있어야 한다(§200-3①). 긴급체포를 위해서는 구속사유가 존재할 것을 요한다(대판 2006.9.8. 2006도148). '일정한 주거가 없는 때'는 긴급체포의 체포사유에 해당되지 않는다.

3) 체포의 긴급성

긴급을 요하여 지방법원판사의 체포영장을 발부받을 수 없어야 한다. 이 경우 긴급을 요한다 함은 피의자를 우연히 발견한 경우 등과 같이 체포영장을 받을 시간적 여유가 없는 때를 말한다(§200-3①단서). 이를 위해서는 판사의 체포영장을 받아서는 체포할 수 없거나 체포가 현저히 곤란할 것을 요한다. 따라서 조사를 받기 위해 수사관서에 자진출석한 피의자를 긴급체포하는 것은 원칙적으로 위법하다고 해야 한다(대판 2006.9.8. 2006도148).

4) 적법성 판단의 기초

긴급체포의 요건을 갖추었는지 여부는 사후에 밝혀진 사정을 기초로 판단할 것이 아니라 체포당시의 상황을 기초로 판단한다. 검사나 사법경찰관의 체포요건 판단에는 상당한 재량이 있지만 긴급체포 당시의 상황으로 보아서도 현저히 합리성을 잃은 경우에는 위법한 체포이다.

《대판 2002.6.11. 2000도5701 (초야농장 광주군수 체포사건)》 긴급체포의 요건을 갖추었는지 여부는 사후에 밝혀진 사정을 기초로 판단하는 것이 아니라 체포 당시의 상황을 기초로 판단하여야 하고, 이에 관한 검사나 사법경찰관 등 수사주체의 판단에는 상당한 재량의 여지가 있다고 할 것이나, 긴급체포 당시의 상황으로 보아서도 그 요건의 충족 여부에 관한 검사나 사법경찰관의 판단이 경험칙에 비추어 현저히 합리성을 잃은 경우에는 그 체포는 위법한 체포라 할 것이다.

비교판례

긴급체포가 적법한 경우	긴급체포가 위법한 경우
① 甲이 고소한 사건에 대하여 자진출석하여 고소인 자격으로 피고소인 乙과 대질조사를 받고 나서 조서에 무인하기를 거부하자 수사검사가 무고 혐의가 인정된다면서 무고죄로 인지하여 조사를 하겠다고 하였고, 이에 甲이 조사를 받지 않겠다고 하면서 가방을 들고 일어나 집으로 돌아가려고 하자 검사가 긴급체포한 것은 적법하다(대판 1998.7.6. 98도785 멧돼지사육자협회 총무 사건) ② 경찰관이 甲의 소재 파악을 위해 甲의 거주지와 甲이 경영하던 공장 등을 찾아가 보았으나, 甲이 공장 경영을 그만 둔 채 거주지에도 귀가하지 않는 등 소재를 감추자 법원의 압수수색영장에 의한 휴대전화 위치추적 등의 방법으로 甲의 소재를 파악하려고 하던 중, 2004.10.14.23:00경 주거지로 귀가하던 甲을 발견하고, 甲이 계속 소재를 감추려는 의도가 다분하고 증거인멸 및 도망의 염려가 있다는 이유로 甲을 사기 혐의로 긴급체포한 것을 위법한 체포에 해당한다고 보기는 어렵다(대판 2005.12.9. 2005도7569 위치추적 후 긴급체포 사건).	① 도로교통법위반 피의사건에서 기소유예 처분을 받은 재항고인이 그 후 혐의 없음을 주장함과 동시에 수사경찰관의 처벌을 요구하는 진정서를 검찰청에 제출함으로써 이루어진 진정사건을 담당한 검사가, 재항고인에 대한 위 피의사건을 재기한 후 담당검사인 자신의 교체를 요구하고자 부장검사 부속실에서 대기하고 있던 재항고인을 위 도로교통법위반죄로 긴급체포하여 감금한 경우, 그 긴급체포는 형사소송법이 규정하는 긴급체포의 요건을 갖추지 못한 것으로서 당시의 상황과 경험칙에 비추어 현저히 합리성을 잃은 위법한 체포에 해당한다(대결 2003.3.27. 2002모81 담당검사 교체요구자 긴급체포 사건). ② 위증교사 등으로 기소된 피고인 甲(변호사)이 무죄가 선고되자 공판검사가 항소한 후 위 무죄가 선고된 공소사실에 대한 보완수사를 한다며 甲의 변호사사무실 사무장이던 乙에게 검사실로 출석하라고 요구하여 자진출석한 乙에게 참고인 조사를 하지 아니한 채 곧바로 위증 및 위증교사 혐의로 피의자신문조서를 받기 시작하였고, 이에 乙은 인적사항만을 진술한 후 甲에게 전화를 하여, 甲이 검사실로 찾아와서 검사에게 "피의자로 조사하는 데 대해서는 협조를 하지 않겠다."는 취지로 말하며 乙에게 "여기서 나가라"고 지시하였고 이에 乙이 일어서서는 검사실을 나가려 하자 검사가 乙에게 "지금부터 긴급체포하겠다."고 말하면서 乙이 퇴거를 제지한 경우 적법한 공무집행이라 볼 수 없으며, 그 변호사가 이를 제지하는 과정에서 위 검사에게 상해를 가한 것이 정당방위에 해당한다(대판 2006.9.8. 2006도148 검사 : 변호사 사건). ③ 수사검사가 甲에게 뇌물을 주었다는 乙 등의 진술을 번저 확보한 다음, 현직 군수인 甲을 소환·조사하기 위하여 검사의 명을 받은 검찰주사보가 16:40경 군청 군수실에 갔으나 甲이 군수실에 없어 도시행정계장에게 군수의 행방을 확인하였

	더니, "甲이 검사가 자신을 소환하려 한다는 사실을 미리알고 자택 옆에 있는 농장에서 기다리고 있을 것이니 수사관이 오거든 그 곳으로 오라"고 하였다고 하므로, 같은 날 17:30경 위 농장으로 가서 그 곳에서 수사관을 기다리고 있던 甲을 긴급체포한 경우 위법한 긴급체포에 해당한다(대판 2002.6.11. 2000도5701 초야농장 광주군수 체포사건). ④ 甲이 필로폰을 투약한다는 제보를 받은 경찰관이 제보된 주거지에 甲이 살고 있는지 등 제보의 정확성을 사전에 확인한 후에 제보자를 불러 조사하기 위하여 甲의 주거지를 방문하였다가, 현관에서 담배를 피우고 있는 甲을 발견하고 사진을 찍어 제보자에게 전송하여 사진에 있는 사람이 제보한 대상자가 맞다는 확인을 한 후, 가지고 있던 甲의 전화번호로 전화를 하여 차량 접촉사고가 났으니 나오라고 하였으나 나오지 않고, 또한 경찰관임을 밝히고 만나자고 하는데도 현재 집에 있지 않다는 취지로 거짓말을 하자 甲의 집 문을 강제로 열고 들어가 甲을 긴급체포한 경우, 긴급체포가 위법하다(대판 2016.10.13. 2016도5814 접촉사고 났으니 나와보라 사건).

다. 절차

긴급체포의 요건을 갖춘 경우 검사 또는 사법경찰관은 그 사유를 알리고 영장없이 피의자를 체포할 수 있다(§200-3①). 판례에 의하면 사법경찰리도 사법경찰관사무취급의 지위에서는 긴급체포할 수 있다(대판 1965.1.19. 64도740). 검사 또는 사법경찰관은 피의자를 긴급체포할 때에는 피의자에게 ① 피의사실의 요지, ② 체포의 이유와 ③ 변호인을 선임할 수 있음을 말하고, ④ 변명할 기회를 주어야 하며, ⑤ 진술거부권을 알려주어야 한다(§200-5, 준칙 §32①). 피의자에게 그 권리를 알려준 경우에는 피의자로부터 권리고지 확인서를 받아 사건기록에 편철한다(준칙 §32③). 긴급체포한 피의자는 신속히 지정된 장소에 인치해야 한다(§200-6, §85①). 검사 또는 사법경찰관이 긴급체포한 경우에는 즉시 긴급체포서를 작성한다. 긴급체포서에는 범죄사실의 요지, 긴급체포의 사유 등을 기재하여야 한다(§200-3③,④).

라. 체포 후의 절차

1) 긴급체포의 승인

사법경찰관이 피의자를 긴급체포를 한 경우에는 사후에 즉시 검사의 승인을 얻어야 한다(§200-3②). 사법경찰관은 긴급체포 후 12시간 내에 검사에게 긴급체포의 승인을 요청해야 한다. 다만, 수사중지 결정 또는 기소중지 결정이 된 피의자를 소속 경찰관서가 위치하는 시·도 외의 지역이나 바다에서 긴급체포한 경우에는 긴급체포 후 24시간 이내에 긴급체포의 승인을 요청해야 한다(준칙 §27①). 긴급체포의 승인을 요청할 때에는 긴급체포 승인요청서로 요청해야 한다. 다만, 긴급한 경우에는 형사사법정보시스템 또는 FAX를 이용하여 긴급체포의 승인을 요청할 수 있다(준칙 §27②). 검사는 사법경찰관의 긴급체포 승인 요청이 이유 있다고 인정하는 경우에는 지체 없이 긴급체포승인서를 사법경찰관에게 송부해야 한다(준칙 §27③). 이유 없다고 인정하는 경우에는 지체 없이 사법경찰관에게 불승인 통보를 해야 한다. 이 경우 사법경찰관은 긴급체포된 피의자를 즉시 석방하고 그 석방 일시와 사유 등을 검사에게 통보해야 한다(준칙 §27④).

《대판 2010.10.28. 2008도11999 (김영일 경감 사건)》 [1] 사법경찰관이 검사에게 긴급체포된 피의자에 대한 긴급체포 승인 건의와 함께 구속영장을 신청한 경우, 검사는 긴급체포의 적법성 여부를 심사하면서 수사서류뿐만 아니라 피의자를 검찰청으로 출석시켜 직접 대면조사할 수 있는 권한을 가진다.

[1] 검사의 구속영장 청구 전 피의자 대면조사는 긴급체포의 적법성을 의심할 만한 사유가 기록 기타 객관적 자료에 나타나고 피의자의 대면조사를 통해 그 여부의 판단이 가능할 것으로 보이는 예외적인 경우에 한하여 허용될 뿐, 긴급체포의 합당성이나 구속영장 청구에 필요한 사유를 보강하기 위한 목적으로 실시되어서는 아니 된다. 나아가 검사의 구속영장 청구 전 피의자 대면조사는 강제수사가 아니므로 피의자는 검사의 출석요구에 응할 의무가 없고 피의자가 검사의 출석요구에 동의한 때에 한하여 사법경찰관리는 피의자를 검찰청에 호송하여야 한다.

2) 체포통지

피의자를 긴급체포한 때에는 ① 변호인이 있는 경우에는 변호인에게, ② 변호인이 없는 경우에는 법정대리인, 배우자, 직계친족, 형제자매 중 피의자가 지정한 자에게 피의사건명, 체포일시·장소, 범죄사실의 요지, 체포의 이유와 변호인을 선임할 수 있는 취지를 알려야 한다(§200-6, §87①). 체포통지는 체포한 때로부터 늦어도 24시간 이내에 서면으로 하여야 한다(형규 §100①, §51②). 급속을 요하는 경우에는 체포되었다는 취지 및 체포의 일시·장소를 전화 또는 모사전송기 기타 상당한 방법에 의하여 통지할 수 있다. 다만, 이 경우에도 체포통지는 다시 서면으로 하여야 한다(형규 §100①, §51③).

3) 체포된 피의자의 권리

긴급체포된 피의자는 관련 법률이 정한 범위에서 타인과 접견하고 서류나 물건을 수수하며 의사의 진료를 받을 수 있다(§200-6, §89). 긴급체포된 피의자는 수사기관에게 변호사를 지정하여 변호인의 선임을 의뢰할 수 있고, 의뢰를 받은 수사기관은 급속히 피의자가 지명한 변호사에게 그 취지를 통지하여야 한다(§200-6, §90). 긴급체포된 피의자도 법원에 체포적부심사청구를 할 수 있다(§214-2①).

4) 구속영장 또는 사후 압수·수색영장의 청구

사법경찰관이 피의자를 긴급체포한 경우 피의자를 구속하고자 할 때에는 지체없이 검사에게 신청하여 검사의 청구로 관할지방법원판사에게 구속영장을 청구해야 한다. 검사는 직접 관할지방법원판사에게 구속영장을 청구해야 한다. 이 경우 48시간 이내에 청구하여야 하며, 긴급체포서를 첨부해야 한다(§200-4①).

검사 또는 사법경찰관은 피의자를 긴급체포하는 경우에 필요한 때에는 수색영장 없이 타인의 주거나 타인이 간수하는 가옥, 건조물 등에서 피의자를 수색할 수 있고(§216①1), 피의자를 긴급체포하는 경우에 필요한 때에는 영장 없이 체포현장에서 압수·수색·검증을 할 수 있다(§216①2). 또한 긴급체포된 자가 소유·소지 또는 보관하는 물건에 대하여 긴급히 압수할 필요가 있는 경우에는 체포한 때부터 24시간 이내에 한하여 영장 없이 압수·수색 또는 검증을 할 수 있다(§217①). 이 경우 압수한 물건을 계속 압수할 필요가 있는 경우에는 체포한 때로부터 48시간 이내에 지체 없이 압수·수색영장을 청구해야 한다(§217②). 청구한 압수수색영장을 발부받지 못한 때에는 압수한 물건을 즉시 반환하여야 한다(§217③).

5) 피의자를 석방한 경우의 조치

구속영장을 청구하지 아니하거나 발부받지 못한 때에는 피의자를 즉시 석방해야 한다(§200-4②). 사법경찰관은 긴급체포한 피의자에 대하여 구속영장을 신청하지 아니하고 석방한 경우에는 즉시 검사에게 보고해야 한다(§200-4⑥). 검사는 석방한 날부터 30일 이내에 서면으로 긴급체포서의 사본을 첨부하여 ① 긴급체포 후 석방된 자의 인적사항, ② 긴급체포의 일시·장소와 긴급체포하게 된 구체적 이유, ③ 석방의 일시·장소 및 사유, ④ 긴급체포 및 석방한 검사 또는 사법경찰관의 성명을 법원에 통지해야 한다(§200-4④). 긴급체포 후 석방된 자 또는 그 변호인·법정대리인·배우자·직계친족·형제자매는 검사가 법원에 통지한 통지서 및 관련 서류를 열람하거나 등사할 수 있다(§200-4⑤).

《대판 2014.8.26. 2011도6035 (오산시장 APT건설 수뢰사건)》 긴급체포되어 조사를 받고 구속영장이 청구되지 아니하여 석방되었음에도 검사가 그로부터 30일 이내에 석방통지를 법원에 하지 않더라도 긴급체포 당시의 상황과 경위, 긴급체포 후 조사 과정 등에 특별한 위법이 있다고 볼 수 없는 이상, 그 긴급체포에 의한 유치 중에 작성된 피의자신문조서들의 위법하게 작성되었다고 볼 수는 없다.

라. 재체포의 제한

긴급체포 되었다가 구속영장을 청구하지 아니하거나 발부받지 못하여 석방한 피의자는 영장 없이는 동일한 범죄사실에 관하여 다시 체포하지 못한다(§200-4③). 긴급체포 되었다가 석방된 자는 이후 새로운 증거가 발견되거나 피의자가 도망하거나 증거를 인멸한 경우에도 다시 긴급체포하지 못한다. 다만 체포영장에 의해 체포하거나 구속영장에 의해 구속하는 것은 가능하다.

《대판 2001.9.28. 2001도4291 (긴급체포 → 석방 → 구속 사건)》 피고인이 수사 당시 긴급체포되었다가 수사기관의 조치로 석방된 후 법원이 발부한 구속영장에 의하여 구속이 이루어진 경우 형사소송법 제200조의4 제3항에 위배되는 위법한 구속이라고 볼 수 없다.

3. 현행범체포

가. 의의

현행범인 체포란 범죄를 실행하고 있거나 실행하고 난 직후인 경우와 같이 범죄사실이 명백한 경우 영장 없이 누구나 피의자를 체포할 수 있는 제도를 뜻한다. 현행범 체포는 긴급체포와 함께 영장주의의 예외에 해당한다. 범죄의 명백성으로 인하여 인권침해 우려가 적기 때문이다. 현행범체포의 대상은 현행범인과 준현행범인이 있다.

1) 현행범인

현행범인이란 범죄를 실행하고 있거나 실행하고 난 직후의 사람을 말한다(§211①). 범죄를 실행하고 있다는 것(실행 중)은 범죄의 실행에 착수하여 종료하지 못한 상태를 말하고, 범죄를 실행하고 난 직후(실행 직후)란 범죄행위를 실행하여 끝마친 순간 또는 이에 아주 접착된 시간적 단계를 뜻한다(대판 2002.5.10. 2001도300). 실행 직후 여부의 판단은 범행과의 장소적·시간적 근접성, 범인의 거동, 휴대품, 범죄의 태양과 결과, 범죄의 경중, 범행 후의 경과 등을 종합적으로 고려하려 판단한다. 그 판단은 체포하는 자의 입장에서 보아 판단한다(대판 2007.4.13. 2007도1249).

《대판 2006.2.10. 2005도7158 (청주 목욕탕 탈의실 사건)》 형사소송법 제211조가 현행범인으로 규정한 '범죄의 실행의 즉후인 자'라고 함은 범죄의 실행행위를 종료한 직후의 범인이라는 것이 체포하는 자의 입장에서 볼 때 명백한 경우를 일컫는 것이고, '범죄의 실행행위를 종료한 직후'라고 함은 범죄행위를 실행하여 끝마친 순간 또는 이에 아주 접착된 시간적 단계를 의미하는 것으로 해석되므로, 시간적으로나 장소적으로 보아 체포를 당하는 자가 방금 범죄를 실행한 범인이라는 점에 관한 죄증이 명백히 존재하는 것으로 인정된다면 현행범인으로 볼 수 있다.

2) 준현행범인

준현행범인이란 현행범은 아니지만 형사소송법상으로 현행범인으로 간주되는 자를 말한다. 형사소송법은 ① 범인으로 불리며 추적되고 있을 때, ② 장물이나 범죄에 사용되었다고 인정하기에 충분한 흉기나 그 밖의 물건을 소지하고 있을 때, ③ 신체나 의복류에 증거가 될 만한 뚜렷한 흔적이 있을 때, ④ 누구냐고 묻자 도망하려고 할 때에 해당하는 사람을 현행범인으로 간주하고 있다(§211②).

《대판 2012.11.15. 2011도15258 (광명 음주 실신사고)》 음주운전 중 교통사고를 야기한 후 피의자가 의식불명 상태에 빠져 병원으로 후송된 운전자 甲의 신체 내지 의복류에 주취로 인한 냄새가 강하게 나는 경우, 甲은 형사소송법 제211조 제2항 제3호가 정하는 '신체나 의복류에 증거가 될 만한 뚜렷한 흔적이 있을 때'의 준현행범인으로서의 요건이 갖추어져 있다.

비교판례

현행범체포가 적법한 경우	현행범체포가 위법한 경우
① 술에 취한 피고인이 목욕탕 탈의실에서 피해자를 구타하고 약 1분여 동안 피해자의 목을 잡고 있다가 그 곳에 있던 다른 사람들이 말리자 잡고 있던 피해자의 목을 놓은 후 위 목욕탕 탈의실 의자에 앉아 있다가 옷을 입고 있던 중 경찰관이 현행범을 체포한 경우 현행범체포는 적법하다(대판 2006.2.10. 2005도7158 청주 목욕탕 탈의실 사건). ② 학교 앞길에서 싸움을 한 지 겨우 10분 후에 지나지 않고, 그 장소도 범행 현장에 인접한 위 학교의 운동장인 경우 현행범체포로서 적법한 공무집행에 해당한다.(대판 1993.8.13. 93도926 무학여고 사건) ③ 피고인의 차를 손괴하고 도망하려는 피해자를 도망하지 못하게 멱살을 잡고 흔들어 피해자에게 전치 14일의 흉부찰과상을 가한 경우, 정당행위에 해당한다(대판 1999.1.26. 98도3029 열쇠꾸러미 차손괴범 사건).	① 교사가 교장실에 들어가 불과 약 5분 동안 식칼을 휘두르며 교장을 협박하는 등의 소란을 피운 후 40여분 정도가 지나 경찰관들이 출동하여 교장실이 아닌 서무실에서 그를 연행하려 하자 그가 구속영장의 제시를 요구하면서 동행을 거부하였다면, 체포 당시 서무실에 앉아 있던 위 교사가 방금 범죄를 실행한 범인이라는 죄증이 경찰관들에게 명백히 인식될 만한 상황이었다고 단정할 수 없는데도 이와 달리 그를 "범죄의 실행의 즉후인 자"로서 현행범인이라고 단정한 원심판결에는 현행범인에 관한 법리오해의 위법이 있다(대판 1991.9.24. 91도1314). ② 경찰관이 주민의 신고를 받고 현장에 도착했을 때에는 이미 싸움이 끝난 상태였다면 현행범 내지 준현행범이 아니므로 경찰관이 임의동행을 거부하는 피고인을 체포하려는 행위는 적법한 공무집행이라 볼 수 없다(대판 1989.12.12. 89도

④ 순찰 중이던 경찰관이 교통사고를 낸 차량이 도주하였다는 무전연락을 받고 주변을 수색하다가 범퍼 등의 파손상태로 보아 사고차량으로 인정되는 차량에서 내리는 사람을 발견한 경우, 장물이나 범죄에 사용되었다고 인정함에 충분한 흉기 기타의 물건을 소지하고 있는 때에 해당하므로 준현행범으로서 영장 없이 체포할 수 있다(대판 2000.7.4. 99도4341 인천 신흥동 삼익A 그랜저 사건). ⑤ 피고인이 식당 안에서 소리를 지르거나 양은그릇을 부딪치는 등의 소란행위가 업무방해죄의 구성요건에 해당하지 않아 사후적으로 무죄로 판단된다고 하더라도, 피고인이 상황을 설명해 달라거나 밖에서 얘기하자는 경찰관의 요구를 거부하고 경찰관 앞에서 소리를 지르고 양은그릇을 두드리면서 소란을 피운 당시 상황에서는 객관적으로 보아 피고인이 업무방해죄의 현행범이라고 인정할 만한 충분한 이유가 있으므로, 경찰관들이 피고인을 체포하려고 한 행위는 적법한 공무집행이라고 보아야 한다(대판 2013.8.23. 2011도4763 양은그릇 골든벨 사건). ⑥ 甲과 乙이 주차문제로 다투던 중 乙이 112신고를 하였고, 甲이 출동한 경찰관에게 폭행을 가하여 공무집행방해죄의 현행범으로 체포된 경우, 甲이 파출소에 도착한 이후에도 경찰관의 신분증 제시 요구에 20분 동안 응하지 아니하면서 인적사항을 밝히지 않았다면, 甲에게는 현행범체포 당시에 도망 또는 증거인멸의 염려가 있었다고 할 수 있다(대판 2018.3.29. 2017도21537). ⑦ 수사기관이 피의자가 바지선을 타고 밀입국하면서 필로폰을 밀수한다는 제보를 받고 항구에 도착한 바지선을 수색하여 숨어 있던 피의자를 발견한 뒤 바지선 내 다른 장소에서 필로폰이 발견되자 곧바로 현행범으로 체포한 경우 이는 현행범 체포로서 적법하다(대판 2016.2.18. 2015도13726 고현항 바지선 수색 사건).	1934). ③ 음주운전을 종료한 후 40분 이상이 경과한 시점에서 길가에 앉아 있던 운전자를 술 냄새가 난다는 점만을 근거로 음주운전의 현행범으로 체포한 것은 적법한 공무집행으로 볼 수 없다(대판 2007.4.13. 2007도1249 식당앞 아우디 음주운전 사건). ④ 피고인이 경찰관의 불심검문을 받아 운전면허증을 교부한 후 경찰관에게 큰 소리로 욕설을 하였는데, 경찰관이 모욕죄의 현행범으로 체포하겠다고 하자 피고인이 반항하면서 경찰관에게 상해를 가한 사안에서, 피고인은 경찰관의 불심검문에 응하여 이미 운전면허증을 교부한 상태이고, 경찰관뿐 아니라 인근 주민도 욕설을 직접 들었으므로, 피고인이 도망하거나 증거를 인멸할 염려가 있다고 보기는 어렵고, 피고인의 모욕 범행은 불심검문에 항의하는 과정에서 저지른 일시적, 우발적인 행위로서 사안 자체가 경미할 뿐 아니라, 피해자인 경찰관이 범행현장에서 즉시 범인을 체포할 급박한 사정이 있다고 보기도 어려우므로, 경찰관이 피고인을 체포한 행위는 적법한 공무집행이라고 볼 수 없다(대판 2011.5.26. 2011도3682 마포 서교동 검문 사건).

나. 요건

1) 범인 · 범죄의 명백성

현행범인은 체포시에 특정 범죄의 범인임이 명백하여야 한다. 형식상 죄를 범한 것처럼 보일지라도 범죄가 성립하지 않을 때에는 현행범인으로 체포할 수 없다. 구성요건해당성이 인정되지 않는 경우는 현행범인으로 체포할 수 없다. 외형적으로 죄를 범한 것으로 보인다 해도 위법성조각사유나 책임조각사유가 존재함이 명백한 경우에도 현행범인으로 체포할 수 없다. 다만 소송조건의 존재는 체포의 요건이 되지 않는다. 따라서 친고죄에서 고소가 없는 경우에도 체포할 수 있다.

《대판 2013.8.23. 2011도4763 (양은그릇 골든벨 사건)》 현행범 체포의 적법성은 체포 당시의 구체적 상황을 기초로 객관적으로 판단하여야 하고, 사후에 범인으로 인정되었는지에 의할 것은 아니다.

2) 시간 · 장소적 근접성

현행범인은 범죄의 실행 중 또는 실행 직후의 시간적 단계에 있는 범인이어야 한다. 실행 직후의 현행범이란 범죄의 실행행위를 실행하여 끝마친 순간 또는 이에 아주 접착된 시간적 단계에 있는 범인을 의미한다(대판 2002.5.10. 2001도300). 현행범인은 시간적 단계의 개념이지만, 범인이 범행 장소 또는 그 연장으로 볼 수 있는 장소에서 멀어지면 시간적 근접성도 인정하기 어렵다는 점에서 장소적 접착성도 요건이 된다.

3) 체포의 필요성

긴급체포와 달리 현행범체포에는 도망이나 증거인멸의 우려와 같은 구속사유가 필요하다는 명문의 규정이 없다. 이에 현행범 체포에도 구속사유가 필요하다는 적극설과 이를 요하지 않는다는 소극설이 대립되고 있다. 판례는 체포의 필요성을 요한다는 입장이다(대판 1999.1.26. 98도3029; 대판 2017.4.7. 2016도14409). 판례의 취지에 따라 경찰수사규칙에도 사법경찰관리가 현행범인을 체포할 때 도망 또는 증거인멸의 우려가 있는 등을 고려할 것을 요구하고 있다(경규 §52①).

다액 50만 원 이하의 벌금, 구류 또는 과료에 해당하는 죄의 현행범인은 주거가 분명하지 아니한 때에 한하여 현행범으로 체포할 수 있다(§214). 예를 들어 운전면허 없이 원동기장치자전거나 개인형 이동장치를 운전한 사람을 발견한 경우[8]에는 주거가 분명하지 아니한 때에만 현행범인으로 체포할 수 있다. 그러나 경범죄처벌법상의 관공서에서 주취소란을 한 자[9]는 주거가 분명한 경우에도 현행범 체포의 대상이 된다.

《대판 1999.1.26. 98도3029 (Johannes 사건)》 현행범인은 누구든지 영장 없이 체포할 수 있으므로 사인의 현행범인 체포는 법령에 의한 행위로서 위법성이 조각된다고 할 것인데, 현행범인

8) 도로교통법 제156조에 따라 20만원 이하의 벌금이나 구류 또는 과료에 처해 진다.
9) 경범죄처벌법 제3조 제3항에 따라 60만원 이하의 벌금, 구류 또는 과료의 형으로 처벌된다.

체포의 요건으로서는 행위의 가벌성, 범죄의 현행성·시간적 접착성, 범인·범죄의 명백성 외에 체포의 필요성 즉, 도망 또는 증거인멸의 염려가 있을 것을 요한다.

《대판 2016.2.18. 2015도13726 (고현항 바지선 수색 사건)》 현행범인 체포의 요건을 갖추었는지는 체포 당시의 상황을 기초로 판단하여야 하고, 이에 관한 수사주체의 판단에는 상당한 재량의 여지가 있다. 따라서 체포 당시의 상황에서 보아 그 요건에 관한 수사주체의 판단이 경험칙에 비추어 현저히 합리성이 없다고 인정되지 않는 한 수사주체의 현행범인 체포를 위법하다고 단정할 것은 아니다.

《대판 2022.2.11. 2021도12213 (안양 묻지마 폭행 사건)》 피의자는 술에 취한 상태에서 늦은 밤에 전혀 알지 못하는 사람을 일방적으로 폭행하였는데, 경찰관이 출동한 이후 CCTV 영상으로 확인되는 폭행상황과 달리 자신의 범행을 부인하였고 피의자가 제시한 신분증의 주소지(거제시)와 범행 현장(안양시)이 멀리 떨어져 있어 추가적인 거소확인이 필요하다는 등의 사정이 있다면 피의자에게 도망 또는 증거인멸의 염려가 없다고 단정하기 어렵다.

다. 질차

현행범인은 누구든지 영장없이 체포할 수 있다(§212). 따라서 사법경찰관 뿐만 아니라 사인(私人)도 현행범인을 체포할 수 있다. 검사 또는 사법경찰관리 아닌 자(私人)가 현행범인을 체포한 때에는 즉시 검사 또는 사법경찰관리에게 인도하여야 한다(§213①). 사법경찰관리가 현행범인의 인도를 받은 때에는 체포자의 성명, 주거, 체포의 사유를 물어야 하고 필요한 때에는 체포자에 대하여 경찰관서에 동행함을 요구할 수 있다(§213②). 사인이 체포한 현행범인을 인도하지 않고 석방하는 것은 허용되지 않는다.

검사 또는 사법경찰관은 현행범인을 체포하거나 현행범인의 인도를 받을 때에는 피의자에게 ① 피의사실의 요지, ② 체포의 이유와 ③ 변호인을 선임할 수 있음을 말하고, ④ 변명할 기회를 주어야 하며, ⑤ 진술거부권을 알려주어야 한다(§213-2, §200-5, 준칙 §32①). 피의자에게 그 권리를 알려준 경우에는 피의자로부터 권리고지 확인서를 받아 사건기록에 편철한다(준칙 §32③).

사법경찰관리가 현행범인을 체포한 때에는 현행범인체포서를 작성하고, 현행범인을 인도받은 때에는 현행범인인수서를 작성해야 한다(경규 §52②). 검사 또는 사법경찰관은 현행범인을 체포하거나 체포된 현행범인을 인수했을 때에는 조사가 현저히 곤란하다고 인정되는 경우가 아니면 지체 없이 조사해야 하며, 조사 결과 계속 구금할 필요가 없다고 인정할 때에는 현행범인을 즉시 석방해야 한다(준칙 §28①). 현행범인을 석방했을 때에는 석방 일시와 사유 등을 적은 피의자 석방서를 작성해 사건기록에 편철한다. 이 경우 사법경찰관은 석방 후 지체 없이 검사에게 석방 사실을 통보해야 한다(준칙 §28②).

검사 또는 사법경찰관은 피의자를 현행범인으로 체포하는 경우에 필요한 때에는 수색영장 없이 타인의 주거나 타인이 간수하는 가옥, 건조물 등에서 피의자를 수색할 수 있다(§216①1). 일반 사인의 경우에는 현행범인을 체포하기 위해 타인의 주거에 함부로 들어가 수색할 수 없다. 피의자를 현행범체포하는 경우에 필요한 때에는 영장 없이 체포현장에서 압수·수색·검증을 할 수 있다(§216①2).

《대판 2021.4.29. 2020도16438 (영사통보권 미고지 사건)》 수사기관이 외국인을 체포하거나 구속하면서 지체없이 영사통보권 등이 있음을 고지하지 않았다면 체포나 구속절차는 국내법과 같은 효력을 가지는 영사관계에 관한 비엔나협약을 위반한 것으로 위법하다.

《대판 2012.2.9. 2011도7193 (오발탄 앞 노사모 집회사건)》 피고인이 집회금지 장소에서 개최된 옥외집회에 참가하였는데, 당시 경찰이 70명 가량의 전투경찰순경을 동원하여 집회 참가자에 대한 체포에 나서 9명을 현행범으로 체포하고, 그 과정에서 피고인은 전투경찰순경 甲에게 체포되어 바로 호송버스에 탑승하게 되면서 경찰관 乙에게서 체포의 이유 등을 고지받은 경우 적법한 고지가 이루어졌다.

《대판 2017.3.15. 2013도2168 (쌍용차 조합원 고착관리 사건)》 [1] 공장을 점거하여 농성 중이던 조합원들이 경찰과 부식반입문제를 협의하거나 기자회견장 촬영을 위해 공장 밖으로 나오자, 전투경찰대원들은 '고착관리'라는 명목으로 그 조합원들을 방패로 에워싸고 이동하지 못하게 한 경우, 위 조합원들이 어떠한 범죄행위를 목전에서 저지르려고 하는 등 긴급한 사정이 있는 경우가 아니라면, 위 전투경찰대원들의 행위는 형사소송법상 체포에 해당한다.

[2] 전투경찰대원들이 위 조합원들을 체포하는 과정에서 체포의 이유 등을 제대로 고지하지 않다가 30~40분이 지난 후 피고인 등의 항의를 받고 나서야 비로소 체포의 이유 등을 고지한 것은 형사소송법상 현행범인 체포의 적법한 절차를 준수한 것이 아니므로 적법한 공무집행이라고 볼 수 없다.

라. 체포 후의 절차

1) 체포통지

피의자를 현행범체포한 때에는 ① 변호인이 있는 경우에는 변호인에게, ② 변호인이 없는 경우에는 법정대리인, 배우자, 직계친족, 형제자매 중 피의자가 지정한 자에게 피의사건명, 체포일시·장소, 범죄사실의 요지, 체포의 이유와 변호인을 선임할 수 있는 취지를 알려야 한다(§213-2, §87①). 체포통지는 체포한 때로부터 늦어도 24시간 이내에 서면으로 하여야 한다(형규 §100①, §51②). 급속을 요하는 경우에는 체포되었다는 취지 및 체포의 일시·장소를 전화 또는 모사전송기 기타 상당한 방법에 의하여 통지할 수 있다. 다만, 이 경우에도 체포통지는 다시 서면으로 하여야 한다(형규 §100①, §51③).

2) 체포된 피의자의 권리

현행범체포된 피의자는 관련 법률이 정한 범위에서 타인과 접견하고 서류나 물건을 수수하며 의사의 진료를 받을 수 있다(§213-2, §89). 긴급체포된 피의자는 수사기관에게 변호사를 지정하여 변호인의 선임을 의뢰할 수 있고, 의뢰를 받은 수사기관은 급속히 피의자가 지명한 변호사에게 그 취지를 통지하여야 한다(§213-2, §90). 현행범체포된 피의자도 법원에 체포적부심사청구를 할 수 있다(§214-2①).

3) 구속영장 및 압수수색영장의 청구

현행범으로 체포한 피의자를 구속하고자 할 때에는 체포한 때부터 48시간 이내에 구속영장을 청구하여야 하고 그 기간 내에 구속영장을 청구하지 아니하는 때에는 피의자를 즉시 석방하여야 한다(§213-2, §200-2⑤). 사인(私人)에 의하여 현행범인이 체포된 이후 검사 또는 사법경찰관에게 인도된 경우 위 48시간의 기산점은 체포시가 아니라 현행범인을 인도받은 때이다(대판 2011.12.22. 2011도12927).

《대판 2011.12.22. 2011도12927 (소말리아 해적 사건)》 [1] 검사 또는 사법경찰관리 아닌 이가 현행범인을 체포한 때에는 즉시 검사 등에게 인도하여야 한다. 여기서 '즉시'라고 함은 반드시 체포시점과 시간적으로 밀착된 시점이어야 하는 것은 아니고, '정당한 이유 없이 인도를 지연하거나 체포를 계속하는 등으로 불필요한 지체를 함이 없이'라는 뜻으로 볼 것이다. 또한 검사 등이 현행범인을 체포하거나 현행범인을 인도받은 후 현행범인을 구속하고자 하는 경우 48시간 이내에 구속영장을 청구하여야 하는 바, 검사 등이 아닌 이에 의하여 현행범인이 체포된 후 불필요한 지체 없이 검사 등에게 인도된 경우 위 48시간의 기산점은 체포시가 아니라 검사 등이 현행범인을 인도받은 때라고 할 것이다.

[2] 청해부대 소속 군인들이 소말리아 해적인 피고인들을 현행범인으로 체포한 것은 검사 등이 아닌 이에 의한 현행범인 체포에 해당하고, 피고인들 체포 이후 국내로 이송하는 데에 약 9일이 소요된 것은 공간적·물리적 제약상 불가피한 것으로 정당한 이유 없이 인도를 지연하거나 체포를 계속한 경우로 볼 수 없으며, 경찰관들이 피고인들의 신병을 인수한 때로부터 48시간 이내에 청구하여 발부된 구속영장에 의하여 피고인들이 구속된 것이다.

수사기관은 현행범인을 체포하는 현장에서 필요한 때에는 영장없이 압수 · 수색 · 검증을 할 수 있다(§216①2). 이 경우 압수한 물건을 계속 압수할 필요가 있는 경우에는 체포한 때부터 48시간 이내에 압수수색영장을 청구해야 하고, 청구한 압수수색영장을 발부받지 못한 때에는 압수한 물건을 즉시 반환해야 한다(§217②,③).

제3절 구속

1. 의의

구속(拘束)이란 형사절차를 관철하기 위하여 피의자 또는 피고인의 인신의 자유를 비교적 장기간 제한하는 강제처분을 뜻한다. 구속은 피의자 · 피고인의 형사소송에서의 출석 보장, 증거인멸에 의한 수사와 심리방해제거, 확정된 형벌의 집행을 확보하기 위하여 필요하다. 피의자 구속이란 수사절차에서 수사기관이 법관의 영장을 발부받아 구속하는 강제수사이고, 피고인 구속은 수소법원이 피고인을 구속하는 것을 말한다.

구속은 구인과 구금을 포함한다(§69). 구인(拘引)이란 피의자 · 피고인을 법원 기타의 장소에 24시간 동안 인치하는 강제처분을 뜻한다. 구인한 피고인을 법원에 인치한 경우 구금할 필요가 없다고 인정한 때에는 그 인치한 때로부터 24시간 내에 석방하여야 한다(§209, §71). 법원은 인치받은 피고인을 유치할 필요가 있는 때에는 교도소 · 구치소 또는 경찰서 유치장에 유치할 수 있다. 이 경우 유치기간은 인치한 때부터 24시간을 초과할 수 없다(§71-2). 피의자 구속절차에서 피의자를 구인한 경우에도 같다(§201-2⑩). 구금(拘禁)이란 피의자, 피고인을 교도소 또는 구치소 등에 감금하는 강제처분을 뜻한다. 구속은 형 확정 이전의 미결구금이며, 형벌의 일종인 구류(拘留)와 구별된다. 현행법상 구속 전에 반드시 체포를 거쳐야 하는 체포전치주의를 채택하고 있지 않다.

2. 구속의 요건

피의자가 죄를 범하였다고 의심할 만한 상당한 이유가 있고 제70조제1항 각 호의 1에 해당하는 사유가 있을 때에는 검사는 관할지방법원판사에게 청구하여 구속영장을 받아 피의자를 구속할 수 있고 사법경찰관은 검사에게 신청하여 검사의 청구로 관할지방법원판사의 구속영장을 받아 피의자를 구속할 수 있다. 다만, 다액 50만원 이하의 벌금, 구류 또는 과료에 해당하는 범죄에 관하여는 피의자가 일정한 주거가 없는 경우에 한한다(§201①). 피고인 구속도 피의자 구속과 절차의 차이는 있으나 그 요건은 동일하다(§70).

가. 범죄혐의

피의자에 대해 구속영장이 발부되기 위해서는 피의자가 죄를 범하였다고 의심할 만한 상당한 이유가 있어야 한다(§201①). 구속의 요건으로서 범죄혐의는 유죄판결을 받을 만한 고도의 개연성을 의미한다(객관적 혐의). 범죄혐의는 소송법상 공소를 제기할 수 있는 위법하고 유책하게 실행된 정도의 범죄행위를 대상으로 한다. 따라서 위법성조각사유나 책임조각사유가 있는 때에는 물론 소송조건이 구비될 수 없는 것이 명백한 경우에도 범죄혐의를 인정할 수 없다.

나. 구속사유

형사소송법은 구속사유로 ① 피의자가 일정한 주거가 없는 때, ② 피의자가 증거를 인멸할 염려가 있는 때, ③ 피의자가 도망하거나 도망할 염려가 있는 때를 정하고 있다(§201①, §70①). 범죄의 중대성, 재범의 위험성, 피해자 및 중요 참고인 등에 대한 위해우려 등은 독립된 구속사유가 아니고 구속사유 심사에 있어서 필수적 고려사항에 불과하다(§201①, §70②). 구속사유는 선택적으로 적용되어 하나만 존재해도 구속사유가 인정된다.

1) 도망 또는 도망할 염려

도망이란 수사나 형의 집행을 피하여 영구히 또는 장기간에 걸쳐 숨는 것을 말한다. 도망할 염려란 구체적 사정을 평가한 결과 피의자가 수사기관에 연락이 두절 되어 소재가 불명이 될 고도의 개연성이 있는 것을 말한다. 특별히 중형이 선고될 것이 기대되는 때에는 도망할 염려를 인정할 수 있다. 범죄의 중대성과 재범의 위험성은 높은 처단형이 예상되어 '도망할 염려' 판단사유로 고려된다.

2) 증거인멸의 위험

도망이나 도망할 우려가 피의자가 수사기관 또는 법원에 출석할 것을 확보하기 위한 구속사유임에 대하여, 증거인멸의 위험은 사실인정이 침해되는 것을 방지하는 기능을 가진 구속사유이다. 따라서 증거인멸의 위험은 증거를 위조하거나 참고인 등에게 허위진술을 하게 하여 진실발견을 곤란하게 할 구체적 위험이 있는 경우에 인정된다. 피해자 및 참고인 등에 대한 위해우려는 증거인멸의 우려를 판단하는 기준이 된다.

3) 주거부정

피의자에게 일정한 주거가 없는 때에는 도망의 염려를 인정할 수 있는 중요한 판단자료가 된다. 그럼에도 형사소송법은 이를 독립된 구속사유로 규정하고 있다. 일정한 주거가 없다는 사유는 경미범죄에 대한 유일한 구속사유가 된다는 점에서 의미가 있다(§201①단서, §70③).

다. 비례성의 원칙

선고가 예상되는 형벌보다 구속기간이 장기간이 되어서는 안된다. 이 경우 비례성의 원칙에 반하게 된다. 50만원 이하의 벌금, 구류 또는 과료에 해당하는 사건에 이와 같은 원리가 적용된다. 즉 다액 50만 원이하의 벌금, 구류 또는 과료에 해당하는 사건에 관하여는 일정한 주거가 없을 때에만 구속할 수 있다(§201①단서, §70③). 비례성의 원칙이 표현된 것이다.

3. 구속의 절차

체포와 달리 구속에 있어서는 영장주의의 예외가 인정되지 아니한다. 즉 피의자는 물론 피고인을 구속하는 경우에도 반드시 구속영장이 필요하다.

가. 구속영장의 청구

구속영장의 청구권은 검사에게 있다. 사법경찰관은 검사에게 신청하여 검사의 청구로 관할지방법원판사의 구속영장을 받아 피의자를 구속할 수 있고, 검사는 직접 관할지방법원판사의 구속영장을 받아 피의자를 구속할 수 있다(§201①). 사법경찰관은 검사의 영장불청구처분에 대하여 준항고로 다툴 수 없다(서울북부지결 2007.1.16. 2007보1). 검사가 정당한 이유 없이 지방법원판사에게 구속영장을 청구하지 아니하면 고등검찰청에 영장청구 여부에 대한 심의를 신청할 수 있고(§221-5①), 각 고등검찰청에 설치된 영장심의위원회에서 이를 심의한다(§221-5①). 일반 국민은 검사의 영장불청구에 대하여 다툴 수 없다(대결 2007.5.25. 2007모82).

구속영장의 청구는 서면으로 하여야 하며(형규 §93①), 구속영장의 청구에는 구속의 필요를 인정할 수 있는 자료를 제출하여야 한다(§201②). 체포영장에 의하여 체포된 자 또는 현행범인으로 체포된 자에 대하여 구속영장을 청구하는 경우에는 체포영장 또는 현행범인의 취지와 체포의 일시 및 장소가 기재된 서류를 제출하여야 한다(형규 §96②). 동일한 범죄사실에 관하여 그 피의자에 대하여 전에 구속영장을 청구하거나 발부받은 사실이 있을 때에는 다시 구속영장을 청구하는 취지 및 이유를 기재하여야 한다(§201⑤, 준칙 §31). 피의자 또는 변호인, 법정대리인, 배우자, 직계친족, 형제자매나 가족, 동거인 또는 고용주는 구속영장 청구를 받은 판사에게 유리한 자료를 제출할 수 있다(형규 §96③).

나. 구속전피의자심문제도

1) 의의

구속전 피의자심문이란 구속영장의 청구를 받은 지방법원 판사가 구속의 사유를 판단하기 위하여 피의자를 직접 심문하여 구속영장 발부여부를 결정하는 제도를 말한다. 지방법원 또는 지원의 장은 구속영장청구에 대한 심사를 위한 전담법관을 지정하고 있다(형규 §96-5).

형사소송법은 체포, 긴급체포 또는 현행범 체포에 의해 체포된 피의자에 대하여 구속영장을 청구받은 판사는 지체 없이 피의자를 심문하여야 하고, 체포되지 않은 피의자에 대하여 구속영장을 청구받은 판사는 피의자가 죄를 범하였다고 의심할 만한 이유가 있는 경우에 구인을 위한 구속영장을 발부하여 피의자를 구인한 후 심문하여야 한다고 규정하여 구속전 피의자신문제도를 규정하고 있다(§201-2①,②). 구속전 피의자신문제도는 수사기관이 일방적으로 제출한 수사기록에 대한 형식적 심사에 의해 구속 여부를 결정할 것이 아니라 법관이 피의자를 직접 심문하여 구속사유가 충족되었는가를 판단한다는 점에서 영장실질심사제도라고도 불리고 있다. 구속전 피의자심문제도는 1995년 개정 형사소송법에 도입될 당시에는 판사가 필요하다고 인정할 때 피의자를 심문할 수 있게 하는 임의적 심문제도였다. 영장주의의 실효성을 확보하고 피의자의 대면권을 보장하기 위해 2007년 형사소송법 개정을 통해 필요적 심문절차로 변경되었다.

2) 심문기일의 지정과 통지

구속영장을 청구받은 판사는 심문기일을 정해야 한다. 체포된 피의자에 대하여는 판사는 지체없이 피의자를 심문하여야 한다. 이 경우 특별한 사정이 없는 한 구속영장이 청구된 날의 다음 날까지 심문해야 한다(§201-2①). 체포되지 않은 피의자에 대한 심문기일에 대해 형사소송법에 규정이 없다. 형사소송규칙은 체포되지 않은 피의자에 대한 심문기일은 관계인에 대한 심문기일의 통지 및 그 출석에 소요되는 시간 등을 고려하여 피의자가 법원에 인치된 때로부터 가능한 한 빠른 일시로 지정하도록 규정하고 있다(형규 §96-12②). 판사는 지정된 심문기일에 피의자를 심문할 수 없는 특별한 사정이 있는 경우에는 그 심문기일을 변경할 수 있다(형규 §96-22).

판사는 체포된 피의자의 경우에는 즉시, 체포되지 않은 피의자의 경우에는 피의자를 인치한 후 즉시 검사, 피의자 및 변호인에게 심문기일과 장소를 통지하여야 한다. 이 경우 검사는 피의자가 체포되어 있는 때에는 심문기일에 피의자를 출석시켜야 한다(§201-2

③). 심문기일의 통지는 서면 이외에 구술·전화·모사전송·전자우편·휴대전화 문자전송 그 밖에 적당한 방법으로 신속하게 하여야 한다(형규 §96조-12③). 이 경우 통지의 증명은 그 취지를 심문조서에 기재함으로써 할 수 있다(형규 §96조-12③단서).

3) 국선변호인의 선정 등

구속전 피의자심문절차에 있어 심문할 피의자에게 변호인이 없는 때에는 지방법원판사는 직권으로 변호인을 선정하여야 한다. 이 경우 변호인의 선정은 피의자에 대한 구속영장 청구가 기각되어 효력이 소멸한 경우를 제외하고는 제1심까지 효력이 있다(§201-2⑧). 법원은 변호인의 사정이나 그 밖의 사유로 변호인 선정결정이 취소되어 변호인이 없게 된 때에는 직권으로 변호인을 다시 선정할 수 있다(§201-2⑨). 변호인은 구속영장이 청구된 피의자에 대한 심문 시작 전에 피의자와 접견할 수 있다(형규 §96-20①). 피의자심문에 참여할 변호인은 지방법원 판사에게 제출된 구속영장청구서 및 그에 첨부된 고소·고발장, 피의자의 진술을 기재한 서류와 피의자가 제출한 서류를 열람할 수 있다(형규 §96-21①).

4) 피의자의 인치

판사가 구속 전의 피의자를 심문하기 위해서는 피의자를 법원에 인치하는 것이 필요하다. 체포된 피의자에 대하여는 체포의 효력을 이용하여 피의자를 법원에 인치한다. 즉 체포된 피의자의 경우 검사는 심문기일에 피의자를 출석시켜야 한다(§201-2③). 이에 비해 체포되지 않은 피의자에 대하여 구속영장을 청구받은 판사는 피의자가 죄를 범하였다고 의심할 만한 이유가 있는 경우에 구인을 위한 구속영장을 발부하여 피의자를 구인한 후 심문하여야 한다. 다만, 피의자가 도망하는 등의 사유로 심문할 수 없는 경우에는 그러하지 아니하다(§201-2②). 법원은 인치받은 피의자를 유치할 필요가 있는 때에는 경찰서 유치장 등에 유치할 수 있다. 이 경우 유치기간은 인치한 때부터 24시간을 초과할 수 없다(§201-2⑩, §71-2).

5) 피의자 등의 출석

심문기일에 지방법원판사는 구속사유를 판단하기 위하여 피의자를 심문하고, 검사와 변호인은 심문기일에 출석하여 의견을 진술할 수 있다(§201-2④). 피해자 등 이해관계인은 판사의 허가를 받아 방청할 수 있으며(형규 §96-14), 판사는 구속여부의 판단을 위하여 필요하다고 인정하는 때에는 출석한 피해자 등을 심문할 수 있다(형규 §96-16⑤). 판사는 심문하는 때에는 공범의 분리심문이나 그밖에 수사상의 비밀보호를 위하여 필요한 조치를 하여야 한다(§201-2⑤). 판사는 피의자가 심문기일에의 출석을 거부하거나 질병 그 밖의 사유로 출석이 현저하게 곤란하고, 피의자를 심문 법정에 인치할 수 없다고 인정되는 때에는 피의자의 출석 없이 심문절차를 진행할 수 있다(형규 §96-13①). 검사는 피의자가 심문기일에의 출석을 거부하는 때에는 판사에게 그 취지 및 사유를 기재한 서면을 작성 제출하여야 한다(형규 §96-13②). 피의자의 출석 없이 심문절차를 진행할 경우 판사는 출석한 검사 및 변호인의 의견을 듣고, 수사기록 그 밖에 적당하다고 인정하는 방법으로 구속사유의 유무를 조사할 수 있다(형규 §96-13③).

6) 피의자심문 방법

피의자의 심문은 법원청사 내에서 하여야 한다. 다만, 피의자가 출석을 거부하거나 질병 기타 부득이한 사유로 법원에 출석할 수 없는 때에는 경찰서, 구치소 기타 적당한 장소에서 심문할 수 있다(형규 §96-15). 피의자에 대한 심문절차는 공개하지 아니한다. 다만, 판사는 상당하다고 인정하는 경우에는 피의자의 친족, 피해자 등 이해관계인의 방청을 허가할 수 있다(형규 §96-14). 판사는 피의자에게 구속영장청구서에 기재된 범죄사실의 요지를 고지하고, 피의자에게 일체의 진술을 하지 아니하거나 개개의 질문에 대하여 진술을 거부할 수 있으며, 이익 되는 사실을 진술할 수 있음을 알려주어야 한다(형규 §96-16①). 판사는 구속 여부를 판단하기 위하여 필요한 사항에 관하여 신속하고 간결하게 심문하여야 한다. 증거인멸 또는 도망의 염려를 판단하기 위하여 필요한 때에는 피의자의 경력, 가족관계나 교우관계 등 개인적인 사항에 관하여 심문할 수 있다(형규 §96-16②). 검사와 변호인은 판사의 심문이 끝난 후에 의견을 진술할 수 있다. 다만, 필요한 경우에는 심문 도중에도 판사의 허가를 얻어 의견을 진술할 수 있다(형규 §96-16③). 피의자는 판사의 심문 도중에도 변호인에게 조력을 구할 수 있다(형규 §96-16④). 판사는 구속 여부의 판단을 위하여 필요하다고 인정하는 때에는 심문장소에 출석한 피해자 그 밖의 제3자를 심문할 수 있다(형규 §96-16⑤). 구속영장이 청구된 피의자의 법정대리인, 배우자, 직계친족, 형제자매나 가족, 동거인 또는 고용주는 판사의 허가를 얻어 사건에 관한 의견을 진술할 수 있다(형규 §96-16⑥). 판사는 심문을 위하여 필요하다고 인정하는 경우에는 호송경찰관 기타의 자를 퇴실하게 하고 심문을 진행할 수 있다(형규 §96-16⑦).

7) 구속전피의자심문조서의 작성

지방법원판사가 피의자를 심문하는 경우 법원사무관 등은 심문의 요지 등을 조서로 작성해야 한다(§201-2⑥). 법원사무관 등이 피의자심문조서를 작성하는 때에는 조서 작성의 일반원칙에 따라 조서 기재의 정확성 여부를 진술자에게 확인하고 조서에 간인한 후 서명날인을 받아야 하며, 검사·피의자·변호인이 조서 기재 내용의 정확성에 대하여 이의(異議)를 진술한 때에는 그 진술의 요지를 조서에 기재하여야 한다(§201-2⑩, §48). 검사, 피고인 또는 변호인은 심문과정을 속기, 녹음, 영상녹화할 것을 신청할 수 있으며, 사후 속기록·녹음물 또는 영상녹화물의 사본을 청구할 수 있다(§201-2⑩, §56-2). 작성된 구속전피의자심문조서는 형사소송법 제311조의 법원 또는 법관의 조서에는 해당하지 않지만, 제315조에 의해 특히 신빙할 만한 정황에 의하여 작성된 서류로서 증거능력이 인정된다(대판 2004.1.16. 2003도5693).

다. 구속영장의 발부

구속영장의 청구를 받은 지방법원판사는 신속히 구속영장의 발부여부를 결정하여야 한다(§201③). 구속영장의 발부도 일종의 재판이다. 따라서 지방법원판사는 상당하다고 인정할 때에는 구속영장을 발부한다(§201④). 피의자에 대한 구속영장은 허가장으로서의 성질을 가지는 반면 피고인에 대한 구속영장은 명령장으로서의 성질을 가진다(헌결 1997.3.27. 96헌바28).

구속영장에는 피의자의 성명, 주거, 죄명, 공소사실의 요지, 인치구금 할 장소, 발부연월일, 그 유효기간과 그 기간을 경과하면 집행에 착수하지 못하며 영장을 반환하여야 할 취지를 기재하고 법관이 서명·날인하여야 한다(§209, §75①). 피의자의 성명이 분명하지 아니한 때에는 인상, 체격 기타 피의자를 특정할 수 있는 사항으로 피의자를 표시할 수 있고, 피의자의 주거가 분명하지 아니한 때에는 그 주거의 기재를 생략할 수 있다(§209, §75②,③). 구속영장은 수통을 작성하여 사법경찰관리 수인에게 교부할 수 있으며 이때에는 그 사유를 구속영장에 기재해야 한다(§209, §82). 구속영장의 유효기간은 7일로 한다. 다만, 법원 또는 법관이 상당하다고 인정하는 때에는 7일을 넘는 기간을 정할 수 있다(형규 §178).

법원이 구속영장청구서·수사 관계 서류 및 증거물을 접수한 날부터 구속영장을 발부하여 검찰청에 반환한 날까지의 기간은 구속기간에 산입하지 아니한다(§201-2⑦). 지방법원판사가 구속영장을 발부하지 아니할 때에는 청구서에 그 취지 및 이유를 기재하고 서명날인하여 청구한 검사에게 교부한다(§201④). 체포영장에 의하여 체포된 자, 긴급체포된 자 및 현행범인으로 체포된 자에 대하여 구속영장청구가 기각된 경우에는 피의자를 즉시 석방하여야 한다(§200-4②, 형규 §100②). 구인을 위한 구속영장에 의하여 구인된 피의자에 대하여 구속영장이 기각된 때에도 같다. 구속영장을 발부한 결정이나 기각한 결정에 대하여는 항고나 준항고가 허용되지 않는다(대결 1957.12.27. 4290형항8; 대결 2006.12.18. 2006모646).

《대판 2006.12.18. 2006모646 (론스타코리아 유회원 대표 영장기각 사건)》 검사의 체포영장 또는 구속영장 청구에 대한 지방법원판사의 재판은 형사소송법 제402조의 규정에 의하여 항고의 대상이 되는 '법원의 결정'에 해당하지 아니하고, 제416조 제1항의 규정에 의하여 준항고의 대상이 되는 '재판장 또는 수명법관의 구금 등에 관한 재판'에도 해당하지 아니하므로, 영장청구를 기각하는 결정에 대해서는 검사가 항고 또는 준항고를 할 수 없다.

라. 구속영장의 집행

구속영장은 검사의 지휘에 의하여 사법경찰관리가 집행한다(§209, §81①). 교도소 또는 구치소에 있는 피의자에 대하여는 검사의 지휘에 의해 교도관이 집행한다(§209, §81③). 검사는 필요에 의하여 관할구역 외에서 구속영장의 집행을 지휘할 수 있고 또는 당해관할구역의 검사에게 집행지휘를 촉탁할 수 있다(§209, §83①). 사법경찰관리는 필요에 의하여 관할구역 외에서 구속영장을 집행할 수 있고 또는 당해 관할구역의 사법경찰관리에게 집행을 촉탁할 수 있다(§209, §83②).

검사 또는 사법경찰관은 피의자를 구속할 때에는 피의자에게 ① 피의사실의 요지, ② 구속의 이유와 ③ 변호인을 선임할 수 있음을 말하고, ④ 변명할 기회를 주어야 하며, ⑤ 진술거부권을 알려주어야 한다(§209, §200-5, 준칙 §32①).

구속영장을 집행할 때에는 피의자에게 반드시 이를 제시하고 그 사본을 교부하여야 하며 신속히 지정된 장소에 인치하여야 한다(§209, §85①). 다만, 구속영장을 소지하지 아니한 경우에 급속을 요하는 때에는 피의자에 대하여 피의사실의 요지와 영장이 발부되었음을 고하고 집행할 수 있다(§209, §85③). 이 경우 집행을 완료한 후에는 신속히 구속영장을 제시하고 그 사본을 교부하여야 한다(§209, §85④). 구속된 피의자는 경찰서 유치장 또는 구치소에 수용된다. 구속영장의 집행을 받은 피의자를 호송할 경우에 필요한 때에는 가장 접근한 교도소 또는 구치소에 임시로 유치할 수 있다(§200-6, §86).

검사 또는 사법경찰관이 체포·구속영장의 유효기간 내에 영장의 집행에 착수하지 못했거나, 그 밖의 사유로 영장의 집행이 불가능하거나 불필요하게 되었을 때에는 즉시 해당 영장을 법원에 반환해야 한다. 이 경우 체포·구속영장이 여러 통 발부된 경우에는 모두 반환해야 한다(준칙 §35①).

《대판 2021.4.29. 2020도16438 (구속영장 집행지연 사건)》 현행범으로 체포된 피의자에 대한 구속영장의 제시와 집행이 비록 그 발부 시로부터 정당한 사유 없이 시간이 지체되어 이루어진 경우 구속영장에 명시된 유효기간 내에 집행되었다고 하더라도 지체된 기간 동안의 체포 내지 구금 상태는 위법하다.

마. 구속영장 집행 후의 절차

1) 구속통지

피의자를 구속한 때에는 ① 변호인이 있는 경우에는 변호인에게, ② 변호인이 없는 경우에는 법정대리인, 배우자, 직계친족, 형제자매 중 피의자가 지정한 자에게 피의사건명, 구속일시·장소, 범죄사실의 요지, 구속의 이유와 변호인을 선임할 수 있는 취지를 알려야 한다(§209, §87①). 구속통지는 구속한 때로부터 늦어도 24시간 이내에 서면으로 하여야 한다(형규 §100①, §51②). 급속을 요하는 경우에는 구속되었다는 취지 및 구속의 일시·장소를 전화 또는 모사전송기 기타 상당한 방법에 의하여 통지할 수 있다. 다만, 이 경우에도 구속통지는 다시 서면으로 하여야 한다(형규 §100①, §51③).

2) 구속된 피의자의 권리

구속된 피의자는 관련 법률이 정한 범위에서 타인과 접견하고 서류나 물건을 수수하며 의사의 진료를 받을 수 있다(§209, §89). 구속된 피의자는 수사기관에게 변호사를 지정하여 변호인의 선임을 의뢰할 수 있고, 의뢰를 받은 수사기관은 급속히 피의자가 지명한 변호사에게 그 취지를 통지하여야 한다(§209, §90). 구속영장에 의해 구속된 피의자 등은 법원에 구속적부심사청구를 할 수 있다(§214-2①). 구속의 사유가 없거나 소멸된 때에는 수사기관은 직권 또는 피의자, 변호인과 제30조제2항에 규정한 자의 청구에 의하여 결정으로 구속을 취소하여야 한다(§209, §93).

3) 석방통보

구속영장의 발부를 받은 후 피의자를 구속하지 아니하거나 구속한 피의자를 석방한 때에는 지체없이 검사는 영장을 발부한 법원에 그 사유를 서면으로 통지하여야 한다(§204). 이 경우 구속영장의 원본을 첨부해야 한다(형규 §96-19③).

바. 구속기간

사법경찰관이 피의자를 구속한 때에는 10일 이내에 검사에게 인치하지 아니하면 석방하여야 한다(§202). 검사가 피의자를 구속한 때 또는 사법경찰관으로부터 피의자의 인치를 받은 때에는 10일 이내에 공소를 제기하지 아니하면 석방하여야 한다(§203). 지방법원판사는 검사의 신청에 의하여 수사를 계속함에 상당한 이유가 있다고 인정한 때에는 10일을 초과하지 아니하는 한도에서 구속기간의 연장을 1차에 한하여 허가할 수 있다(§205①). 구속기간 연장을 허가하지 않는 지방법원판사의 결정에 대하여는 항고 또는 준항고의 방법으로 불복할 수 없다(대결 1997.6.16. 97모1). 피의자가 체포영장에 의한 체포, 긴급체포, 현행범인의 체포에 의하여 체포되거나 구인을 위한 구속영장에 의하여 구인된 경우에 검사 또는 사법경찰관의 구속기간은 피의자를 체포 또는 구인한 날부터 기산한다(§203-2). 구속기간은 특별법에 의한 예외가 인정된다. 국가보안법 제3조 내지 제10조의 죄에 대하여 10일을 초과하지 않는 한도 내에서 사법경찰관의 구속기간은 1차에 한하여, 검사의 구속기간은 2차에 한하여 연장을 허가할 수 있다(국가보안법 §19). 구속기간연장허가결정이 있은 경우에 그 연장기간은 구속기간만료 다음 날로부터 기산한다(형규 §98).

구속기간의 초일은 시간을 계산하지 않고 1일로 산정한다. 구속기간의 계산이 있어서는 기간의 말일이 공휴일 또는 토요일일지라도 구속기간에 산입한다(§66①,③). 일정한 경우 사법경찰관과 검사의 구속기간에서 제외하는 사유가 있다. 구속전피의자심문절차와 체포·구속적부심사절차에서 수사관계서류와 증거물 등을 법원에 접수한 날(때)부터 결정 후 검찰청에 반환한 날(때)까지의 기간은 구속기간에서 제외한다(§201-2⑦, §214-2⑬).

《대결 1997.6.16. 97모1 (구속연장 기각결정 불복 사건)》 형사소송법 제205조 제1항 소정의 구속기간의 연장을 허가하지 아니하는 지방법원 판사의 결정에 대하여는 같은 법 제402조, 제403조가 정하는 항고의 방법으로는 불복할 수 없고, 나아가 그 지방법원 판사는 수소법원으로서의 재판장 또는 수명법관도 아니므로 그가 한 재판은 같은 법 제416조가 정하는 준항고의 대상이 되지도 않는다.

사. 재구속의 제한

검사 또는 사법경찰관에 의하여 구속되었다가 석방된 자는 다른 중요한 증거를 발견한 경우를 제외하고는 동일한 범죄사실에 관하여 재차 구속하지 못한다(§208①). 이 경우 1개의 목적을 위하여 동시 또는 수단결과의 관계에서 행하여진 행위는 동일한 범죄사실로 간주한다(§208②). 동일사건에 대한 수사기관의 중복적 구속을 방지함으로써 피의자의 인권을 보호하고 피의자의 지위의 안정을 보장하기 위한 것이다. 재구속영장의 청구서에는 재구속영장의 청구라는 취지와 새롭게 발견한 다른 중요한 증거의 요지를 기재하여야 한다(형규 §99②). 재구속의 제한은 검사 또는 사법경찰관이 피의자를 구속하는 경우에 적용될 뿐이며, 법원이 피고인을 구속하는 경우에는 적용되지 않는다(대판 1969.5.27. 69도509; 대결 1985.7.23. 85모12). 국가보안법사건에서 공소보류를 받은 자가 공소보류가 취소된 경우 동일한 범죄사실로 재구속할 수 있다(국가보안법 §20④).

《대판 2001.9.28. 2001도4291 (긴급체포→석방→구속 사건)》 형사소송법 제208조 소정의 '구속되었다가 석방된 자'라 함은 구속영장에 의하여 구속되었다가 석방된 경우를 말하는 것이지, 긴급체포나 현행범으로 체포되었다가 사후영장발부 전에 석방된 경우는 포함되지 않는다 할 것이므로, 피고인이 수사 당시 긴급체포되었다가 수사기관의 조치로 석방된 후 법원이 발부한 구속영장에 의하여 구속이 이루어진 경우 앞서 본 법조에 위배되는 위법한 구속이라고 볼 수 없다.

《대판 1985.7.23. 85모12 (구속→기간만료→항소심 구속사건)》 수소법원의 구속에 관하여는 검사 또는 사법경찰관이 피의자를 구속한을 규율하는 형사소송법 제208조의 규정(재구속의 제한)은 적용되지 아니하므로 구속기간의 만료로 피고인에 대한 구속의 효력이 상실된 후 원심법원이 피고인에 대한 판결을 선고하면서 피고인을 구속하였다 하여 위 법조에 위배되는 재구속 또는 이중구속이라 할 수는 없다.

4. 피고인 구속

가. 피고인 구속절차

피의자 구속의 주체가 검사 또는 사법경찰관임에 비해, 피고인 구속의 주체는 원칙적으로 수소법원이며(§70), 검사의 구속영장 청구는 요하지 않는다(대결 1996.8.12. 96모46). 다만 수소법원은 피고인에 대해 영장발부을 발부하기 전에 사전청문절차를 반드시 거쳐야 한다. 따라서 피고인에 대하여 공소사실의 요지, 구속의 이유와 변호인을 선임할 수 있음을 말하고 변명할 기회를 준 후가 아니면 구속할 수 없다. 다만, 피고인이 도망한 경우에는 그리하지 아니하다(§72). 위 고지를 할 때에는 법원사무관 등을 참여시켜 조서를 작성하게 하거나 피고인 또는 피의자로 하여금 확인서 기타 서면을 작성하게 하여야 한다(형규 §52). 수소법원이 피고인을 구속할 때에도 구속영장을 발부하여야 한다(§73). 피고인에 대한 구속의 주체는 법원이므로 구속영장은 명령장의 성질을 가진다. 피고인에 대한 구속영장의 집행절차도 피의자 구속의 경우와 같이 검사의 지휘에 의하여 사법경찰관리가 집행한다. 단 급속을 요하는 경우외에는 재판장, 수명법관 또는 수탁판사가 지휘할 수 있다(§81①). 피고인을 구속한 때에는 즉시 공소사실의 요지와 변호인을 선임할 수 있음을 다시 알려야 한다(§88). 제88조의 고지는 사후 청문절차로서 이를 위반하더라도 구속영장의 효력에는 아무런 영향이 없다(대결 2000.11.10. 2000모134).

《대결 2000.11.10. 2000모134 (이미 변호인 조력을 받은 사건)》 [1] 형사소송법 제72조는 피고인을 구속함에 있어 법관에 의한 사전 청문절차를 규정한 것으로서, 구속영장을 집행함에 있어 집행기관이 취하여야 하는 절차가 아니라 구속영장 발부함에 있어 수소법원 등 법관이 취하여야 하는 절차이다.

[2] 법원이 피고인에 대하여 구속영장을 발부함에 있어 사전에 위 규정에 따른 절차를 거치지 아니한 채 구속영장을 발부하였다면 그 발부결정은 위법하다고 할 것이나, 이미 변호인을 선정하여 공판절차에서 변명과 증거의 제출을 다하고 그의 변호 아래 판결을 선고받은 경우 등과 같이 위 규정에서 정한 절차적 권리가 실질적으로 보장되었다고 볼 수 있는 경우에는, 구속영장의 발부결정이 위법하다고 볼 것은 아니다.

[3] 형사소송법 제88조는 "피고인을 구속한 때에는 즉시 공소사실의 요지와 변호인을 선임할 수 있음을 알려야 한다."고 규정하고 있는바, 이는 사후 청문절차에 관한 규정으로서 이를 위반하였다 하여 구속영장의 효력에 어떠한 영향을 미치는 것은 아니다.
《대결 1996.8.12. 96모46》 헌법 제12조 제3항에 의하더라도 형사재판을 주재하는 법원이 피고인에 대하여 구속영장을 발부하는 경우에도 검사의 신청이 있어야 한다는 것은 아니다.

나. 피고인 구속기간

피고인에 대한 구속기간은 2개월이다(§92①). 법원은 특히 구속을 계속할 필요가 있는 경우에는 심급마다 2개월 단위로 2차에 한하여 결정으로 갱신할 수 있다. 다만, 상소심은 피고인 또는 변호인이 신청한 증거의 조사, 상소이유를 보충하는 서면의 제출 등으로 추가 심리가 필요한 부득이한 경우에는 3차에 한하여 갱신할 수 있다(§92②). 따라서 피고인에 대한 구속기간은 제1심, 제2심, 제3심 모두 각 6개월 동안 구속할 수 있으므로 최장 18개월이다. 기피신청, 공소장의 변경, 피고인의 심신상실상태로 인하여 공판절차가 정지된 기간은 구속기간에 산입하지 않는다(§92③).

5. 이중구속과 별건구속

가. 구속영장의 효력

구속영장의 효력범위와 관련하여 인단위설과 사건단위설이 대립한다. 인(人)단위설은 구속영장의 효력은 구속된 사람을 기준으로 정하므로, 피의자에게 혐의가 과해지는 모든 혐의사실에 영장의 효력이 미친다고 한다. 이에 비해 사건단위설은 구속영장의 효력은 영장에 기재된 범죄사실에 대해서만 미친다고 본다. 사건단위설이 통설과 판례의 입장이다.

나. 이중구속

이중구속이란 이미 구속영장이 발부되어 구속되어 있는 피의자 · 피고인에 대하여 다시 구속영장을 발부하여 구속을 집행하는 것을 의미한다. 다수설과 판례는 사건단위설의 입장에서 구속된 피의자가 석방되는 경우를 대비하여 미리 구속해 둘 필요가 있기 때문에 이중구속도 허용된다는 입장이다.

《대판 2000.11.10. 2000모134 (이미 변호인조력 받은 사건)》 구속의 효력은 원칙적으로 위 방식에 따라 작성된 구속영장에 기재된 범죄사실에만 미치는 것이므로, 구속기간이 만료될 무렵에 종전 구속영장에 기재된 범죄사실과 다른 범죄사실로 피고인을 구속하였다는 사정만으로는 피고인에 대한 구속이 위법하다고 할 수 없다.

《대판 2001.5.25. 2001모85》 구속기간이 만료될 무렵 종전 구속영장에 기재된 횡령죄의 범죄사실과 공소장에 기재된 사기죄의 공소사실이 범행일시 및 장소, 범행의 목적물과 그 행위의 내용에 있어서는 같으나 그 영득행위에 대한 법적인 평가만이 다른 사기죄의 범죄사실로 재차 구속하였다면 피의자에 대한 구속은 위법하다.

다. 별건구속

별건구속이란 수사기관이 본래 수사하려는 사건인 본건(本件)에 대해서는 구속의 요건이 구비되지 못한 경우에 본건의 수사에 이용할 목적으로 구속요건이 구비된 별건(別件)으로 피의자를 구속하는 것을 뜻한다. 별건구속은 구속사유가 없는 본건에 대한 구속을 인정하게 되어 영장주의에 반하고, 본건에 대한 구속기간 제한을 이탈할 우려가 있으므로 허용되지 않는다. 특정 건으로 구속이후에 기왕에 다른 범죄에 대한 수사를 하는 여죄수사는 허용된다. 판례는 별건구속기간을 본건의 본형에 산입할 수 없다고 본다.

제4절 수사상 감정유치

1. 의의

감정유치(鑑定留置)란 피의자의 정신 또는 신체에 관한 감정에 필요한 때에 검사가 판사에게 청구하여 일정한 기간을 정하여 병원 기타 적당한 장소에 피의자를 유치하는 강제처분을 의미한다(§221-3, §172③). 감정유치를 함에는 감정유치장을 발부하여야 한다(§221-3, §172④). 감정유치는 감정을 목적으로 신체의 자유를 구속하는 강제처분이므로 법관이 발부하는 영장(감정유치장)이 필요하다.

2. 피의자 감정유치 절차

검사는 감정을 위촉하는 경우에 피의자의 정신 또는 신체에 관한 감정을 위하여 유치처분이 필요한 때에는 판사에게 이를 청구하여야 한다(§221-3①, §172③). 불구속 피의자는 물론이고 구속된 피의자에 대해서도 감정유치가 허용된다(§221-3②, §172-2). 피의자 이외 제3자에 대해서는 감정유치가 허용되지 않는다. 정신 또는 신체의 감정을 위한 계속적인 유치와 관찰의 필요성이 인정되어야 한다. 감정유치도 피의자에 대한 강제수사이므로 범죄혐의가 있어야 하나, 구속사유가 필요한 것은 아니다.

판사는 청구가 상당하다고 인정할 때에는 유치처분을 하여야 하며 이 경우에는 감정유치장을 발부하여야 한다(§221-3②, §172④). 감정유치장의 집행에는 구속영장 집행에 관한 규정이 준용된다(§221-3②, §172⑦). 판사는 기간을 정하여 병원 기타 적당한 장소에 피의자를 유치하게 할 수 있고 감정이 완료되면 즉시 유치를 해제하여야 한다(§221-3②, §172③). 판사는 직권 또는 피의자를 수용할 병원 기타 장소의 관리자의 신청에 의하여 사법경찰관리에게 피의자의 간수를 명할 수 있다(§221-3②, §172⑤). 판사는 필요한 때에는 유치기간을 연장하거나 단축할 수 있다(§221-3②, §172⑥). 따라서 감정유치기간은 제한이 없다.

3. 감정유치와 구속

감정유치에 관하여는 법률에 특별한 규정이 없는 경우에 (보석에 관한 규정을 제외하고는) 구속에 관한 규정을 준용한다(§221-3②, §172⑦). 구속 중인 피의자에 대하여 감정유치장이 집행되었을 때에는 피의자가 유치되어 있는 기간 동안 구속은 그 집행이 정지된 것으로 간주한다(§221-3②, §172-2①). 따라서 감정유치기간은 구속기간에 포함되지 않는다. 단, 감정유치기간은 미결구금일수의 산입에 있어서는 이를 구속으로 간주한다(§221-3②, §172⑧). 감정유치처분이 취소되거나 유치기간이 만료된 때에는 구속의 집행정지가 취소된 것으로 간주한다(§221-3②, §172-2②). 감정유치에 관하여는 구속에 관한 규정이 준용되므로 감정유치된 피의자도 접견교통권을 가지며 적부심사를 청구할 수 있다. 또한 구속의 취소에 관한 규정도 준용되므로 감정유치된 피의자는 감정유치의 취소를 청구할 수 있다.

제5절 피의자의 접견교통권

1. 의의

접견교통권이란 체포 또는 구속된 피의자[10]나 피고인이 외부인과 접촉하고 의사소통을 할 수 있는 권리를 말한다. 이는 헌법상 기본권으로 피의자의 인권보호와 방어권 보장을 한 핵심적인 수단이다. 특히 변호인과의 접견교통권은 형사절차에서 가장 중요한 기본적 권리로 인정된다. 헌법은 누구든지 체포·구속 시 즉시 변호인의 조력을 받을 권리를 가진다고 규정하고 있다(헌법 §12④). 이에 따라 형사소송법은 변호인과의 접견교통권을 제한 없이 보장하고(§34), 비변호인과의 접견교통권은 법률이 정한 범위 내에서 제한된다(§209, §89, §91). 접견교통권은 피의자의 권리보장을 위한 필수 요소로, 수사기관의 자의적 개입을 막고 공정한 재판을 실현하는데 기여한다. 궁극적으로 이 권리는 형사절차의 민주성과 인권보장을 실질적으로 구현하는데 그 의의가 있다.

《대판 2002.5.6. 2000모112 (유치인 일반의사 진료 신청 사건)》 변호인의 구속된 피고인 또는 피의자와의 접견교통권은 피고인 또는 피의자 자신이 가지는 변호인과의 접견교통권과는 성질이 달리하는 것으로서 헌법상 보장된 권리라고는 할 수 없고, 형사소송법 제34조에 의하여 비로소 보장되는 권리이지만, 신체구속을 당한 피고인 또는 피의자의 인권보장과 방어준비를 위하여 필수불가결한 권리이므로, 수사기관의 처분 등에 의하여 이를 제한할 수 없고, 다만 법령에 의하여서만 제한이 가능하다.

2. 변호인과의 접견교통권

가. 주체와 상대방

접견교통권의 주체는 피의자이다. 헌법은 '체포·구속된 피의자', 형사소송법은 '신체구속을 당한 피의자'를 접견교통권의 주체로 규정하고 있다(헌법 §12④). 따라서 구속영장에 의하여 구속된 경우뿐만 아니라 체포영장에 의하여 체포되거나 긴급체포, 현행범 체포에 의하여 체포된 자 또는 감정유치에 의하여 구속된 자가 이에 포함된다. 임의동행으로 연행된 피의자나 피내사자도 변호인과의 접견교통권의 주체에 포함된다(대결 1996.6.3. 96모18). 그러나 수형자는 여기에 포함되지 않는다. 수형자와 변호사 사이의 접

10) 구속된 피고인에 대해서도 피의자의 경우와 동일하게 접견교통권이 인정되고 있다. 다만 가독성의 편의를 위하여 피의자만 기술한다.

견권은 헌법 제27조의 재판을 받을 권리로서 인정된다(헌결 1998.8.27. 96헌마398 등). 구속되지 않은 피의자의 경우에도 변호인과의 접견교통권이 보장된다(§243-2①).

변호인과의 접견교통권의 상대방은 변호인이나 변호인이 되려는 자이다(§34). 변호인이 되려는 자란 변호인 선임의뢰를 받았으나 아직 변호인 선임신고가 되지 않은 사람을 가리킨다. 변호인이 접견교통권의 주체가 될 때에는 피의자가 그 상대방이 된다.

《대판 2017.3.9. 2013도16162 (접견권 행사하겠다 사건)》 변호인이 되려는 의사를 표시한 자가 객관적으로 변호인이 될 가능성이 있다고 인정되는데도, 형사소송법 제34조에서 정한 '변호인 또는 변호인이 되려는 자'가 아니라고 보아 신체구속을 당한 피고인 또는 피의자와 접견하지 못하도록 제한하여서는 아니 된다.

《대결 2007.1.31. 2006모656 (일심회 장마이클 접견금지 사건)》 변호인의 접견교통의 상대방인 신체구속을 당한 사람이 그 변호인을 자신의 범죄행위에 공범으로 가담시키려고 하였다는 등의 사정만으로 그 변호인의 신체구속을 당한 사람과의 접견교통을 금지하는 것이 정당화될 수는 없다.

《대결 1996.6.3. 96모18 (임의동행 변호인 접견거부 사건)》 임의동행의 형식으로 수사기관에 연행된 피의자에게도 변호인 또는 변호인이 되려는 자와의 접견교통권은 당연히 인정된다고 보아야 하고, 임의동행의 형식으로 연행된 피내사자의 경우에도 이는 마찬가지이다.

나. 접견의 비밀보장

변호인과의 접견교통권도 법률에 의하여 제한될 수 있는 것은 물론이다(헌법 §37②). 그러나 변호인과의 접견교통권은 피의자의 인권보장과 방어준비를 위하여 필수불가결한 권리이므로 현행법상 아무런 제한 없이 보장되고 있다. 즉 변호인과의 접견교통권을 제한하는 법률의 규정은 없고, 수사기관의 처분은 물론 법원의 결정에 의하여도 제한할 수도 없다(대결 1990.2.13. 89모36). 변호인과의 접견교통권은 방해나 감시가 없는 자유로운 접견교통을 그 내용으로 한다. 따라서 체포·구속된 피의자와 변호인의 접견내용에 대하여는 비밀이 보장되어야 하며, 접견에 있어서 경찰관 또는 교도관은 참여하지 못하며 그 내용을 청취 또는 녹취할 수 없다. 다만 보이는 거리에서 관찰할 수는 있다(행형법 §84①). 미결수용자와 변호인 간의 편지는 교정시설에서 상대방이 변호인임을 확인할 수 없는 경우를 제외하고는 검열할 수 없다(행형법 §84③). 그러나 구속장소의 질서유지를 위한 일반적인 시간제한이나 흉기 등의 수수를 금지하는 것은 접견교통권의 제한이라고 할 수 없다.

《대결 1996.6.3. 96모18 (임의동행 변호인 접견거부 사건)》 형사소송법 제34조가 규정한 변호인의 접견교통권은 피고인 또는 피의자나 피내사자의 인권보장과 방어준비를 위하여 필수불가결한 권리이므로, 법령에 의한 제한이 없는 한 수사기관의 처분은 물론, 법원의 결정으로도 이를 제한할 수 없다.

《헌결 2016.4.28. 2015헌마243 (접견실내 CCTV 감시 · 녹화 사건)》 [1] 구치소장이 형의 집행 및 수용자의 처우에 관한 법률 및 그 시행규칙의 규정에 따라 변호인 접견실에 영상녹화, 음성수신, 확대기능 등이 없는 CCTV를 설치하여 미결수용자와 변호인간의 접견을 관찰하였다 하더라도 이를 통해 대화내용을 알게 되는 것이 불가능하였다면 변호인의 조력을 받을 권리를 침해한 것이라고 할 수 없다.

[2] 교도관이 변호인 접견이 종료된 뒤 변호인과 미결수용자가 지켜보는 가운데 미결수용자와 변호인 간에 주고받는 서류를 확인하여 그 제목을 소송관계처리부에 기재하여 등재한 행위는 이를 통해 서류의 내용을 확인하거나 검열을 한 것이 아니어서 변호인의 조력을 받을 권리를 하지 아니한다.

《헌결 2011.5.26. 2009헌마341 (현충일 접견제한 사건)》 변호인의 조력을 받을 권리가 침해되었다고 하기 위해서는 접견이 불허된 특정한 시점을 전후한 수사 또는 재판의 진행 경과에 비추어 보아, 그 시점에 접견이 불허됨으로써 피의자 또는 피고인의 방어권 행사에 어느 정도는 불이익이 초래되었다고 인정할 수 있어야만 한다. 변호인의 조력을 받을 기회가 충분히 보장되었다고 인정될 수 있는 경우에는, 비록 미결수용자 또는 그 상대방인 변호인이 원하는 특정 시점에는 접견이 이루어지지 못하였다 하더라도 변호인의 조력을 받을 권리가 침해되었다고 할 수 없다.

《대판 2022.6.30. 2021도244 (집사변호사 채용 사건)》 [1] 미결수용자가 가지는 변호인과의 접견교통권은 그와 표리 관계인 변호인(변호인이 되려고 하는 사람을 포함)의 접견교통권과 함께 헌법상 기본권으로 보장되고 있다.

[2] 미결수용자의 변호인이 교도관에게 변호인 접견을 신청하는 경우 미결수용자의 형사사건에 관하여 변호인이 구체적으로 어떠한 변호 활동을 하는지, 실제 변호를 할 의사가 있는지 여부 등은 교도관의 심사대상이 되지 않는다.

《대결 1991.3.28. 91모24 (접견신청서 주자파출소 제출 사건)》 수사기관의 접견불허처분이 없더라도, 변호인의 접견신청일로부터 상당한 기간이 경과하였거나 접견신청일이 경과하도록 접견이 이루어지지 아니한 것은 실질적으로 접견불허가처분이 있는 것과 동일시된다고 할 것이다.

《대결 1996.5.15. 95모94 서초경찰서 유치장 → 안기부 구금 사건)》 구속영장에 구금장소로 기재된 특정 경찰서 유치장에 피의자의 구속이 집행되었다가 같은 날 그 신병이 조사차 국가안전기획부 직원에게 인도된 후 영장기재 경찰서 유치장에 인도된 바 없이 계속하여 국가안전기획부 청사에 사실상 구금되어 있다면, 이러한 사실상 구금장소의 임의적 변경은 접견교통권의 행사에 중대한 장애를 초래하는 것이므로 위법하다.

다. 서류 또는 물건의 수수

변호인이나 변호인이 되려는 자는 신체가 구속된 피의자와 서류나 물건을 수수(授受)할 수 있다(§34). 수수한 서류의 검열과 물건의 압수도 허용되지 않는다. 따라서 구속된 피의자와 변호인과의 서신에 대한 압수는 허용되지 않는다. 서신 검열도 허용되지 않는다(행형법 §84③). 변호인이나 변호인이 되려는 자는 의사로 하여금 신체가 구속된 피의자를 진료하게 할 수 있다(§34). 피의자는 의사의 진료를 받을 수 있는 권리가 있으며, 기본적 인권에 해당하여 원칙적으로 제한은 허용되지 않는다.

《대판 2002.5.6. 2000모112 (유치인 일반의사 진료 신청 사건)》 행형법시행령 제176조의 규정은 변호인의 수진권 행사에 대한 법령상의 제한에 해당한다고 보아야 할 것이고, 그렇다면 국가정보원 사법경찰관이 경찰서 유치장에 구금되어 있던 피의자에 대하여 의사의 진료를 받게 할 것을 신청한 변호인에게 국가정보원이 추천하는 의사의 참여를 요구한 것은 행형법시행령 제176조의 규정에 근거한 것으로서 적법하고, 이를 가리켜 변호인의 수진권을 침해하는 위법한 처분이라고 할 수는 없다.

3. 비변호인과의 접견교통권

가. 의의

체포 · 구속된 피의자는 관련 법률이 정한 범위 내에서 타인과 접견하고 서류나 물건을 수수하며 의사의 진료를 받을 수 있다(§209, §206-2, §89). 여기의 타인은 비변호인으로 변호인 또는 변호인이 되려는 자는 제외된다. 비변호인과의 접견교통권은 피의자의 사회적 지위와 심리적 안정의 유지에 중대한 영향을 미친다. 따라서 형사소송법은 체포 또는 구속된 피의자에게 비변호인과의 접견교통권도 원칙적으로 보장하면서, 다만 이를 법률에 의해 제한할 수 있도록 하고 있다.

나. 비변호인과의 접견교통권의 제한

1) 법률에 의한 제한

비변호인과의 접견교통권은 법률의 범위 내에서 보장된다. 따라서 비변호인과의 접견교통권은 법률에 의하여 제한 될 수 있다. 구속된 피의자 · 피고인의 접견교통권은 현재 형의 집행 및 수용자의 처우에 관한 법률과 동시행령에서 제한되고 있다. 따라서 일정한 사유가 있는 경우 교도소장 등은 비변호인과의 접견을 금지할 수 있고, 접견에 교도관을 참여하게 할 수 있고, 비변호인과의 서신을 검열할 수 있다(행형법 §41~§43). 경찰서 유치장에 구속되어 있는 피의자의 접견교통권도 같은 법에 의해 제한받는다(행형법 §87).

2) 법원 또는 수사기관의 결정에 의한 제한

법원은 도망하거나 범죄의 증거를 인멸할 염려가 있다고 인정할 만한 상당한 이유가 있는 때에는 직권 또는 검사의 청구에 의하여 결정으로 구속된 피고인과 비변호인과의 접견을 금지할 수 있고, 서류나 그 밖의 물건을 수수하지 못하게 하거나 검열 또는 압수할 수 있다(§91). 따라서 비변호인과의 접견교통권은 법원의 결정에 의해 제한할 수 있다. 여기서 도망 및 증거인멸의 염려는 구속사유보다 더 엄격히 판단해야 한다. 따라서 도망과 증거인멸의 염려는 이를 인정할 수 있는 현저한 사유가 있어야 한다.

비변호인과의 접견교통권을 수사기관 또는 법원의 결정에 의해 제한할 수 있는가에 대해서는 견해의 대립이 있다. 그러나 제91조는 피의자의 체포 · 구속에도 준용되므로 피의자에 대한 접견교통권의 제한은 수사기관의 결정에 의해서도 가능하다. 따라서 검사와 사법경찰관은 위 제91조의 요건과 절차에 따라 구속된 피의자와 비변호인과의 접견교통권을 제한할 수 있다(§209, §200-6, §91, 경규 §59①).

3) 제한방법 및 절차

제한되는 접견교통권의 범위는 타인과의 접견금지, 수수할 서류 기타 물건의 검열과 압수 및 수수의 금지이다(§91). 접견금지는 전면적인 금지뿐만 아니라 특정인을 제외한 사람의 접견을 금지하는 개별적 금지도 가능하며, 조건부, 기한부 금지도 가능하다. 다만 의류, 양식 또는 의료품은 수수를 금지하거나 압수할 수 없다(§91단서). 피고인에 대한 접견교통권의 제한은 법원이 직권으로 하거나 검사의 청구에 의해 법원의 결정이 있을 것을 요한다(§91). 이에 반하여 피의자에 대한 접견교통권의 제한은 수사기관의 결정에 의하여 제한할 수 있다(§209, §200-6, §91, 경규 §59①).

4. 접견교통권의 침해에 대한 구제

접견교통권의 침해란 수사기관이 변호인과의 접견교통권을 금지 · 제한하거나 의류, 양식, 의료품의 수수를 금지한 때 또는 적법한 절차에 의하지 않고 변호인과의 접견교통권을 제한하는 경우를 뜻한다. 접견교통권을 침해한 경우의 구제수단으로는 항고와 준항고, 증거능력의 배제를 생각할 수 있다.

가. 항고 · 준항고

법원의 접견교통권 제한결정에 대해 불복이 있는 때에는 보통항고의 대상이 된다(§402). 검사 또는 사법경찰관의 접견교통권의 제한은 구금에 대한 처분이므로 준항고에 의하여 취소 또는 변경을 청구할 수 있다(§417). 교도소 또는 구치소에 의한 접견교통권의 침해에 대하여는 행정소송이나 국가배상의 방법에 의하여 구제를 받을 수 있을 뿐이다.

나. 증거능력의 배제

수사기관이 변호인과의 접견교통권을 침해하여 얻은 자백이나 증거물의 경우 헌법상의 중요한 권리를 침해하여 얻은 증거이므로 위법수집증거로서 증거능력이 인정되지 않는다. 즉 접견교통권이 침해된 상태에서 수집한 증거물이나 피의자의 자백 등은 위법수집증거로서 증거능력이 부정된다(대판 1990.8.24. 90도1285; 대판 1990.9.25. 90도1586). 수집한 증거의 증거능력을 부정하는 것은 수사기관이 접견교통권을 침해하여 증거를 수집하고자 하는 유혹을 원천적으로 차단할 수 있는 방법이다.

《대판 1990.9.25. 90도1586 (민중화가 홍성담 간첩조작 사건)》 변호인의 접견교통권이 제한된 위법한 상태에서 얻어진 피의자의 자백은 그 증거능력을 부인하여 유죄의 증거에서 배제하여야 하며, 이러한 위법증거의 배제는 실질적이고 완전하게 증거에서 제외함을 뜻하는 것이다.

《대판 1990.8.24. 90도1285 (서경원 의원 방북 방조 사건)》 검사 작성의 피의자신문조서가 검사에 의하여 피의자에 대한 변호인의 접견이 부당하게 제한되고 있는 동안에 작성된 경우에는 증거능력이 인정되지 않는다.

《대판 1984.7.10. 84도846》 검사의 비변호인과의 접견금지 결정으로 피고인들의 접견이 제한된 상황 하에서 피의자 신문조서가 작성되었다는 사실만으로 바로 그 조서가 임의성이 없는 것이라고는 볼 수 없다.

제6절 체포 · 구속적부심사

1. 의의

체포 · 구속적부심사제도란 수사기관에 의하여 체포 또는 구속된 피의자에 대하여 법원이 그 체포 또는 구속의 적법 여부와 그 필요성을 심사하여 체포 또는 구속이 부적법 · 부당한 경우에는 피의자를 석방시키는 제도를 말한다. 피의자의 체포 · 구속적부심사 청구권은 헌법상 권리이다(헌법 §12⑥). 적법성 심사 외에 체포 · 구속을 계속할 필요성까지 심사 대상으로 한다는 점에서 법관이 발부한 영장에 대한 재심절차 내지 항고적 성격을 가진다고 볼 수 있다. 체포 · 구속적부심사제도는 법원의 결정으로 피의자를 석방하는 제도라는 점에서 검사 또는 사법경찰관이 피의자를 석방하는 피의자 체포 · 구속취소(§209, §93)와 다르다. 체포 · 구속적부심사제도는 체포 · 구속된 피의자에 대해서만 인정되고, 구속영장 자체의 효력을 상실시킨다는 점에서 구속된 피고인의 석방을 결정하는 보석과 구별된다.

구속적부심사제도는 1948년 미군정에 의하여 우리나라에 처음 도입되어 1972년 유신헌법에 의하여 폐지되었다가 1980년 헌법에서 부활하여 현재에 이르고 있다. 1995년 개정 형사소송법에 의하여 보증금납입조건부 피의자석방제도가 추가되었다.

2. 체포 · 구속적부심사의 청구

가. 청구권자

체포 · 구속적부심사의 청구권자는 체포되거나 구속된 피의자, 그 변호인, 법정대리인, 배우자, 직계친족, 형제자매, 가족, 동거인 또는 고용주이다(§214-2①). 피고인은 체포 · 구속적부심사를 청구할 수 없다. 영장에 의하지 않은 긴급체포 또는 현행범인 체포에 의하여 체포된 피의자도 체포 · 구속적부심사를 청구할 수 있다. 치료감호영장에 의해 보호구속된 치료감호 대상자도 청구할 수 있다(치료감호법 §6③). 사인에 의하여 불법구속된 자는 여기에 포함되지 않는다. 동거인이나 고용주도 청구권자에 포함된다. 동거인이란 주민등록부에 등재되어 있을 것을 요하지 않고 사실상 동거하는 사람이면 된다. 고용주는 일용노동자라 할지라도 어느 정도 계속적인 고용관계에 있는 사람을 포함한다. 피의자라는 청구인 적격은 절차존속요건이 아니라 절차개시요건이다(헌결 2004.3.25. 2002헌바104). 따라서 심사청구 후에 검사가 피의자에 대해 공소제기를 하여도 법원은 석방을 명할 수 있다.

《대결 1997.8.27. 97모21 (긴급체포자 적부심청구 사건)》 형사소송법 규정이 체포영장에 의하지 아니하고 체포된 피의자의 적부심사청구권을 제한한 취지라고 볼 것은 아니므로 긴급체포 등 체포영장에 의하지 아니하고 체포된 피의자의 경우에도 헌법과 형사소송법의 위 규정에 따라 그 적부심사를 청구할 권리를 가진다.

나. 심사청구의 사유

적부심사의 청구사유는 체포 또는 구속의 적부이다. 여기서 체포 또는 구속의 적부란 체포 또는 구속의 불법뿐만 아니라 부당, 즉 구속계속의 필요성에 대한 판단도 포함된다. 영장발부가 법률에 위반하거나 구속 후 중대한 사정변경이 있을 것을 요하는 것은 아니다. 체포 · 구속이 불법하다는 것은 재구속 제한이나 영장청구기간 도과 등으로 요건을 갖추지 못하였음에도 영장을 발부하여 영장발부 자체가 위법한 경우뿐만 아니라 구속영장의 발부가 적법하다고 할지라도 영장없이 신체구속을 당한 경우, 구속기간을 경과한 구속 등은 불법 구속에 해당한다고 보아야 한다. 체포 · 구속이 부당하다는 것은 피해변상, 합의, 고소취소 등으로 인해 체포 · 구속을 계속할 필요성이 없는 경우가 이에 해당할 수 있다. 구속이후의 사유도 고려대상이 된다. 구속을 계속할 필요가 있는가는 심사시를 기준으로 판단한다.

다. 심사청구의 방법

체포 · 구속적부심사의 청구는 청구권자가 관할법원에 서면으로 청구하여야 한다. 체포 · 구속적부심사청구서에는 ① 체포 · 구속된 피의자의 성명, 주민등록번호, 주거 등, ② 체포 · 구속된 일자, ③ 청구의 취지 및 청구의 이유, ④ 청구인의 성명 및 체포 · 구속된 피의자와의 관계를 기재하여야 한다(형규 §102). 체포 · 구속적부심사제도의 효과적인 보장하기 위해서는 청구권자에게 사전에 알려 줄 필요가 있다. 따라서 형사소송법은 피의자를 체포 또는 구속한 검사 또는 사법경찰관은 피의자와 심사청구권자 중에서 피의자가 지정하는 사람에게 적부심사를 청구할 수 있음을 알려주도록 하고 있다(§214-2②). 심사청구권자는 긴급체포서, 현행범인체포서, 체포영장, 구속영장 또는 그 청구서를 보관하고 있는 검사, 사법경찰관 또는 법원사무관 등에게 그 등본의 교부를 청구할 수 있다(형규 §101).

3. 법원의 심사

가. 심사법원

체포·구속적부심사 청구사건은 피의자를 수사 중인 검사의 소속검찰청을 관할하는 지방법원 합의부 또는 단독판사가 심사한다. 체포영장 또는 구속영장을 발부한 법관은 심사에 관여하지 못한다. 다만, 영장을 발부한 법관 외에는 심문, 조사, 결정을 할 판사가 없는 경우는 심사에 관여할 수 있다(§214-2⑫). 체포·구속영장을 발부한 법관의 예단을 배제하려는 취지이다.

나. 심문기일의 통지

체포·구속적부심사 청구를 받은 법원은 청구서가 접수된 때부터 48시간 이내에 체포되거나 구속된 피의자를 심문하여야 한다(§214-2④). 다만, ㉠ 청구권자 아닌 사람이 청구하거나 동일한 체포영장 또는 구속영장의 발부에 대하여 재청구한 때, ㉡ 공범이나 공동피의자의 순차청구(順次請求)가 수사 방해를 목적으로 하고 있음이 명백한 때에는 심문 없이 결정으로 청구를 기각할 수 있다(§214-2③). 심문기일을 지정한 경우 법원은 지체 없이 청구인, 변호인, 검사 및 피의자를 구금하고 있는 관서(경찰서 등)의 장에게 심문기일과 장소를 통지하여야 하며(형규 §104①), 통지는 서면 외에 전화·모사전송·전자우편·휴대전화 문자전송 그밖에 적당한 방법으로 할 수 있다(형규 §104③, §54-2③).

체포·구속된 피의자가 ① 구속된 때, ② 미성년자인 때, ③ 70세 이상인 때, ④ 듣거나 말하는 데 모두 장애가 있는 사람인 때, ⑤ 심신장애가 있는 것으로 의심되는 때, ⑥ 사형, 무기 또는 단기 3년 이상의 징역이나 금고에 해당하는 사건으로 기소된 때 중 어느 하나에 해당하는 경우에 변호인이 없는 때에는 법원은 직권으로 변호인을 선정하여야 하며, 피의자가 빈곤이나 그 밖의 사유로 변호인을 선임할 수 없는 경우에 피의자가 청구하면 변호인을 선정하여야 한다(§214-2⑩, §33). 선정된 국선변호인은 심문기일에 반드시 출석해야 한다.

다. 법원의 심사

체포·구속적부심사 청구를 받은 법원은 심문기일에 피의자를 심문하고 수사 관계서류와 증거물을 조사한다(§214-2④). 이를 위하여 사건을 수사 중인 검사 또는 사법경찰관은 심문기일까지 수사관계서류와 증거물을 법원에 제출하여야 하고, 피의자를 구금하고 있는 관서의 장은 위 심문기일에 피의자를 출석시켜야 한다(형규 §104②). 피의자의 출정은 절차개시의 요건이다. 법원은 피의자의 심문을 합의부원에게 명할 수 있다(형규 §105④). 검사, 변호인, 청구인은 심문기일에 출석하여 의견을 진술할 수 있다(§214-2⑨). 심문기일에 출석한 검사·변호인·청구인은 법원의 심문이 끝난 후 의견을 진술할 수 있다. 다만, 필요한 경우에는 심문 도중에도 판사의 허가를 얻어 의견을 진술할 수 있다(형규 §105①). 체포·구속적부심사를 청구한 피의자가 제33조에 해당할 때에는 법원은 국선변호인을 선정하여야 한다(§214-2⑩). 피의자는 판사의 심문 도중에도 변호인에게 조력을 구할 수 있다(형규 §105②). 법원은 심문을 하는 경우 공범의 분리심문이나 그 밖에 수사상의 비밀보호를 위한 적절한 조치를 하여야 한다(§214-2⑪).

라. 체포·구속적부심문조서의 작성

심문기일에 피의자를 심문하는 경우 법원사무관 등은 심문의 요지 등을 조서로 작성해야 한다(§214-2⑭, §201-2⑥). 심문조서는 피고인이 증거로 함에 동의하지 않더라도 제315조 제3호에 의해 당연히 증거능력 인정된다(대판 2004.1.16. 2003도5693).

4. 법원의 결정

체포 또는 구속의 적부심사청구에 대한 법원의 결정은 체포 또는 구속된 피의자에 대한 심문이 종료된 때로부터 24시간이내에 해야 한다(형규 §106). 이 경우 법원이 수사관계서류와 증거물을 접수한 때부터 결정 후 검찰청에 반환한 때까지의 기간은 체포 또는 구속기간에 산입하지 않는다(§214-2⑬). 체포·구속의 적부심사청구에 대한 법원의 결정에는 기각결정과 석방결정이 있다.

가. 기각결정

법원의 심사결과 적부심사 청구가 이유 없다고 인정한 경우에는 결정으로 기각하여야 한다(§214-2④). 심문 없이 기각결정이 허용되는 경우(간이기각)도 있다(§214-2③). 법원의 기각결정이나 간이기각결정에 대해 피의자와 검사는 항고할 수 없다(§214-2⑧).

나. 석방결정

법원이 심문 후 적부심사 청구가 이유 있다고 인정한 경우에는 결정으로 체포·구속된 피의자의 석방을 명하여야 한다. 법원의 석방결정에 대해 피의자와 검사는 항고할 수 없다(§214-2⑧). 종래 검사는 적부심사절차에서 법원의 석방결정이 예상되는 경우 법원의 결정이 있기 전에 전격기소함으로써 법원이 적부심사의 실질적 판단을 하지 못하고 그 청구를 기각할 수밖에 없게 되었는데, 이를 막기 위하여 2004년 개정 형사소송법으로 제214조의2 제4항 후단이 신설되었다.[11] 따라서 심사청구 후 피의자에 대하여 검사가 공소를 제기한 경우에도 법원은 적부심사를 하여 제214조의2에 따라 기각결정, 석방결정, 보증금납입조건부 석방명령을 하여야 한다(§214-2④,⑤).

체포·구속 적부심사 결과 법원의 석방결정에 의하여 석방된 피의자는 도망하거나 범죄의 증거를 인멸하는 경우를 제외하고는 동일한 범죄사실에 대하여 재차 체포하거나 구속되지 않는다(§214-3①). 따라서 석방된 피의자가 도망하거나 죄증을 인멸하는 경우에는 재차 체포 또는 구속될 수 있다.

다. 보증금납입조건부 피의자석방

1) 의의

보증금납입조건부 피의자석방제도란 피의자에 대하여 보증금납입을 조건으로 구속의 집행을 정지하는 제도를 말한다. 구속적부심사를 청구한 피의자를 보증금납입조건부로 석방하는 제도를 1995년 형사소송법을 개정함으로써 도입하였다. 즉 법원은 구속된 피의자가 구속적부심사를 청구한 경우, 법원이 직권으로 보증금의 납입을 조건으로 하여 석방명령을 할 수 있다(§214-2⑤). 피의자보석이라고도 한다. 피의자에게 보석청구권이 인정되지 않으므로 법원의 직권에 의해서만 석방을 명하는 직권보석이란 점에서 청구 또는 직권에 의하는 피고인 보석과 구별된다. 피의자 보석은 재량보석이므로 예외사유가 없는 경우 반드시 보석을 허가해야 하는 피고인 보석과 다르다.

2) 청구 및 대상

보증금납입조건부 피의자석방의 청구는 인정되지 않는다. 다만 피의자가 구속적부심사를 청구한 경우에 법원은 보증금의 납입을 조건으로 피의자의 석방을 명할 수 있을 뿐이다. 따라서 법원이 피의자 보석을 결정하기 위해서는 피의자의 구속적부심사 청구가 선행되어야 한다. 보증금납입조건부 피의자석방제도의 대상자는 구속된 피의자이다. 구속적부심 청구 후 공소제기가 된 피고인도 보증금납입조건부 석방결정의 대상이 된다(§214-2⑤). 체포된 피의자는 대상이 아니다(대결 1997.8.27. 97모21).

---

11) 전격기소란 심사청구 후 법원의 결정이 있기 전이나 법원이 석방결정을 한 후 그 결정서 등본이 검찰청에 송달되기 전에 검사가 공소를 제기한 경우를 말한다. 헌법재판소는 검찰의 전격기소에 대해 헌법불합치결정(헌결 2004.3.25. 2002헌바104)을 하였으며, 이에 따라 형사소송법이 개정된 것이다.

《대판 1997.8.27. 97모21 (긴급체포자 적부심신청 사건)》 [1] 형사소송법 제214조의2 제4항에 기소 전 보증금 납입을 조건으로 한 석방의 대상자가 '구속된 피의자'라고 명시되어 있으므로, 현행법상 체포된 피의자에 대하여는 보증금 납입을 조건으로 한 석방이 허용되지 않는다.
[2] 형사소송법 제214조의2 제4항의 석방결정에 대하여는 피의자나 검사가 그 취소의 실익이 있는 한 같은 법 제402조에 의하여 항고할 수 있다.

3) 보증금납입조건부 피의자석방의 제외사유

피의자가 ① 범죄의 증거를 인멸할 염려가 있다고 믿을 만한 충분한 이유가 있는 때, ② 피해자, 당해 사건의 재판에 필요한 사실을 알고 있다고 인정되는 사람 또는 그 친족의 생명 · 신체나 재산에 해를 가하거나 가할 염려가 있다고 믿을 만한 충분한 이유가 있는 때에는 보증금납입조건부로 피의자석방을 명할 수 없다(§214-2⑤단서).

4) 보증금액 결정과 석방조건

보증금은 피의자의 출석을 보증할 만한 금액이어야 한다(§214-2⑤). 보증금의 결정이나 집행절차에 관해서는 보석에 관한 규정이 준용된다(§214-2⑦). 보증금 납입조건부 피의자석방의 조건을 정할 때에는 ① 범죄의 성질 및 죄상(罪狀), ② 증거의 증명력, ③ 피고인의 전과(前科) · 성격 · 환경 및 자산, ④ 피해자에 대한 배상 등 범행 후의 정황에 관련된 사항을 고려하여 피의자의 출석을 보증할 만한 보증금을 정하여야 하며, 피의자의 자금능력 또는 자산 정도로는 이행할 수 없는 조건을 정할 수 없다(§214-2⑦, §99). 석방 결정을 하는 경우에는 주거의 제한, 법원 또는 검사가 지정하는 일시 · 장소에 출석할 의무, 그 밖의 적당한 조건을 부가할 수 있다(§214-2⑥).

보증금을 납입한 후가 아니면 보석허가결정을 집행하지 못하며(§214-2⑦, §100①), 법원은 유가증권 또는 피의자 외의 자가 제출한 보증서로써 보증금에 갈음함을 허가할 수 있고, 이 보증서에는 보증금을 언제든지 납입할 것을 기재하여야 한다(§214-2⑦, §100③,④)

5) 재체포 · 재구속의 제한

보증금납입 조건으로 석방된 피의자는 ① 도망한 때, ② 도망가거나 범죄의 증거를 인멸할 염려가 있다고 믿을 만한 충분한 이유가 있는 때, ③ 출석요구를 받고 정당한 이유 없이 출석하지 아니한 때, ④ 주거의 제한이나 그밖에 법원이 정한 조건을 위반한 때를 제외하고는 동일한 범죄사실로 재차 체포하거나 구속할 수 없다(§214-3②).

6) 보증금 몰수

법원은 ① 석방된 피의자를 재구속 제한의 예외사유에 해당하여 재차 구속할 때, ② 공소가 제기된 후 법원이 석방된 피의자를 동일한 범죄사실에 관하여 재차 구속할 때에 직권 또는 검사의 청구에 의하여 결정으로 납입된 보증금의 전부 또는 일부를 몰수할 수 있다(§214-4①). 보증금의 임의적 몰수에 해당하는 규정이다. 법원은 석방된 자가 동일한 범죄사실에 관하여 형의 선고를 받고 그 판결이 확정된 후, 집행하기 위한 소환을 받고 정당한 이유없이 출석하지 아니하거나 도망한 때에는 직권 또는 검사의 청구에 의하여 결정으로 보증금의 전부 또는 일부를 몰수하여야 한다(§214-4②). 이 경우 보증금의 몰수는 필요적 몰수이다.

제7절 보석

1. 의의

보석(保釋)이란 구속된 피고인에 대하여 보증금 납입 등 일정한 조건을 붙여 구속의 집행을 정지하는 제도를 뜻한다. 보석은 구속의 집행정지일 뿐이고 구속영장은 여전히 유효하다는 점에서 구속영장이 실효되는 구속취소와 구별된다. 보석도 구속집행정지의 일종이나 보석은 피고인에게 신청권이 있다는 점에서 피의자나 피고인에게는 신청권이 없는 구속집행정지와 구별된다. 보석은 원칙적으로 피고인에게만 인정되고, 구속집행정지는 피의자 및 피고인에게 인정되며 비교적 기간이 짧다는 점에서 보석과 다르다.

2. 보석의 종류

보석은 보석결정에 대한 법원의 재량의 유무에 따라 필요적 보석과 임의적 보석으로 구분된다. 필요적 보석은 보석청구가 있으면 법원이 반드시 보석허가를 해야 함에 반하여, 임의적 보석은 그 허가 여부가 법원의 재량에 속하는 경우이다. 필요적 보석은 청구보석에만 인정되고 임의적 보석은 청구보석과 직권보석에 모두 인정된다. 형사소송법은 필요적 보석을 원칙으로 하고 임의적 보석을 보충적으로 인정하고 있다.

보석의 청구가 있는 때에는 제외사유가 없는 한 보석을 허가하여야 한다(§95①). 필요적 보석의 제외사유는 ① 피고인이 사형, 무기 또는 장기 10년이 넘는 징역이나 금고에 해당하는 죄를 범한 때, ② 피고인이 누범에 해당하거나 상습범인 죄를 범한 때, ③ 피고인이 죄증을 인멸하거나 인멸할 염려가 있다고 믿을 만한 충분한 이유가 있는 때, ④ 피고인이 도망하거나 도망할 염려가 있다고 믿을 만한 충분한 이유가 있는 때, ⑤ 피고인의 주거가 분명하지 아니한 때, ⓗ 피고인이 피해자, 당해 사건의 재판에 필요한 사실을 알고 있다고 인정되는 자 또는 그 친족의 생명 · 신체나 재산에 해를 가하거나 가할 염려가 있다고 믿을만한 충분한 이유가 있는 때이다. 필요적 보석 제외사유에 해당하는 경우에도 상당한 이유가 있는 때에는 청구권자의 청구에 의하여 법원은 결정으로 보석을 허가할 수 있다(§96). 이를 임의적 보석이라고 한다.

3. 보석의 절차

피고인, 피고인의 변호인·법정대리인·배우자·직계친족·형제자매·가족·동거인 또는 고용주는 법원에 구속된 피고인의 보석을 청구할 수 있다(§94). 검사는 보석을 청구할 수 없다. 재판장은 보석에 관한 결정을 하기 전에 검사의 의견을 물어야 한다(§97①). 검사는 의견요청에 대하여 지체 없이 의견을 표명하여야 한다(§97③). 보석의 청구를 받은 법원은 지체없이 심문기일을 정하여 구속된 피고인을 심문하여야 한다(형규 §54-2①). 법원은 특별한 사정이 없는 한 보석청구를 받은 날로부터 7일 이내에 보석허가 여부를 결정하여야 한다(형규 §55). 보석청구가 부적법하거나 이유없는 때에는 보석청구 기각결정을 하여야 한다. 보석의 청구가 이유가 있는 때에는 필요적 보석 제외사유가 있는 경우 이외의 경우에는 보석을 허가하여야 한다(§95). 법원은 필요적 보석 제외 사유에 불구하고 상당한 이유가 있는 때에는 직권 또는 청구권자의 청구에 의하여 결정으로 보석을 허가할 수 있다(§96). 보석기각결정과 보석허가 결정에 대하여는 보통항고할 수 있다(§403②). 보석허가결정에 대해 검사는 즉시항고할 수는 없다(§97④).

제8절 구속의 집행정지

1. 의의

법원은 '상당한 이유가 있는 때'에 결정으로 구속된 피의자를 친족, 보호단체 기타 적당한 자에게 부탁하거나 피의자의 주거를 제한하여 구속의 집행을 정지할 수 있다(§101①). 수사단계에서 구속된 피의자에 대해서는 검사 또는 사법경찰관이 구속의 집행을 정지할 수 있다(§209, §101①). 구속집행 정지는 구속의 집행이 정지될 뿐이며 구속영장의 효력에는 영향이 없다. 보증금을 조건으로 하지 않고 직권에 의하여 행하여지며, 피고인뿐만 아니라 피의자에 대하여도 인정된다는 점에서 보석과 구별된다. 헌법에 의하여 구속된 국회의원에 대한 석방요구가 있으면 당연히 구속영장의 집행이 정지된다(§101④).

2. 피의자의 구속집행정지

구속집행정지 절차에 있어서 당사자에게는 신청권이 없다. 설령 신청하였다 하더라도 직권발동을 촉구하는 의미에 불과하다. 구속된 피의자에 대한 수사기관의 구속집행정지 절차는 법원의 구속집행정지 절차를 준용한다(§209). 사법경찰관이 피의자에 대한 구속의 집행을 정지하는 경우에는 구속집행정지를 결정하는 서면을 작성해야 하며, 지체 없이 구속집행정지 통보서를 작성하여 검사에게 그 사실을 통보하고, 그 통보서 사본을 사건기록에 편철해야 한다(경규 §62①,②). 구속집행정지 결정을 한 검사는 지체없이 영장을 발부한 법원에 그 사유를 서면으로 통지해야 한다(§204).

3. 피고인의 구속집행정지

피고인의 구속집행정지 절차에 있어서도 당사자는 신청권이 없으며, 법원은 직권으로 결정한다. 다만 검사의 의견을 묻고 구속집행정지의 결정을 해야 한다(§101①). 검사는 법원으로부터 구속집행정지에 관한 의견요청이 있을 때에는 의견서와 소송 서류 및 증거물을 지체 없이 법원에 제출하여야 한다. 이 경우 특별한 사정이 없는 한 의견요청을 받은 날의 다음 날까지 제출하여야 한다(형규 §54). 단, 급속을 요하는 경우에는 검사의 의견을 묻지 않고 결정할 수 있다(§101①). 구속집행정지 결정에 대한 검사의 즉시항고는 허용되지 않는다(헌결 2012.6.27. 2011헌가11).

《헌결 2012.6.27. 2011헌가36 (강간범 모친상 사건)》 피고인 구속집행정지결정에 대한 검사의 즉시항고를 인정하는 조항은 검사의 불복을 구속집행을 정지할 필요가 있다는 법원의 판단보다 우선시키고, 사실상 법원의 구속집행정지결정을 무의미하게 할 수 있는 권한을 검사에게 부여하는 점에서 영장주의 원칙에 위배된다.[12)]

4. 구속집행정지의 취소

구속집행정지의 취소사유는 보석의 취소사유와 같다. 법원은 구속집행정지의 취소사유가 있는 경우 직권 또는 검사의 청구에 의하여 결정으로 구속의 집행정지를 취소할 수 있고(§102②), 검사 또는 사법경찰관은 취소사유가 있는 경우 결정으로 구속의 집행정지를 취소할 수 있다(§209, §102②). 다만 국회의원의 경우 구속집행의 취소사유가 있더라도 그 회기 중에는 취소하지 못한다(§102②단서).

구속집행정지 취소가 있으면 일시 정지되었던 구속영장의 효력이 다시 부활한다. 구속집행정지취소의 결정이 있는 때 또는 기간을 정한 구속집행정지결정의 기간이 만료된 때에는 검사는 그 취소결정의 등본 또는 기간을 정한 구속집행정지결정의 등본에 의하여 피고인을 재구금하여야 한다(형규 §56①). 집행정지 기간이 만료되면 별도 결정 없이 영장의 효력에 의해 다시 구금한다. 다만, 급속을 요하는 경우에는 재판장, 수명법관 또는 수탁판사가 재구금을 지휘할 수 있다. 이 경우에는 법원사무관등에게 그 집행을 명할 수 있다. 법원사무관등은 그 집행에 관하여 필요한 때에는 사법경찰관리 또는 교도관에게 보조를 요구할 수 있으면 관할구역 외에서도 집행할 수 있다(형규 §56②).

12) 이에 따라 2015년에 구속집행정지 결정에 대해 검사의 즉시항고를 허용하는 형사소송법 제101조 제3항이 삭제되었다.

제9절 구속의 실효

구속의 실효란 구속영장의 효력 자체를 전면적으로 상실시키는 것을 말한다. 구속의 실효는 구속의 근거인 구속영장 자체가 효력을 잃는다는 점에서 구속의 집행만을 일시적으로 정지시키는 구속집행정지와 구별된다. 구속의 실효사유에는 체포·구속의 취소와 구속의 당연실효가 있다.

1. 구속의 취소

가. 구속취소의 의의

구속취소란 구속된 피의자 또는 피고인에게 구속의 사유가 없거나 소멸된 때에 법원 또는 수사기관이 직권 또는 청구에 의해 구속을 취소하는 것을 말한다. 구속취소의 대상은 피의자 또는 피고인이다. 구속취소로 인해 구속영장의 효력은 상실된다. 구속취소의 효력은 장래에 향하여 구속의 효력을 없어지게 하므로 소급효는 인정되지 않는다.

나. 피의자에 대한 체포·구속취소

검사 또는 사법경찰관은 구속된 피의자에게 '구속의 사유가 없거나 소멸된 때'에는 직권 또는 청구에 의해 구속을 취소해야 한다(§209, §93). 청구권자는 피의자, 변호인, 법정대리인, 배우자, 직계친족과 형제자매이다(§93, §30②). 구속의 사유가 없는 때란 진범인이 밝혀진 때와 같이 구속사유가 처음부터 존재하지 않았던 것이 판명된 경우이고, 구속사유가 소멸된 때란 수사결과 무혐의 또는 약식기소하는 경우와 같이 존재하였던 구속사유가 사후적으로 소멸한 경우를 말한다.

사법경찰관이 구속을 취소하는 경우 해당사건이 검사에게 송치해야 하는 사건인 경우에는 구속취소 동의요청서를 작성하여 검사의 동의를 받아야 하며, 구속취소한 이후 석방통보서를 작성하여 검사에게 석방사실을 통보하고, 그 통보서 사본을 사건기록에 편철해야 한다(경규 §61①,②). 검사가 피의자에 대하여 구속취소결정을 한 경우 지체없이 영장을 발부한 법원에 그 사유를 서면으로 통지해야 한다(§204).

피의자를 체포한 경우에도 구속취소에 관한 규정이 준용되므로 체포영장에 의해 체포된 경우에도 수사기관은 피의자에 대해 '체포의 사유가 없거나 소멸된 때'에는 직권 또는 피의자, 변호인 또는 변호인 선임권자의 청구에 의하여 체포를 취소해야 한다(§200-6, §93).

《대결 1983.8.18. 83모42 (잔여형기 8일 이내 사건)》 피고인에 대한 형이 그대로 확정된다고 하더라도 잔여형기가 8일 이내이고 또한 피고인의 주거가 일정할 뿐 아니라 증거인멸이나 도망의 염려도 없어 보인다면 피고인을 구속할 사유는 소멸하였다 보아야 할 것이니 구속취소 신청은 이유있다.

다. 피고인에 대한 구속취소

'구속사유가 없거나 소멸된 때'에 법원은 직권 또는 청구에 의하여 결정으로 구속영장을 실효시키고 구속된 피고인을 석방한다(§93). 진범인이 밝혀진 경우, 도망 또는 증거인멸의 염려가 전혀 없게 된 경우, 제1심 선고형보다 구속된 기간이 긴 경우 등의 경우 '구속사유가 없거나 소멸된 때'에 해당하여 구속취소의 대상이 된다.

법원은 구속의 취소에 관한 결정을 하기 전에 검사의 청구에 의하거나 급속을 요하는 경우외에는 검사의 의견을 물어야 한다(§97②). 이 경우 검사는 지체 없이 의견을 표명해야 한다(§97③). 법원의 구속취소 결정에 대해 검사는 즉시항고를 할 수 있다(§97④).

2. 구속의 당연실효

구속의 당연실효란 구속영장의 효력이 당연히 상실되는 경우를 말한다. 구속 당연실효의 사유에는 ① 구속기간의 만료, ② 구속영장의 실효, ③ 사형·자유형의 확정이 있다.

구속기간이 만료되면 구속영장의 효력은 당연히 상실되며, 구속된 피의자·피고인은 즉시 석방해야 한다. 구속기간이 만료된 이후의 구속은 불법구속이 된다. 그러나 판례는 구속영장의 효력이 당연히 실효되는 것은 아니라고 보고 있다(대판 1964.11.17. 64도428).

무죄, 면소, 공소기각, 형의 면제, 형의 선고유예, 형의 집행유예, 공소기각 또는 벌금이나 과료를 과하는 판결이 선고되면 구속영장은 효력을 잃는다(§331). 판결선고와 동시에 바로 구속영장의 효력이 상실되므로 그 확정을 기다릴 필요없이 즉시 피고인을 석방시켜야 한다. 관할위반판결은 선고되어도 구속영장의 효력은 유지되는 것으로 해석된다. 사형이나 자유형이 선고된 경우에는 구속영장의 효력이 상실되는 것은 아니다.

사형 또는 자유형의 판결이 확정된 때에도 구속영장의 효력은 상실된다. 사형·자유형 판결이 확정되면 구속영장은 그 기능을 상실하고 그 이후에는 형집행에 의한 구금이 개시되기 때문이다. 자유형의 판결이 확정된 때에는 형의 집행이 시작된다. 사형판결이 확정된 자는 그 집행까지 구치소에 수감된다.

《대결 1964.11.17. 64도428 (고등군사재판 구속기간 3차갱신 사건)》 구 군법회의법 제132조의 제한을 넘어 구속기간을 갱신한 경우에 있어서도 불법구속한 자에 대하여 형법상·민법상의 책임을 물을 수는 있어도 구속영장의 효력이 당연히 실효되는 것은 아니다.

제5장

압수 · 수색 · 검증

대물적 강제수사란 증거물이나 몰수물의 수집과 보전을 목적으로 하는 강제수사의 유형이다. 대물적 강제수사에는 압수, 수색과 검증이 있다. 검증의 경우 수사기관의 검증만 강제수사에 속하고, 법원이 행하는 검증은 증거조사의 일종에 지나지 않아 강제처분이라 할 수 없다. 형사소송법은 법원의 강제처분에 관한 규정인 압수 · 수색 · 검증에 관한 규정을 수사기관의 압수 · 수색 · 검증에 준용하는 형식을 취하고 있다.

제1절 압수와 수색

1. 압수 · 수색의 의의

압수(押收)란 증거물이나 몰수물의 점유를 취득하는 강제수사를 말한다. 압수는 압류와 영치가 있다. 압류(押留)란 강제력을 행사하여 유체물의 점유를 점유자나 소유자의 의사에 반하여 수사기관에 이전하는 강제수사를 말한다. 영치(領置)란 소유자 등이 임의로 제출한 물건이나 유류한 물건을 반환하지 않고 계속하여 강제적으로 점유하는 것을 말한다. 영치를 할 경우 점유자의 의사에 반하지 않으나 영치 후에는 수사기관이 반환하지 않고 강제로 점유를 유지하므로 강제수사에 해당한다는 것이 통설이다. 한편 법원의 압수에는 제출명령도 있다. 제출명령이란 일정한 물건의 제출을 명하는 법원의 강제처분을 말한다. 대상자에게 제출의무를 부과하고 이행하지 않을 경우 압류를 한다는 점에서 강제처분에 해당한다. 수사기관은 제출명령을 할 수 없다.

수색(搜索)이란 압수할 물건이나 체포할 피의자를 발견하기 위하여 사람의 신체 또는 일정한 장소를 뒤지는 강제수사를 의미한다. 수색은 압수와 함께 행해지는 것이 통례이므로, 실무상으로도 '압수 · 수색영장'이라는 단일영장에 의하여 실행되고 있다.

2. 압수 · 수색의 대상

가. 압수의 대상

1) 증거물 또는 몰수물

압수의 대상은 증거물 또는 몰수할 것으로 생각되는 물건으로 점유가 가능한 유체물이다(§219, §106①). 증거물의 압수는 형사절차의 확보를 위한 것이고, 몰수물의 압수는 형집행의 확보를 위한 것이다. 증거물이면 동산과 부동산을 가리지 않는다. 형벌의 일종인 몰수에는 필요적 몰수와 임의적 몰수가 모두 대상이 된다. 몰수물은 몰수가 선고될 가능성이 있는 물건으로, 임의적 몰수의 대상인 것도 포함한다.

2) 정보저장매체 등

정보통신기술의 발달로 우리는 일상 속 거의 모든 영역에서 디지털 환경을 접하게 되었다. 이로 인해 범죄수사에서도 디지털 증거의 중요성이 점점 커지고 있다. 디지털 증거란 '디지털 형태로 저장되거나 전송되는 증거가치가 있는 정보'를 말한다. 하지만 이런 정보는 물리적인 형태가 아니기 때문에, 형사소송법상 기존의 압수 대상인 '유체물' 또는 '물건'으로 보기 어려웠다. 이에 따라 무형의 디지털 증거가 압수의 대상이 되는지 여부에 대한 논란이 있었다. 결국 2011년 형사소송법 개정을 통해 디지털 증거도 압수의 대상이 될 수 있음을 명확히 하였다.

개정 형사소송법에 의하면 정보저장매체 안에 저장된 전자정보를 압수하고자 하는 경우 '기억된 정보의 범위'를 정하여 출력하거나 복제하여 제출받아야 한다(§106③본문). 다만, 이 경우 범위를 정하여 출력 또는 복제하는 방법이 불가능하거나 압수의 목적을 달성하기에 현저히 곤란하다고 인정되는 때에는 그 정보저장매체 등을 압수할 수 있다(§106③단서). 따라서 전자정보의 압수 · 수색에 있어 압수의 범위는 '일정한 범위의 특정한 정보'만이 그 대상이고, 압수의 방법은 저장매체 자체에 대한 압수가 아닌 해당 정보에 대한 '출력 또는 복제'가 원칙이다. 압수 · 수색을 통해 전자정보를 제공받은 경우 수사기관은 개인정보보호법에 따라 정보주체에게 해당 사실을 지체 없이 알려야 한다(§106④).

3) 우체물 또는 전기통신

우체물이나 전기통신에 관한 물건의 압수는 헌법상 보장된 통신의 비밀을 제한하는 행위로 신중한 접근이 요구된다. 수사기관은 필요한 때에 피의사건과 관계가 있다고 인정할 수 있는 것에 한정하여, 우체물 또는 통신비밀보호법 제2조 제3호에 따른 전기통신에 관한 것으로 체신관서, 그밖의 관련 기관 등이 소지 또는 보관하는 물건을 압수할 수 있다(§219, §107①). 수사기관은 우체물 등에 대하여 이러한 처분을 할 때에는 발신인이나 수신인에게 그 사실을 통지해야 한다. 다만, 수사나 재판에 방해가 될 염려가 있는 경우에는 예외적으로 통지를 생략할 수 있다(§219, §107③).

우체물이나 전기통신 관련 물건은 개봉하여 그 내용을 파악하기 전에는 증거물 또는 몰수물에 해당하는지 여부를 알 수 없다는 특성이 있다. 따라서 우편물 등은 압수의 필요성과 관련성만 인정된다면 반드시 증거물 또는 몰수물로 확정되지 않더라도 압수할 수 있도록 법에 규정되어 있는 것이다. 이는 수사의 실효성을 확보하면서도 통신의 비밀을 과도하게 침해하지 않기 위한 조치이다. 수사의 필요성과 개인의 기본권 보호 사이의 균형을 노모하려는 입법적 고려라 할 수 있다.

《대판 2017.7.18. 2014도8719 (통제배달 실패 사건)》 [1] 우편물 통관검사절차에서 이루어지는 우편물의 개봉, 시료채취, 성분분석 등의 검사는 수출입물품에 대한 적정한 통관 등을 목적으로 한 행정조사의 성격을 가지는 것으로서 이를 수사기관의 강제처분이라고 할 수 없으므로, 세관공무원은 압수 · 수색영장 없이 이러한 검사를 진행할 수 있다.
[2] 마약류 불법거래 방지에 관한 특례법 제4조 제1항에 따른 조치의 일환으로 특정한 수출입물품을 개봉하여 검사하고 그 내용물의 점유를 취득한 행위는 위에서 본 수출입물품에 대한 적정한 통관 등을 목적으로 조사를 하는 경우와는 달리, 범죄수사인 압수 또는 수색에 해당하여 사전 또는 사후에 영장을 받아야 한다.

4) 계좌추적

금융실명거래 및 비밀보장에 관한 법률에 따르면, 금융회사 등에 종사하는 자는 명의인의 서면상의 요구나 동의를 받지 아니하고는 그 금융거래의 내용에 대한 정보 또는 자료를 타인에게 제공하거나 누설하여서는 아니된다(동법 §4①). 따라서 범죄수사를 위해서는 금융계좌추적용 압수수색영장이 필요하다. 계좌추적용 압수수색영장에 있어, 대상자의 모든 금융기관에 개설한 예금계좌 일체를 요구하는 포괄계좌 영장은 허용되지 않는다. 범죄혐의사실과 관련성이 없는 예금거래의 비밀이 침해될 위험이 있기 때문이다.

나. 수색의 대상

수색의 대상은 사건과 관계가 있다고 인정할 수 있는 사람의 신체, 물건 또는 일정한 장소이다. 즉, 수사기관은 필요한 때에는 피의사건과 관계가 있다고 인정할 수 있는 것에 한정하여, 피의자의 신체 물건 또는 주거, 그밖의 장소를 수색할 수 있다(§219, §109①). 피의자 아닌 자(참고인)의 신체, 물건, 주거 기타 장소의 경우 관련성 이외에 압수할 물건이 있음을 인정할 수 있어야 한다(§219, §109②).

다. 압수·수색의 제한

형사소송법상 압수·수색은 수사비례의 원칙에 따라 일정한 제한을 받는다. 이런 제한은 크게 3가지 유형(§110, §111, §112)으로 나뉘며, 모두 증인거부권 또는 증언거부권과 밀접한 관련이 있다. 이는 공무원의 증인거부권과 업무상 비밀에 관한 증언거부권을 실질적으로 보장하기 위한 것이다. 예컨대, 의사가 환자의 비밀에 대해 증언을 거부할 권리가 있음에도 수사기관이 의사의 진료기록을 압수할 수 있다면, 의사의 증언거부권은 아무런 의미가 없게 된다. 따라서 법은 압수·수색을 통해 개인의 기본권이 침해되지 않도록 제한을 두고 있는 것이다.

1) 군사상 비밀과 압수

군사상 비밀을 요하는 장소는 그 '책임자'의 승낙 없이는 압수 또는 수색할 수 없다. 다만 그 책임자는 국가의 중대한 이익을 해하는 경우를 제외하고는 승낙을 거부하지 못한다(§219, §110).

2) 공무상 비밀과 압수

공무원 또는 공무원이었던 자가 소지 또는 보관하는 물건에 관하여는 본인 또는 그 당해 공무소가 직무상의 비밀에 관한 것임을 신고한 때에는 그 '소속공무소 또는 당해 감독관공서'의 승낙 없이는 압수하지 못한다. 소속공무소 또는 당해 감독관공서는 국가의 중대한 이익을 해하는 경우를 제외하고는 승낙을 거부하지 못한다(§219, §111).

3) 업무상 비밀과 압수

변호사, 변리사, 공증인, 공인회계사, 세무사, 대서업자, 의사, 한의사, 치과의사, 약사, 약종상, 조산사, 간호사, 종교의 직에 있는 자 또는 이러한 직에 있던 자가 그 업무상 위탁을 받아 소지 또는 보관하는 물건으로 타인의 비밀에 관한 것은 압수를 거부할 수 있다. 단, 그 타인의 승낙이 있거나 중대한 공익상 필요가 있는 때에는 예외로 한다(§219, §112).

3. 압수 · 수색의 요건

형사소송법은 '사법경찰관이 범죄수사에 필요한 때에는 피의자가 죄를 범하였다고 의심할 만한 정황이 있고 해당 사건과 관계가 있다고 인정할 수 있는 것에 한정하여 검사에게 신청하여 검사의 청구로 지방법원판사가 발부한 영장에 의하여 압수, 수색 또는 검증을 할 수 있다(§215②)'고 규정하고 있다. 제215조 제2항을 살펴보면, 압수 · 수색의 요건은 범죄의 혐의와 해당 사건과의 관련성 및 강제수사의 필요성의 3가지를 필요로 함을 알 수 있다.

가. 범죄혐의

수사기관은 피의자가 죄를 범하였다고 의심할만한 정황이 있을 때에 압수 · 수색을 할 수 있다(§215). 압수 · 수색에 필요한 혐의의 정도는 신체구속의 경우와 같이 고도의 개연성이 있어야 하는 것은 아니다. 압수 · 수색에서 요구되는 범죄혐의의 정도는 최초의 혐의 또는 단순한 혐의로도 충분하다.

나. 사건관련성

압수 · 수색은 해당사건과의 관련성이 인정되어야 할 수 있다. 2011년 형사소송법 개정을 통해 압수 · 수색의 요건으로 도입되었다. 제215조와 제106조에 '해당 사건과 관계가 있다고 인정할 수 있는 것'이라는 요건이 추가되어 범죄혐의와 압수 · 수색의 필요성 이외에 해당사건과의 관련성이 별도의 압수 · 수색요건으로 도입되었다. 따라서 사건과의 관련성이 없는 물건 등에 대하여는 압수 · 수색 · 검증을 할 수 없다(대결 2011.5.26. 2009모1190). 관련성이 없는 경우에는 압수 · 수색의 필요성도 인정할 수 없다(통설).

대법원은 사건 관련성이 인정되기 위해서는 압수 · 수색영장에 기재된 혐의사실의 내용과 수사의 대상, 수사 경위 등을 종합하여 구체적 · 개별적 연관관계가 있는 경우에만 인정된다고 한다. 사건관련성이 인정되는 범위는 ① 영장에 기재한 혐의사실과 객관적 관련성이 있고, ② 영장의 대상자와 피의자 사이에 인적 관련성을 요구하고 있다.

①의 객관적 관련성의 범위는 ⓐ 영장에 기재된 혐의사실 자체, ⓑ 그와 기본적 사실관계가 동일한 범행과 직접 관련되어 있는 경우, ⓒ 범행 동기와 경위, 범행 수단과 방법, 범행 시간과 장소 등을 증명하기 위한 간접증거나 정황증거 등으로 사용될 수 있는 경우이다. 문제는 '혐의사실과 동종 또는 유사 범행'인 경우이다. 종래 판례는 동종 · 유사사실도 혐의사실에 포함된다고 인정범위를 넓게 인정했으나(대판 2009.7.23. 2009도2649; 대판 2015.10.29. 2015도9784) 그 후 단순히 혐의사실과 동종 · 유사하다는 이유만으로는 관련성을 인정할 수 없다고 판시하였다(대판 2017.12.5. 2017도13458).

《대판 2017.12.5. 2017도13458 (미등록 선거사무원 고용 사건)》 [1] 압수 · 수색영장의 범죄 혐의사실과 관계있는 범죄라는 것은 압수 · 수색영장에 기재한 혐의사실과 객관적 관련성이 있고 압수 · 수색영장 대상자와 피의자 사이에 인적 관련성이 있는 범죄를 의미한다.

[2] 그중 혐의사실과의 객관적 관련성은 압수 · 수색영장에 기재된 혐의사실 자체 또는 그와 기본적 사실관계가 동일한 범행과 직접 관련되어 있는 경우는 물론 범행 동기와 경위, 범행 수단과 방법, 범행 시간과 장소 등을 증명하기 위한 간접증거나 정황증거 등으로 사용될 수 있는 경우에도 인정될 수 있다. 그 관련성은 압수 · 수색영장에 기재된 혐의사실의 내용과 수사의 대상, 수사 경위 등을 종합하여 구체적 · 개별적 연관관계가 있는 경우에만 인정되고, 혐의사실과 단순히 동종 또는 유사 범행이라는 사유만으로 관련성이 있다고 할 것은 아니다.

[3] 그리고 피의자와 사이의 인적 관련성은 압수 · 수색영장에 기재된 대상자의 공동정범이나 교사범 등 공범이나 간접정범은 물론 필요적 공범 등에 대한 피고사건에 대해서도 인정될 수 있다.

《대판 2018.10.12. 2018도6252 (안심번호 실명화 사건)》 압수의 대상을 압수수색영장의 범죄사실 자체와 직접적으로 연관된 물건에 한정할 것은 아니고, 압수수색영장의 범죄사실과 기본적 사실관계가 동일한 범행 또는 동종 · 유사의 범행과 관련된다고 의심할 만한 상당한 이유가 있는 범위 내에서는 압수를 실시할 수 있다. 그리고 피의자와 사이의 인적 관련성은 압수수색영장에 기재된 대상자의 공동정범이나 교사범 등 공범이나 간접정범은 물론 필요적 공범 등에 대한 피고사건에 대해서도 인정될 수 있다.

《대판 2023.6.1. 2018도18866 (군사기밀 메모지 전달 사건)》 수사기관은 영장 발부의 사유로 된 범죄 혐의사실과 관계가 없는 증거를 압수할 수 없고, 별도의 영장을 발부받지 아니하고서는 압수물 또는 압수한 정보를 그 압수의 근거가 된 압수·수색영장 혐의사실과 관계가 없는 범죄의 유죄 증거로 사용할 수 없다.

《대판 2021.11.25. 2019도7342 (모텔방 위장카메라 설치 사건)》 [1] 피의자 소유 · 관리하는 정보저장매체를 제3자가 보관하고 있던 중 이를 수사기관에 임의제출하면서 그곳에 저장된 모든 전자정보를 일괄하여 임의제출한다는 의사를 밝힌 경우, 그 임의제출 및 수사기관의 압수가 적법하더라도 임의제출의 동기가 된 범죄혐의사실과 구체적 · 개별적 연관관계가 있는 전자정보에 한하여 압수의 대상이 되는 것으로 제한적으로 해석하여야 한다.

《대판 2021.11.18. 2016도348 全合 (삼성폰 · 아이폰 임의제출 사건)》 [1] 수사기관이 제출자의 의사를 쉽게 확인할 수 있음에도 이를 확인하지 않은 채 특정 범죄혐의사실과 관련된 전자정보와 그렇지 않은 전자정보가 혼재된 정보저장매체를 임의제출받은 경우, 그 정보저장매체에 저장된 전자정보 전부가 임의제출되어 압수된 것으로 취급할 수는 없다.

[2] 임의제출된 정보저장매체에서 압수의 대상이 되는 전자정보의 범위를 초과하여 수사기관이 임의로 전자정보를 탐색 · 복제 · 출력하는 것은 원칙적으로 위법한 압수 · 수색에 해당하므로 허용될 수 없다. 압수의 대상이 되는 전자정보의 범위를 넘어서는 전자정보에 대해 수사기관이 영장 없이 압수 · 수색하여 취득한 증거는 위법수집증거에 해당하고, 사후에 법원으로부터 영장이 발부되었다거나 피고인이나 변호인이 이를 증거로 함에 동의하였다고 하여 그 위법성이 치유되는 것도 아니다.

《대판 2022.2.17. 2019도4938 (고양 몰카촬영 사건)》 수사기관이 전자정보를 담은 매체를 피의자로부터 임의제출 받아 압수하면서 거기에 담긴 정보 중 무엇을 제출하는지 명확히 확인하지 않은 경우, 임의제출의 동기가 된 범죄혐의사실과 관련되고 이를 증명할 수 있는 최소한의 가치가 있는 정보여야 압수의 대상이 되는데, 범행 동기와 경위, 수단과 방법, 시간과 장소 등에 관한 간접증거나 정황증거로 사용될 수 있는 정보도 그에 포함될 수 있다.

《대결 2014.1.16. 2013도7101 (현영희 의원 공천헌금 사건)》 수사기관이 피의자 甲의 공직선거법 위반(공천헌금) 범행을 영장 범죄사실로 하여 발부받은 압수 · 수색영장의 집행 과정에서 (압수한 핸드폰에서) 乙, 丙 사이의 대화가 녹음된 녹음파일을 압수하여 乙, 丙의 공직선거법 위반 혐의사실을 발견한 경우, 별도의 압수 · 수색영장을 발부받지 않고 압수한 위 녹음파일은 위법수집증거로서 증거능력이 없다 13)

《대판 2016.3.10. 2013도11233 (영업실적표 USB 환부후 재압수 사건)》 압수 · 수색은 영장 발부의 사유로 된 범죄 혐의사실과 관련된 증거에 한하여 할 수 있으므로, 영장 발부의 사유로 된

13) "피의자 : 甲, 압수할 물건 : 乙이 소지하고 있는 휴대전화 등, 범죄사실 : 甲은 공천과 관련하여 새누리당 공천심사위원에게 거액이 든 돈봉투를 제공하였다 등"이라고 기재된 압수 · 수색영장에 의하여 검찰청 수사관이 乙의 주거지에서 그의 휴대전화를 압수하고 그 휴대전화에서 추출한 전자정보를 분석하던 중 피고인 乙 · 丙 사이의 대화가 녹음된 녹음파일을 통하여 乙, 丙에 대한 공직선거법위반의 혐의사실을 발견한 경우, 녹음파일을 임의로 제출받거나 새로운 압수 · 수색영장을 발부받지 않고 압수한 위 녹음파일은 증거능력이 없다.

범죄 혐의사실과 무관한 별개의 증거를 압수하였을 경우 이는 원칙적으로 유죄 인정의 증거로 사용할 수 없다. 다만 수사기관이 별개의 증거를 피압수자 등에게 환부하고 후에 임의제출 받아 다시 압수하였다면 증거를 압수한 최초의 절차 위반행위와 최종적인 증거수집 사이의 인과관계가 단절되었다고 평가할 수 있다.

다. 압수·수색의 필요성

압수·수색은 증거수집과 몰수물 확보, 범죄수사와 재판을 위하여 필요한 때에만 할 수 있다. 형사소송법 제215조는 '범죄수사에 필요한 때' 압수·수색할 수 있다고 규정하고 있다. 형사소송규칙은 압수·수색영장에 압수·수색의 사유를 기재하도록 하고(형규 §58), 검사가 압수·수색영장을 청구할 때 '압수·수색의 필요를 인정할 수 있는 자료'를 제출하도록 하고 있다(형규 §108). 압수·수색의 필요성이란 범죄수사를 위하여 압수·수색이 필요할 뿐만 아니라 강제수사인 압수·수색을 하지 않으면 수사의 목적을 달성할 수 없는 것을 의미한다. 수사비례성의 원칙은 압수·수색에 있어서도 당연히 적용되어야 한다. 따라서 임의수사에 의하여도 수사의 목적을 달성할 수 있는 때에는 강제수사인 압수·수색을 할 수 없다. 강제수사인 압수·수색은 압수·수색을 하지 않으면 목적달성이 불가능한 경우에 개시해야 하고, 그리하여 불가피하게 압수·수색을 진행하는 경우에도 목적달성을 위한 필요 최소한의 범위에 머물러야 한다. 압수·수색의 필요성은 범죄의 태양과 경중, 대상물의 증거가치와 중요성 및 인멸의 위험, 처분을 받을 자의 불이익의 정도 등 제반 사정을 고려하여 판단해야 한다(대결 2004.3.23. 2003모126).

《대결 2004.3.23. 2003모126 (폐수방류 공장 싹쓸이 압수 사건)》 검사가 폐수무단방류 혐의가 인정된다는 이유로 피의자들의 공장부지, 건물, 기계류 일체 및 폐수운반차량 7대에 대하여 한 압수처분은 수사상의 필요에서 행하는 압수의 본래의 취지를 넘는 것으로 상당성이 없을 뿐만 아니라, 수사상의 필요와 그로 인한 개인의 재산권 침해의 정도를 비교형량해 보면 비례성의 원칙에 위배되어 위법하다.

4. 압수·수색의 절차

가. 영장의 청구

범죄수사에 압수·수색이 필요한 경우 사법경찰관은 검사에게 압수·수색영장을 신청하여 검사의 청구로 지방법원판사가 발부한 영장에 의하여 압수·수색을 할 수 있다(§215②). 검사는 직접 지방법원판사에게 청구하여 발부받은 영장에 의하여 압수·수색을 할 수 있다(§215①). 영장의 청구는 일정한 사항을 기재한 서면으로 해야 한다(형규 §107

①). 검사가 영장을 청구할 때에는 피의자에게 범죄혐의가 있다고 인정되는 자료와 압수의 필요성을 인정할 수 있는 자료를 제출하여야 한다(형규 §108①). 피의자 아닌 자의 신체, 물건, 주거 기타 장소의 수색을 위한 영장의 청구를 할 때에는 압수하여야 할 물건이 있다고 인정될 만한 자료를 제출하여야 한다(형규 §108②).

압수 · 수색영장을 청구하거나 신청할 때에는 압수 · 수색의 범위를 범죄 혐의의 소명에 필요한 최소한으로 정해야 하고, 수색할 장소 · 신체 · 물건 및 압수할 물건 등을 구체적으로 특정해야 한다(준칙 §37). 일출 전 또는 일몰 후에 압수 · 수색을 할 필요가 있는 때에는 그 취지 및 사유를 영장청구서에 기재하여야 한다(형규 §107①). 압수 · 수색영장의 청구가 기각된 후 다시 압수 · 수색영장을 청구하는 경우와 이미 발부받은 압수 · 수색영장과 동일한 범죄사실로 다시 압수 · 수색영장을 청구하는 경우(영장의 재청구)에는 그 취지를 압수 · 수색영장 청구서에 적어야 한다(준칙 §39, §31).

공판정에서 법원이 압수 · 수색하는 경우는 영장이 필요없다(§113 해석). 공판정 외에서의 법원의 압수 · 수색은 법원이 직권으로 발부하는 영장에 의한다(§106①). 이 경우 검사의 영장청구는 필요 없다.

《대결 2024.9.25. 2024모2020 (영장에 휴대폰 미기재 사건)》 압수영장의 '압수할 물건'에 '정보처리장치(컴퓨터, 노트북, 태블릿 등) 및 정보저장매체(USB, 외장하드 등)에 저장되어 있는 본건 범죄사실에 해당하는 회계, 회의 관련 전자정보'가 기재되어 있을 뿐 휴대전화에 저장된 전자정보가 포함되어 있지 않다면, 특별한 사정이 없는 한 그 영장으로 휴대전화에 저장된 전자정보를 압수할 수는 없다고 보아야 한다.

《대판 2022.6.30. 2022도1452 (사기범 몰카사진 압수 사건)》 수사기관이 압수 · 수색영장에 적힌 '수색할 장소'에 있는 컴퓨터 등 정보처리장치에 저장된 전자정보 외에 원격지 서버에 저장된 전자정보를 압수 · 수색하기 위해서는 압수 · 수색영장에 적힌 '압수할 물건'에 별도로 원격지 서버 저장 전자정보가 특정되어 있어야 한다. 압수 · 수색영장에 적힌 '압수할 물건'에 컴퓨터 등 정보처리장치 저장 전자정보만 기재되어 있다면 컴퓨터 등 정보처리장치를 이용하여 원격지 서버 저장 전자정보를 압수할 수는 없다.

나. 영장의 발부

압수 · 수색영장도 다른 영장과 마찬가지로 지방법원판사가 발부한다. 지방법원판사의 영장발부결정과 기각결정에 대해서는 준항고는 물론 항고의 방법으로도 불복할 수 없다(대결 1997.9.29. 97모66). 압수 · 수색영장에는 압수 · 수색할 대상이 개별적, 명시적으로 표시되어야 하고, '피의사건과 관계있는 모든 물건'과 같은 식의 일반영장은 위법하다.

영장에 기재된 사실과 별개의 사실에 대한 이른바 별건압수, 별건수색은 위법하다.

압수·수색영장에는 피의자의 성명, 죄명, 압수할 물건, 수색할 장소·신체·물건, 영장 발부년월일, 유효기간과 그 기간이 지나면 집행에 착수할 수 없으며 영장을 반환하여야 한다는 취지 등을 기재하고 지방법원판사가 서명날인하여야 한다. 다만, 압수·수색할 물건이 전기통신에 관한 것인 경우에는 작성기간을 기재하여야 한다(§219, §114①). 피의자의 성명이 불분명할 때에는 인상·체격 등 피의자를 특정할 수 있는 사항으로 표시할 수 있다(§219, §114②, §75②). 영장의 유효기간은 7일이며 지방법원판사가 상당하다고 인정하는 때에는 7일을 넘는 기간을 정할 수 있다(형규 §178).

《대판 2019.7.11. 2018도20504 (판사 날인 없는 영장 사건)》 압수 · 수색영장의 법관 서명날인란에 서명만 있고 날인이 없으므로, 형사소송법이 정한 요건을 갖추지 못하여 적법하게 발부되었다고 볼 수 없다.

《대판 2009.3.12. 2008도763 (김태환 제주지사실 압색 사건)》 법관이 압수 · 수색영장을 발부하면서 '압수할 물건'을 특정하기 위하여 기재한 문언은 엄격하게 해석하여야 하고, 함부로 피압수자 등에게 불리한 내용으로 확장 또는 유추 해석하여서는 안 된다. 따라서 압수 수색 영장에서 압수할 물건을 '압수장소에 보관 중인 물건'이라고 기재하고 있는 것을 '압수장소에 현존하는 물건'으로 해석할 수는 없다.

《대결 1997.9.29. 97모66》 지방법원 판사(수임판사)가 한 압수영장발부의 재판에 대하여는 준항고로 불복할 수 없고, 나아가 항고는 법원이 한 결정을 그 대상으로 하는 것이므로 법원의 결정이 아닌 지방법원 판사가 한 압수수색영장발부의 재판에 대하여 항고의 방법으로도 불복할 수 없다.

다. 영장의 집행

1) 집행기관

압수·수색영장의 집행은 검사의 지휘에 의해 사법경찰관리가 집행한다(§219, §115). 검사의 집행지휘나 사법경찰관리의 집행은 관할구역 외에서도 할 수 있고, 관할구역의 검사나 사법경찰관리에게 촉탁할 수도 있다(§219, §115②, §83). 검사가 압수·수색을 함에는 검찰청수사관 또는 서기관이나 서기를 참여하게 하여야 하고 사법경찰관이 압수·수색을 함에는 사법경찰관리를 참여하게 하여야 한다(형규 §110, 법 §243).

2) 야간집행의 제한

압수·수색은 주간(일출 후 일몰 전)에 집행하는 것이 원칙이다. 야간(일출 전, 일몰 후)에는 압수 · 수색영장에 야간집행을 할 수 있다는 기재가 없으면 그 영장을 집행하기 위하여 타인의 주거, 간수자 있는 가옥, 건조물, 항공기 또는 선차 내에 들어가지 못한다(§219, §125). 다만, 영장에 야간집행을 할 수 있는 기재가 없더라도 ① 도박, 기타 풍속을 해하는 행위에 상용된다고 인정하는 장소, ② 여관, 음식점 기타 야간에 공중이 출입할 수 있는 장소(공개된 시간 내에 한함)에는 야간집행의 제한을 받지 않고 압수 · 수색할 수 있다(§219, §126).

3) 당사자 등의 참여

검사, 피의자 또는 변호인은 압수 · 수색영장의 집행에 참여할 수 있다(§219, §121). 압수 · 수색영장을 집행함에는 미리 집행의 일시와 장소를 참여권자(검사, 피의자, 변호인)에게 통지하여야 한다. 단, 참여권자가 참여하지 아니한다는 의사를 명시한 때 또는 급속을 요하는 때에는 예외로 한다(§219, §122). 따라서 압수 · 수색영장의 집행에 참여할 수 있는 당사자의 권리는 급속을 요하는 때에는 제한될 수 있다. '급속을 요하는 때'란 '압수 · 수색영장 집행 사실을 미리 알려주면 증거물을 은닉할 염려 등이 있어 압수 · 수색의 실효를 거두기 어려울 경우'라고 해석한다(대판 2012.10.11. 2012도7455).

공무소, 군사용 항공기 또는 선박 · 차량 안에서 압수 · 수색영장을 집행하려면 그 책임자에게 참여할 것을 통지하여야 한다(§219, §123①). 타인의 주거, 간수자 있는 가옥, 건조물, 항공기 또는 선박 · 차량 안에서 압수 · 수색영장을 집행할 때에는 주거주, 간수자 이에 준하는 사람을 참여하게 하여야 한다(§219, §123②). 주거자, 간수자 등을 참여하게 하지 못할 때에는 이웃 사람 또는 지방공공단체의 직원을 참여하게 하여야 한다(§219, §123③). 여자의 신체를 수색할 때에는 성년의 여자를 참여하게 하여야 한다(§219, §124).

《대판 2012.10.11. 2012도7455 (범민련 심양회합 사건)》 압수 · 수색영장을 집행함에는 원칙적으로 미리 집행의 일시와 장소를 피의자 등에게 통지하여야 하나, '급속을 요하는 때'에는 위와 같은 통지를 생략할 수 있다(형사소송법 제122조 단서). 여기서 '급속을 요하는 때'라고 함은 압수 · 수색영장 집행 사실을 미리 알려주면 증거물을 은닉할 염려 등이 있어 압수 · 수색의 실효를 거두기 어려울 경우라고 해석함이 옳다.

《대판 2024.10.8. 2020도11223 (정신지체자 압색 참여 사건)》 형사소송법 제123조 제2항 및 제3항에 따라 주거주 등 또는 이웃 등이 참여하였다고 하더라도 그 참여자에게 최소한 압수 · 수색절차의 의미를 이해할 수 있는 정도의 능력(참여능력)이 없거나 부족한 경우에는, 주거주 등이나 이웃 등의 참여 없이 이루어진 것과 마찬가지로 위법하다.

《대판 2024.7.25. 2021도1181 (창문 밖으로 던진 SSD카드 사건)》 [1] 정보저장매체를 소지하던 사람이 그에 관한 권리를 포기하였거나 포기한 것으로 인식할 수 있는 경우에는, 수사기관이 형사소송법 제218조에 따라 피의자 기타 사람이 유류한 정보저장매체를 영장 없이 압수할 때 해당 사건과 관계가 있다고 인정할 수 있는 것에 압수의 대상이나 범위가 한정된다거나, 참여권자의 참여가 필수적이라고 볼 수는 없다.

[2] 피의자가 SSD 카드 등이 든 신발주머니를 거주지 바깥으로 투척하였고 경찰관들이 이 신발주머니를 수거한 후 SSD카드의 소유자가 맞는지 질문하자 소유권을 부인하여 경찰관들이 SSD 카드를 유류물로 압수한 경우, 해당 사건과 관계가 있다고 인정할 수 있는 것에 압수의 대상이나 범위가 한정된다거나, 참여권자의 참여가 필수적이라고 볼 수는 없다.

4) 영장의 제시 등

압수·수색영장은 처분을 받는 자에게 반드시 제시하여야 한다(§219, §118전단). 체포·구속영장을 집행할 때 인정되는 긴급집행은 압수·수색에서는 인정되지 않는다. 영장을 제시할 때에는 피압수자에게 법관이 발부한 영장에 따른 압수·수색이라는 사실과 영장에 기재된 범죄사실 및 수색할 장소·신체·물건, 압수할 물건 등을 명확히 알리고, 피압수자가 해당 영장을 열람할 수 있도록 해야 한다. 피압수자가 피의자인 경우에는 압수·수색영장 사본을 교부하여야 한다(준칙 §38①). 다만, 처분을 받는 자가 현장에 없는 등 영장의 제시나 그 사본의 교부가 현실적으로 불가능한 경우 또는 처분을 받는 자가 영장의 제시나 사본의 교부를 거부한 때에는 예외로 한다(§219, §118후단). 압수·수색의 처분을 받는 자가 여럿인 경우에는 모두에게 개별적으로 영장을 제시해야 한다. 이 경우 피의자에게는 개별적으로 해당 영장의 사본을 교부해야 한다(준칙 §38②). 피의자가 영장의 사본을 수령하기를 거부하거나 영장사본 교부확인서에 기명날인 또는 서명하는 것을 거부하는 경우에는 사법경찰관이 영장사본 교부확인서 끝 부분에 그 사유를 적고 기명날인 또는 서명해야 한다(준칙 §38⑤). 영장의 유효기간 내일지라도 동일한 영장으로 수회 같은 장소에서 압수·수색할 수 없다(대결 1999.12.1. 99모161).

압수·수색영장의 집행 중에는 타인의 출입을 금지할 수 있고, 이에 위배한 자에게는 퇴거하게 하거나 집행종료시까지 간수자를 붙일 수 있다(§219, §119). 압수·수색영장의 집행에 있어서는 건정(鍵錠)을 열거나 개봉 기타 필요한 처분을 할 수 있다(§219, §120). 압수·수색영장의 집행을 중지할 경우에 필요한 때에는 집행이 종료될 때까지 그 장소를 폐쇄하거나 간수자를 둘 수 있다(§219, §127).

《대판 2017.9.21. 2015도12400 (보은군수 비서실 압색 사건)》 [1] 형사소송법이 압수 · 수색영장을 집행하는 경우에 피압수자에게 반드시 압수 · 수색영장을 제시하도록 규정한 것은 법관이 발부한 영장 없이 압수 · 수색을 하는 것을 방지하여 영장주의 원칙을 절차적으로 보장하고, 압수 · 수색영장에 기재된 물건, 장소, 신체에 대해서만 압수 · 수색을 하도록 하여 개인의 사생활과 재산권의 침해를 최소화하는 한편, 준항고 등 피압수자의 불복신청의 기회를 실질적으로 보장하기 위한 것이다.

[2] 압수 · 수색영장을 집행하는 수사기관은 피압수자로 하여금 법관이 발부한 영장에 의한 압수 · 수색이라는 사실을 확인함과 동시에 형사소송법이 압수 · 수색영장에 필요적으로 기재하도록 정한 사항이나 그와 일체를 이루는 사항을 충분히 알 수 있도록 압수 · 수색영장을 제시하여야 한다.

《대결 2020.4.16. 2019모3526 (범죄사실 안보여 준 사건)》 수사기관이 피의자의 휴대전화 등을 압수할 당시 피의자에게 압수 · 수색영장을 제시하였는데 피의자가 영장의 구체적인 확인을 요구하였으나 수사기관이 영장의 범죄사실 기재 부분을 보여주지 않았고, 그 후 피의자의 변호인이 피의자에 대한 조사에 참여하면서 영장을 구체적으로 확인하였다면 영장의 제시는 적법하게 이루어졌다고 볼 수 없다.

《대판 2017.9.7. 2015도10648 (영장사본 팩스제시 사건)》 피고인이 발송한 이메일에 대한 압수 수색영장을 집행하면서 수사기관이 네이버 주식회사에서 팩스로 영장 사본을 송신하기만 하고 영장 원본을 제시하거나 압수조서와 압수물 목록을 작성하여 피압수 · 수색 당사자에게 교부하지도 않은 채 피고인의 이메일을 압수한 후 이를 증거로 제출한 경우, 이 같은 방법으로 압수된 이메일은 증거능력이 없다.

《대판 2009.3.12. 2008도763 (김태환 제주지사실 압색 사건)》 압수 · 수색영장은 처분을 받는 자에게 반드시 제시하여야 하는바, 현장에서 압수 · 수색을 당하는 사람이 여러 명일 경우에는 그 사람들 모두에게 개별적으로 영장을 제시해야 하는 것이 원칙이다. 수사기관이 압수 · 수색에 착수하면서 그 장소의 관리책임자에게 영장을 제시하였다고 하더라도, 물건을 소지하고 있는 다른 사람으로부터 이를 압수하고자 하는 때에는 그 사람에게 따로 영장을 제시하여야 한다.

《대판 2015.1.22. 2014도10978 全合 (이석기 국회의원 사건)》 압수 · 수색영장은 처분을 받는 자에게 반드시 제시하여야 하나, 이는 영장제시가 현실적으로 가능한 상황을 전제로 한 규정으로 보아야 하고, 피처분자가 현장에 없거나 현장에서 그를 발견할 수 없는 경우 등 영장제시가 현실적으로 불가능한 경우에는 영장을 제시하지 아니한 채 압수 · 수색을 하더라도 위법하다고 볼 수 없다.

《대결 1999.12.1. 99모161 (국정원 다시 집행 사건)》 수사기관이 압수 · 수색영장을 제시하고 집행에 착수하여 압수 · 수색을 실시하고 그 집행을 종료하였다면 이미 그 영장은 목적을 달성하여 효력이 상실되는 것이고, 동일한 장소 또는 목적물을 대하여 다시 압수 · 수색할 필요가 있는 경우라면 그 필요성을 소명하여 법원으로부터 새로운 압수 · 수색영장을 발부받아야 하는 것이지, 앞서 발부받은 압수 · 수색영장의 유효기간이 남아있다고 하여 이를 제시하고 다시 압수 · 수색을 할 수는 없다.

《대판 2018.7.12. 2018도6219 (압수영장으로 강제도뇨한 사건)》 [1] 수사기관이 범죄 증거를 수집할 목적으로 피의자의 동의 없이 피의자의 소변을 채취하는 것은 법원으로부터 감정허가장을 받아 '감정에 필요한 처분'으로 할 수 있지만, 압수 · 수색의 방법으로도 할 수 있다.

[2] 압수 · 수색의 방법으로 소변을 채취하는 경우 압수대상물인 피의자의 소변을 확보하기 위한 수사기관의 노력에도 불구하고, 피의자가 인근 병원 응급실 등 소변 채취에 적합한 장소로 이동하는 것에 동의하지 않거나 저항하는 등 임의동행을 기대할 수 없는 사정이 있는 때에는 수사기관으로서는 소변 채취에 적합한 장소로 피의자를 데려가기 위해서 필요 최소한의 유형력을 행사하는 것이 허용된다. 이는 형사소송법 제219조, 제120조 제1항에서 정한 '압수 · 수색영장의 집행에 필요한 처분'에 해당한다.

《대판 2022.1.27. 2021도11170 (동양대총장 표창장 위조 사건)》 수사기관의 압수 · 수색은 법관이 발부한 압수 · 수색영장에 의하여야 하는 것이 원칙이고, 영장의 원본은 처분을 받는 자에게 반드시 제시되어야 하므로, 금융계좌추적용 압수 · 수색영장의 집행에 있어서도 수사기관이 금융기관으로부터 금융거래자료를 수신하기에 앞서 금융기관에 영장 원본을 사전에 제시하지 않았다면 원칙적으로 적법한 집행 방법이라고 볼 수는 없다.

5) 압수조서 작성 등

검사 또는 사법경찰관은 증거물 또는 몰수할 물건을 압수했을 때에는 압수의 일시 · 장소, 압수 경위 등을 적은 압수조서와 압수물건의 품종 · 수량 등을 적은 압수목록을 작성해야 한다. 다만, 피의자신문조서, 진술조서, 검증조서에 압수의 취지를 적은 경우에는 그렇지 않다(준칙 §40, 법§219, §49①, §129). 압수목록은 소유자, 소지자, 보관자 기타 이에 준할 자에게 교부하여야 한다(§219, §129). 전자정보에 대한 압수목록 교부서는 전자파일의 형태로 복사해 주거나 전자우편으로 전송하는 등의 방식으로 교부할 수 있다(경규 §64②). 압수목록 교부서에 전자정보를 삭제 · 폐기 또는 반환했다는 내용을 포함시켜 교부하는 경우에는 삭제 · 폐기 · 반환 확인서를 교부하지 않을 수 있다(경규 §64③).

사법경찰관은 수색을 한 경우에는 수색의 상황과 결과를 명백히 한 수색조서를 작성해야 한다(경규 §65①). 수색한 경우에 증거물 또는 몰취할 물건이 없는 때에는 그 취지의 증명서(수색증명서)를 교부하여야 한다(§219, §128, 경규 §65②).

검사 또는 사법경찰관은 압수 · 수색영장의 유효기간 내에 영장의 집행에 착수하지 못했거나, 그 밖의 사유로 영장의 집행이 불가능하거나 불필요하게 되었을 때에는 즉시 해당 영장을 법원에 반환해야 한다. 이 경우 압수 · 수색영장이 여러 통 발부된 경우에는 모두 반환해야 한다(준칙 §39, §35①). 사법경찰관이 압수 · 수색영장을 반환하는 경우에는 그 영장을 청구한 검사에게 반환하고, 검사는 사법경찰관이 반환한 영장을 법원에 반환한다(준칙 §39, §35②).

《대판 2009.3.12. 2008도763 (김태환 제주지사실 압색 사건)》 압수물 목록은 피압수자 등의 권리행사에 지장이 없도록 압수 직후 현장에서 바로 작성하여 교부해야 하는 것이 원칙이다. 작성월일을 누락한 채 일부 사실에 부합하지 않는 내용으로 작성하여 압수 · 수색이 종료된 지 5개월이나 지난 뒤에 압수물 목록을 교부한 행위는 형사소송법이 정한 바에 따른 압수물 목록 작성 · 교부에 해당하지 않는다.

《대결 2024.1.5. 2021모385 (화장품 24만개 압색 사건)》 [1] 임의제출물 압수의 경우에도 압수 직후 현장에서 압수목록을 바로 작성하여 교부하는 것이 원칙이지만, 예외적으로 압수물의 수량 · 종류 · 특성 기타의 사정상 압수 직후 현장에서 압수목록을 작성 · 교부하지 않을 수 있다는 취지가 영장에 명시되어 있고, 이와 같은 특수한 사정이 실제로 존재하는 경우에는 압수영장을 집행한 후 일정한 기간이 경과하고서 압수목록을 작성 · 교부할 수도 있다.

[2] 영장에 의한 압수 및 그 대상물에 대한 확인조치가 끝나면 그것으로 압수절차는 종료되고, 압수물과 혐의사실과의 관련성 여부에 관한 평가 및 그에 필요한 추가 수사는 압수절차 종료 이후의 사정에 불과하므로 이를 이유로 압수 직후 이루어져야 하는 압수목록 작성 · 교부의무를 해태 · 거부할 수는 없다.

《대판 2023.6.1. 2020도2550 (성관계 후 알몸촬영 사건)》 임의제출된 증거물을 압수한 경우 압수경위 등을 구체적으로 기재한 압수조서를 작성하여야 하지만, 피의자신문조서 등에 압수의 취지를 기재하여 압수조서를 갈음하더라도 위법하지 않다.

5. 전자정보의 압수 · 수색

가. 전자정보에 대한 압수 · 수색의 적법요건

1) 압수 · 수색의 대상

전자정보에 대한 압수 · 수색을 하는 경우 관련성이 있는 전자정보만을 찾기 위해 수색할 수 있고, 그러한 정보만이 압수의 대상이 된다.

《대결 2015.7.16. 2011모1839 全合 (종근당제약 사건)》 [1] 수사기관의 전자정보에 대한 압수

· 수색은 원칙적으로 영장 발부의 사유로 된 범죄 혐의사실과 관련된 부분만을 문서 출력물로 수집하거나 수사기관이 휴대한 저장매체에 해당 파일을 복제하는 방식으로 이루어져야 하고, 저장매체 자체를 직접 반출하거나 저장매체에 들어 있는 전자파일 전부를 하드카피나 이미징 등 형태('복제본'이라 함)로 수사기관 사무실 등 외부로 반출하는 방식으로 압수 · 수색하는 것은 현장의 사정이나 전자정보의 대량성으로 관련 정보 획득에 긴 시간이 소요되거나 전문 인력에 의한 기술적 조치가 필요한 경우 등 범위를 정하여 출력 또는 복제하는 방법이 불가능하거나 압수의 목적을 달성하기에 현저히 곤란하다고 인정되는 때에 한하여 예외적으로 허용될 수 있을 뿐이다.

[2] 저장매체 자체 또는 적법하게 획득한 복제본을 (수사기관 사무실 등으로 옮긴 후) 탐색하여 혐의사실과 관련된 전자정보를 문서로 출력하거나 파일로 복제하는 일련의 과정 역시 전체적으로 하나의 영장에 기한 압수 · 수색의 일환에 해당하므로, 그러한 경우의 문서출력 또는 파일복제의 대상 역시 저장매체 소재지에서의 압수 · 수색과 마찬가지로 혐의사실과 관련된 부분으로 한정되어야 함은 헌법과 형사소송법상의 적법절차 및 영장주의 원칙이나 비례의 원칙에 비추어 당연하다. 따라서 수사기관 사무실 등으로 반출된 저장매체 또는 복제본에서 혐의사실 관련성에 대한 구분 없이 임의로 저장된 전자정보를 문서로 출력하거나 파일로 복제하는 행위는 원칙적으로 영장주의 원칙에 반하는 위법한 압수가 된다.

전자정보의 압수 · 수색에 있어서도 압수와 수색은 명확히 구별되는 개념이다. 위 종근당 제약 판례에서 볼 수 있듯이 전자정보의 압수 · 수색에 있어서 '탐색'은 수색으로 볼 수 있고, 관련성 있는 전자정보의 '출력', '복제'는 압수의 일환에 해당한다. 압수 · 수색의 관련성 요건에 따라 수색(탐색)을 통해 이루어지는 압수(출력, 복제)는 그 대상이 관련성 있는 정보에 한정된다.

2) 전자정보 압수 · 수색의 관련성 요건

전자정보에 대한 압수 · 수색에 있어서도 일반물건에 대한 압수 · 수색과 마찬가지로 관련성 요건이 충족되어야 한다. 이 경우 전자정보를 탐색하는 경우 범죄 혐의사실과 관련 있는 전자정보(유관정보)만에 대해 문서출력 또는 파일복제를 할 수 있다. 수사기관이 범죄 혐의사실과 관련이 없는 전자정보(무관정보)를 문서로 출력하거나 파일로 복제하는 행위는 영장주의 원칙에 반하는 위법한 압수가 된다.

《대결 2015.7.16. 2011모1839 全合 (종근당제약 사건)》 전자정보에 대한 압수 · 수색에 있어 저장매체 자체를 외부로 반출하거나 하드카피 · 이미징 등의 형태로 복제본을 만들어 외부에서 저장매체나 복제본에 대하여 압수 · 수색이 허용되는 예외적인 경우에도 혐의사실과 관련된 전자정보(유관정보) 이외에 이와 무관한 전자정보(무관정보)를 탐색 · 복제 · 출력하는 것은 원칙적으로 위법한 압수 · 수색에 해당하므로 허용될 수 없다. 따라서 수사기관 사무실 등으로 반출된 저장매체 또는 복제본에서 혐의사실 관련성에 대한 구분 없이 임의로 저장된 전자정보를 문서로 출력하거나 파일로 복제하는 행위는 원칙적으로 영장주의 원칙에 반하는 위법한 압수가 된다.

압수 · 수색이 종료되기 전에 유관정보를 적법하게 탐색하는 과정에서 별도의 범죄혐의와 관련된 전자정보를 우연히 발견한 경우라면, 수사기관은 추가 탐색을 중단하고 법원으로부터 별도의 범죄혐의에 대한 압수수색영장을 발부받아야 한다.

《대결 2015.7.16. 2011모1839 全合 (종근당제약 사건)》 [1] 수사기관 사무실 등으로 반출된 저장매체 또는 복제본에서 혐의사실 관련성에 대한 구분 없이 임의로 저장된 전자정보를 문서로 출력하거나 파일로 복제하는 행위는 원칙적으로 영장주의 원칙에 반하는 위법한 압수가 된다.
[2] 전자정보에 대한 압수 · 수색이 종료되기 전에 유관정보를 적법하게 탐색하는 과정에서 무관정보를 우연히 발견한 경우라면, 수사기관은 더 이상의 추가 탐색을 중단하고 법원으로부터 별도의 범죄혐의에 대한 압수 · 수색영장을 발부받은 경우에 한하여 그 정보에 대하여도 적법하게 압수 · 수색을 할 수 있다. 이 경우 피압수 · 수색 당사자에게 참여권을 보장하고 압수한 전자정보 목록을 교부하는 등 피압수자의 이익을 보호하기 위한 적절한 조치가 이루어져야 한다.

3) 전자정보에 대한 압수 · 수색방법

수사기관은 정보저장매체 등의 전자정보를 압수하는 경우에는 집행현장에서 수색 또는 검증한 후 범죄사실과 관련된 전자정보의 범위를 정하여 출력하거나 복제하는 방법으로 한다(§219, §106③, 준칙 §41①). 이 방법의 실행이 불가능하거나 그 방법으로는 압수의 목적을 달성하는 것이 현저히 곤란한 경우에는 현장에서 정보저장매체 등에 들어 있는 전자정보 전부를 복제하여 그 복제본을 수사기관 사무실로 반출할 수 있다(§219, §106③단서, 준칙 §41②). 이 방법도 불가능하거나 압수의 목적을 달성하는 것이 현저히 곤란한 경우에는 피압수자 등이 참여한 상태에서 정보저장매체 등의 원본을 봉인(封印)하여 수사기관 사무실로 반출할 수 있다(§219, §106③단서, 준칙 §41③).

《대결 2011.5.26. 2009모1190 (영등포 전교조본부 사건)》 전자정보에 대한 압수 · 수색영장을 집행할 때에는 원칙적으로 영장 발부의 사유인 혐의사실과 관련된 부분만을 문서출력물로 수집하거나 수사기관이 휴대한 저장매체에 해당 파일을 복사하는 방식으로 이루어져야 하고, 집행현장 사정상 위와 같은 방식에 의한 집행이 불가능하거나 현저히 곤란한 부득이한 사정이 존재하더라도 저장매체 자체를 직접 혹은 하드카피나 이미징 등 형태로 수사기관 사무실 등 외부로 반출하여 해당 파일을 압수 · 수색할 수 있도록 영장에 기재되어 있고 실제 그와 같은 사정이 발생한 때에 한하여 위 방법이 예외적으로 허용될 수 있을 뿐이다.

4) 참여권 보장

전자정보에 대한 압수·수색 또는 검증의 전 과정에 걸쳐 피압수자 등이나 변호인의 참여권을 보장해야 하며, 피압수자 등과 변호인이 참여를 거부하는 경우에는 신뢰성과 전문성을 담보할 수 있는 상당한 방법으로 압수·수색 또는 검증을 해야 한다(준칙 §42④). 따라서 수사기관이 영장 집행현장에서 저장매체 또는 복제본을 수사기관 사무실로 옮겨 복제·탐색·출력하는 예외적인 경우에도 그 과정에서 피압수자나 변호인에게 참여의 기회를 보장하여야 한다(대결 2015.7.16. 2011모1839). 참여한 피압수자 등이나 변호인이 압수 대상 전자정보와 사건의 관련성에 관하여 의견을 제시한 때에는 이를 조서에 적어야 한다(준칙 §42⑤).

《대결 2015.7.16. 2011모1839 全合 (종근당제약 사건)》 저장매체에 대한 압수·수색 과정에서 범위를 정하여 출력 또는 복제하는 방법이 불가능하거나 압수의 목적을 달성하기에 현저히 곤란한 예외적인 사정이 인정되어 전자정보가 담긴 저장매체 또는 하드카피나 이미징 등 형태(이하 '복제본'이라 한다)를 수사기관 사무실 등으로 옮겨 복제·탐색·출력하는 경우에도, 그와 같은 일련의 과정에서 형사소송법 제219조, 제121조에서 규정하는 피압수·수색 당사자(이하 '피압수자'라 한다)나 변호인에게 참여의 기회를 보장하고 혐의사실과 무관한 전자정보의 임의적인 복제 등을 막기 위한 적절한 조치를 취하는 등 영장주의 원칙과 적법절차를 준수하여야 한다. 만약 그러한 조치가 취해지지 않았다면 피압수자 측이 참여하지 아니한다는 의사를 명시적으로 표시하였거나 절차 위반행위가 이루어진 과정의 성질과 내용 등에 비추어 피압수자 측에 절차 참여를 보장한 취지가 실질적으로 침해되었다고 볼 수 없을 정도에 해당한다는 등의 특별한 사정이 없는 이상 압수·수색이 적법하다고 평가할 수 없고, 비록 수사기관이 저장매체 또는 복제본에서 혐의사실과 관련된 전자정보만을 복제·출력하였다 하더라도 달리 볼 것은 아니다.

《대판 2020.11.26. 2020도10729 (국선 참여통지 누락 사건)》 [1] 수사기관이 저장매체에 대한 압수·수색 과정에서 예외적인 사정이 인정되어 전자정보가 담긴 저장매체 또는 복제본을 수사기관 사무실 등으로 옮겨 복제·탐색·출력하는 경우에도, 그와 같은 일련의 과정에서 피압수자나 변호인에게 참여의 기회를 보장하여야 한다. 이는 수사기관이 저장매체 또는 복제본에서 혐의사실과 관련된 전자정보만을 복제·출력하는 경우에도 마찬가지이다.

[2] 형사소송법 제219조, 제121조가 규정한 변호인의 참여권은 피압수자의 보호를 위하여 변호인에게 주어진 고유권이다. 따라서 설령 피압수자가 수사기관에 압수·수색영장의 집행에 참여하지 않는다는 의사를 명시하였다고 하더라도, 특별한 사정이 없는 한 그 변호인에게 미리 집행의 일시와 장소를 통지하는 등으로 압수·수색영장의 집행에 참여할 기회를 별도로 보장하여야 한다.

《대판 2021.11.18. 2016도348 全合 (삼성폰 · 아이폰 임의제출 사건)》 [1] 압수의 대상이 되는 전자정보와 그렇지 않은 전자정보가 혼재된 정보저장매체나 그 복제본을 임의제출받은 수사기관이 그 정보저장매체 등을 수사기관 사무실 등으로 옮겨 이를 탐색 · 복제 · 출력하는 경우, 그와 같은 일련의 과정에서 피압수자나 그 변호인에게 참여의 기회를 보장하고 압수된 전자정보의 파일 명세가 특정된 압수목록을 작성 · 교부하여야 한다.

[2] 나아가 피해자 등 제3자가 피의자의 소유 · 관리에 속하는 정보저장매체를 영장에 의하지 않고 임의제출한 경우에는 실질적 피압수자인 피의자에게 참여권을 보장하고 압수한 전자정보 목록을 교부하는 등 피의자의 절차적 권리를 보장하기 위한 적절한 조치가 이루어져야 한다.

《대판 2023.9.18. 2022도7453 全合 (허위 인턴십확인서 작성 사건)》 [1] 피해자 등 제3자가 '피의자의 소유 · 관리에 속하는 정보저장매체'를 임의제출한 경우에는 실질적 피압수자인 피의자에게 참여권을 보장하고 압수한 전자정보 목록을 교부하는 등 피의자의 절차적 권리를 보장하기 위한 적절한 조치가 이루어져야 한다.

[2] '피의자의 소유 · 관리에 속하는 정보저장매체'에 해당하는지 여부는 민사법상 권리의 귀속에 따른 법률적 · 사후적 판단이 아니라 압수 · 수색 당시 외형적 · 객관적으로 인식 가능한 사실상의 상태를 기준으로 판단하여야 한다.

[3] 단지 피해자 등 제3자가 과거 그 정보저장매체의 이용 내지 개별 전자정보의 생성 · 이용 등에 관여한 사실이 있다거나 그 과정에서 생성된 전자정보에 의해 식별되는 정보주체에 해당한다는 사정만으로 그들을 실질적으로 압수 · 수색을 받는 당사자로 취급하여야 하는 것은 아니다.

[4] 증거은닉범이 본범으로부터 "수사가 끝날 때까지 숨겨놓으라."라는 취지로 지시를 받고 본범의 정보저장매체를 소지 · 보관하던 중 수사기관으로부터 증거은닉혐의 피의자로 입건되자 본범의 정보저장매체를 임의제출한 경우 증거은닉범에 더하여 임의제출자가 아닌 본범에게도 참여권이 보장되어야 한다고 볼 수 없다.

수사기관이 집행현장에서 범죄사실과 관련 있는 정보를 선별하여 이미징한 이미지 파일을 반출한 이후 수사기관의 사무실에서 압수된 이미지 파일을 탐색 · 복제 · 출력하는 과정에서는 피압수자 등의 참여권을 보장할 필요가 없다.

《대결 2018.2.8. 2017도13263 (해운대 유흥주점 탈세 사건)》 수사기관이 정보저장매체에 기억된 정보 중에서 키워드 또는 확장자 검색 등을 통해 범죄 혐의사실과 관련 있는 정보를 선별한 다음 정보저장매체와 동일하게 비트열 방식으로 복제하여 생성한 파일(이하 '이미지 파일'이라 한다)을 제출받아 압수하였다면 이로써 압수의 목적물에 대한 압수 · 수색 절차는 종료된 것이므로, 수사기관이 수사기관 사무실에서 위와 같이 압수된 이미지 파일을 탐색 · 복제 · 출력하는 과정에서도 피의자 등에게 참여의 기회를 보장하여야 하는 것은 아니다.

삭제된 파일을 복구하고 암호화된 파일을 복호화하는 행위는 전자정보의 탐색을 위한 준비과정으로 압수 · 수색절차에 포함되므로, 이 경우에도 피압수자 또는 변호인에게 참여의 기회를 보장하여야 한다(대판 2015.1.22. 2014도10978 全合).

《대판 2015.1.22. 2014도10978 全合 (이석기 의원 내란선동 사건)》 수사관들이 압수한 디지털 저장매체 원본이나 복제본을 국가정보원 사무실 등으로 옮긴 후 범죄혐의와 관련된 전자정보를 수집하거나 확보하기 위하여 삭제된 파일을 복구하고 암호화된 파일을 복호화하는 과정도 전체적으로 압수 · 수색과정의 일환에 포함되므로 그 과정에서 피고인들과 변호인에게 압수 · 수색 일시와 장소를 통지하지 아니한 것은 형사소송법에 위배된다.

4) 압수목록의 교부

수사기관이 전자정보의 탐색 · 복제 · 출력을 완료한 경우에는 지체 없이 피압수자 등에게 압수한 전자정보의 목록을 교부해야 한다(준칙 §42①). 압수한 전자정보의 상세목록에는 정보의 파일 명세가 특정되어 있어야 하고, 수사기관이 상세목록을 교부하는 경우 서면교부, 파일 복사, 이메일 전송 등의 방식으로 할 수 있다. 압수한 전자정보의 목록에 포함되지 않은 전자정보가 있는 경우에는 해당 전자정보를 지체 없이 삭제 또는 폐기하거나 반환해야 한다. 이 경우 삭제 · 폐기 또는 반환확인서를 작성하여 피압수자 등에게 교부해야 한다(준칙 §42②).

《대판 2018.2.8. 2017도13263 (해운대 유흥주점 탈세 사건)》 압수물 목록은 피압수자 등이 압수처분에 대한 준항고를 하는 등 권리행사절차를 밟는 가장 기초적인 자료가 되므로, 수사기관은 이러한 권리행사에 지장이 없도록 압수 직후 현장에서 바로 작성하여 교부해야 하는 것이 원칙이다. 압수된 정보의 상세목록에는 정보의 파일 명세가 특정되어 있어야 하고, 수사기관은 이를 출력한 서면을 교부하거나 전자파일 형태로 복사해 주거나 이메일을 전송하는 등의 방식으로도 할 수 있다.

5) 원본 동일성의 증명

전자정보의 경우 증거능력을 인정받기 위해서는 공판절차에서 검사가 원본과의 동일성 및 무결성(無缺性)을 증명해야 한다. 따라서 수사기관이 전자정보의 복제본을 취득하거나 전자정보를 복제할 때에는 해시값(파일의 고유값으로서 일종의 전자지문을 말한다)을 확인하거나 압수 · 수색 또는 검증의 과정을 촬영하는 등 전자적 증거의 동일성과 무결성을 보장할 수 있는 적절한 방법과 조치를 취해야 한다(준칙 §42③).

《대판 2018.2.8. 2017도13263 (해운대 유흥주점 탈세 사건)》 전자문서를 수록한 파일 등의 경우에는, 원본임이 증명되거나 혹은 원본으로부터 복사한 사본일 경우에는 복사 과정에서 편집되는 등 인위적 개작 없이 원본의 내용 그대로 복사된 사본임이 증명되어야만 하고, 그러한 증명이 없는 경우에는 쉽게 증거능력을 인정할 수 없다. 그리고 전자문서 파일의 사본이나 출력물이 인위적 개작 없이 원본 내용을 그대로 복사 · 출력한 것이라는 사실은 생성과 전달 및 보관 등의 절차에 관여한 사람의 증언이나 진술, 원본이나 사본 파일 생성 직후의 해시(Hash)값 비교, 전자문서 파일에 대한 검증 · 감정 결과 등 제반 사정을 종합하여 판단할 수 있다. 이러한 원본 동일성은 증거능력의 요건에 해당하므로 검사가 그 존재에 대하여 구체적으로 주장 · 증명해야 한다.

나. 원격지 압수 · 수색, 역외 압수 · 수색

압수 · 수색의 대상자가 사용하는 컴퓨터에 저장된 전자정보가 클라우드나 외부 서버 등 원격지에 존재할 때, 그 원격지의 저장매체에 접속하여 데이터를 내려받거나 현출하여 확보하는 것을 원격지의 압수 · 수색이라고 한다. '압수할 물건이 있는 장소'에서만 압수 · 수색이 가능하다는 점에서 원격지의 서버에 있는 자료를 확보하는 것이 가능한가에 대해 논란이 있으나 판례에서는 '클라우드 등 원격 저장장치에 대한 접속 및 다운로드 허용'이 명시된 경우 유관정보에 대해 압수 · 수색하는 것은 가능하다는 입장이다.

피의자의 계정(ID/PW 등)을 이용하여 국내에서 외국에 있는 클라우드 등 서버에 원격 접속하여 증거를 수집하는 전자정보에 대한 역외 압수 · 수색의 경우에도 원격지 압수 · 수색과 마찬가지로 가능하다는 것이 우리나라 판례의 입장이다.

《대판 2017.11.29. 2017도9747 (시나닷컴 이메일 압색 사건)》 [1] 수사기관이 인터넷서비스 이용자인 피의자를 상대로 피의자의 컴퓨터 등 정보처리장치 내에 저장되어 있는 이메일 등 전자정보를 압수 · 수색하는 것은 전자정보의 소유자 내지 소지자를 상대로 해당 전자정보를 압수 · 수색하는 대물적 강제처분으로 형사소송법의 해석상 허용된다.

[2] 피의자의 이메일 계정에 대한 접근권한에 갈음하여 발부받은 압수 · 수색영장에 따라 영장기재 수색장소에 있는 컴퓨터를 이용하여 적법하게 취득한 피의자의 이메일 계정 아이디와 비밀번호를 입력하여 원격지의 저장매체에 접속하고 그곳에 저장되어 있는 피의자의 이메일 관련 전자정보를 내려받거나 그 화면에 현출시키는 것은 대물적 강제처분 행위로서 허용되며, 형사소송법 제120조 제1항에서 정한 압수 · 수색영장의 집행에 필요한 처분에 해당한다. 이러한 법리는 원격지의 저장매체가 국외에 있는 경우라 하더라도 마찬가지이다.

《대결 2022.6.30. 2020모735 (LG 배터리 기술유출 사건)》 수사기관이 압수 · 수색영장에 적힌 '수색할 장소'에 있는 컴퓨터 등 정보처리장치에 저장된 전자정보 외에 원격지 서버에 저장된 전자정보를 압수 · 수색하기 위해서는 압수 · 수색영장에 적힌 '압수할 물건'에 별도로 원격지 서버 저장 전자정보가 특정되어 있어야 한다. 압수 · 수색영장에 적힌 '압수할 물건'에 컴퓨터 등 정보처리장치 저장 전자정보만 기재되어 있다면 컴퓨터 등 정보처리장치를 이용하여 원격지 서버 저장 전자정보를 압수할 수는 없다.

다. 무관정보 등의 삭제 · 폐기

수사기관은 전자정보의 상세목록에 포함되지 않은 전자정보가 있는 경우에는 해당 전자정보를 지체 없이 삭제 또는 폐기하거나 반환해야 한다. 이 경우 삭제 · 폐기 또는 반환확인서를 작성하여 피압수자 등에게 교부해야 한다(준칙 §42②).

《대판 2023.6.1. 2018도19782 (FFX사업 기술유출 사건)》 수사기관은 하드카피나 이미징 등 형태에 담긴 전자정보(이하 '복제본')를 탐색하여 혐의사실과 관련된 정보를 선별하여 출력하거나 다른 저장매체에 저장하는 등으로 압수를 완료하면 혐의사실과 관련 없는 전자정보(이하 '무관정보')를 삭제 · 폐기하여야 한다. 수사기관이 새로운 범죄 혐의의 수사를 위하여 무관정보가 남아 있는 복제본을 열람하는 것은 압수 · 수색영장으로 압수되지 않은 전자정보를 영장 없이 수색하는 것과 다르지 않다.

《대결 2022.1.14. 2021모1586 (포괄적 압축파일 보관 사건)》 수사기관이 범죄 혐의사실과 관련 있는 정보를 선별하여 압수한 후에도 그와 관련이 없는 나머지 정보를 삭제 · 폐기 · 반환하지 아니한 채 그대로 보관하고 있다면 범죄 혐의사실과 관련이 없는 부분에 대하여는 압수의 대상이 되는 전자정보의 범위를 넘어서는 전자정보를 영장 없이 압수 · 수색하여 취득한 것이어서 위법하고, 사후에 법원으로부터 압수 · 수색영장이 발부되었다거나 피고인이나 변호인이 이를 증거로 함에 동의하였다고 하여 그 위법성이 치유된다고 볼 수 없다.

6. 압수 · 수색에 있어서 영장주의의 예외

범죄수사에 있어 압수 · 수색은 사전영장에 의하는 것이 원칙이다(§215). 그러나 압수 · 수색에 있어서는 사태의 긴급성과 침해법익의 경중을 고려하여 대인적 강제수사보다 넓게 영장주의의 예외를 인정하고 있다. 영장 없는 압수 · 수색의 대표적인 예는 적법한 체포 · 구속에 수반한 압수 · 수색이며, 형사소송법은 이외에도 범죄장소에서의 압수 · 수색(§216③)과 임의제출물의 영치(§218)에 대해 규정하고 있다. 변사자에 대한 긴급검증(§222②)에 대해서는 변사자 검시에서 살펴본 바와 같다. 제216조에 의하여 영장 없이 압수 · 수색을 하는 경우에는 관계인의 참여에 관한 규정(§123②)과 야간집행의 제한규정(§125)이 적용되지 아니한다(§220).

가. 체포 · 구속 목적의 타인주거 등 수색

검사 또는 사법경찰관은 피의자를 체포 또는 구속하는 경우에 필요한 때에는 영장 없이 '타인의 주거나 타인이 간수하는 가옥, 건조물, 항공기, 선차 내'에서의 피의자를 수색할 수 있다. 다만, 체포영장에 의한 체포 또는 구속영장에 의해 구속하는 경우의 피의자 수색은 미리 수색영장을 발부받기 어려운 긴급한 사정이 있는 때에 한정한다(§216①1).[14] 피의자가 타인의 주거 등에 숨어 있는 경우 그를 체포 · 구속하기 위해서는 그 수색이 불가피하기 때문에 영장주의의 예외를 인정한 것이다. 이 경우에 사후영장을 받을 필요가 없다. 수사기관이 아닌 일반 사인(私人)은 현행범체포를 위하여 타인의 주거를 수색할 수 없다. 수색은 반드시 체포 선에 이루어져야 하며, 수색과 체포 사이의 시간적 접착이나 체포의 성공여부는 따지지 않는다. 수색의 범위도 피의자의 주거 등에 제한되지 아니하고, 제3자 주거도 포함되지만 피의자가 소재한다는 개연성이 필요하다. 이 경우 요급처분이 허용된다. 따라서 급속을 요하는 경우 야간집행의 제한을 받지 않고 주거주 등의 참여 없이 압수 · 수색할 수 있다(§220, §123②, §125).

《헌결 2018.4.26. 2015헌바370 (철도노조 집행부 체포 사건)》 체포영장이 발부된 피의자를 체포하기 위하여 타인의 주거 등을 수색하는 경우 체포영장이 발부된 피의자가 그 장소에 소재할 개연성은 인정되나 수색에 앞서 영장을 발부받기 어려운 긴급한 사정이 인정되지 않는 경우에도 영장 없는 피의자 수색을 허용하는 것은 헌법 제16조의 영장주의 예외 요건을 벗어난다.

《대판 1967.9.26. 65도899 (현행범 추적 주거침입 사건)》 (사인이) 현행범을 추적하여 그 범인이 부(父)의 집에 들어가서 동인과 시비 끝에 상해를 입힌 경우에 주거침입죄가 성립한다.

나. 체포현장에서의 압수 · 수색 · 검증

검사 또는 사법경찰관은 피의자를 영장체포, 긴급체포, 현행범체포 또는 구속을 하는 경우에 필요한 때에는 압수 · 수색영장 없이 체포현장에서 압수 · 수색 · 검증을 할 수 있다(§216①2). 이 경우에도 요급처분이 허용된다. 따라서 급속을 요하는 경우 야간집행의 제한을 받지 않고 주거주 등의 참여 없이 압수 · 수색할 수 있다(§220, §123②, §125).

---

14) 체포영장에 의한 체포의 경우 ㉠ 피의자가 그 장소에 소재할 개연성이 인정되는 외에, ㉡ 수색영장을 발부받기 어려운 긴급한 사정이 있어야 한다는 이유로 헌법재판소가 헌법불합치 결정을 하였다(헌결 2018.4.26. 2015헌바370 등). 이에 따라 2019년 형사소송법이 개정되었다.

1) 인정 취지

체포현장에서 영장없이 압수 · 수색 · 검증을 할 수 있도록 한 이유에 대해 부수처분설과 긴급행위설이 대립하고 있다. 부수처분설은 체포(大)가 허용된다면 그보다 침해가 적은 압수 · 수색(小)은 영장없이 가능하다고 본다. 적법한 체포가 있으면 당연히 수사기관의 대물적 강제수사가 허용된다고 보는 견해이다. 이에 대해 긴급행위설은 체포하는 자의 안전을 위하여 무기를 빼앗고 피의자가 증거를 인멸하는 것을 방지하기 위한 긴급행위로서 인정된다고 본다. 긴급행위설에 의하면 증거물이나 몰수물 등이 있다는 개연성이 인정되어야 한다. 부수처분설에 의할 경우 영장에 의하지 아니한 대물 강제수사가 남용될 위험이 있으므로 긴급행위설이 타당하다고 본다.

2) 체포와의 시간적 접착성

체포현장에서의 압수 · 수색 · 검증이 체포와의 사이에 시간적 접착성을 필요로 한다는 점에는 이론이 없다. 그러나 체포현장의 의미와 관련하여 어느 정도의 시간적 접착을 요하는가에 대하여는 ① 체포행위에 시간적 · 장소적으로 접착되어 있으면 충분하고 체포의 전후를 불문한다는 체포접착설, ② 압수 · 수색당시에 피의자가 현장에 있기만 하면 된다는 현장설, ③ 피의자가 수색현장에 있을 뿐만 아니라 체포가 착수될 것을 요건으로 한다는 체포착수설, ④ 피의자가 수색현장에 있어야 할 뿐만 아니라 현실적으로 체포되었음을 요한다는 체포설 등이 대립하고 있다.

3) 압수 · 수색의 대상과 장소적 범위

압수 · 수색의 대상은 체포자에게 위해를 줄 우려가 있는 무기 기타 흉기, 도주의 수단이 되는 물건 및 체포의 원인이 되는 당해 범죄사실에 대한 증거물에 한한다. 별건 증거를 발견한 경우, 임의제출을 구하거나 영장에 의하여 압수해야 한다. 압수 · 수색의 장소적 범위도 피체포자의 신체 및 그의 직접 지배하에 있는 장소에 제한된다.

4) 사후영장의 청구

검사 또는 사법경찰관은 체포현장에서 압수한 물건을 계속 압수할 필요가 있는 경우에는 지체 없이 압수 · 수색영장을 청구하여야 한다. 이 경우 압수 · 수색영장의 청구는 체포한 때부터 48시간 이내에 하여야 한다(§217②, §216①2). 청구한 압수 · 수색영장을 발부받지 못한 때에는 압수한 물건을 즉시 반환하여야 한다(§217③). 따라서 피의자를 현행범인으로 체포하면서 체포현장에서 영장 없이 대마를 압수하고 사후영장을 발부받지 않은 때에는 압수물의 증거능력이 부정된다(대판 2009.5.14. 2008도10914).

《대판 대판 2009.5.14. 2008도10914 (스와핑카페 운영자 사건)》 음란물 유포의 범죄혐의를 이유로 압수 · 수색영장을 발부받은 사법경찰리가 피고인의 주거지를 수색하는 과정에서 대마를 발견하자, 피고인을 마약류관리에 관한 법률 위반죄의 현행범으로 체포하면서 대마를 압수하였으나, 그 다음날 피고인을 석방하였음에도 사후 압수 · 수색영장을 발부받지 않은 경우, 위 압수물과 압수조서는 형사소송법상 영장주의를 위반하여 수집한 증거로서 증거능력이 부정된다.

《대판 2010.7.22. 2009도14376 (칼과 합의서 압수 사건)》 경찰이 피고인의 집에서 20m 떨어진 곳에서 피고인을 체포한 후 피고인의 집안을 수색하여 칼과 합의서를 압수하였을 뿐만 아니라 적법한 시간 내에 압수수색영장을 청구하여 발부받지도 않은 사안에서, 위 칼과 합의서는 위법하게 압수된 것으로서 증거능력이 없고, 이를 기초로 한 2차 증거인 '임의제출동의서', '압수조서 및 목록', '압수품 사진' 역시 증거능력이 없다.

다. 긴급체포된 자에 대한 압수 · 수색 · 검증

검사 또는 사법경찰관은 긴급체포된 자가 소유 · 소지 또는 보관하는 물건에 대하여 긴급히 압수할 필요가 있는 경우에는 체포한 때부터 24시간 이내에 한하여 영장 없이 압수 · 수색 또는 검증을 할 수 있다(§217①). 영장주의의 예외를 인정하는 취지는 긴급체포의 긴급성과 범죄의 중대성을 고려하여 일단 긴급체포한 후라도 다시 일정한 기간 동안 영장 없는 압수 · 수색 · 검증을 허용하여 피의자와 관련된 사람이 증거물을 은닉하는 것을 방지하기 위한 제도이다.

긴급체포된 자에 대한 압수 · 수색 · 검증은 긴급체포된 자가 소지 · 소유 · 보관하는 물건에 한정하여 압수 · 수색 · 검증이 가능하다. 긴급한 압수의 필요가 있는 경우(긴급성), 체포한 때로부터 24시간 이내에만 허용된다(§217①). 이 경우 요급처분이 허용되지 않는다(§220). 따라서 급속을 요하더라도 압수 · 수색에 관계인이 참여해야 하고 원칙적으로 야간에는 압수 · 수색할 수 없다.

검사 또는 사법경찰관은 압수한 물건을 계속 압수할 필요가 있는 경우 지체없이 압수 · 수색영장을 청구하여야 한다. 이 경우 압수 · 수색영장의 청구는 체포한 때부터 48시간 이내에 하여야 한다(§217②). 사후에 구속영장이 발부되었는가는 관계없다. 압수 · 수색 · 검증영장 청구서에는 체포한 일시 및 장소와 영장없이 압수 · 수색 또는 검증을 한 일시 및 장소를 기재하여야 한다(형규 §107①). 영장을 발부받지 못한 때에는 압수한 물건을 즉시 반환하여야 한다(§217③).

《대판 2009.12.24. 2009도11401 (위조신용카드 물품구입 사건)》 사법경찰관이 피의자를 긴급체포하는 현장에서 영장 없이 압수한 물건을 계속 압수할 필요가 있어 압수수색영장을 청구하였으나 이를 발부받지 못하고도 즉시 반환하지 아니한 압수물은 이를 유죄 인정의 증거로 사용할 수 없고, 피고인이나 변호인이 이를 증거로 함에 동의하였다고 하더라도 달리 볼 것은 아니다.
《대판 2017.9.12. 2017도10309 (긴급체포 후 추가압수 사건)》 [1] 형사소송법 제217조 제1항에 따른 압수 · 수색 또는 검증은 체포현장에서의 압수 · 수색 또는 검증을 규정하고 있는 형사소송법 제216조 제1항 제2호와 달리, 체포현장이 아닌 장소에서도 긴급체포된 자가 소유 · 소지 또는 보관하는 물건을 대상으로 할 수 있다.

[2] 경찰관들이 저녁 8시경 도로에서 위장거래자와 만나서 마약류 거래를 하고 있는 피고인을 긴급체포한 뒤 현장에서 메스암페타민 약 9.50g이 들어 있는 비닐팩 1개를 압수하고, 저녁 8시 24분경 체포현장에서 약 2km 떨어진 피고인의 주거지 서랍장에서 메스암페타민 약 4.82g이 들어 있는 비닐팩 1개를 추가로 찾아내어 이를 압수한 다음 법원으로부터 사후 압수 · 수색영장을 발부받은 경우, 피고인에 대한 긴급체포 사유, 압수 · 수색의 시각과 경위, 사후 영장의 발부 내역 등에 비추어 피고인의 주거지에서 긴급 압수한 메스암페타민 4.82g은 긴급체포의 사유가 된 범죄사실의 수사에 필요한 범위 내의 것으로서 적법하게 압수되었다고 할 것이다.[15)]

《대판 2008.7.10. 2008도2245 (전화사기죄 혐의자 긴급체포 사건)》 경찰관이 이른바 전화사기죄 범행의 혐의자를 긴급체포하면서 그가 주거지에 보관하고 있던 다른 사람의 주민등록증, 운전면허증 등을 압수한 경우, 형사소송법 제217조 제1항에서 규정한 해당 범죄사실의 수사에 필요한 범위 내의 것으로서 전화사기 범행과 관련된다고 의심할 만한 상당한 이유가 있었다고 보이므로, 그 압수는 적법하고 이를 혐의자의 점유이탈물횡령죄에 대한 증거로 사용할 수 있다.

라. 범죄장소에서의 압수 · 수색 · 검증

범행 중 또는 범행직후의 범죄장소에서 긴급을 요하여 법원판사의 영장을 발부 받을 수 없을 때는 영장 없이 압수 · 수색 · 검증을 할 수 있다(§216③). 사람이 호프집에서 살해되었다는 112신고를 받고 현장에 출동하여 호프집에 대하여 압수 · 수색 · 검증을 하는 경우 영장 없이 압수 · 수색 · 검증할 수 있다. 이는 범죄현장에서 증거의 인멸, 파괴를 방지하기 위한 제도이다. 범행중 또는 범행직후의 범죄장소이면 충분하고 피의자가 현장에 있거나 체포 또는 구속되었을 것이 그 요건이 되는 것은 아니다.

범죄장소에서의 영장없이 압수 · 수색 · 검증을 하는 경우 요급처분이 허용된다. 따라

15) 긴급체포된 자에 대한 압수 · 수색 · 검증의 경우 체포현장에서의 압수 · 수색 · 검증과 달리 요급처분이 준용되지 않아(§220) 급속을 요하더라도 야간에 압수 · 수색을 할 수 없다(§125). 그러나 판례는 긴급체포한 상황에서 증거를 파괴하거나 은닉하는 것을 방지하고, 증거물을 신속히 확보할 수 있도록 하기 위해 야간집행을 허용하고 있다.

서 급속을 요하는 경우 야간집행의 제한을 받지 않고 관계인의 참여 없이 압수 · 수색 · 검증할 수 있다(§220, §123②, §125). 다만, 사후에 지체 없이 압수 · 수색 · 검증영장을 발부받아야 한다(§216③단서). 사후영장의 청구기간에는 제한이 없다. 압수 · 수색 · 검증영장 청구서에는 영장 없이 압수 · 수색 또는 검증을 한 일시 및 장소를 기재하여야 한다(형규 §107①).

《대판 1998.5.8. 97다54482 (김해 도계검문소 열쇠 반환 사건)》 주취운전이라는 범죄행위로 당해 음주운전자를 구속 · 체포하지 아니한 경우에도 필요하다면 그 차량열쇠는 범행 중 또는 범행 직후의 범죄장소에서의 압수로서 형사소송법 제216조 제3항에 의하여 영장 없이 이를 압수할 수 있다.

《대판 2014.11.13. 2013도1228 (남양주 음주실신사고 혈액채취 사건)》 [1] 음주운전과 관련한 범죄수사를 위하여 미성년자인 피의자의 혈액채취가 필요한 경우에도 피의자에게 의사능력이 있다면 피의자 본인만이 혈액채취에 관한 유효한 동의를 할 수 있고, 피의자에게 의사능력이 없는 경우에도 명문의 규정이 없는 이상 법정대리인이 피의자를 대리하여 동의할 수는 없다.

[2] 수사기관이 영장 또는 감정처분허가장을 발부받지 아니한 채 피고인의 아버지의 동의만 받고서 응급실에 의식을 잃고 누워 있는 피고인으로부터 채혈한 경우, 사후에도 영장을 발부받지 아니하였으므로 국립과학수사연구소의 혈중알코올농도에 관한 감정의뢰회보는 위법수집증거로서 증거능력이 없다.

《대판 2012.11.15. 2011도15258 (광명 음주실신사고 혈액채취 사건)》 [1] 음주운전 중 교통사고를 야기한 후 피의자가 의식불명 상태에 빠져 있는 등으로 영장을 발부받을 시간적 여유도 없는 긴급한 상황이 생길 수 있다. 이런 경우 피의자의 신체 내지 의복류에 주취로 인한 냄새가 강하게 나는 등으로 준현행범인의 요건이 갖추어져 있고 사회통념상 범행 직후라고 볼 수 있는 시간 내라면, 사고 현장으로부터 곧바로 후송된 병원 응급실 등의 장소는 형사소송법 제216조 제3항의 범죄 장소에 준한다 할 것이므로, 사법경찰관은 의료인의 자격이 있는 자로 하여금 의료용 기구로 의학적인 방법에 따라 필요최소한의 한도 내에서 피의자의 혈액을 채취하게 한 후 그 혈액을 영장 없이 압수할 수 있다.

[2] 수사기관이 영장 또는 감정처분허가장을 발부받지 아니한 채 피의자의 동의 없이 피의자의 신체로부터 혈액을 채취하고 사후에도 지체 없이 영장을 발부받지 않았다면, 그 혈액 중 알코올농도에 관한 감정의뢰회보는 피고인이나 변호인의 동의가 있더라도 유죄의 증거로 사용할 수 없다.

《대판 2012.2.9. 2009도14884 (바다이야기 47대 사건)》 "범행 중 또는 범행 직후의 범죄 장소에서 긴급을 요하여 법원판사의 영장을 받을 수 없는 때에는 영장없이 압수 · 수색 또는 검증을 할 수 있다. 이 경우에는 사후에 지체 없이 영장을 받아야 한다."고 규정하고 있는 형사소송법 제216조 제3항의 요건 중 어느 하나라도 갖추지 못한 경우에 그러한 압수 · 수색 또는 검증은 위법하며, 이에 대하여 사후에 법원으로부터 영장을 발부받았다고 하여 그 위법성이 치유되지 아니한다.

《대판 1984.3.13. 83도3006 (버스끼리 과속경쟁 사건)》 사법경찰관사무취급이 행한 검증이 사건발생 후 범행장소에서 긴급을 요하여 판사의 영장없이 시행된 것이라면 이는 형사소송법 제216조 제3항에 의한 검증이라 할 것임에도 불구하고 기록상 사후영장을 받은 흔적이 없다면 이러한 검증조서는 유죄의 증거로 할 수 없다.

마. 유류물 · 임의제출물의 압수

검사, 사법경찰관은 피의자 기타인의 유류(遺留)한 물건이나 소유자 · 소지자 · 보관자가 임의로 제출한 물건은 영장 없이 압수할 수 있다(§218). 소유자가 임의로 제출한 물건의 압수에서도 소유자가 소유권을 포기한 것으로 간주하지는 않는다. 증거물 또는 몰수물이 그 대상이지만 반드시 여기에 제한되는 것은 아니다. 소유자, 소지자, 보관자가 반드시 적법한 권리자일 필요는 없다. 임의제출물 · 유류물의 압수는 사후에 영장을 받을 필요가 없다(§218).

《대판 2010.1.28. 2009도10092 (쇠파이프 임의제출 사건)》 형사소송법 제219조를 위반하여 소유자, 소지자 또는 보관자가 아닌 자로부터 제출받은 물건을 영장없이 압수한 경우 그 '압수물' 및 '압수물을 찍은 사진'은 이를 유죄 인정의 증거로 사용할 수 없는 것이고, 피고인이나 변호인이 이를 증거로 함에 동의하였다고 하더라도 달리 볼 것은 아니다.

《대판 2016.2.18. 2015도13726 (고현항 바지선 밀수 사건)》 현행범 체포 현장이나 범죄 장소에서 소지자 등이 임의로 제출하는 물건은 형사소송법 제218조(임의제출물 압수)에 따라 영장 없이 압수할 수 있고, 이 경우 검사나 사법경찰관이 사후에 영장을 받을 필요가 없다.

《대판 1999.9.3. 98도968 (공주의료원 임의제출 사건)》 경찰관이 간호사로부터 진료 목적으로 이미 채혈되어 있던 피고인의 혈액 중 일부를 주취운전 여부에 대한 감정을 목적으로 임의로 제출받아 이를 압수한 경우, 당시 간호사가 혈액의 소지자 겸 보관자인 병원 또는 담당의사를 대리하여 혈액을 경찰관에게 임의로 제출할 수 있는 권한이 없었다고 볼 특별한 사정이 없는 이상, 그 압수절차가 피고인 또는 피고인의 가족의 동의 및 영장 없이 행하여졌다고 하더라도 적법절차를 위반한 위법이 있다고 할 수 없다.

《대판 2021.7.29. 2020도14654 (클라우드 임의제출 사건)》 피의자가 휴대전화를 임의제출하면서 휴대전화에 저장된 전자정보가 아닌 클라우드 등 제3자가 관리하는 원격지에 저장되어 있는 전자정보를 수사기관에 제출한다는 의사로 수사기관에게 클라우드 등에 접속하기 위한 아이디와 비밀번호를 임의로 제공하였다면 위 클라우드 등에 저장된 전자정보를 임의제출하는 것으로 볼 수 있다.

《대판 2024.3.12. 2020도9431 (몰카 현행범 휴대폰 뺏긴 사건)》 임의제출에 있어 피의자가 일부 범행을 부인하는 등 제출의 임의성을 엄격히 심사해야 하는 상황에서 경찰관이 임의제출의 의미, 절차와 효과에 대하여 고지하였음을 인정할 자료가 없고 피의자가 임의제출할 경우 나중에 번의하더라도 되돌려 받지 못한다는 사정을 인식하고 있었다고 단정하기 어렵다면, 현행범체포 시 임의제출 형식으로 압수한 휴대전화 및 그에 저장된 전자정보의 증거능력은 인정되지 않는다.

《대판 2008.5.15. 2008도1097 (김태촌 비망록 사건)》 검사가 교도관으로부터 그가 보관하고 있던 피고인의 비망록을 뇌물수수 등의 증거자료로 임의로 제출받아 이를 압수한 경우, 그 압수절차가 피고인의 승낙 및 영장 없이 행하여졌다고 하더라도 이에 적법절차를 위반한 위법이 있다고 할 수 없다.

6. 압수물의 처리

가. 압수물의 보관과 폐기

1) 자청보관의 원칙

압수물은 압수한 수사기관의 청사로 운반하여 보관하는 것이 원칙이다. 이를 자청보관(自廳保管)의 원칙이라고 한다. 압수물에 대하여는 그 상실 또는 파손 등의 방지를 위하여 상당한 조치를 하여야 한다(§219, §131). 자청보관을 함에 있어서 선량한 관리자로서의 주의의무를 다하여야 한다. 검사의 지휘를 받을 필요는 없다.

2) 위탁보관

운반 또는 보관이 불편한 압수물에 관하여는 간수자를 두거나 소유자 또는 적당한 자의 승낙을 얻어 보관하게 할 수 있다(§제219, §130①). 이를 압수물의 위탁보관이라고 한다. 위탁보관의 법적 성질은 보관을 명하는 것은 공법상 권력작용인 강제처분이나 보관자의 승낙을 얻어 보관하게 하는 것은 임치계약에 해당한다. 따라서 보관자는 특별한 약정이 없으면 임치료 청구를 할 수 없다(대판 1968.4.16. 68다285). 사법경찰관이 위탁보관을 함에는 검사의 지휘를 받아야 한다(§219 단서).

3) 대가보관

몰수하여야 할 압수물로서 멸실 · 파손 · 부패 또는 현저한 가치 감소의 염려가 있거나 보관하기 어려운 압수물은 매각하여 대가를 보관할 수 있다(§219, §132①). 이를 대가보관 또는 환가처분(換價處分)이라 한다. 대가보관은 몰수하여야 할 압수물에 대하여만 할 수 있으므로 몰수하여야 할 물건이 아닌 이상 멸실·부패의 염려가 있어도 대가보관이 허용되지 않는다(대판 1965.1.19. 64다1150). 몰수하여야 할 압수물에는 필요적 몰수물뿐만 아니라 임의적 몰수물도 포함한다. '환부하여야 할 압수물 중 환부를 받을 자가 누구인지 알 수 없거나 그 소재가 불명한 경우'로서 그 압수물의 '멸실·파손·부패 또는 현저한 가치 감소의 염려가 있거나 보관하기 어려운 압수물'은 매각하여 대가를 보관할 수 있다(§219, §132②). 증거물은 존재 그 자체가 소송법상 중요하므로 대가보관을 할 수 없다. 대가보관을 함에는 검사, 피해자, 피의자 또는 변호인에게 미리 통지하여야 한다(§219, §135). 사법경찰관이 대가보관을 하는 경우에는 검사의 지휘를 받아야한다(§219 단서). 사법경찰관이 몰수물을 대가보관 했을 때에는 압수물 대가보관조서를 작성한다(경규 §69②).

4) 폐기처분

위험발생의 염려가 있는 압수물은 폐기할 수 있다(§219, 130②). 이를 폐기처분이라 한다. 폐기처분은 위험발생의 염려가 있는 압수물에 대해서만 허용된다. 법령상 생산·제조·소지·소유 또는 유통이 금지된 압수물로서 부패의 염려가 있거나 보관하기 어려운 압수물은 소유자 등 권한 있는 자의 동의를 받아 폐기할 수 있다(§219, §130③). 소유 또는 유통이 금지된 압수물은 판매할 수 없으므로 대가보관이 불가능하고 보관에 큰 비용이 필요하므로 소유자 등의 동의를 받아 폐기할 수 있게 한 것이다. 사법경찰관이 폐기처분을 하는 경우에는 검사의 지휘를 받아야 한다(§219 단서). 사법경찰관이 압수물을 폐기하는 경우에는 압수물 폐기조서를 작성하고 사진을 촬영하여 사건기록에 편철해야 한다(경규 §68②).

나. 수사단계의 환부와 가환부

종래 수사기관의 압수물 환부·가환부에 대해서는 제219조에 의하여 법원의 환부·가환부에 관한 제133조가 준용되었으나, 2011년 제218조의2 신설을 통해 별도로 독자적인 규정을 마련하였다. 제218조의2 제1항에는 '검사는 사본을 확보한 경우 등 압수를 계속할 필요가 없다고 인정되는 압수물 및 증거에 사용할 압수물에 대하여 공소제기 전이라도 소유자, 소지자, 보관자 또는 제출인의 청구가 있는 때에는 가환부하여야 한다'라고 규정하고, 사법경찰관의 환부 또는 가환부처분에 관해서도 제1항을 준용하고 있다(§218-2④).

1) 수사기관의 환부

환부(還付)란 '압수물을 계속할 필요가 없게 된 경우'에 압수의 효력을 소멸시키고 압수물을 소유자 등에게 종국적으로 반환하는 것을 말한다. 환부의 대상은 '압수를 계속할 필요가 없다고 인정되는 압수물'이다(§218-2①,④). 따라서 '압수를 계속할 필요가 있는 압수물'은 환부할 수 없다. 예컨대, '몰수의 대상이 되는 압수물'은 환부할 수 없다. '증거물로 사용할 물건'도 가환부의 대상은 될 수 있어도 환부의 대상이 될 수는 없다(대결 1966.9.12. 66모58). '압수를 계속할 필요가 없다고 인정되는 압수물'로 인정되는 대표적인 사례는 피의사건에 대해 혐의 없음, 죄가 안됨, 공소권 없음 등 불기소처분을 하는 경우이다. 기소중지 처분을 하는 경우도 여기에 해당한다.

《대판 1996.8.16. 94모51 全合 (다이아 포기 사건)》 외국산 물품을 관세장물의 혐의가 있다고 보아 압수하였다 하더라도 그것이 언제, 누구에 의하여 관세포탈된 물건인지 알 수 없어 기소중지 처분을 한 경우에는 그 압수물은 관세장물이라고 단정할 수 없으므로 이를 국고에 귀속시킬 수 없을 뿐만 아니라 압수를 더 이상 계속할 필요도 없다.

소유자, 소지자, 보관자, 또는 제출인의 청구가 있는 경우 수사기관은 공소제기 전이라도 환부하여야 한다(§218-2①,④). 압수한 장물은 피해자에게 환부하는 것도 가능하다(§219, §8134). 사법경찰관이 환부를 하기 위해서는 미리 검사의 지휘를 받아야 한다(§218-2④단서). 환부는 압수를 당한 자, 즉 피압수자(제출인)에게 하여야 하는데 이를 제출인환부의 원칙이라고 한다. 환부를 할 때에는 미리 피해자, 피의자 또는 변호인에게 통지해야 한다(§219, §135).

환부가 되면 압수는 효력을 잃는다. 환부를 하면 압수의 효력을 해제하여 압수 이전의 상태로 환원시키는 효력만 인정될 뿐 민법상의 권리유무나 변동에 영향을 미치는 것은 아니다(判). 수사기관이 압수과정에서 피압수자에게 소유권을 포기하거나 환부청구권을 포기하는 내용의 각서를작성받더라도 피압수자 등이 갖는 환부청구권이 소멸하는 것은 아니다(判). 피압수자 등이 갖는 환부청구권은 포기할 수 없는 공권이기 때문이다.

《대판 1996.8.16. 94모51 全合 (다이아 포기 사건)》 피압수자 등 환부를 받을 자가 압수 후 그 소유권을 포기하는 등에 의하여 실체법상의 권리를 상실하더라도 그 때문에 압수물을 환부하여야 하는 수사기관의 의무에 어떠한 영향을 미칠 수 없고, 또한 수사기관에 대하여 형사소송법상의 환부청구권을 포기한다는 의사표시를 하더라도 그 효력이 없어 그에 의하여 수사기관의 필요적 환부의무가 면제된다고 볼 수는 없으므로, 압수물의 소유권이나 그 환부청구권을 포기하는 의사표시로 인하여 위 환부의무에 대응하는 압수물에 대한 환부청구권이 소멸하는 것은 아니다.

《대판 2000.12.22. 2000다27725 (수표 소유권 포기 사건)》 수사단계에서 소유권을 포기한 압수물에 대하여 형사재판에서 몰수형이 선고되지 않은 경우, 피압수자는 국가에 대하여 민사소송으로 그 반환을 청구할 수 있다.

2) 수사기관의 가환부

가환부(假還付)란 '압수를 계속할 필요가 있는 경우'에 압수의 효력을 유지하면서 압수물을 소유자 등에게 잠정적으로 반환하는 것을 말한다. 압수의 효력이 그대로 유지된다는 점에서 압수의 효력이 소멸되는 환부와 구별된다. 가환부의 대상은 '증거에 사용할 압수물', 즉 증거물이다. 소유자, 소지자, 보관자, 또는 제출인의 청구가 있는 경우 '증거에 사용할 압수물'은 특별한 사정이 없는 한 가환부하여야 한다(§218-2①). 즉 수사기관은 증거에 사용할 압수물에 대하여 가환부의 청구가 있는 경우 가환부를 거부할 수 있는 '특별한 사정이 없는 한' 가환부에 응하여야 한다(判).

《대결 2017.9.29. 2017모236 (부산신항 밀수출 적발 사건)》 검사는 증거에 사용할 압수물에 대하여 가환부의 청구가 있는 경우 가환부를 거부할 수 있는 특별한 사정이 없는 한 가환부에 응하여야 한다.

소유자, 소지자, 보관자, 또는 제출인의 청구가 있는 경우 수사기관은 공소제기 전이라도 환부하여야 한다(§218-2①,④). 수사기관의 가환부는 필요적 가환부이므로 소유자 등의 청구가 있으면 사본 확보 등 필요한 조치를 취하고 신속히 가환부하여야 한다. 사법경찰관이 가환부를 하기 위해서는 미리 검사의 지휘를 받아야 한다(§218-2④단서). 가환부를 할 때에는 미리 피해자, 피의자 또는 변호인에게 통지해야 한다(§219, §135).

수사기관이 가환부를 하더라도 압수 자체의 효력은 유지된다. 가환부 받은 자는 임의로 처분할 수 없고 보관의무가 있으며, 수사기관 또는 법원의 요구가 있으면 제출할 의무가 있다(判). 가환부한 장물에 대하여 종국재판에서 별단의 선고가 없으면 환부의 선고가 있는 것으로 간주한다(§333③).

《대결 1994.8.18. 94모42 (등록상표 위조 운동화 압수 사건)》 가환부의 결정이 있는 경우에도 압수의 효력은 지속되므로 가환부를 받은 자는 법원(수사기관)의 요구가 있으면 즉시 압수물을 제출할 의무가 있고 그 압수물에 대하여 보관의무를 부담하며 소유자라 하더라도 그 압수물을 처분할 수는 없는 것이므로, 이를 수사기관의 보관 하에 둔다고 하더라도 그에 의하여 재항고인이 어떠한 불이익을 받게 된다고도 볼 수 없다.

3) 환부 · 가환부 청구에서 수사기관의 처분에 대한 불복

소유자 등의 환부 또는 가환부 청구에 대하여 수사기관이 이를 거부하는 경우에는 해당 검사의 소속 검찰청에 대응한 법원에 압수물의 환부 또는 가환부 결정을 청구할 수 있다(§218-2②). 이 경우 법원이 환부 또는 가환부를 결정하면 수사기관은 청구인에게 압수물을 환부 또는 가환부해야 한다(§218-2③,④). 법원이 환부 또는 가환부 청구를 기각하는 결정에 대해서는 보통항고를 할 수 있다(§403②). 이와 별도로 압수물의 환부 또는 가환부에 관한 수사기관의 처분에 대하여는 준항고를 제기할 수 있고(§417), 이에 대해서는 재항고를 할 수 있다.

다. 공판단계의 환부와 가환부

법원의 환부 · 가환부는 검사가 공소제기를 하면서 해당 압수물에 대해 아직 환부 · 가환부 처분을 하지 않은 경우에만 비로소 문제된다.

1) 법원의 환부

법원의 환부절차에서도 환부의 대상은 '압수를 계속할 필요가 없다고 인정되는 압수물'이다. 몰수의 대상이 되는 압수물은 환부할 수 없다. 증거에 공할 압수물도 가환부의 대상은 될 수 있어도 환부의 대상이 될 수는 없다(대결 1966.9.12. 66모58).

> 《대결 1966.9.12. 66모58 (고구마 압수사건)》 압수물이 범죄사실의 증거에 공할 물건인 경우에는 이를 가환부함은 모르되 환부는 할 수 없다.

> 《대결 1984.7.24. 84모43 (위조어음 가환부 신청 사건)》 본건 약속어음은 범죄행위로 인하여 생긴 위조문서로서 아무도 이를 소유하는 것이 허용되지 않는 물건이므로 몰수가 될 뿐 환부나 가환부할 수 없고 다만 검사는 몰수의 선고가 있는 뒤에 형사소송법 제485조에 의하여 위조의 표시를 하여 환부할 수 있다.

법원의 환부는 법원의 직권에 의하고 소유자 등의 환부청구는 인정되지 않는다. 법원이 '압수를 계속할 필요가 없다'고 판단하면 피고사건종결 전이라도 결정으로 환부해야 한다(§133①). 압수한 장물은 피해자 환부도 가능하다(§134). 피압수자가 압수과정에서 소유권을 포기한 경우에도 법원은 환부결정을 해야 한다(대결 1996.8.16. 94모51). 환부결정을 함에는 검사, 피해자, 피고인 또는 변호인에게 미리 통지하여야 한다(§135). 압수한 서류 또는 물품에 대하여 몰수의 선고가 없는 때에는 압수를 해제한 것으로 간주한다(§332). 법원의 환부 선고는 이해관계인이 민사소송절차에 의하여 그 권리를 주장함에 영향을 미치지 아니한다(§333④). 압수물에 대하여 몰수의 선고가 없는 때에는 압수를 해제한 것으로 간주한다(§332).

《대판 2003.5.30. 2003도705 (조합장선거 6천만원 위법압수 사건)》 법원이나 수사기관은 필요한 때에는 증거물 또는 몰수할 것으로 사료하는 물건을 압수할 수 있으나, 몰수는 반드시 압수되어 있는 물건에 대하여서만 하는 것이 아니므로, 몰수대상물건이 압수되어 있는가 하는 점 및 적법한 절차에 의하여 압수되었는가 하는 점은 몰수의 요건이 아니다.

2) 법원의 가환부

법원의 가환부에는 필요적 가환부와 임의적 가환부가 있다.

공판단계에서 필요적 가환부는 그 대상이 '증거에만 공할 목적으로 압수한 물건'으로서 '그 소유자 또는 소지자가 계속 사용하여야 할 물건'이다. '증거에만 공할 목적으로 압수한 물건'으로서 '그 소유자 또는 소지자가 계속 사용하여야 할 물건'은 사진촬영 기타 원형보존의 조치를 취하고 신속히 가환부하여야 한다(§133②). 필요적 가환부의 대상은 몰수와는 관계 없는 압수물, 즉 증거물에 대해서만 가능하다. 사진촬영 등 원형보존의 조치는 추후 공판절차를 위해 증거물에 대한 보존조치로서 당연히 요구되는 조치이다.

다음으로 공판단계에서의 임의적 가환부는 그 대상이 '증거에 공할 압수물'이며, 소유자 등의 청구가 필요하다. 즉, '증거에 공할 압수물은 소유자, 소지자, 보관자 또는 제출인의 청구에 의하여 가환부할 수 있다'(§133①후단). '증거에 공할 압수물'이란 증거물로서의 성격과 몰수할 것으로 사료되는 물건으로서의 성격을 모두 가진 압수물을 말한다(判). 몰수의 경우 필요적 몰수의 대상이 되는 경우에는 가환부의 대상이 될 수 없다. 임의적 몰수의 대상인 경우 '증거에 공할 압수물'에 포함되고 임의적 가환부의 대상이 된다. 가환부를 할 때에는 미리 검사, 피해자, 피고인 또는 변호인에게 통지하여야 한다(§135).

법원이 압수물을 가환부한 경우 압수의 효력은 그대로 유지된다. 따라서 가환부를 받은 자는 압수물에 대한 보관의무가 있으며, 이를 임의로 처분하지 못하고 법원의 요구가 있는 때에는 이를 제출할 의무가 있다. 가환부한 장물에 대하여 별도의 선고가 없는 때에는 환부의 선고가 있는 것으로 간주한다(§333③).

라. 압수장물의 피해자 환부

압수한 장물은 피해자에게 환부할 이유가 명백한 때에는 사건의 종결 전이라도 법원 또는 수사기관의 결정으로 피해자에게 환부할 수 있다(§219, §134). 압수장물의 재산권행사를 둘러싼 분쟁이 발생할 우려가 있으므로 환부할 이유가 명백한 경우에 한정된다(判). 인도청구권에 대하여 사실상 · 법률상 다소라도 의문이 있는 경우에는 피해자 환부가 불가능하다(대결 1984.2.28. 84모38). 압수한 장물로서 피해자에게 환부할 이유가 명백한 것은 법원은 판결로써 피해자에게 환부하는 선고를 하여야 한다(§333①). 장물을 처분하였을 때에는 판결로써 그 대가로 취득한 것을 피해자에게 교부하는 선고를 하여야 한다(§333②).

《대결 1984.2.28. 84모38》 형사소송법 제134조 소정의 "환부할 이유가 명백한 때"라 함은 사법상 피해자가 그 압수된 물건의 인도를 청구할 수 있는 권리가 있음이 명백한 경우를 의미하고 위 인도청구권에 관하여 사실상, 법률상 다소라도 의문이 있는 경우에는 환부할 명백한 이유가 있는 경우라고는 할 수 없다.

제2절 수사상 검증

1. 검증의 의의

검증(檢證)이란 오관(五官)의 작용에 의하여 사람, 장소, 물건의 성질 · 형상을 인식하는 강제처분을 말한다. 살인사건, 교통사고 등의 현장검증이 그 예이다. 수사기관의 검증은 증거를 수집 · 보전하기 위한 강제처분으로 원칙적으로 영장주의가 적용된다(§215). 그러나 법원의 검증은 증거조사의 일종으로 행하여지고, 영장이 요구되지 않는다(§139). 검증이 강제수사로서 영장에 기하여 이루어지는데 반해 실황조사는 임의수사로서 법관의 영장을 요하지 않은 점에 차이가 있으나, 실황조사는 수사기관의 검증과 실질적으로 동일한 기능을 한다.

검증의 대상에는 원칙적으로 제한이 없다. 오관의 작용에 의하여 인식가능한 것이면 유체물 또는 무체물을 가리지 않는다. 검증의 대상은 크게 사람의 신체에 대한 경우, 물건 · 장소에 대한 경우로 구분된다. 사람의 신체에 대한 경우를 특별히 '신체검사'라고 명명하고 형사소송법은 그 절차에 대해 별도의 규정을 두고 있다(§141).

2. 검증의 절차

검증의 요건과 검증영장의 청구와 발부, 집행절차는 압수 · 수색에서 설명한 바와 같다(§215). 검증의 경우에도 압수 · 수색의 경우와 마찬가지로 ① 체포현장에서의 검증, ② 긴급체포된 자에 대한 검증, ③ 범죄장소에서의 검증이 영장주의의 예외로서 인정된다. 이 경우 사후영장의 청구 절차도 압수 · 수색에서 설명한 바와 같다. 변사자의 검시에 있어 수사기관은 범죄혐의를 인정하고 긴급을 요할 때에는 영장없이 검증할 수 있다(§222②).

검증을 함에는 신체의 검사, 사체의 해부, 분묘의 발굴, 물건의 파괴 기타 필요한 처분을 할 수 있다(§219, §140). 사체의 해부 또는 분묘의 발굴을 하는 때에는 예에 어긋나지 아니하도록 주의하고 미리 유족에게 통지하여야 한다(§219, §141).

수사기관은 검증을 한 경우에 검증의 일시 · 장소, 검증 경위 등을 적은 검증조서를 작성해야 한다(준칙 §43). 수사기관의 검증조서는 공판준비 또는 공판기일에서 원진술자, 즉 검증을 행한 수사기관의 진술에 의하여 그 성립의 진정함이 증명된 때에는 증거로 할 수 있다(§312⑥).

3. 신체검사

가. 의의

신체검사는 신체 자체를 대상으로 하는 검사를 말한다. 신체 외부 및 의복에 대해 증거물을 찾는 신체수색과는 구별된다. 수사기관의 오관의 작용에 의한 신체검사는 원칙적으로 검증으로서의 성질을 갖지만 혈액채취, X-선 촬영 등 전문적 지식과 경험을 요하는 경우 감정에 해당한다. 신체검사도 원칙적으로 검증영장에 의하여야 한다. 신체의 검사에 관하여는 검사를 당하는 자의 성별, 나이, 건강상태 기타 사정을 고려하여 그 사람의 건강과 명예를 해하지 아니하도록 주의하여야 한다(§219, §141①). 피의자 아닌 사람의 신체검사는 증거가 될 만한 흔적의 존재를 확인할 수 있는 현저한 사유가 있는 경우에만 할 수 있다(§219, §141②). 여자의 신체를 검사하는 경우에는 의사나 성년의 여자를 참여하게 하여야 한다(§219, §141③).

나. 강제채혈 · 강제채뇨

강제채혈은 음주운전 피의자의 혈중알코올농도 측정을 위해 피의자의 의사에 반해 채혈을 하는 것을 말하고, 강제채뇨는 마약 피의자의 소변검사를 위해 피의자의 의사에 반해 채뇨하는 것을 말한다. 강제채혈은 강제력을 사용해 신체 침해를 수반하는 것이므로, 부득이한 경우에 최후의 수단으로 엄격한 요건하에 의료인으로 하여금 상당한 방법으로 행해지는 경우에 허용된다. 강제채뇨의 경우에도 마찬가지이다.

강제채혈 · 강제채뇨의 법적 성격에 대해 검증영장설, 압수 · 수색영장설, 감정처분허가장설 등 다양한 견해가 대립하나 판례는 감정처분허가장 또는 압수 · 수색영장이 필요하다는 입장이다. 실무에서는 감정처분허가장 보다는 주로 압수 · 수색영장의 방법을 활용한다.

《대판 2012.11.15. 2011도15258 (광명 음주실신사고 혈액채취 사건)》 [1] 수사기관이 범죄 증거를 수집할 목적으로 피의자의 동의 없이 피의자의 혈액을 취득 · 보관하는 행위는 법원으로부터 감정처분허가장을 받아 '감정에 필요한 처분'으로도 할 수 있지만, 압수의 방법으로도 할 수 있고, 압수의 방법에 의하는 경우 혈액의 취득을 위하여 피의자의 신체로부터 혈액을 채취하는 행위는 혈액의 압수를 위한 것으로서 '압수영장의 집행에 있어 필요한 처분'에 해당한다.
[2] 수사기관이 법원으로부터 영장 또는 감정처분허가장을 발부받지 아니한 채 피의자의 동의 없이 그 신체로부터 채취한 혈액을 이용하여 이루어진 감정결과는 영장주의 원칙을 위반하고 적법절차의 실질적인 내용을 침해하여 피고인이나 변호인의 동의가 있더라도 유죄의 증거로 사용할 수 없다.

《대판 2018.7.12. 2018도6219 (모발 80수 소변 30cc 사건)》 [1] 수사기관이 범죄 증거를 수집할 목적으로 피의자의 동의 없이 피의자의 소변을 채취하는 것은 법원으로부터 감정허가장을 받아 '감정에 필요한 처분'으로 할 수 있지만(피의자를 병원 등에 유치할 필요가 있는 경우에는 형사소송법 제221조의3에 따라 법원으로부터 감정유치장을 받아야 한다), 압수 · 수색의 방법으로도 할 수 있다. 이러한 압수 · 수색의 경우에도 수사기관은 원칙적으로 형사소송법 제215조에 따라 판사로부터 압수 · 수색영장을 적법하게 발부받아 집행해야 한다.

[2] 압수 · 수색의 방법으로 소변을 채취하는 경우 압수대상물인 피의자의 소변을 확보하기 위한 수사기관의 노력에도 불구하고, 피의자가 인근 병원 응급실 등 소변 채취에 적합한 장소로 이동하는 것에 동의하지 않거나 저항하는 등 임의동행을 기대할 수 없는 사정이 있는 때에는 수사기관으로서는 소변 채취에 적합한 장소로 피의자를 데려가기 위해서 필요 최소한의 유형력을 행사하는 것이 허용된다. 이는 형사소송법 제219조, 제120조 제1항에서 정한 '압수 · 수색영장의 집행에 필요한 처분'에 해당한다고 보아야 한다. 그렇지 않으면 피의자의 신체와 건강을 해칠 위험이 적고 피의자의 굴욕감을 최소화하기 위하여 마련된 절차에 따른 강제 채뇨가 불가능하여 압수영장의 목적을 달성할 방법이 없기 때문이다.

4. 감정위촉

감정(鑑定)은 특별한 전문지식이 있는 감정수탁자가 그 전문지식을 적용하여 일정한 사실판단을 하는 것을 뜻한다. 검사 또는 사법경찰관은 수사에 필요한 때에는 감정을 위촉할 수 있다(§221). 이때 감정위촉을 받은 자를 감정수탁자라 하며, 법원으로부터 감정의 명을 받은 감정인과 구별된다. 범죄수사에 있어 감정수탁자가 수행하는 감정은 법원의 증거조사방법으로 행해지는 감정과 구별된다. 감정수탁자는 선서의무가 없어, 허위감정죄의 적용을 받지 않고, 소송관계인의 반대신문도 허용되지 않는다는 점에서 법원의 감정과 구별된다.

수사기관의 감정위촉은 임의수사로 법관의 영장이 필요 없다. 감정수탁자는 감정에 강제력의 행사가 불가피한 경우에는, 법관의 감정처분허가장을 발부받아 감정업무를 수행하게 된다. 감정수탁자는 검사의 청구로 판사의 허가를 얻어 타인의 주거, 간수자 있는 가옥, 건조물, 항공기, 선차 내에 들어 갈 수 있고 신체의 검사, 사체의 해부, 분묘의 발굴, 물건의 파괴 등 감정에 필요한 처분을 할 수 있다(§221-4①,②, §173①). 판사는 상당하다고 인정할 때에는 허가장을 발부하여야 한다(§221-4③). 이것을 감정처분허가장이라 한다. 감정수탁자는 처분을 받는 자에게 감정처분허가장을 제시하여야 한다(§221-4④, §173①).

제3절 통신제한조치 등

1. 의의

수사기관의 감청 · 도청 등으로부터 통신비밀을 보호하고 통신의 자유를 신장하기 위하여 1993년 통신비밀보호법이 제정되었다. 통신비밀보호법은 헌법상의 통신 · 대화의 비밀과 자유에 대한 제한에 있어 그 대상을 한정하고 엄격한 법적 절차를 거치도록 함으로써 통신비밀을 보호하고 통신의 자유를 신장함을 목적으로 한다(동법 §1). 통신비밀보호법상의 강제처분은 통신제한조치와 통신사실확인자료 제공요청의 2가지가 있다. 이외에 형사소송법상의 압수 · 수색 절차로 통신에 관한 증거자료를 수집할 수도 있다. 먼저 이 3가지 강제체분의 개념에 대해 설명한다.

가. 통신제한조치

통신비밀보호법상 '통신'이란 우편물과 전기통신을 말한다. 통신제한조치란 '우편물의 검열' 또는 '전기통신의 감청'을 의미한다(동법 §3②). 통신제한조치는 헌법(§18)이 보장하는 개인의 사생활의 비밀과 자유를 침해하므로 강제수사에 해당한다. 수사기관은 통신비밀보호법상의 요건을 갖춘 경우에 법원의 허가를 얻어 우편물을 검열하거나 전기통신을 감청을 할 수 있다.

1) 우편물의 검열

'우편물'이란 우편법에 의한 통상우편물과 소포우편물을 말한다. '검열'이란 우편물에 대하여 당사자의 동의 없이 이를 개봉하거나 기타의 방법으로 그 내용을 지득 또는 채록하거나 유치하는 것을 말한다(동법 §2). 수사기관이 우편물을 검열하고자 하는 경우 법원의 허가서를 발부받아야 하며, 불법검열에 의해 취득한 우편물은 증거로 사용할 수 없다(동법 §4, §5②, §6).

2) 전기통신의 감청

'전기통신'이란 전화, 전자우편, 회원제정보서비스, 모사전송, 무선호출 등과 같이 유선, 무선, 광선 및 기타의 전자적 방식에 의하여 모든 종류의 음향, 문언, 부호 또는 영상을 송신하거나 수신하는 것을 말한다. '감청'이란 전기통신에 대하여 당사자의 동의없이 전자장치, 기계장치 등을 사용하여 통신의 음향, 문언, 부호, 영상을 청취, 공독하여 그 내용을 지득 또는 채록하거나 전기통신의 송·수신을 방해하는 것을 말한다(동법 §2). 수사기관이 전기통신을 감청하고자 하는 경우 법원의 허가서를 발부받아야 하며, 불법감청에 의해 취득한 전기통신의 내용은 증거로 사용할 수 없다(동법 §4, §5②, §6).

《대판 2003.11.13. 2001도6213 (렉카 도청 사건)》 [1] 무전기와 같은 무선전화기를 이용한 통화는 통신비밀보호법상 '전기통신'에 해당하는 것이 명백하므로 이를 같은 법 제3조 제1항 소정의 '타인간의 대화'에 포함된다고 할 수 없다.
[2] 렉카 회사가 무전기를 이용하여 한국도로공사의 상황실과 순찰차간의 무선전화통화를 청취한 경우 무전기를 설치함에 있어 한국도로공사의 정당한 계통을 밟은 결재가 있었던 것이 아닌 이상 전기통신의 당사자인 한국도로공사의 동의가 있었다고는 볼 수 없으므로 통신비밀보호법상의 감청에 해당한다.

인터넷 통신망을 통하여 흐르는 전기신호 형태의 패킷을 중간에 확보하여 그 내용을 지득하는 인터넷회신 감청, 이른바 패킷감청16)도 인터넷통신망을 통해 송수신하는 전기통신을 대상으로 하므로 전기통신의 감청에 포함된다.

《헌결 2018.8.30. 2016헌마263 (SK브로드밴드 인터넷회선 감청 사건)》 인터넷회선 감청은, 인터넷회선을 통하여 흐르는 전기신호 형태의 '패킷'을 중간에 확보한 다음 재조합 기술을 거쳐 그 내용을 파악하는 이른바 '패킷감청'의 방식으로 이루어진다. '패킷감청'은 수사기관이 실제 감청 집행을 하는 단계에서는 해당 인터넷회선을 통하여 흐르는 불특정 다수인의 모든 정보가 패킷 형태로 수집되어 일단 수사기관에 그대로 전송되므로, 다른 통신제한조치에 비하여 감청 집행을 통해 수사기관이 취득하는 자료가 비교할 수 없을 정도로 매우 방대하다. 따라서 청구인의 기본권(개인의 통신 및 사생활의 비밀과 자유)을 침해하므로 헌법에 합치되지 아니한다.

3) 타인간의 대화 청취·녹음

누구든지 법률에 의하지 아니하고는 '공개되지 아니한 타인간의 대화'를 녹음하거나 전자장치 또는 기계적 수단을 이용하여 청취할 수 없다(동법 §3①, §14①). '공개되지 아니한 타인간의 대화'를 녹음 또는 청취하거나 그 대화의 내용을 공개하거나 누설한 자는 형사처벌을 받는다(동법 §16①).

16) 헌법재판소는 패킷감청의 필요성을 인정하면서도, 집행과정이나 그 이후에 객관적인 감독·통제 수단이나 감청자료의 처리 등을 확인할 수 있는 법적 장치가 제대로 마련되어 있지 않다는 이유로 헌법불합치 결정을 하였다(헌결 2018.8.30. 2016헌마263). 이에 따라 2020년 통신비밀보호법 개정으로 그 근거 및 취득자료 관리규정이 신설되었다.

수사기관이 수사에 필요한 경우 '공개되지 아니한 타인간의 대화'를 녹음하거나 청취하기 위해서는 관할법원의 통신제한조치 허가서를 발부받아야 하며, 타인간의 대화내용을 불법녹음한 경우 증거로 사용할 수 없다(동법 §14②, §4, §6).

따라서 법원의 허가서 없이 일정한 대화 내용을 녹음하더라도 '공개되지 아니한 타인간의 대화'에 해당하는 경우에는 통신비밀보호법위반이 되지만, '공개되지 아니한 타인간의 대화'에 해당하지 않는 경우에는 그 증거수집절차가 적법하다. 법원은 녹음을 한 주체가 대화의 당사자인 경우에는 통신비밀보호법 위반이 아니라고 보며, 녹음을 한 주체가 대화의 당사자가 아닌 제3자에 해당하는 경우에는 통신비밀보호법위반에 해당한다고 보고 있다.

《대판 2017.3.15. 2016도19843 (우당탕 악 사건)》 타인 간의 '대화'는 원칙적으로 현장에 있는 당사자들이 육성으로 말을 주고받는 의사소통행위를 가리킨다. 따라서 사람의 육성이 아닌 사물에서 발생하는 음향은 타인 간의 '대화'에 해당하지 않는다. 또한 사람의 목소리라고 하더라도 상대방에게 의사를 전달하는 말이 아닌 단순한 비명소리나 탄식 등은 타인과 의사소통을 하기 위한 것이 아니라면 특별한 사정이 없는 한 타인 간의 '대화'에 해당한다고 볼 수 없다.

《대판 2002.10.8. 2002도123 (귓볼을 뚫어주느냐 사건)》 전기통신에 해당하는 전화통화 당사자의 일방이 상대방 모르게 통화내용을 녹음하는 것은 여기의 감청에 해당하지 아니하지만(따라서 전화통화 당사자의 일방이 상대방 몰래 통화내용을 녹음하더라도, 대화 당사자 일방이 상대방 모르게 그 대화내용을 녹음한 경우와 마찬가지로 동법 제3조 제1항 위반이 되지 아니한다).

《대판 2014.5.16. 2013도16404 (아이유 택시 인터넷방송 사건)》 3인 간의 대화에서 그 중 한 사람이 그 대화를 녹음 또는 청취하는 경우에 다른 두 사람의 발언은 그 녹음자 또는 청취자에 대한 관계에서 통신비밀보호법 제3조 제1항에서 정한 '타인 간의 대화'라고 할 수 없으므로, 이러한 녹음 또는 청취하는 행위 및 그 내용을 공개하거나 누설하는 행위가 통신비밀보호법 제16조 제1항에 해당한다고 볼 수 없다.

《대판 2022.10.27. 2022도9877 (인터넷개인방송 녹화 사건)》 인터넷개인방송의 방송자가 비밀번호를 설정하는 등 그 수신 범위를 한정하는 비공개 조치를 취하지 않고 방송을 송출하는 경우, 누구든지 시청하는 것을 포괄적으로 허용하는 의사라고 볼 수 있으므로, 그 시청자는 인터넷개인방송의 당사자인 수신인에 해당하고, 이러한 시청자가 방송 내용을 지득 · 채록하는 것은 통신비밀보호법에서 정한 감청에 해당하지 않는다.

《대판 2010.10.14. 2010도9016 (수감자 휴대폰 제공 사건)》 제3자가 전화통화 당사자 일방의 동의를 받고 그 통화 내용을 녹음하였다 하더라도 그 상대방의 동의가 없었던 경우, 통신비밀보호법상 불법감청에 의하여 녹음된 것으로 증거능력이 없다. 피고인이나 변호인이 이를 증거로 함에 동의하였다고 하더라도 마찬가지이다.

《대판 2022.8.31. 2020도1007 (서문교회 도박녹음 사건)》 대화에 원래부터 참여하지 않는 제3자가 일반 공중이 알 수 있도록 공개되지 않은 타인 간의 발언을 녹음하거나 전자장치 또는 기계적 수단을 이용하여 청취하는 것은 특별한 사정이 없는 한 통신비밀보호법 제3조 제1항에 위반된다. '공개되지 않았다.'는 것은 반드시 비밀과 동일한 의미는 아니고, 구체적으로 공개된 것인지는 객관적인 상황을 종합적으로 고려하여 판단해야 한다.

《대판 2024.2.29. 2023도8603 (거실 홈카메라 설치 사건)》 통신비밀보호법 제3조 제1항은 누구든지 법률에 의하지 아니하고는 '우편물의 검열', '전기통신의 감청' 또는 '공개되지 않은 타인간의 대화를 녹음 또는 청취'하지 못한다고 규정하고 있다. 여기서 '청취'는 타인간의 대화가 이루어지고 있는 상황에서 실시간으로 그 대화의 내용을 엿듣는 행위를 의미하고, 대화가 이미 종료된 상태에서 그 대화의 녹음물을 재생하여 듣는 행위는 '청취'에 포함되지 않는다.

비교판례

불법감청에 해당하는 경우	불법감청에 해당하지 않는 경우
① 전화통화 당사자의 일방이 상대방 몰래 통화내용을 녹음하는 것은 통신비밀보호법상의 감청에 해당하지 않지만, 제3자가 전화통화 당사자 일방만의 동의를 받고 그 상대방의 동의가 없이 통화내용을 녹음한 경우 통신비밀보호법 제3조 제1항 위반이 된다. 제3자가 공개되지 아니한 타인간의 대화를 녹음한 경우에도 마찬가지이다(대판 2002.10.8. 2002도123 귓불을 뚫어주느냐 사건). ② 대화에 원래부터 참여하지 않는 제3자가 일반 공중이 알 수 있도록 공개되지 않은 타인 간의 발언을 녹음하거나 전자장치 또는 기계적 수단을 이용하여 청취하는 것은 특별한 사정이 없는 한 제3조 제1항에 위반된다(대판 2022.8.31. 2020도1007). ③ 수사기관이 乙로부터 甲의 필로폰 매매 범행에 대한 진술을 듣고 추가적인 증거를 확보할 목적으로, 구속수감되어 있던 乙에게 그의 압수된 휴대전화를 제공하여 甲과 통화하고 그 통화 내용을 녹음하게 한 행위는 불법감청에 해당하므로, 그 녹음 자체는 물론 이를 근거로 작성된 녹취록 첨부 수사보고는 피고인의 증거동의에 상관없이 그 증거능력이 없다(대판 2010.10.14. 2010도9016 수감자	① 피고인이 범행 후 피해자에게 전화를 걸어오자 피해자가 증거를 수집하려고 그 전화내용을 녹음한 경우, 그 녹음테이프가 피고인 모르게 녹음된 것이라 하여 이를 위법하게 수집된 증거라고 할 수 없다(대판 1997.3.28. 97도240 강간피해자 전화녹음 사건). ② 택시 운전기사인 피고인이 자신의 택시에 승차한 피해자들에게 질문하여 지속적인 답변을 유도하는 등의 방법으로 피해자들과의 대화를 이어 나가면서 그 대화 내용을 공개한 경우, 피해자들의 발언은 피고인에 대한 관계에서 통신비밀보호법 제3조 제1항에서 정한 '타인 간의 대화'에 해당한다고 할 수 없다(대판 2014.5.16. 2013도16404 아이유 택시 인터넷방송 사건). ③ 통신비밀보호법에서 말하는 '대화'에는 당사자가 마주 대하여 이야기를 주고받는 경우뿐만 아니라 당사자 중 한 명이 일방적으로 말하고 상대방은 듣기만 하는 경우도 포함되므로, 강연과 토론·발표 등은 대상자와 상대방 사이의 대화에 해당된다(대판 2015.1.22. 2014도10978 全合 이석기 의원 내란선동 사건). ④ 甲이 평소 친분이 있던 乙과 휴대전화로 통화

휴대폰 제공 사건).
④ 甲이 乙에게 휴대폰으로 전화를 걸어 乙과 약 8분간의 전화통화를 마친 후 상대방에 대한 예우 차원에서 바로 전화통화를 끊지 않고 乙이 전화를 먼저 끊기를 기다리던 중, 평소 친분이 있는 丙이 乙과 인사를 나누면서 丁을 소개하는 목소리가 甲의 휴대폰을 통해 들려오고, 때마침 乙이 실수로 휴대폰의 통화종료 버튼을 누르지 아니한 채 이를 이사 상실 내의 탁사 위에 놓아두자, 乙의 휴대폰과 통화연결상태에 있는 자신의 휴대폰 수신 및 녹음기능을 이용하여 이 사건 대화를 몰래 청취하면서 녹음한 경우, 甲은 이 사건 대화에 원래부터 참여하지 아니한 제3자이므로, 통화연결상태에 있는 휴대폰을 이용하여 대화를 청취 · 녹음하는 행위는 작위에 의한 통신비밀보호법 제3조의 위반행위로서 같은 법 제16조 제1항 제1호에 의하여 처벌된다(대판 2016.5.12. 2013도15616 정수장학회 비밀회동 사건).
⑤ 甲, 乙이 丙과의 통화내용을 녹음하기로 합의한 후 甲이 스피커폰으로 丙과 통화하고 乙이 옆에서 이를 녹음한 경우, 전화통화의 당사자는 甲과 丙이고, 乙은 제3자에 해당하므로 乙이 전화통화 당사자 일방인 甲의 동의를 받고 통화 내용을 녹음하였다고 하더라도 상대방인 丙의 동의가 없었던 이상 이는 통신비밀보호법상 전기통신의 감청에 해당하여 그 녹음파일은 증거로 사용할 수 없고, 이는 丙이 녹음파일 및 이를 채록한 녹취록에 대하여 증거동의를 하였다 하더라도 마찬가지이다(대판 2019.3.14. 2015도1900 변호사매형에 사건 준검사 사건).
를 마친 후 전화가 끊기지 않은 상태에서 1~2분간 '우당탕', '악'소리를 들었는데, '우당탕' 소리는 사물에서 발생하는 음향일 뿐 사람의 목소리가 아니므로 타인 간의 '대화'에 해당하지 않는다. '악' 소리도 사람의 목소리이기는 하나 단순한 비명소리에 지나지 않아 그것만으로 상대방에게 의사를 전달하는 말이라고 보기는 어려워 특별한 사정이 없는 한 타인 간의 '대화'에 해당한다고 볼 수 없다(대판 2017.3.15. 2016도19843 우당탕 악 사건).
⑤ 방송자인 甲이 비공개 조치를 한 후 방송을 하는 과정에서 甲과 잘 아는 사이인 피해자 乙이 불상의 방법으로 접속하거나 시청하고 있다는 사정을 알면서도 방송을 중단하거나 乙을 배제하는 조치를 취하지 아니하고, 오히려 乙의 시청사실을 전제로 乙을 상대로 한 발언을 하기도 하는 등 계속 진행한 경우 乙은 위 방송의 당사자에 해당하고 제3자에 해당한다고 볼 수는 없으므로, 통신비밀보호법 제3조를 위반한 불법감청에 해당하지 않는다(대판 2022.10.27. 2022도9877 인터넷개인방송 녹화 사건).
⑥ 단속 경찰관이 손님으로 가장하고 성매매업소에 들어가 여종업원 몰래 여종업원과 나눈 대화를 녹음하였더라도 이는 통신비밀보호법 제3조 제1항이 금지하는 공개되지 아니한 타인 간의 대화를 녹음한 경우에 해당하지 않는다(대판 2024.5.30. 2020도9370 성매매 손님가장 단속 사건).

나. 통신사실확인자료 제공요청

통신비밀보호법상 '통신사실확인자료'란 전기통신사실에 관한 자료로서 ① 가입자의 전기통신일시, ② 전기통신개시 · 종료시간, ③ 발 · 착신 통신번호 등 상대방의 가입자번호, ④ 사용도수, ⑤ 컴퓨터통신 또는 인터넷의 사용자가 전기통신역무를 이용한 사실에 관한 컴퓨터통신 또는 인터넷의 로그기록자료, ⑥ 정보통신망에 접속된 정보통신기기의 위치를 확인할 수 있는 발신기지국의 위치추적자료, ⑦ 컴퓨터통신 또는 인터넷의 사용자가 정보통신망에 접속하기 위하여 사용하는 정보통신기기의 위치를 확인할 수 있는 접속지의 추적자료에 해당하는 것을 말한다(동법 §2.11). 수사기관이 전기통신사업자에게 통신사실확인자료를 열람이나 제출을 요청하는 것을 '통신사실확인자료 제공요청'이라고 한다. 통신사실확인자료 제공요청도 개인의 사생활의 비밀과 자유를 침해할 우려가 있으므로 통신비밀보호법은 일정한 요건을 갖춘 경우에 한해 법원의 허가를 얻어 제공요청 할 수 있도록 규정하고 있다(동법 §13).

다. 통신증거의 압수수색

전기통신의 감청은 현재 실시간으로 이루어지고 있는 전기통신의 내용을 대상으로 하며, 이미 수신이 끝난 과거의 우편물, 휴대전화의 문자·음성메시지, 전자우편 등 전기통신의 내용을 확인하고 수집하는 것은 형사소송법상의 압수·수색에 해당한다.

《대판 2013.11.28. 2010도12244 밀양시 충성메일 해킹 사건》 '전기통신의 감청'은 현재 이루어지고 있는 전기통신의 내용을 지득·채록하는 경우와 통신의 송·수신을 직접적으로 방해하는 경우를 의미하는 것이지 전자우편이 송신되어 수신인이 이를 확인하는 등으로 이미 수신이 완료된 전기통신에 관하여 남아 있는 기록이나 내용을 열어보는 등의 행위는 '전기통신의 감청'에 포함되지 않는다.

2. 통신제한조치의 절차

통신비밀보호법상 국가기관에 의한 통신비밀 침해행위는 원칙적으로 금지된다. 다만 헌법상의 영장주의를 도입하여 법원의 허가를 얻은 때에 한하여 예외적으로 허용된다. 따라서 수사기관이 전기통신의 감청 등을 통해 증거를 수집하기 위해서는 통신비밀보호법상 법원으로부터 통신제한조치 허가서를 발부받아야 한다. 통신제한조치의 절차는 범죄수사를 위한 통신제한조치(동법 §5, §6)와 국가안보를 위한 통신제한조치(동법 §7)로 구분된다. 여기서는 편의상 범죄수사를 위한 통신제한조치에 대해서만 설명한다.

가. 통신제한조치의 허가요건

통신제한조치는 통신비밀보호법 제5조에 규정된 중범죄를 계획 또는 실행하고 있거나 실행하였다고 의심할 만한 충분한 이유가 있고 다른 방법으로는 그 범죄의 실행을 저지하거나 범인의 체포 또는 증거의 수집이 어려운 경우에 한하여 허가할 수 있다(동법 §5 ①). 형법상 내란죄, 외환죄, 방화죄, 살인죄, 협박죄, 감금죄, 약취죄, 강간죄, 절도죄, 강도죄, 공갈죄, 국가보안법위반 등은 통신제한조치의 신청대상 범죄이지만 상해죄, 폭행죄, 과실치사상죄, 명예훼손죄, 업무방해죄, 주거침입죄, 사기죄 등의 경우 통신제한조치를 할 수 없다. 통신제한조치를 허가하기 위해서는 대상인 송·수신하는 전기통신이 특정되거나 송 · 수신하는 전기통신의 기간을 특정해야 한다(동법 §5②).

나. 통신제한조치허가서의 청구와 발부

사법경찰관은 통신제한조치 허가요건이 구비된 경우에는 검사에 대하여 각 피의자별 또는 각 피내사자별로 통신제한조치에 대한 허가를 신청하고, 검사는 법원에 대하여 그 허가를 청구할 수 있다(동법 §6②). 통신제한조치 청구사건의 관할법원은 그 통신제한조치를 받을 통신당사자의 쌍방 또는 일방의 주소지 · 소재지, 범죄지 또는 통신당사자와 공범관계에 있는 자의 주소지 · 소재지를 관할하는 지방법원 또는 지원으로 한다(동법 §6③). 법원은 청구가 이유 있다고 인정하는 경우에는 각 피의자별 또는 피내사자별로 통신제한조치를 허가하고, 허가서를 청구인에게 발부하고(동법 §6⑤), 청구가 이유 없다고 인정하는 경우에는 청구를 기각하고 이를 청구인에게 통지한다(동법 §6⑨).

다. 통신제한조치 기간 및 연장

통신제한조치의 기간은 2개월을 초과하지 못하고, 그 기간 중 통신제한조치의 목적이 달성되었을 경우에는 즉시 종료하여야 한다(동법 §6⑦). 다만, 통신제한조치의 허가요건이 존속하는 경우에는 소명자료를 첨부하여 따라 2개월의 범위에서 통신제한조치기간의 연장을 청구할 수 있다(동법 §6⑦단서). 통신제한조치의 연장을 청구하는 경우에 통신제한조치의 총 연장기간은 1년을 초과할 수 없다. 다만, 내란죄, 국가보안법위반죄 등 일부범죄의 경우에는 통신제한조치의 총 연장기간이 3년을 초과할 수 없다(동법 §6⑧). 통신제한조치의 무제한 연장 허용에 대해 헌법재판소의 헌법불합치 결정(헌결 2010.12.28. 2009헌가30)이 있어 연장허가요건과 총연장기간 제한에 관한 내용이 2019년 추가 · 신설되었다.

《대판 1999.9.3. 99도2317 (영남위원회 사건)》 통신제한조치에 대한 기간연장결정은 원 허가의 내용에 대하여 단지 기간을 연장하는 것일 뿐 원 허가의 대상과 범위를 초과할 수 없다 할 것이므로 통신제한조치허가서에 의하여 허가된 통신제한조치가 '전기통신 감청 및 우편물 검열'뿐인 경우 그 후 연장결정서에 당초 허가 내용에 없던 '대화녹음'이 기재되어 있다 하더라도 이는 대화녹음의 적법한 근거가 되지 못한다.

《헌결 2010.12.28. 2009헌가30 (범민련 사무처장 무제한 감청 사건)》 통신제한조치기간의 연장을 허가함에 있어 총연장기간 또는 총연장횟수에 제한을 두지 아니한 통신비밀보호법 제6조 제7항 단서 중 전기통신에 관한 '통신제한조치기간의 연장'에 관한 부분은 통신의 비밀을 침해하여 위헌이다.

라. 긴급통신제한조치의 절차

수사기관은 직접적인 사망이나 심각한 상해의 위험을 야기할 수 있는 범죄 또는 조직범죄 등 중대한 범죄의 계획이나 실행 등 긴박한 상황에 있고 통신제한조치의 규정에 의한 요건을 구비한 자에 대하여 통상적인 절차를 거칠 수 없는 긴급한 사유가 있는 때에는 법원의 허가없이 통신제한조치를 할 수 있다(동법 §8①). 이 경우 긴급통신제한조치의 집행에 착수한 후 지체 없이 법원에 허가청구를 하여야 한다(동법 §8②). 사법경찰관이 긴급통신제한조치를 할 경우에는 미리 검사의 지휘를 받아야 한다. 다만, 특히 급속을 요하여 미리 지휘를 받을 수 없는 사유가 있는 경우에는 긴급통신제한조치의 집행착수 후 지체없이 검사의 승인을 얻어야 한다(동법 §8③). 긴급통신제한조치를 하고자 하는 경우에는 반드시 긴급검열서 또는 긴급감청서에 의하여야 하며 소속기관에 긴급통신제한조치대장을 비치하여야 한다(동법 §8④). 긴급통신제한조치의 집행에 착수한 때부터 36시간 이내에 법원의 허가를 받지 못한 경우에는 해당 조치를 즉시 중지하고 해당 조치로 취득한 자료를 폐기하여야 한다(동법 §8⑤).

마. 통신제한조치의 집행절차

통신제한조치는 이를 신청한 검사, 사법경찰관가 집행한다. 이 경우 체신관서 기타 관련기관 등에 그 집행을 위탁하거나 집행에 관한 협조를 요청할 수 있다(동법 §9①). 통신기관 등에 통신제한조치의 집행에 관한 협조를 요청하는 경우에는 통신제한조치허가서 또는 긴급감청서 등의 표지의 사본을 발급하고 자신의 신분을 표시할 수 있는 증표를 체신관서, 그 밖의 관련기관의 장에게 제시해야 한다(동법 시행령 §12). 통신기관등은 통신제한조치허가서 또는 긴급감청서등에 기재된 통신제한조치 대상자의 전화번호 등이 사실과 일치하지 않을 경우에는 그 집행을 거부할 수 있으며, 어떠한 경우에도 전기통신에 사용되는 비밀번호를 누설할 수 없다(동법 §9④).

바. 통신제한조치의 집행통지

사법경찰관은 통신제한조치를 집행한 사건에 관하여 검사로부터 기소 또는 불기소 처분(기소중지 또는 참고인중지 결정은 제외)의 통보를 받거나 불송치 처분(수사중지 결정 제외) 또는 내사사건에 관하여 불입건 처분을 한 때에는 그날부터 30일 이내에 감청의 대상이 된 전기통신의 가입자 등에게 통신제한조치를 집행한 사실과 집행기관 및 그 기간 등을 서면으로 통지하여야 한다(동법 §9-2②). 이는 송·수신이 완료된 전기통신에 대하여 압수수색한 경우에도 동일한 절차에 따라 집행사실을 통지하여야 한다(동법 §9-3②). 검사도 동일한 절차에 따라 통신제한조치 집행사실, 압수 · 수색 · 검증을 집행한 사실을 서면으로 통지해야 한다(동법 §9-2①, §9-3①). 검사 또는 사법경찰관은 통신제한조치를 통지할 경우 ① 국가의 안전보장 · 공공의 안녕질서를 위태롭게 할 현저한 우려가 있는 때, ② 사람의 생명 · 신체에 중대한 위험을 초래할 염려가 현저한 때에는 그 사유가 해소될 때까지 통지를 유예할 수 있다(동법 §9-2④). 이 경우 소명자료를 첨부하여 미리 관할 지방검찰청 검사장의 승인을 받아야 한다(동법 §9-2⑤). 위의 사유가 해소된 날로부터 30일 이내에 집행통지 해야 한다(동법 §9-2⑥).

3. 통신사실확인자료 제공요청 절차

통신비밀보호법상 통신사실확인자료를 제공요청하는 경우에도 영장주의에 따라 법원의 허가를 얻어야 한다. 따라서 수사기관이 통신사실확인자료를 전기통신사업자에게 제공요청하기 위해서는 통신비밀보호법상 법원으로부터 통신사실확인자료 제공요청 허가서를 발부받아야 한다.

가. 통신사실확인자료 제공요청의 허가절차

검사 또는 사법경찰관은 수사 또는 형의 집행을 위하여 필요한 경우 관할 지방법원의 허가를 받아 전기통신사업자에게 통신사실 확인자료의 열람이나 제출을 요청할 수 있다(동법 §13①). 통신사실 확인자료제공을 요청하는 경우에는 요청사유, 해당 가입자와의 연관성 및 필요한 자료의 범위를 기록한 서면으로 관할 지방법원 또는 지원의 허가를 받아야 한다(동법 §13③).

검사 또는 사법경찰관은 수사를 위한 통신사실확인자료 중 '실시간 추적자료'나 '특정 기지국에 대한 통신사실확인자료'가 필요한 경우에는 다른 방법으로는 범죄의 실행을 저지하기 어렵거나 범인의 발견 · 확보 또는 증거의 수집 · 보전이 어려운 경우에만 전기통신사업자에게 해당 자료의 열람이나 제출을 요청할 수 있다. 이 경우에도 범죄수사를 위한 통신제한조치 대상범죄에 해당하는 범죄이거나 전기통신을 수단으로 하는 범죄에 대한 통신사실 확인자료가 필요한 경우에는 열람이나 제출을 요청할 수 있다(동법 §13②).

관할 지방법원 또는 지원의 허가를 받을 수 없는 긴급한 사유가 있는 때에는 통신사실확인자료제공을 요청한 후 지체 없이 그 허가를 받아 전기통신사업자에게 송부해야 한다(동법 §13③). 긴급한 사유로 통신사실확인자료를 제공받았으나 지방법원 또는 지원의 허가를 받지 못한 경우에는 지체 없이 제공받은 통신사실확인자료를 폐기해야 한다(동법 §13③).

나. 통신사실확인자료 제공요청의 절차

전기통신사업자는 검사, 사법경찰관 또는 정보수사기관의 장에게 통신사실확인자료를 제공한 때에는 자료제공현황 등을 연 2회 과학기술정보통신부장관에게 보고하고, 해당 통신사실 확인자료 제공사실등 필요한 사항을 기재한 대장과 통신사실 확인자료제공요청서 등 관련자료를 통신사실확인자료를 제공한 날부터 7년간 비치하여야 한다(동법 §13⑦).

다. 통신사실확인자료 제공의 통지

검사 또는 사법경찰관은 통신사실 확인자료제공을 받은 사건에 관하여 일정한 기간 내에 통신사실 확인자료제공을 받은 사실과 제공요청기관 및 그 기간 등을 통신사실확인자료제공의 대상이 된 당사자에게 서면으로 통지하여야 한다(동법 §13-3①). 사건의 처리 유형에 따른 통지기간은 다음과 같다. 기소, 불기소 · 불송치 처분(기소중지 · 참고인중지 또는 수사중지 결정은 제외) 또는 불입건 처분을 한 경우에는 그 처분을 한 날부터 30일 이내에 통지해야 한다(동법 §13-3①1). 기소중지 · 참고인중지 또는 수사중지 결정을 한 경우에는 그 결정을 한 날부터 1년(제6조제8항 각 호의 어느 하나에 해당하는 범죄인 경우에는 3년)이 경과한 때부터 30일 이내에 통지해야 한다(동법 §13-3①2). 수사가 진행 중인 경우에는 통신사실 확인자료제공을 받은 날부터 1년(제6조제8항 각 호의 어느 하나에 해당하는 범죄인 경우에는 3년)이 경과한 때부터 30일 이내에 통지해야 한다(동법 §13-3①3).

다만, ① 국가의 안전보장, 공공의 안녕질서를 위태롭게 할 우려가 있는 경우, ② 피해자 또는 그 밖의 사건관계인의 생명이나 신체의 안전을 위협할 우려가 있는 경우, ③ 증거인멸, 도주, 증인 위협 등 공정한 사법절차의 진행을 방해할 우려가 있는 경우, ④ 피의자, 피해자 또는 그 밖의 사건관계인의 명예나 사생활을 침해할 우려가 있는 경우에는 그 사유가 해소될 때까지 통지를 유예할 수 있다(동법 §13-3②). 검사 또는 사법경찰관은 위의 사유가 해소된 때에는 그 날부터 30일 이내에 통신사실 확인자료 제공 통지를 해야 한다(동법 §13-3④). 통신사실 확인자료제공을 받은 사실 등을 통지받은 당사자는 해당 통신사실확인자료 제공을 요청한 사유를 알려주도록 서면으로 신청할 수 있다(동법 §13-3⑤). 신청을 받은 검사 또는 사법경찰관은 그 신청을 받은 날부터 30일 이내에 해당 통신사실 확인자료제공 요청의 사유를 서면으로 통지하여야 한다(동법 §13-3⑥).

4. 취득한 자료 등의 사용 · 보관

가. 통신제한조치로 취득한 자료의 사용제한

통신제한조치의 집행으로 인하여 취득된 우편물 또는 그 내용과 전기통신의 내용은 ① 통신제한조치의 '목적이 된 범죄'나 이와 '관련되는 범죄'를 수사 · 소추하거나 그 범죄를 예방하기 위하여 사용하는 경우, ② ①의 범죄로 인한 징계절차에 사용하는 경우, ③ 통신의 당사자가 제기하는 손해배상소송에서 사용하는 경우, ④ 기타 다른 법률의 규정에 의하여 사용하는 경우 외에는 사용할 수 없다(동법 §12).

《대판 2011.5.13. 2009도14442 (노회찬 의원 떡값검사 실명공개 사건)》 국회의원인 피고인이 구 국가안전기획부 내 정보수집팀이 대기업 고위관계자와 중앙일간지 사주 간의 사적 대화를 불법 녹음한 자료를 입수한 후 그 대화내용과 위 대기업으로부터 이른바 떡값 명목의 금품을 수수하였다는 검사들의 실명이 게재된 보도자료를 작성하여 자신의 인터넷 홈페이지에 게재한 경우 통신비밀보호법 위반에 해당하며 정당행위에 해당한다고 볼 수 없다.

《대판 2017.1.25. 2016도13489 (함바식당 수주 사기 사건)》 [1] 통신사실확인자료 제공요청에 의하여 취득한 통화내역 등 통신사실확인자료를 범죄의 수사 · 소추를 위하여 사용하는 경우 대상 범죄는 통신사실확인자료 제공요청의 목적이 된 범죄 및 이와 객관적 관련성과 인적 관련성이 있는 범죄에 한정되어야 한다. 피의자와 사이의 인적 관련성은 통신사실 확인자료제공요청 허가서에 기재된 대상자의 공동정범이나 교사범 등 공범이나 간접정범은 물론 필요적 공범 등에 대한 피고사건에 대해서도 인정될 수 있다.

[2] 공무원에게 금품을 제공한 혐의로 발부된 통신사실 확인자료제공요청 허가서에 대상자로 기재되어 있는 피고인 甲이 피고인 乙의 뇌물수수 범행의 증뢰자라면, 위 허가서에 의하여 제공받은 甲과 乙의 통화내역을 乙의 수뢰사실의 증명을 위한 증거로 사용할 수 있다.

나. 패킷감청으로 취득한 자료의 관리

인터넷 회선을 통하여 송신 · 수신하는 전기통신에 대한 통신제한조치(패킷감청)는 불특정 다수인의 사생활의 비밀과 자유에 심각한 위협을 초래하므로 통신비밀보호법에 엄격한 요건과 절차를 규정하고 이를 준수하는 조건으로 허용하고 있다. 이에 따라 사법경찰관은 인터넷 회선을 통하여 송신 · 수신하는 전기통신을 대상으로 통신제한조치를 집행한 경우 그 전기통신을 사용하거나 사용을 위하여 보관(이하 "보관 등"이라 함)을 하고자 하는 때에는 집행종료일부터 14일 이내에 보관 등이 필요한 전기통신을 선별하여 검사에게 보관 등의 승인을 신청하고, 검사는 신청일부터 7일 이내에 통신제한조치를 허가한 법원에 그 승인을 청구할 수 있다(동법 §12-2②). 검사는 집행종료일부터 14일 이내에 법원에 보관 등의 승인을 청구하여야 한다(동법 §12-2①). 승인청구는 통신제한조치의 집행 경위, 취득한 결과의 요지, 보관 등이 필요한 이유를 기재한 서면으로 하여야 하며, 관련 서류를 첨부하여야 한다(동법 §12-2③).

법원은 청구가 이유 있다고 인정하는 경우에는 보관 등을 승인하고 승인서를 발부하며, 청구가 이유 없다고 인정하는 경우에는 청구를 기각하고 이를 청구인에게 통지한다(동법 §12-2④). 검사 또는 사법경찰관은 청구나 신청을 하지 아니하는 경우에는 집행종료일부터 14일(검사가 사법경찰관의 신청을 기각한 경우에는 그 날부터 7일) 이내에 통신제한조치로 취득한 전기통신을 폐기하여야 하고, 법원에 승인청구를 한 경우(취득한 전기통신의 일부에 대해서만 청구한 경우를 포함한다)에는 법원으로부터 승인서를 발부받거나 청구기각의 통지를 받은 날부터 7일 이내에 승인을 받지 못한 전기통신을 폐기하여야 한다(동법 §12-2⑤). 통신제한조치로 취득한 전기통신을 폐기한 때에는 폐기의 이유와 범위 및 일시 등을 기재한 폐기결과보고서를 작성하여 피의자의 수사기록 또는 피내사자의 내사사건 기록에 첨부하고, 폐기일부터 7일 이내에 통신제한조치를 허가한 법원에 송부하여야 한다(동법 §12-2⑥).

다. 위법수집증거의 사용배제

통신비밀보호법은 수사기관의 불법 · 탈법적 방법에 의한 통신수사를 원천적으로 차단하기 위해서 적법한 절차를 거치지 않고 수집한 우편물 또는 전기통신의 내용 등에 대해 증거능력을 배제하고 있다. ① 불법검열에 의하여 취득한 우편물이나 그 내용, ② 불법감청에 의하여 지득 또는 채록된 전기통신의 내용, ③ '공개되지 아니한 타인간의 대화'를 불법으로 녹음 · 청취한 대화내용은 모두 재판 또는 징계절차에서 증거로 사용하는 것을 금지하고 있다(동법 §4, §14②).

제6장

판사에 의한 강제처분

범죄수사는 수사기관의 권한이고 의무이지만, 일정한 경우 수사단계에서 판사가 증거조사 또는 증인신문을 하여 그 결과를 보전하는 절차가 있다. 즉, 수사절차에서 판사의 강제처분 권한을 빌려 미리 증거조사나 증인신문을 하여 증거를 보전한 후 공판절차에서 그 증거를 활용하도록 하는 절차가 증거보전절차와 수사상의 증인신문이다.

제1절 증거보전

1. 의의

공판기일에 정상적인 증거조사가 있기 전에 증거방법의 사용이 불가능하게 되거나 현저히 곤란하게 될 염려가 있는 경우에 판사가 미리 증거조사를 하여 그 결과를 보전하여 두는 제도를 증거보전이라 한다. 독자적 증거수집의 권한이 없는 피의자 · 피고인에게 유리한 증거를 수집 · 보전할 수 있는 방법을 만들어줌으로써 피의자 · 피고인의 지위를 강화하여 공정한 재판의 이념을 실현하기 위한 제도이다.

2. 요건

증거보전은 미리 증거를 보전하지 않으면 그 증거를 사용하기 곤란한 사정이 있는 때에 제1회 공판기일 전에 한하여 인정된다.

가. 증거보전의 필요성

증거보전을 청구하기 위해서는 미리 증거를 보전하지 아니하면 그 증거를 사용하기 곤란한 사정이 있어야 한다(§184①). 예를 들어 유일한 목격자가 폐암 말기로 공판기일까지 생존이 불가능하거나 불확실한 경우에 피의자는 지방법원판사에게 증거보전을 청구할 수 있다. 증거의 사용곤란에는 해당 증거에 대한 증거조사가 곤란한 경우뿐만 아니라 증명력의 변화가 예상되는 경우도 포함된다. 따라서 물적 증거에 대해 멸실·은닉 또는 성상의 변경이 있는 경우, 증인에 대하여 사망이나 해외여행뿐만 아니라 증언불능이나 진술변경의 경우도 여기에 해당한다.

나. 제1회 공판기일 전

증거보전은 제1회 공판기일 전에 한하여 할 수 있다. 제1회 공판기일 후에는 수소법원에서의 증거조사가 가능하므로 증거보전의 필요가 없기 때문이다. 제1회 공판기일 전인 이상 공소제기의 전후는 불문한다. 제1회 공판기일이란 수소법원의 증거조사가 가능한 단계를 의미한다. 따라서 제1회 공판기일 전이란 공판이 개시되어 모두 절차가 끝난 때까지로 해석한다. 증거보전은 항소심이나 재심에서는 허용되지 않는다.

《대결 1984.3.29. 84모15 (재심사건 증거보전청구 사건)》 증거보전은 제1심 제1회 공판기일 전에 한하여 허용되는 것이므로 재심청구사건에서는 증거보전절차는 허용되지 아니한다.

《대판 1979.6.12. 79도792 (변호사 사문서변조교사 사건)》 형사소송법 제184조에 의한 증거보전은 피고인 또는 피의자가 형사입건도 되기 전에 청구할 수는 없고 또 피의자 신문에 해당하는 사항을 증거보전의 방법으로 청구할 수 없다고 함이 상당하다.

3. 절차

가. 증거보전의 청구

증거보전의 청구권자는 검사, 피고인, 피의자 또는 변호인이다. 피고인은 공소제기 후 제1회 공판기일 이전의 피고인을 말한다. 피의자는 수사기관이 수사기관의 활동에 의해 수사의 대상임이 객관적으로 표시된 자를 말한다. 따라서 형사입건되기 전의 자는 피의자가 아니므로 증거보전을 청구할 수 없다. 변호인의 청구권은 독립대리권으로, 피의자·피고인의 명시적인 의사에 반해서 행사할 수 있다.

증거보전의 청구는 ① 압수에 관하여는 압수할 물건의 소재지, ② 수색 또는 검증에 관하여는 수색 또는 검증할 장소, 신체 또는 물건의 소재지, ③ 증인신문에 관하여는 증인의 주거지 또는 현재지를 관할하는 지방법원판사에게 하여야 한다(형규 §91①). 감정의 청구는 감정함에 편리한 지방법원판사에게 할 수 있다(형규 §91②). 증거보전의 청구는 반드시 지방법원판사에게 하여야 하며, 공소제기 후에도 수소법원에 하는 것이 아니다. 증거보전을 청구함에는 서면으로 그 사유를 소명하여야 한다(§184③). 증거보전청구서에는 ① 사건의 개요, ② 증명할 사실, ③ 증거 및 보전의 방법, ④ 증거보전을 필요로 하는 사유를 기재하여야 한다(형규 §92①).

증거보전을 청구할 수 있는 것은 압수 · 수색 · 검증 · 증인신문 또는 감정이다(§184①). 따라서 증거보전절차에서 피의자 신문 또는 피고인의 신문을 청구할 수는 없다(대판 1968.12.3. 68도1458). 그러나 공동피고인 또는 공범자를 증인으로 신문하는 것은 허용된다(대판 1988.11.8. 86도1646).

《대판 1988.11.8. 86도1646》 공동피고인과 피고인이 뇌물을 주고받은 사이로 필요적 공범관계에 있다고 하더라도 검사는 수사단계에서 피고인에 대한 증거를 미리 보전하기 위하여 필요한 경우에는 판사에게 공동피고인을 증인으로 신문할 것을 청구할 수 있다.

나. 증거보전의 처분

증거보전절차는 수사기관이나 수소법원이 아닌 지방법원 판사가 행한다. 청구를 받은 지방법원판사는 청구가 적법하고 필요성이 있다고 인정할 때에는 별도의 결정 없이 증거보전을 하여야 한다. 그러나 증거보전의 청구가 필요 없거나 부적법하다고 인정되면 청구를 기각하는 결정을 하여야 한다. 증거보전의 청구를 기각하는 결정에 대하여는 3일 이내에 항고할 수 있다(§184④).

증거보전의 청구를 받은 판사는 그 처분에 관하여 법원 또는 재판장과 동일한 권한이 있다(§184②). 따라서 판사는 증인신문을 위해 소환, 구인을 할 수 있고, 압수, 수색, 검증, 증인신문, 감정을 할 수 있다. 증거보전절차에서 판사의 소환을 받은 증인도 출석의무가 있다. 검사, 피의자 · 피고인 또는 변호인은 증인신문에 참여할 수 있다(§163①).

4. 증거보전 후의 절차

지방법원판사의 증거보전에 의하여 압수한 물건 또는 작성한 조서는 증거보전을 한 판사가 소속한 법원에서 보관한다. 검사, 피의자, 피고인 또는 변호인은 판사의 허가를 얻어 서류와 증거물을 열람 또는 등사할 수 있다(§185). 열람 · 등사를 청구할 수 있는 시기에는 제한이 없다. 제1회 공판기일 전후를 불문한다.

증거보전절차에서 작성된 조서는 법관의 조서로서 당연히 증거능력이 있다(§311). 그러나 당사자가 이를 재판상 증거로 이용하기 위하여는 수소법원에 증거조사를 청구하여야 하고, 수소법원은 증거보전을 한 법원에서 증거를 송부받아 증거조사를 한다. 증거보전절차에서 증인신문을 할 때에 그 일시와 장소를 피의자 등에게 통지하지 아니하여 증인신문에 참여할 기회를 주지 아니한 경우 그 증인신문조서는 원칙적으로 증거능력이 없다(대판 1992.2.28. 91도2337).

《대판 1992.2.28. 91도2337》 제1회 공판기일 전에 형사소송법 제184조에 의한 증거보전절차에서 증인신문을 하면서, 증인신문의 일시와 장소를 피의자 및 변호인에게 미리 통지하여 증인신문에 참여할 수 있는 기회를 주지 아니하였고, 변호인이 증인신문조서의 증거조사에 관하여 이의신청을 하였다면, 증인신문조서는 증거능력이 없다 할 것이고, 그 증인이 후에 법정에서 그 조서의 진정성립을 인정한다 하여 다시 그 증거능력을 취득한다고 볼 수도 없다.

《대판 1988.11.8. 86도1646》 판사가 형사소송법 제184조에 의한 증거보전절차로 증인신문을 하는 경우 검사, 피의자 또는 변호인에게 증인신문의 시일과 장소를 미리 통지하여 증인신문에 참여할 수 있는 기회를 주지 아니한 경우라도 피고인과 변호인이 증인신문조서를 증거로 할 수 있음에 동의하여 별다른 이의없이 적법하게 증거조사를 거친 경우에는 증인신문조서는 증인신문절차가 위법하였는지의 여부에 관계없이 증거능력이 부여된다.

제2절 수사상의 증인신문

1. 의의

수사상의 증인신문이란 참고인이 출석 또는 진술을 거부할 경우 제1회 공판기일 전에 한하여 검사의 청구에 의하여 판사가 참고인을 증인으로 신문하고 이를 보전하는 절차를 말한다. 수사상 참고인은 출석의무와 진술의무가 없으나 실체진실 발견을 위해 참고인의 출석과 진술을 강제할 필요성이 있는데 이를 위한 제도가 수사상증인신문제도이다.

2. 요건

검사가 참고인에 대하여 증인신문을 청구하기 위하여는 증인신문의 필요성이 있어야 한다. 이 경우에도 증인신문은 제1회 공판기일 전에 한하여 할 수 있다.

가. 증인신문의 필요성

수사상의 증인신문은 범죄수사에 없어서는 아니 될 사실을 안다고 명백히 인정되는 자가 수사기관의 출석요구에 대하여 출석 또는 진술을 거부하는 경우에 필요성이 인정된다(§221-2①). '범죄수사에 없어서는 아니 될 사실을 안다고 명백히 인정되는 자'란 범죄 성립여부에 관한 사실뿐만 아니라 형의 양정이나 기소여부 결정에 중대한 영향을 미치는 사실을 아는 자도 포함한다. 피의자의 소재를 알고 있는 자나 범죄의 증명에 없어서는 아니 될 지식을 알고 있는 참고인의 소재를 알고 있는 자도 포함된다. 공범자 및 공동피고인도 다른 피의자에 대해 제3자의 입장에 있으므로 증인신문 대상에 포함된다.

수사기관의 출석요구에 대해 출석 또는 진술을 거부하는 경우에 필요성이 인정된다. 출석거부와 진술거부에 정당한 이유가 있는 경우도 여기에 해당한다. 따라서 증언거부권이 있는 자에 대해서도 증인신문을 청구할 수 있다. 진술의 전부를 거부한 경우뿐만 아니라 일부를 거부한 경우에도 증인신문의 대상이 된다. 진술은 하였으나 진술조서에 서명·날인을 거부하는 경우에도 진술거부에 해당할 수 있다.

형사소송법은 종래 수사기관에서 진술한 참고인이 공판정에서 진술을 번복할 위험이 있는 경우에도 증인신문을 청구할 수 있는 것으로 규정하고 있었다. 그러나 이 규정은 헌법재판소에 의해 적법절차의 원칙과 공정한 재판을 받을 권리에 위배된다는 이유로 위헌결정을 받았다(헌결 1996.12.26. 94헌바1). 이에 따라 해당부분이 삭제되었다.

《대판 1989.6.20. 89도648 (염보현 서울시장 수뢰사건)》 형사소송법 제221조의2 제2항에 의한 증인신문청구를 하려면 증인의 진술로서 증명할 대상인 피의사실이 존재하여야 하고, 피의사실은 수사기관이 어떤 자에 대하여 내심으로 혐의를 품고 있는 정도의 상태만으로는 존재한다고 할 수 없고 고소, 고발 또는 자수를 받거나 또는 수사기관 스스로 범죄의 혐의가 있다고 보아 수사를 개시하는 범죄의 인지 등 수사의 대상으로 삼고 있음을 외부적으로 표현한 때에 비로소 그 존재를 인정할 수 있다.

나. 제1회 공판기일 전

증인신문은 제1회 공판기일 전에 한하여 할 수 있다(§221-2①). 제1회 공판기일 전이라면 공소제기 전후를 불문한다. 제1회 공판기일 전은 모두절차가 끝난 때까지를 의미한다.

3. 절차

가. 증인신문의 청구

검사만이 수사상 증인신문을 청구할 수 있다(§221-2①). 참고인이 사법경찰관의 출석요구에 출석 또는 진술을 거부한 경우에도 검사의 청구로 증인신문을 청구할 수 있다. 증인신문 청구를 함에는 서면으로 그 사유를 소명하여야 한다(§221-2③). 증인신문청구서에는 ① 증인의 성명, 직업 및 주거, ② 피의자 또는 피고인의 성명, ③ 죄명 및 범죄사실의 요지, ④ 증명할 사실, ⑤ 신문사항, ⑥ 증인신문청구의 요건이 되는 사실, ⑦ 피의자 또는 피고인에게 변호인이 있는 때에는 그 성명을 기재하여야 한다(형규 §111).

청구를 받은 판사는 심사한 결과 적법하고 요건을 구비하고 있다고 인정할 때에는 별도의 결정 없이 증인신문을 하여야 한다. 청구절차가 부적법하거나 요건이 구비되지 않은 때에는 청구기각결정을 한다. 청구기각 결정에 대하여는 형사소송법상 어떠한 방법으로도 불복할 수 없다.

나. 증인신문의 절차

증인신문은 주체가 수소법원이 아닌 지방법원판사라는 점에서 수소법원에 의한 증인신문과 구별된다. 수사상 증인신문의 청구를 받은 판사는 증인신문에 관하여 법원 또는 재판장과 동일한 권한이 있다(§221-2④). 따라서 수소법원의 증인신문에 관한 규정이 준용된다. 준용되는 규정은 증인신문 자체에 한하지 않고 증인신문의 전제가 되는 소환과 구인 및 이를 보장하기 위한 벌칙에 관한 규정도 준용된다. 따라서 증인신문의 대상이 되는 참고인은 과태료를 제재를 받을 수도 있다.

증인신문에도 당사자의 참여권이 인정된다. 즉 판사는 증인신문기일을 정한 때에는 피의자 · 피고인 또는 변호인에게 이를 통지하여 증인신문에 참여할 수 있도록 하여야 한다(§221-2⑤). 그러나 통지받은 피의자, 피고인 또는 변호인의 출석이 증인신문의 요건이 되는 것은 아니다.

4. 증인신문 후의 조치

증인신문을 한 때에는 판사는 지체없이 이에 관한 서류를 검사에게 송부하여야 한다(§221-2⑥). 증거보전과 달리 당사자의 열람 · 등사권은 인정되지 않는다. 증인신문절차에서 작성된 조서는 법관의 조서로서 당연히 증거능력이 인정된다(§311). 이 경우에도 검사가 제출한 증거에 대해 공판기일에서 증거조사를 거쳐야 한다. 피의자 · 피고인 또는 변호인에게 참여의 기회를 주지 않은 증인신문절차에서 작성된 증인신문조서는 증거능력을 부인해야 한다(대판 1997.12.26. 97도2249).

제7장

수사의 종결

제1절 수사기관의 수사종결

수사는 범죄의 혐의 유무를 밝혀 공소제기 유무를 결정하기 위한 수사기관의 활동이다. 수사절차는 공소를 제기할 것인가를 판단할 수 있을 정도로 진상이 규명되었을 때 종결된다. 수사가 종결되었다고 해서 그 이후 수사를 할 수 없는 것은 아니다. 공소제기 후에도 공소유지 여부를 결정하기 위해 수사를 할 수 있고, 불기소처분을 한 때에도 언제든지 수사를 재개할 수 있다. 불기소처분에는 확정력이 인정되지 않기 때문이다.

종래 수사의 종결은 검사만이 할 수 있었다. 그런데 2020년 개정 형사소송법은 1차적 수사종결권을 사법경찰관에게 부여하였다. 이에 따라 사법경찰관은 범죄의 혐의가 인정되지 않는 경우에는 검사에게 사건을 송치하지 않고 자체적으로 종결할 수 있게 되었다. 다만 검사에게 사건 서류와 증거물을 송부해서 검사가 90일 이내에 이를 검토하여 위법 또는 부당한 경우 사법경찰관에게 재수사요청만을 할 수 있도록 하였다(§245-5.2, §245-8①).

1. 사법경찰관의 수사종결

가. 사건 종결처분의 유형

2020년 개정 형사소송법은 사법경찰관이 범죄의 혐의가 있다고 인정하는 경우에만 사건을 검사에게 송치하도록 하고 있다. 사법경찰관의 수사종결 결정의 유형은 크게 ① 법원송치, ② 검찰송치, ③ 불송치, ④ 수사중지, ⑤ 이송으로 구분된다(준칙 §51①).

법원송치는 소년법상 촉법소년 및 우범소년에 해당하는 소년이 있을 때 경찰서장이 직접 관할 가정법원 소년부 또는 지방법원 소년부에 소년보호사건으로 송치하는 것을 말한다(소년법 §4②). 이송은 ① 형법상 심신상실자에 해당하여 벌할 수 없는 경우나 ② 기소되어 사실심 계속 중인 사건과 포괄일죄를 구성하는 관계에 있는 경우에 있는 경우 해당사건을 검사에게 이송하는 것을 말한다(준칙 §51③). 심신상실자의 경우 처벌되지는 않지만 치료감호대상자에 해당하는 경우 검사가 치료감호를 청구할 수 있고, 이미 기소되어 사실심계속 중인 사건과 포괄일죄를 구성하는 사건도 이중기소에 해당하여 기소할 수 없다고 하더라도 검사가 공소장에 추가할 수 있기 때문에 검사에게 이송하도록 하는 것이다. 사법경찰관이 피의자나 중요참고인이 소재불명되어 수사를 계속할 수 없는 경우에는 수사중지 결정을 할 수 있다.

나. 검찰송치 결정

1) 검찰송치 결정과 동시

사법경찰관은 고소·고발 사건을 포함하여 범죄를 수사하고 범죄의 혐의가 있다고 인정되는 경우에는 지체 없이 검사에게 사건을 송치하고, 관계 서류와 증거물을 검사에게 송부하여야 한다(§245-5.1). 하나의 사건 중 피의자가 여러 사람이거나 피의사실이 여러 개인 경우로서 분리하여 결정할 필요가 있는 경우 그중 일부에 대해 검찰송치 결정을 할 수 있다(준칙 §51②). 사법경찰관은 관계 법령에 따라 검사에게 사건을 송치할 때에는 송치의 이유와 범위를 적은 송치 결정서와 압수물 총목록, 기록목록, 범죄경력 조회 회보서, 수사경력 조회 회보서 등 관계 서류와 증거물을 함께 송부해야 한다(준칙 §58①). 사법경찰관이 수사를 종결하고 검찰송치 결정을 한 경우 원칙적으로 그 내용을 고소인 등과 피의자에게 통지해야 한다(준칙 §53①).

2) 검찰송치 결정에 대한 검사의 보완수사 요구

검사는 사법경찰관이 송치한 사건의 공소제기 여부 결정 또는 공소의 유지에 관하여 필요한 경우 사법경찰관에게 보완수사를 요구할 수 있다(§197-2①). 검사는 사법경찰관으로부터 송치받은 사건에 대해 보완수사가 필요하다고 인정하는 경우에는 직접 보완수사를 하거나 사법경찰관에게 보완수사를 요구할 수 있다. 다만, 송치사건의 공소제기 여부 결정에 필요한 경우로서 ① 사건을 수리한 날(이미 보완수사요구가 있었던 사건의 경우 보완수사 이행 결과를 통보받은 날을 말한다)부터 1개월이 경과한 경우, ② 사건이 송치된 이후 검사가 해당 피의자 및 피의사실에 대해 상당한 정도의 보완수사를 한 경우, ③ 정당한 이유없이 시정조치 요구가 이행되지 않은 경우, 동일한 범죄사실을 수사하게 되어 사법경찰관에게 사건을 송치할 것을 요구한 경우, 체포·구속장소 감찰에 의해 적법한 절차에 의하지 않고 체포·구속된 것이라고 의심할 만한 상당한 이유가 있어 사건송치 명령을 하여 사법경찰관으로부터 사건을 송치받은 경우, 검사와 사법경찰관이 사건 송치 전에 수사할 사항, 증거수집의 대상 및 법령의 적용 등에 대해 협의를 마치고 송치한 경우에는 특별히 사법경찰관에게 보완수사를 요구할 필요가 있다고 인정되는 경우를 제외하고는 검사가 직접 보완수사를 하는 것을 원칙으로 한다(준칙 §59①).

검사는 사법경찰관에게 송치사건 및 관련사건에 대해 ① 범인에 관한 사항, ② 증거 또는 범죄사실 증명에 관한 사항, ③ 소송조건 또는 처벌조건에 관한 사항, ④ 양형 자료에 관한 사항, ⑤ 죄명 및 범죄사실의 구성에 관한 사항, ⑥ 그밖에 송치받은 사건의 공소제기 여부를 결정하는 데 필요하거나 공소유지와 관련해 필요한 사항에 관한 보완수사를 요구할 수 있다(준칙 §59③). 검사는 보완수사를 요구할 때에는 그 이유와 내용 등을 구체적으로 적은 서면과 관계 서류 및 증거물을 사법경찰관에게 함께 송부해야 한다. 다만, 보완수사 대상의 성질, 사안의 긴급성 등을 고려하여 관계 서류와 증거물을 송부할 필요가 없거나 송부하는 것이 적절하지 않다고 판단하는 경우에는 해당 관계 서류와 증거물을 송부하지 않을 수 있다(준칙 §60①).

검사의 요구가 있는 때 사법경찰관은 정당한 이유가 없는 한 지체 없이 이를 이행하고, 그 결과를 검사에게 통보하여야 한다(§197-2②). 이 경우 보완수사요구가 접수된 날부터 3개월 이내에 보완수사를 마쳐야 한다(준칙 §60③). 사법경찰관은 보완수사를 이행한 경우에는 그 이행 결과를 검사에게 서면으로 통보해야 하며, 송부받은 관계 서류와 증거물을 반환해야 한다. 다만, 이를 반환할 필요가 없는 경우에는 보완수사의 이행 결과만을 검사에게 통보할 수 있다(준칙 §60④). 사법경찰관은 보완수사를 이행한 결과 검사에게 송치할 사건이 아니라고 판단한 경우에는 사건을 불송치하거나 수사중지할 수 있다(준칙 §60⑤).

검찰총장 또는 각급 검찰청 검사장은 사법경찰관이 정당한 이유 없이 보완수사 요구에 따르지 아니하는 때에는 권한 있는 사람에게 해당 사법경찰관의 직무배제 또는 징계를 요구할 수 있다(§197-2③). 사법경찰관과 검사와의 사이에 '정당한 이유'의 유무에 대한 이견의 조정이 필요한 경우에 사법경찰관은 검사에 대하여 협의를 요청할 수 있다. 이 경우 검사는 특별한 사정이 없으면 사법경찰관의 협의 요청에 응해야 한다(준칙 §8①). 협의에도 불구하고 '정당한 이유'의 유무에 대한 이견이 해소되지 않는 경우에는 해당 검사가 소속된 검찰청의 장과 해당 사법경찰관이 소속된 경찰관서의 장의 협의에 따른다(준칙 §8②).

다. 검찰불송치 결정

1) 검찰불송치 결정과 통지

사법경찰관이 범죄의 혐의가 인정되지 않는다고 판단하는 경우에는 검사에게 송치할 필요가 없으며 자체적으로 사건을 종결한다. 사법경찰관의 불송치 결정은 불송치하는 사유에 따라 ① 혐의없음, ② 죄가안됨, ③ 공소권없음, ④ 각하로 나눌 수 있고, ①의 혐의없음 처분은 ⓐ 범죄인정안됨, ⓑ 증거불충분으로 나누어진다(준칙 §51①). 불송치 결정을 할 경우에도 사법경찰관의 수사가 위법 또는 부당하였는지를 검토하기 위하여 관계 서류와 증거물을 지체 없이 검사에게 송부하여야 한다(§245-5.2). 사법경찰관이 수사를 종결하고 검찰불송치 결정을 한 경우 원칙적으로 그 내용을 고소인 등과 피의자에게 통지해야 한다(준칙 §53①).

2) 불송치이유 통지와 고소인 등의 이의신청

사법경찰관은 불송치 결정을 한 후 검사에게 사건서류를 송부한 날부터 7일 이내에 서면으로 고소인 · 고발인 · 피해자 또는 그 법정대리인(피해자가 사망한 경우에는 그 배우자 · 직계친족 · 형제자매 포함)에게 사건을 검사에게 송치하지 아니하는 취지와 그 이유를 통지하여야 한다(§245-6). 고소인 등은 불송치 결정 통지를 받지 못한 경우 사법경찰관에게 불송치 통지서로 통지해 줄 것을 요구할 수 있다(준칙 §53②). 불송치 결정의 통지를 받은 사람(고발인 제외)은 해당 사법경찰관의 소속 관서의 장에게 이의를 신청할 수 있다(§245-7①). 이의신청이 있는 때에는 지체 없이 검사에게 사건을 송치하고 관계 서류와 증거물을 송부하여야 하며, 처리결과와 그 이유를 신청인에게 통지하여야 한다(§245-7②).

3) 검찰불송치 결정에 대한 검사의 재수사 요청

사법경찰관은 불송치 결정을 하는 경우 불송치의 이유를 적은 불송치 결정서와 함께 압수물 총목록, 기록목록 등 관계 서류와 증거물을 검사에게 송부해야 한다(준칙 §62①). 검사는 송부받은 날부터 90일 이내에 이를 검토한 후 사법경찰관에게 반환하여야 한다(§245-5.2단서). 검사는 사법경찰관이 사건을 송치하지 아니한 것이 위법 또는 부당한 때에는 그 이유를 문서로 명시하여 사법경찰관에게 재수사를 요청할 수 있다(§245-8②). 사법경찰관에게 재수사를 요청하려는 경우에는 관계 서류와 증거물을 송부받은 날부터 90일 이내에 해야 한다. 다만, ① 불송치 결정에 영향을 줄 수 있는 명백히 새로운 증거 또는 사실이 발견된 경우, ② 증거 등의 허위, 위조 또는 변조를 인정할 만한 상당한 정황이 있는 경우에는 관계 서류와 증거물을 송부받은 날부터 90일이 지난 후에도 재수사를 요청할 수 있다(준칙 §63①).

사법경찰관은 재수사 요청이 있는 때에는 사건을 재수사하여야 한다(§245-8②). 사법경찰관은 재수사를 한 경우 ① 범죄의 혐의가 있다고 인정되는 경우에는 검사에게 사건을 송치하고 관계 서류와 증거물을 송부하고, ② 기존의 불송치 결정을 유지하는 경우에는 재수사 결과서에 그 내용과 이유를 구체적으로 적어 검사에게 통보한다(준칙 §64①). 검사는 사법경찰관이 재수사 결과를 통보한 사건에 대해서 다시 재수사를 요청을 하거나 송치 요구를 할 수 없다. 다만, 사법경찰관의 재수사에도 불구하고 관련 법리에 위반되거나 송부받은 관계 서류 및 증거물과 재수사결과만으로도 공소제기를 할 수 있을 정도로 명백히 채증법칙에 위반되거나 공소시효 또는 형사소추의 요건을 판단하는 데 오류가 있어 사건을 송치하지 않은 위법 또는 부당이 시정되지 않은 경우에는 재수사 결과를 통보받은 날부터 30일 이내에 사건송치를 요구할 수 있다(준칙 §64②).

4) 검사의 재수사 요청통보와 고소인 등의 이의신청

검사는 사법경찰관에게 재수사를 요청한 경우 그 사실을 고소인 등에게 통지해야 한다(준칙 §63⑧). 사법경찰관은 재수사 중인 사건에 대해 고소인 등의 이의신청이 있는 경우에는 재수사를 중단해야 하며, 해당 사건을 지체 없이 검사에게 송치하고 관계 서류와 증거물을 송부해야 한다(준칙 §65).

라. 수사중지결정

1) 수사중지 결정과 통지

수사중지 결정은 피의자중지와 참고인중지로 구분된다(준칙 §51①4). 피의자중지 결정을 하는 사유는 ① 피의자가 소재불명인 경우, ② 2개월 이상 해외체류, 중병 등의 사유로 상당한 기간 동안 피의자나 참고인에 대한 조사가 불가능하여 수사를 종결할 수 없는 경우, ③ 의료사고·교통사고·특허침해 등 사건의 수사 종결을 위해 전문가의 감정이 필요하나 그 감정에 상당한 시일이 소요되는 경우, ④ 다른 기관의 결정이나 법원의 재판 결과가 수사의 종결을 위해 필요하나 그 결정이나 재판에 상당한 시일이 소요되는 경우, ⑤ 수사의 종결을 위해 필요한 중요 증거자료가 외국에 소재하고 있어 이를 확보하는 데 상당한 시일이 소요되는 경우이다. 참고인중지 결정을 하는 사유는 참고인·고소인·고발인·피해자 또는 같은 사건 피의자의 소재불명으로 수사를 종결할 수 없는 경우이다(경규 §98①).

사법경찰관이 수사결과에 따라 결정을 한 경우 원칙적으로 그 내용을 고소인 · 고발인 · 피해자 또는 그 법정대리인(피해자가 사망한 경우에는 그 배우자 · 직계친족 · 형제자매를 포함한다)과 피의자에게 통지해야 한다(준칙 §53①).

2) 수사중지 결정에 대한 검사의 시정조치요구

사법경찰관은 수사중지 결정을 한 경우 7일 이내에 사건기록을 검사에게 송부해야 한다. 이 경우 검사는 사건기록을 송부받은 날부터 30일 이내에 반환해야 하며, 그 기간 내에 시정조치요구를 할 수 있다(준칙 §51④). 사법경찰관은 검사에게 사건기록을 송부한 후 피의자 등의 소재를 발견한 경우에는 소재 발견 및 수사 재개 사실을 검사에게 통보해야 한다. 이 경우 통보를 받은 검사는 지체 없이 사법경찰관에게 사건기록을 반환해야 한다(준칙 §51⑤).

3) 수사중지 결정에 대한 고소인 등의 이의제기

사법경찰관이 수사결과에 따라 결정을 한 경우에는 그 내용을 고소인 등과 피의자에게 통지해야 한다. 다만 피의자중지 또는 기소중지 결정을 한 경우, 이송 결정을 한 경우로서 검사 또는 사법경찰관이 해당 피의자에 대해 출석요구 또는 제16조제1항 각 호의 어느 하나에 해당하는 행위(즉시 입건해야 할 사유)를 하지 않은 경우에는 고소인 등에게만 통지한다(준칙 §53①). 사법경찰관으로부터 수사중지 결정의 통지를 받은 고소인 등은 사법경찰관이 소속된 바로 위 상급경찰관서의 장에게 이의를 제기할 수 있다(준칙 §54①). 수사중지 결정의 통지를 받은 고소인 등은 해당 수사중지 결정이 법령위반, 인권침해 또는 현저한 수사권 남용이라고 의심되는 경우 검사에게 신고를 할 수 있다(준칙 §54③).

2. 검사의 수사종결

가. 의의

2020년 개정 형사소송법에 의해 검사는 2차적 수사종결권자가 되었다. 검사의 수사종결 결정의 유형은 크게 ① 공소제기, ② 불기소, ③ 기소중지, ④ 참고인중지, ⑤ 보완수사요구, ⑥ 공소보류, ⑦ 이송, ⑧ 송치로 구분된다(준칙 §52①). 검사는 하나의 사건 중 피의자가 여러 사람이거나 피의사실이 여러 개인 경우로서 분리하여 결정할 필요가 있는 경우 그중 일부에 대해 수사종결 결정을 할 수 있다(준칙 §52②).

나. 공소제기

수사결과 범죄의 객관적 혐의가 충분하고 소송조건을 구비하여 유죄판결을 받을 수 있다고 인정할 때에는 검사는 공소를 제기한다(§246). 약식명령을 할 수 있는 경우에는 공소제기와 동시에 약식명령을 청구할 수 있다(§449).

다. 불기소처분

불기소처분에는 혐의의 불기소처분과 기소유예, 공소보류, 기소중지, 참고인중지가 있다.

1) 협의의 불기소처분

협의의 불기소처분에는 혐의없음, 죄가안됨, 공소권없음, 각하가 있다.

가) 혐의없음

피의사건에 관하여 공소를 제기함에 충분한 객관적 혐의가 없는 경우이다. 검찰사건사무규칙('검규'로 약칭)에는 혐의없음으로 종결할 수 있는 사유를 '피의사실이 범죄를 구성하지 않거나 피의사실이 인정되지 않는 경우(범죄인정안됨) 또는 피의사실을 인정할 만한 충분한 증거가 없는 경우(증거불충분)'로 규정하고 있다(검규 §115③2). 검사가 고소 또는 고발사건에 관하여 혐의없음의 결정을 하는 경우에는 고소인 또는 고발인의 무고혐의의 유·무에 관하여 판단하여야 한다(검규 §117).

나) 죄가안됨

피의사실이 범죄구성요건에는 해당하지만 법률상 범죄의 성립을 조각하는 사유가 있어 범죄를 구성하지 않는 경우에 하는 종결 처분이다(검규 §115③3). 위법성조각사유나 책임조각사유가 있는 경우가 여기에 해당한다. 피의자가 형사미성년자인 경우 여기에 해당한다.

다) 공소권없음

피의사건에 관하여 소송조건이 결여되었거나 형이 면제되는 경우를 말한다. 예를 들어 ① 이미 확정판결이 있거나, ② 공소시효가 완성된 경우, ③ 범죄 후 법령의 개정이나 폐지로 형이 폐지된 경우, ④ 법률에 따라 형이 면제된 경우, ⑤ 친고죄 및 공무원의 고발이 있어야 논할 수 있는 죄의 경우에 고소 또는 고발이 없거나 그 고소 또는 고발이 무효 또는 취소된 경우, ⑥ 반의사불벌죄의 경우 처벌을 희망하지 않는 의사표시가 있거나 처벌을 희망하는 의사표시가 철회된 경우, ⑦ 피의자가 사망하거나 피의자인 법인이 존속하지 않게 된 경우 등이 여기에 해당한다(검규 §115③4).

라) 각하

고소사건 또는 고발사건에서 수사를 개시할 필요가 없음이 접수단계에서 명백한 경우에는 각하처분으로 사건을 종결한다. 각하사유에 해당하는 경우로는 ① 고소 또는 고발이 있는 사건에 관하여 고소인 또는 고발인의 진술이나 고소장 또는 고발장에 의하여 혐의없음, 죄가안됨, 공소권없음의 사유에 해당함이 명백한 경우, ② 법 제224조, 제232조 제2항 또는 제235조에 위반한 고소·고발의 경우, ③ 같은 사건에 관하여 검사의 불기소결정이 있는 경우, ④ 고소권자가 아닌 자가 고소한 경우, ⑤ 고소인 또는 고발인이 고소·고발장을 제출한 후 출석요구나 자료제출 등 혐의 확인을 위한 수사기관의 요청에 불응하거나 소재불명이 되는 등 고소·고발사실에 대한 수사를 개시·진행할 자료가 없는 경우 등이다(검규 §115③5).

2) 기소유예, 공소보류

기소편의주의에 따라 검사는 범죄의 혐의가 인정되고 소송조건이 구비된 경우에도 공소제기를 하지 아니할 수 있다(§247). 즉 검사가 ① 범인의 연령, 성행, 지능과 환경, ② 피해자에 대한 관계, ③ 범행의 동기, 수단과 결과, ④ 범행 후의 정황을 참작하여 불기소 처분을 하는 경우를 기소유예라고 한다(§247, 형법 §51). 공소제기가 가능함에도 공소제기를 2년간 보류하는 국가보안법상의 공소보류도 기소유예와 유사한 제도라고 할 수 있다(국가보안법 §20). 검사는 기소유예의 결정을 하려는 경우에는 피의자에게 엄중히 주의를 주고, 재범하지 않겠다는 피의자의 의사를 확인해야 한다(검규 §118①).

3) 기소중지, 참고인중지

검사가 피의자의 소재불명 등의 사유로 수사를 종결할 수 없는 경우에 그 사유가 해소될 때까지 기소중지 결정을 한다(검규 §120). 기소중지는 수사의 종결이라기 보다는 수사의 잠정중지처분에 속한다고 할 수 있다. 참고인, 고소인, 고발인 또는 같은 사건 피의자의 소재불명으로 수사를 종결할 수 없는 경우에도 그 사유가 해소될 때까지 참고인중지 결정을 할 수 있다(검규 §121).

라. 타관송치

검사는 사건이 그 소속검찰청에 대응한 법원의 관할에 속하지 아니한 때에는 사건을 서류와 증거물과 함께 관할법원에 대응한 검찰청검사에게 송치해야 한다(§256). 검사는 사건이 군사법원의 재판권에 속하는 때에는 사건을 서류와 증거물과 함께 재판권을 가진 관할 군검찰부 군검사에게 송치하여야 한다(§256-2). 이처럼 다른 검찰청 또는 군검사에게 송치하는 것을 타관송치라고 한다. 이 외에도 검사가 소년에 대한 피의사건을 수사한 결과 보호처분에 해당하는 사유가 있다고 인정한 경우 사건을 관할 소년부에 송치하는 경우도 있다. 이를 보호송치라고 하는데, 보호송치에는 ① 소년보호사건 송치, ② 가정보호사건 송치, ③ 성매매보호사건 송치, ④ 아동보호사건 송치 등이 있다.

마. 검사의 처분 등 통지

1) 고소인 · 고발인에 대한 통지

고소 또는 고발사건에 대해 수사를 할 경우 검사는 고소 또는 고발을 수리한 날로부터 3월 이내에 수사를 완료하여 공소제기여부를 결정하여야 한다(§257). 고소 · 고발사건에 관하여 검사는 기소 또는 불기소처분, 공소취소 또는 타관송치를 한 경우 처분한 날로부터 7일 이내에 서면으로 고소 · 고발인에게 그 취지를 통지하여야 한다(§258①). 고소 · 고발사건에 관하여 검사가 기소 또는 불기소처분을 한 경우에 고소 · 고발인의 청구가 있는 때에는 7일 이내에 고소 · 고발인에게 그 이유를 서면으로 설명하여야 한다(§259). 이는 검찰항고 · 재정신청 등 불복의 기회를 보장하는 전제가 된다.

2) 피의자에 대한 통지

검사는 불기소 또는 타관송치 처분을 한 때에는 피의자에게 즉시 그 취지를 통지해야 한다(§258②). 이는 불안한 상태에 있는 피의자의 방어권을 보장하기 위한 규정이다.

3) 피해자 등에 대한 통지

검사는 범죄로 인한 피해자 또는 그 법정대리인(피해자가 사망한 경우에는 그 배우자 · 직계친족 · 형제자매를 포함한다)의 신청이 있는 때에는 당해 사건의 공소제기여부, 공판의 일시 · 장소, 재판결과, 피의자 · 피고인의 구속 · 석방 등 구금에 관한 사실 등을 신속하게 통지하여야 한다(§259-2). 만약 피해자가 고소인이라면 신청가 관계없이 통지해야 한다.

바. 검사의 불기소처분에 대한 효과

검사의 불기소처분에는 법원의 종국재판과 달리 일사부재리의 효력이 없다. 따라서 검사는 불기소처분을 한 후에도 공소시효가 완성되기 전이면 언제라도 공소를 제기할 수 있다. 따라서 전속고발 범죄에 있어 일단 불기소처분이 있었더라도 종전에 한 고발은 여전히 유효하고, 따라서 나중에 공소를 제기함에 있어 별도의 새로운 고발이 있어야 하는 것은 아니다(判).

《대판 2009.10.29. 2009도6614》 세무공무원 등의 고발이 있어야 공소를 제기할 수 있는 조세범처벌법위반죄에 관하여 일단 불기소처분이 있었더라도 세무공무원 등의 종전에 한 고발은 여전히 유효하다. 따라서 나중에 공소를 제기함에 있어 세무공무원 등의 새로운 고발이 있어야 하는 것은 아니다.

《대판 1998.3.27. 97다50855》 검사의 불기소처분에는 확정재판에 있어서의 확정력과 같은 효력이 없어 일단 불기소처분을 한 후에도 공소시효가 완성되기까지 언제라도 공소를 제기할 수 있는 것이나.

《대판 1983.12.27. 83도2686》 검사가 절도죄에 관하여 일단 기소유예의 처분을 한 것을 그 후 다시 재기하여 기소하였다 하여도 기소의 효력에 아무런 영향이 없는 것이고, 법원이 그 기소사실에 대하여 유죄판결을 선고하였다 하여 그것이 일사부재리의 원칙에 반하는 것이라 할 수 없다.

제2절 불기소처분에 대한 불복

1. 검찰항고

가. 의의

검찰항고(檢察抗告)란 검사의 불기소처분에 불복이 있는 고소인 또는 고발인이 그 검사 소속 고등검찰청 검사장에게 불기소처분의 시정을 구하는 제도를 의미한다(검찰청법 §10①). 검찰청법에 의한 항고라고도 한다. 검찰항고제도는 검찰내부의 견제장치라는 점에서 재정신청이나 헌법소원과 구별된다.

나. 검찰항고

항고권자는 검사의 불기소처분에 불복하는 고소인 또는 고발인이다(동법 §10①). 고소하지 않은 피해자는 검사의 불기소처분에 대해 검찰청에 항고할 수 없다. 항고의 대상은 검사의 불기소처분이다. 대상범죄에는 제한이 없다. 기소유예처분을 받은 피의자에게 검찰항고를 인정하지 않는 검찰청법 제10조 제1항은 헌법에 위반되지 않는다는 것이 판례의 입장이다(헌결 2012.7.26. 2010헌마642). 항고는 검사로부터 불기소처분 통지를 받은 날로부터 30일 이내에 제기하여야 한다. 기간을 경과하여 접수된 항고는 기각하여야 한다(동법 §10④). 항고를 한 당사자에게 책임없는 사유로 기간 이내에 항고를 하지 못한 것을 소명한 때에는 그 사유가 해소된 때부터 기산한다(동법 §10⑥). 중요한 증거가 새로 발견된 경우에 고소인·고발인이 그 사유를 소명한 때에는 기각하지 않는다(동법 §10⑦).

불복이 있는 고소·고발인은 불기소처분을 한 검사 소속 지방검찰청 또는 지청을 거쳐 서면으로 관할 고등검찰청 검사장에게 항고할 수 있다(동법 §10①). 이 경우 당해 지방검찰청 또는 지청의 검사는 항고가 이유 있다고 인정하는 때에는 그 처분을 경정하여야 한다. 고등검찰청 검사장은 항고가 이유 있다고 인정하는 때에는 소속 검사로 하여금 지방검찰청 또는 지청 검사의 불기소처분을 직접 경정하게 할 수 있다. 이 경우 고등검찰청 검사는 지방검찰청 또는 지청의 검사로서 직무를 수행하는 것으로 본다. 검찰항고를 제기한다고 해서 공소시효가 정지되지는 않는다.

다. 검찰재항고

검찰항고를 한 자가 고등검찰청 검사장의 항고를 기각하는 처분에 대해 검찰총장에게 그 시정을 구하는 제도이다. 재항고권자는 항고한 고발인이다(동법 §10③). 재정신청이 가능한 고소인은 제외된다. 검찰청법 제10조는 재정신청을 할 수 있는 자는 재항고를 할 수 없도록 규정하여, 재항고는 고발인만이 가능하다. 재항고는 항고기각 결정을 통지받은 날 또는 항고 후 항고에 대한 처분이 이루어지지 아니하고 3개월이 지난 날부터 30일 이내에 하여야 한다(동법 §10⑤). 항고를 한 자에게 책임없는 사유로 인하여 그 기간 이내에 항고를 하지 못한 것을 소명한 때에는 그 사유가 해소된 때부터 기산한다(동법 §10⑥).

항고를 기각하는 처분에 대해 불복하거나 항고를 한 날부터 항고에 대한 처분이 행하여지지 아니하고 3개월이 경과한 때에는 그 검사가 속하는 고등검찰청을 거쳐 서면으로 검찰총장에게 재항고할 수 있다(동법 §10③). 재항고를 받은 검찰총장은 재항고가 이유 있다고 인정하는 때에는 인용하는 처분을 해야 하고 이유 없다고 인정하는 때에는 재항고를 기각하여야 한다.

2. 재정신청

재정신청(裁定申請)이란 고소인(특정 범죄에 대한 고발인 포함)이 검사의 불기소처분에 불복하여 관할 고등법원에 공소제기 결정을 신청하는 제도이다(§260 이하). 이는 기소독점주의와 기소편의주의로 인한 검사의 자의적인 공소권 행사를 규제하여 검사의 부당한 불기소처분으로 인한 폐단을 막기 위해 인정된다.

가. 신청권자 및 재정신청 대상

고소인은 범죄의 제한 없이 재정신청이 가능하며, 고발인은 직권남용, 불법체포·감금, 독직폭행·가혹행위 등 형법 제123조부터 제126조까지의 범죄에 한하여 신청할 수 있다. 공직선거법상의 특정 범죄에 대해서는 고발을 한 후보자와 정당 및 해당 선거관리위원회도 재정신청을 할 수 있다(공직선거법 §273). 재정신청의 대상은 검사의 불기소처분이며, 기소유예도 포함된다. 다만 공소제기나 공소취소는 대상이 아니다.

나. 재정신청의 방법과 효력

재정신청을 하기 위해서는 원칙적으로 검찰항고를 거쳐야 하며(검찰항고전치주의), 예외적으로 항고 후 3개월 경과, 공소시효 임박 등 일정한 사유가 있을 경우 검찰항고를 거치지 않고 신청할 수 있다(§260②단서). 신청은 검찰항고 기각결정 등의 통지를 받은 날부터 10일 이내에 지방검찰청 검사장 또는 지청장에게 서면으로 해야 하며(§260③), 신청서에는 범죄사실과 증거 등을 기재해야 한다. 재정신청이 있으면 고등법원의 재정결정이 확정될 때까지 공소시효의 진행이 정지된다(§262-4①). 재정신청은 고등법원의 재정결정이 있을 때까지는 취소할 수 있다(§264②).

다. 고등법원의 심리 및 결정

재정신청 사건은 비공개로 진행되며(§262③), 필요시 증거조사도 가능하다. 법원은 원칙적으로 3개월 이내에 기각 또는 공소제기 결정을 하며, 신청이 법률상 방식에 위배되거나 이유 없는 경우 기각한다(§262②1). 기각결정에 대해서는 대법원에 즉시항고할 수 있으나(§262④), 공소제기 결정에 대해서는 불복할 수 없다(§262④). 공소제기 결정이 있는 경우 공소시효에 관해 공소제기 결정일에 공소가 제기된 것으로 본다(§262-4②).

라. 검사의 공소제기 등

법원의 기각결정이나 신청취소를 하는 경우 재정신청인은 신청절차로 인해 발생한 비용을 부담할 수 있다(§262-3①). 고등법원의 공소제기 결정이 있는 경우, 관할 지방검찰청 검사는 지체 없이 공소를 제기해야 하며(§262⑥), 공소를 취소할 수는 없다(§264-2).

3. 헌법소원

검사의 불기소처분은 범죄피해자나 피의자에게 헌법상 보장된 기본권을 침해할 수 있다. 이러한 처분에 대해 헌법상 기본권이 침해되었다고 주장하는 자는 일정한 요건 아래 헌법재판소에 헌법소원심판을 청구할 수 있다(헌법재판소법 §68①). 이는 형사절차상 검사의 공소권 행사에 대한 최후의 견제 수단으로 기능한다.

가. 헌법소원 청구권자

헌법소원은 보충성의 원칙상 다른 법률상 구제절차를 모두 거친 후에만 가능하다. 따라서 고소한 피해자는 검찰항고와 재정신청 등의 불복방법이 있기 때문에 헌법소원을 제기할 수 없다. 반면, 고소하지 않은 피해자는 재정신청 등의 법률상 수단이 없으므로 헌법상 재판절차 진술권의 침해를 이유로 헌법소원을 제기할 수 있다. 고발인은 자기관련성이 없어 청구인 적격이 인정되지 않는다. 무죄를 주장하는 피의자는 검사의 기소유예처분에 대해 자신의 평등권·행복추구권 침해를 주장하며 헌법소원을 제기할 수 있다.

나. 헌법소원 청구대상

헌법소원의 주된 대상은 검사의 불기소처분(기소유예 처분 포함)이다. 공소제기 결정, 내사종결, 수사 중인 사건 등은 헌법소원의 대상이 아니다. 또한 재정신청 기각결정과 같은 법원의 재판에 대해서는 헌법소원을 청구할 수 없다.

다. 헌법소원의 절차

헌법소원 청구는 검사의 불기소처분이 있음을 안 날부터 90일, 처분이 있은 날부터 1년 이내에 청구해야 한다. 다만 다른 법률에 의한 구제절차를 거친 헌법소원의 심판은 그 최종결정을 통지 받은 날로부터 30일 이내에 청구하여야 한다(헌법 §69①). 헌법소원을 청구하더라도 공소시효는 정지되지 않는다(헌결 2004.3.25. 2003헌바836). 헌법재판소가 청구를 인용하는 경우 검사의 불기소처분은 취소되며, 담당 검사는 헌법재판소 결정의 취지를 반영하여 사건을 재기하여 수사하여 결정해야 한다(判).

제3절 공소제기 후의 수사

1. 의의

검사가 수사를 통해 피의자의 혐의를 인정하여 공소를 제기하면 수사는 원칙상 종결된다. 그러나 공소제기 후에도 검사가 공소유지를 위해 또는 공소유지여부를 결정하기 위해서 수사할 필요성은 여전히 인정된다. 공소제기 후의 수사는 법원의 심리에 지장을 줄 수 있고 또한 피고인의 당사자적 지위를 위협할 수 있기 때문에 무제한 허용되는 것은 아니다.

2. 공소제기 후의 강제수사

가. 피고인 구속

공소제기 후의 피고인 구속은 수소법원의 권한에 속하므로 수사기관은 피고인을 구속할 수 없다(§70). 불구속으로 기소된 피고인이 도망하거나 증거를 인멸할 염려가 있는 경우에는 검사는 수소법원에 직권에 의한 피고인 구속을 촉구할 수 있을 뿐이다.

《대판 2011.4.28. 2009도10412 (공정거래위 사무관 수뢰 사건)》 공판절차에서 피고인은 검사와 대등한 지위를 가지는 당사자이므로 공소제기 후에 수사기관이 피고인을 구속할 수는 없고 피고인 구속은 법원의 권한에 속한다.

나. 압수 · 수색 · 검증

공소제기에 의하여 사건은 법원에 계속(繫屬)되므로 압수 · 수색 · 검증도 법원의 권한에 속한다. 즉 공소제기 후 1회 공판기일 전에는 증거보전절차에 의한 증거보전이 가능하고, 제1회 공판기일 후에는 수소법원에 의한 압수 · 수색이 가능하기 때문에 수사기관에 의한 압수 · 수색은 허용되지 않는다. 따라서 형사소송법은 공소제기 후 수사기관의 압수 · 수색 영장 청구에 관하여 정식의 구체적 절차를 전혀 마련하고 있지 않다.

다만 예외적으로 수사기관이 피고인에 대해 압수 · 수색하는 절차가 규정되어 있다. 즉 검사 또는 사법경찰관이 피고인에 대한 구속영장을 집행하는 때에 그 집행현장에서는 영장 없이 압수 · 수색 · 검증을 할 수 있다(§216②). 공소제기 후에도 수사기관은 임의제출물을 압수할 수 있다(§218). 임의제출물 압수는 강제수사에 해당하나 점유취득과정이 임의적이어서 공소제기 후에도 허용된다.

《대판 2011.4.28. 2009도10412 (공정거래위 사무관 수뢰사건)》 일단 공소가 제기된 후에는 피고사건에 관하여 검사로서는 형사소송법 제215조에 의하여 압수 · 수색을 할 수 없다고 보아야 하며, 그럼에도 검사가 공소제기 후 형사소송법 제215조에 따라 수소법원 이외의 지방법원 판사에게 청구하여 발부받은 영장에 의하여 압수 · 수색을 하였다면, 그와 같이 수집된 증거는 기본적 인권 보장을 위해 마련된 적법한 절차에 따르지 않은 것으로서 원칙적으로 유죄의 증거로 삼을 수 없다.

3. 공소제기 후의 임의수사

가. 피고인 조사

공소제기 이후에 수사기관이 피고인을 소환하여 조사할 수 있는가에 관하여 견해가 대립한다. 소극설은 피의자신문(§200)에는 피고인은 포함되지 않으며, 당사자주의나 공판중심주의에 위배되므로 허용될 수 없다고 본다(통설). 이에 비해 적극설은 피의자조사는 임의수사로서 시기 · 제한 등 법적 제한이 없으므로 허용된다고 본다. 절충설은 제1회 공판기일 전에 한하여 피고인 신문이 허용된다고 본다. 판례는 검사가 기소 후 피고인을 조사(신문)하면서 작성한 진술조서의 증거능력을 인정함으로서 공소제기 후 임의수사로서 피고인신문을 허용하는 태도를 보이고 있다. 판례에 의할 때 공소제기 이후에 검사가 피고인을 소환 · 신문하여 작성한 피고인 진술조서는 그 증거능력이 부정되지 아니한다.

《대판 1984.9.25. 84도1646》 검사의 피고인에 대한 당해 피고사건에 대한 진술조서가 기소 후에 작성된 것이라는 이유만으로 곧 그 증거능력이 없는 것이라고 볼 수 없다.

나. 참고인 조사

참고인조사는 임의수사로서 공소제기 후에도 허용된다. 다만, 피고인에게 유리한 증언을 한 증인을 수사기관이 다시 참고인으로 조사하여 법정진술을 번복시키는 것은 적법절차위반으로 허용되지 않는다는 것이 통설과 판례의 입장이다. 이렇게 작성된 참고인진술조서는 피고인이 증거로 함에 동의하지 않는 한 증거능력이 없다.

《대판 2013.8.14. 2012도13665》 공판기일에 이미 증언을 마친 증인을 검사가 소환한 후 피고인에게 유리한 증언 내용을 추궁하여 이를 일방적으로 번복시키는 방식으로 작성한 진술조서는 피고인이 증거로 할 수 있음에 동의하지 아니하는 한 증거능력이 없고, 그 후 원진술자인 종전 증인이 다시 법정에 출석하여 증언을 하면서 그 진술조서의 성립의 진정함을 인정하고 피고인 측에 반대신문의 기회가 부여되었다고 하더라도 그 증언 자체를 유죄의 증거로 할 수 있음은 별론으로 하고 진술조서의 증거능력이 없다는 결론은 달라지지 않는다.

《대판 2019.11.28. 2013도6825 (파이시티 인허가 로비 사건)》 제1심에서 피고인에 대하여 무죄판결이 선고되어 검사가 항소한 후, 수사기관이 항소심 공판기일에 증인으로 신청하여 신문할 수 있는 사람을 특별한 사정 없이 미리 수사기관에 소환하여 작성한 진술조서는 피고인이 증거로 할 수 있음에 동의하지 않는 한 증거능력이 없다. 설령 참고인이 나중에 법정에 증인으로 출석하여 위 진술조서의 성립의 진정을 인정하고 피고인 측에 반대신문의 기회가 부여된다 하더라도 증거능력을 인정할 수 없다.

다. 감정 · 통역 · 번역의 위촉과 공무소 등에의 조회

공소제기 후라도 참고인조사, 감정 · 통역 · 번역의 위촉, 공무소 조회 등의 임의수사는 1회 공판기일 전후를 불문하고 허용된다는 것이 통설의 입장이다.

제3편

공소제기와 공판절차

제1장 소송의 주체

형사소송에 있어 '소송의 주체'란 형사소송법상 권리와 의무를 가지고 형사절차에 실질적으로 관여하는 자들을 의미한다. 이에는 법원, 검사, 피고인이 포함되며, 각각 사법권, 공소권, 방어권의 주체로서 기능한다. 한편 검사의 보조자로 사법경찰관이 있고, 피고인의 보조자로 변호인 등이 있다. 당사자와 보조자를 합하여 소송관계인이라고 한다.

제1절 법원

법원은 사법권을 행사하는 국가기관을 말한다. 법원에는 최고법원인 대법원과 하급법원인 고등법원과 지방법원, 가정법원, 행정법원 등이 있다. 이밖에 군사재판을 관할하는 군사법원이 있다. 소송법상 의미의 법원은 구체적 사건에 대하여 재판권을 행사하는 법원을 말하는 것으로, 합의제와 단독판사로 구분된다. 제1심 법원은 원칙적으로 단독판사에 의해 구성되지만, 일정한 중대한 사건의 경우 합의부가 구성된다. 고등법원과 대법원은 합의제로 운영된다. 수소법원이란 피고사건의 소송이 계속된 법원을 뜻한다. 수소법원과 수명법관, 수탁판사, 수임판사는 구분되어야 한다.

제2절 검사

검사는 형사절차 전반을 담당하는 국가기관이다. 개별 검사는 독립된 기관으로서 자신의 책임 하에 검찰권을 행사하며, 검찰총장이나 상급자의 지시를 단순히 따르는 보조기관이 아니다. 검사는 부패범죄, 경제범죄 등 일정 범죄에 대해 1차적 수사개시권과 강제수사 권한을 갖고 있으며, 사법경찰에 대한 수사감독권과 지휘권, 수사종결권, 공소제기 및 유지 권한 등을 행사한다. 또한, 재판이 확정된 이후에는 형의 집행을 지휘하는 재판집행기관의 역할도 수행한다.

제3절 피고인

피고인은 검사에 의해 공소가 제기된 자를 의미한다. 피의자와는 달리 법적으로 소송의 당사자 지위를 가진다. 피고인은 공소가 제기된 자이기만 하면 되며, 그가 실제 범인인지, 소송능력이 있는지 여부와는 무관하게 당사자 능력을 갖는다. 피고인은 공소제기 이전의 수사 대상인 피의자, 형이 확정된 수형자와 구별된다.

제2장 공소제기

공소(公訴)란 검사가 법원에 대해 피고인이 범인인지 판단해 달라고 요구하는 소송행위를 말한다. 공소제기에 의하여 수사는 종결되고, 사건은 공판절차로 넘어가게 된다. 공소제기에 의하여 피의자의 지위는 피고인으로 바뀐다. 검사의 공소권은 특정사건에 관해 유죄 · 무죄의 실체재판을 청구하는 권리이며, 이는 실체법상의 개념인 형벌권과는 구별되는 절차법상의 권리이다.

제1절 공소제기의 기본원칙

1. 국가소추주의

국가소추주의란 공소제기의 권한을 국가기관에게 전담시키는 제도를 밀한다. 형사소송법은 제246조는 '공소는 검사가 제기하여 수행한다.'고 명시하여 공소권을 국가기관에 부여하고 있다. 경찰서장의 즉결심판청구도 공소제기에 해당한다(즉심법 §3①). 이는 개인에게 공소제기를 허용하는 영국, 프랑스 등의 '사인소추제'와는 다른 방식으로, 우리나라 형사소송은 국가기관에 의해 공적 통제 속에서 공소가 제기되도록 하고 있다.

2. 기소독점주의

국가소추주의를 전제로 국가기관 중에서 특히 검사만이 공소권을 행사하는 것을 기소독점주의라 한다. 이는 공소권 행사의 통일성과 공정성을 보장할 수 있다는 장점이 있으며, 검찰이라는 전국적 조직을 통해 공소기준의 획일성과 전문성이 유지된다. 다만, 검사의 자의적 판단이나 정치적 영향에 따라 공소권이 남용될 수 있다는 비판도 존재한다. 우리 형사소송법은 기소독점주의를 채택하고 있다(§246). 예외적으로 경찰서장의 즉결심판청구는 검사 이외의 국가기관이 공소를 제기하는 것으로, 기소독점주의의 예외에 해당한다.

3. 기소편의주의

기소편의주의란 수사결과 공소제기의 요건이 충족되었음에도 불구하고, 검사에게 기소 여부에 대한 재량을 인정하는 제도이다. 형사소송법 제247조는 유죄의 증거가 충분한 경우에도 공소를 제기하지 않을 수 있도록 규정하여 기소편의주의를 채택하고 있다. 이는 범죄자의 연령, 성행, 범행동기 및 결과 등 여러 사정을 참작하여 검사가 기소유예 처분을 할 수 있다는 것을 의미한다. 기소편의주의는 법적 안정성을 저해하고 정치적 영향에 따라 검사의 자의적인 결정으로 재량권을 남용할 수 있다는 비판이 제기된다. 검사의 자의적 불기소를 견제하기 위한 제도적 장치로는 공수처 검사, 특별검사, 재정신청, 검찰항고, 헌법소원 등이 마련되어 있다.

제2절 공소제기의 효과

1. 소송계속

검사의 공소제기에 의하여 사건은 법원에 계속된다. 사건이 수소법원의 심판의 대상이 되는 상태를 소송계속이라 한다. 소송계속이 발생하면 피고사건은 수소법원이 지배한다. 공소제기가 있으면 법원은 형사절차를 주재하고, 강제처분의 권한을 갖게 된다. 검사는 공소의 제기와 동시에 피고인과 대등한 당사자의 지위로 변경되며, 피의자는 피고인으로 지위가 전환된다.

2. 공소시효의 정지

공소시효는 공소제기로 진행이 정지되며, 공소기각 또는 관할위반의 재판이 확정된 때로부터 다시 진행한다(§253①). 따라서 검사가 공소를 제기하면 해당사건의 공소시효는 정지된다. 이는 시간 경과에 따른 공소권의 소멸을 방지하기 위한 것이다. 소송조건이 결여된 경우에도 그 진행은 정지된다. 공범의 1인에 대한 시효정지는 다른 공범자에 대해서도 효력이 미친다(§253②).

3. 심판범위의 한정

공소제기의 가장 중요한 효과는 심판범위의 한정이다. 공소를 제기하면 검사가 피고인으로 지정한 자만 심판할 수 있다(§248①). 법원은 원칙적으로 검사가 공소장에서 특정한 공소사실에 대해서만 심리하고 판단할 수 있으며, 공소장 변경 없이 이를 벗어난 사실에 대해 유죄를 선고할 수 없다. 이는 불고불리의 원칙과 공소사실의 동일성이라는 개념과도 밀접하게 연결되어 있다.

제3절 공소시효

1. 공소시효의 의의

공소시효란 검사가 일정 기간 공소를 제기하지 않고 방치하는 경우, 국가의 소추권이 소멸되는 제도를 말한다. 공소시효를 인정하는 이유는 ① 범죄 후 증거의 멸실로 인하여 실체적 진실발견이 곤란하며, ② 시간의 경과로 인하여 생긴 사실상의 상태를 유지·존중할 필요가 있고, ③ 범죄 후 장기간의 경과로 인하여 범인에 대한 일반인의 처벌욕구가 감소되고, ④ 장기간 도피로 인한 처벌받은 것과 다름없다는 점 등이다.

공소시효도 형의 시효와 함께 형사시효의 일종이다. 형의 시효가 확정된 형벌권을 소멸시키는 제도임에 반하여, 공소시효는 국가의 소추권을 소멸시킨다는 점에 차이가 있다. 공소시효가 완성된 때에는 면소의 판결을 해야 함에 대하여, 형의 시효가 완성된 때에는 형의 집행이 면제될 따름이다. 형의 시효에 관해서는 형법에서 규정하고 있다(형법 §77~§80).

《헌결 1996.2.16. 96헌가2 (5.18특별법 위헌제청)》 [1] 위 법률조항은 단지 진행 중인 공소시효를 연장하는 법률로서 이른바 부진정소급효를 갖게 되나, 공소시효제도에 근거한 개인의 신뢰와 공소시효의 연장을 통하여 달성하려는 공익을 비교형량하여 공익이 개인의 신뢰보호이익에 우선하는 경우에는 소급효를 갖는 법률도 헌법상 정당화될 수 있다.
[2] 진정소급입법이라 하더라도 기존의 법을 변경하여야 할 공익적 필요는 심히 중대한 반면에 그 법적 지위에 대한 개인의 신뢰를 보호하여야 할 필요가 상대적으로 적어 개인의 신뢰이익을 관철하는 것이 객관적으로 정당화될 수 없는 경우에는 예외적으로 허용될 수 있다. 진정소급입법이 허용되는 예외적인 경우로는 일반적으로 국민이 소급입법을 예상할 수 있었거나, 법적 상태가 불확실하고 혼란스러웠거나 하여 보호할 만한 신뢰의 이익이 적은 경우와 소급입법에 의한 당사자의 손실이 없거나 아주 경미한 경우, 그리고 신뢰보호의 요청에 우선하는 심히 중대한 공익상의 사유가 소급입법을 정당화하는 경우를 들 수 있다.

2. 공소시효의 기간

가. 시효기간

공소시효 기간은 법정형의 경중에 따라 차이가 있다. 즉 공소시효의 기간은 해당 범죄의 법정형이 ① 사형에 해당하는 범죄는 25년, ② 무기징역 또는 무기금고에 해당하는 범죄는 15년, ③ 장기 10년 이상의 징역 또는 금고에 해당하는 범죄는 10년, ④ 장기

10년 미만의 징역 또는 금고에 해당하는 범죄는 7년, ⑤ 장기 5년 미만의 징역 또는 금고, 장기 10년 이상의 자격정지 또는 벌금에 해당하는 범죄는 5년, ⑥ 장기 5년 이상의 자격정지에 해당하는 범죄는 3년, ⑦ 장기 5년 미만의 자격정지, 구류, 과료 또는 몰수에 해당하는 범죄는 1년이다(§249①).

공직선거법('공선법'으로 약칭)에 규정한 죄의 공소시효는 당해 선거일 후부터 6개월이다. 다만, 범인이 도피한 때나 범인이 공범 또는 범죄의 증명에 필요한 참고인을 도피시킨 때에는 3년이다(공선법 §268①). 일정한 성폭력범죄(강간, 강도살인, 강도강간, 특수강간, 특수강도강간, 장애인강간 등)와 아동·청소년에 대한 강간·강제추행죄 등은 DNA증거 등 그 죄를 증명할 수 있는 과학적인 증거가 있는 때에는 공소시효가 10년 연장된다.[17]

한편, ① 사람을 살해한 범죄(종범은 제외)로 사형에 해당하는 범죄(§253-2), ② 13세 미만의 사람 및 장애인을 대상으로 한 강간, 미성년자의제강간, 강간살인 등의 죄[18], ③ 강간살인죄, 아동·청소년성착취물제작·수입·수출죄 등의 죄[19], ④ 국제형사재판소 관할 범죄의 처벌 등에 관한 법률상의 집단살해죄 등(동법 §6)에 대해서는 공소시효를 폐지하여 언제든지 처벌할 수 있게 되었다.

공소가 제기된 범죄는 판결의 확정이 없이 공소를 제기한 때로부터 25년을 경과하면 공소시효가 완성한 것으로 간주한다(§249②). 이는 피고인의 소재불명으로 인한 영구미제사건을 종결처리하기 위한 규정이다. '의제공소시효'라고 한다.

나. 시효기간의 기준

1) 기준이 되는 형

공소시효는 처단형이 아니라 법정형을 기준으로 기산한다. 2개 이상의 형을 병과하거나 2개 이상의 형에서 그 1개를 과할 범죄는 중한 형을 기준으로 공소시효의 기간을 계산한다(§250). 형법에 의하여 가중·감경할 경우에는 가중·감경하지 아니한 형에 의하여 공소시효 기간을 계산한다(§251). 형법 이외의 특별법에 의한 가중·감경의 경우에는 가중된 특별법상의 법정형을 기준으로 공소시효기간을 계산한다(대판 1973.3.13. 72도2976). 교사범 또는 방조범은 정범의 법정형을 기준으로 공소시효 기간을 계산한다. 다만, 필요적 공범의 경우에는 각각 개별적으로 결정한다.

17) 성폭법 §21②, 아청법 §20②
18) 성폭법 §21③, 아청법 §20③
19) 성폭법 §21④, 아청법 §20④

2) 법정형 판단의 기초인 범죄사실

공소시효는 공소장에 기재된 공소사실에 대한 법정형이 기준이 된다. 공소장에 수개의 공소사실을 예비적 · 택일적으로 기재한 경우에는 각각의 범죄사실을 분리하여 별도로 공소시효를 계산해야 한다. 과형상 일죄인 상상적 경합범은 실질적으로 수죄이므로 각 죄에 대하여 개별적으로 공소시효 기간을 결정해야 한다.

다. 공소시효의 기산점

1) 범죄행위 종료시

공소시효는 범죄행위를 종료한 때로부터 진행한다(§252①). '범죄행위를 종료한 때'란 범죄의 실행행위 종료시가 아니라 범죄행위가 최종적으로 완료된 시점을 의미하며, 범죄의 유형별로 나누어서 검토해야 한다. 결과범(과실범 포함)의 경우에는 결과가 발생한 때부터 공소시효가 진행된다. 결과적 가중범의 경우 중한 결과가 발생한 때부터 시효가 진행된다. 거동범의 경우 실행행위 종료시부터 공소시효가 진행된다. 계속범에서는 법익침해가 종료된 때로부터 공소시효가 진행한다. 포괄일죄에 있어서 공소시효의 기산점은 최종의 범죄행위가 종료된 때이다. 상상적 경합의 경우 실질적으로 수죄이므로 각 죄에 관하여 개별적으로 판단한다. 미성년자에 대한 성폭력범죄, 아동 · 청소년 대상 성범죄, 아동학대범죄의 공소시효는 해당 범죄로 피해를 당한 사람이 성년에 달한 날부터 진행한다.[20]

2) 공범에 관한 특칙

공범의 경우에는 최종행위가 종료한 때로부터 전 공범에 대한 시효기간을 기산한다(§252②). 공범을 일률적으로 처벌하여 처벌의 공평을 기하기 위한 것이다. 여기의 공범에는 임의적 공범(공동정범, 교사범, 종범)뿐만 아니라 필요적 공범도 포함된다.

라. 공소시효의 계산

공소시효의 계산에 있어서는 초일은 시간을 계산함이 없이 1일로 산정하고, 기간의 말일이 공휴일 또는 토요일이라도 시효기간에 산입한다(§66).

20) 성폭법 §21①, 아청법 §20①, 아동학대범죄의 처벌 등에 관한 특례법(이하 '아학법'이라 함) §34①

3. 공소시효의 정지

가. 의의

공소시효는 일정한 사유가 있는 경우 그 진행이 정지되고, 그 정지사유가 없어지면 다시 진행하게 된다. 공소시효정지는 중단사유가 소멸하면 시효가 처음부터 다시 진행하는 시효중단과 구별된다. 형의 시효와는 달리 공소시효 제도는 정지제도만 있고, 현행법상 공소시효의 중단은 인정되지 않는다. 공소제기가 무효인 경우에도 공소시효는 정지된다.

나. 공소시효의 정지사유

1) 공소의 제기

공소시효는 공소의 제기로 진행이 정지되고 공소기각 또는 관할위반의 재판이 확정된 때부터 다시 진행한다(§253①). 공소제기가 적법 · 유효할 것을 요하지 아니한다. 즉결심판의 청구가 있는 때에는 공소제기와 마찬가지로 공소시효의 진행이 정지된다(즉심법 §19). 대통령은 내란 또는 외환의 죄를 제외하고는 재직중 형사상의 소추를 받지 아니한다(헌법 §84). 따라서 내란 또는 외환의 죄를 제외하면, 대통령이 범한 죄에 대하여는 재직기간 동안 공소시효의 진행이 정지된다(헌결 2020.10.29. 2020도3972).

2) 범인의 국외도피

범인이 형사처분을 면할 목적으로 국외에 있는 경우 그 기간 동안 공소시효는 정지된다(§253③). 국외에 체류하는 것이 도피의 수단으로 이용된 경우에 체류기간 동안 공소시효가 진행되는 것을 막아 범인을 처벌하여 형벌권을 적정하게 실현하기 위한 규정이다. 따라서 범인이 국외에서 범죄를 저지르고 형사처분을 면할 목적으로 국외에서 체류를 계속하는 경우도 포함한다(대판 2015.6.24. 2015도5916). '형사처분을 면할 목적'은 국외 체류의 유일한 목적으로 되는 것에 한정되지 않고 범인이 가지는 여러 국외 체류 목적 중에 포함되어 있으면 충분하다.

《대판 2008.12.11. 2008도4101》 '형사처분을 면할 목적'은 국외 체류의 유일한 목적으로 되는 것에 한정되지 않고 범인이 가지는 여러 국외 체류 목적 중에 포함되어 있으면 족하다.

《대판 2015.6.24. 2015도5916》 '범인이 형사처분을 면할 목적으로 국외에 있는 경우'는 범인이 국내에서 범죄를 저지르고 형사처분을 면할 목적으로 국외로 도피한 경우에 한정되지 아니하고, 범인이 국외에서 범죄를 저지르고 형사처분을 면할 목적으로 국외에서 체류를 계속하는 경우도 포함된다.

3) 재정신청

불기소처분에 대해 재정신청이 있으면 고등법원의 재정결정이 확정될 때까지 공소시효진행이 정지된다(§262-4①). 부당한 불기소처분으로 인한 공소시효 완성을 방지하기 위한 것이다. 재정신청에 따른 공소제기의 결정이 있는 때에는 공소시효에 관하여 그 결정이 있는 날에 공소가 제기된 것으로 본다(§262-4②).

4) 소년보호사건의 심리개시결정 등

소년보호사건에 있어 소년부 판사가 심리개시의 결정을 한 때에는 그 사건에 대한 보호처분의 결정이 확정될 때까지 공소시효 진행이 정지된다(소년법 §54). 가정폭력범죄, 성매매 사건, 아동학대범죄에 대한 공소시효는 해당 보호사건이 법원에 송치된 때[21]로부터 공소시효의 진행이 정지된다.

다. 시효정지의 효력범위

공소시효정지의 효력은 원칙적으로 공소제기된 피고인에 대해서만 미친다. 따라서 진범 아닌 자에 대한 공소제기는 진범인에 대한 시효진행을 정지하지 않는다. 다만 공범의 1인에 대한 시효정지는 다른 공범자에 대하여 효력이 미치고, 당해 사건의 재판이 확정된 때로부터 진행한다(§253②). 공범 중 1인에 대한 공소의 제기로 다른 공범자에 대하여도 공소시효가 정지되나, 여기서 공범에는 뇌물공여죄와 뇌물수수죄 사이와 같은 대향범 관계에 있는 자는 포함되지 않는다(대판 2015.2.12. 2012도4842). 공소시효정지의 효력은 공소사실과 동일성이 인정되는 사건의 전범위에 미친다. 포괄일죄의 일부에 대해서만 공소가 제기되어도 다른 부분에 대해서도 공소시효가 정지된다.

《대판 2015.2.12. 2012도4842》 뇌물공여죄와 뇌물수수죄 사이와 같은 이른바 대향범 관계에 있는 자는 강학상으로는 필요적 공범이라고 불리고 있으나, 서로 대향된 행위의 존재를 필요로 할 뿐 각자 자신의 구성요건을 실현하고 별도의 형벌규정에 따라 처벌되는 것이어서, 2인 이상이 가공하여 공동의 구성요건을 실현하는 공범관계에 있는 자와는 본질적으로 다르며, 대향범 관계에 있는 자 사이에서는 각자 상대방의 범행에 대하여 형법 총칙의 공범규정이 적용되지 아니한다. 이러한 점들에 비추어 보면, 형사소송법 제253조 제2항에서 말하는 '공범'에는 뇌물공여죄와 뇌물수수죄 사이와 같은 대향범 관계에 있는 자는 포함되지 않는다.

21) 가폭법 §17①, 성매매알선 등 행위의 처벌에 관한 법률 §17①, 아학법 §34②

4. 공소시효 완성의 효과

공소가 제기된 범죄는 판결의 확정이 없이 공소를 제기한 때로부터 25년을 경과하면 공소시효가 완성한 것으로 간주한다(§249②). 공소시효의 완성은 소송조건에 해당하므로 공소제기 이전이라면 검사는 공소권없음의 불기소처분을 해야 한다. 공소가 제기된 피고사건에 대하여 공소시효가 완성된 경우 법원은 면소판결을 하여야 한다(§326.3).

제3장

공판절차

공판절차란 공소가 제기되어 사건이 법원에 계속된 이후 그 소송절차가 종결될 때까지의 모든 절차, 즉 법원이 피고사건에 대하여 심리·재판하고 또 당사자가 변론을 행하는 절차를 말한다. 공판절차에는 공판준비절차도 포함되며, 공판기일의 절차와 공판기일외의 절차로 구분된다. 이러한 공판절차 가운데 특히 공판기일에 공판정에서 행하는 심리와 재판만을 협의의 공판절차라고도 한다.

제1절 공판절차의 기본원칙

1. 공판중심주의

'공판중심주의'란 공판기일에 공판정에서 행해지는 심리에 의하여 법원이 판단해야 한다는 원칙이다. 이는 수사 단계에서 수집된 자료가 아닌, 법정에서 이루어지는 증거조사와 변론을 통해 심증을 형성해야 함을 의미한다. 공판중심주의는 구두변론주의, 직접주의, 전문법칙, 공개주의 등을 바탕으로 하며, 이와 같은 공판절차의 기본원칙은 공판중심주의의 핵심적인 내용이 된다.

2. 공개주의

'공개주의'는 일반 국민에게 재판절차를 공개함으로써 사법의 공정성과 투명성을 확보하고 국민의 감시를 가능케 하는 제도다. 헌법 제27조 제3항과 제109조는 재판의 공개를 명시하고 있다. 다만 국가의 안전보장이나 사회질서, 선량한 풍속을 해할 우려가 있는 경우에는 심리의 비공개가 허용된다. 다만, 예외적으로 소년보호사건은 비공개로 진행하고, 가정폭력, 성폭력사건 등은 비공개할 수 있다.

3. 구두변론주의

'구두변론주의'는 법원이 당사자의 구두에 의한 주장과 입증에 근거하여 심리·재판을 해야 한다는 원칙이다. 구두변론주의는 다시 구두주의와 변론주의로 나눈다. 구두주의는 서면이 아닌 구두로 제공된 소송자료에 의한 재판을 의미하고, 변론주의는 당사자의 주장과 증거에 의해 법원이 판단해야 함을 뜻한다. 이는 당사자주의 강화와 밀접히 연관된다.

4. 직접주의

'직접주의'란 법관이 직접 조사한 원본증거에 의하여 심증을 형성해야 한다는 원칙이다. 직접심리주의라고도 한다. 직접주의에는 형식적 직접주의와 실질적 직접주의가 있다. 형식적 직접주의는 수소법원이 직접 증거를 조사하여야 한다는 원칙을 뜻한다. 공판절차의 갱신은 형식적 직접심리주의와 관련된다. 실질적 직접주의는 원본증거를 재판의 기초로 삼아야 한다는 원칙을 말한다. 실질적 직접주의는 전문증거의 증거능력을 부정하는 이유가 된다.

5. 집중심리주의

마지막으로, '집중심리주의'는 공판기일의 심리는 지연 없이 집중적으로 이루어져야 함을 요구한다. 이는 심리 중단으로 인한 심증의 약화를 방지하고 신속한 재판을 실현하기 위한 것이다. 형사소송법은 심리에 2일 이상이 소요될 경우 특별한 사정이 없는 한 매일 계속 개정하도록 규정(§267-2②)하고 있으며, 공판기일 역시 일정한 간격(14일 이내) 내에 지정되어야 한다.

제2절 공판준비절차

1. 의의

공판준비절차란 본격적인 공판에 앞서 심리의 대상 및 쟁점을 명확히 하고, 신속하고 효율적인 심리를 도모하기 위한 절차이다. 즉, 공판준비절차는 수소법원이 공판의 준비를 하기 위한 절차이다. 형사소송법 제266조 이하에서 공판준비절차에 관한 규정을 두고 있으며, 이는 당사자주의와 집중심리주의, 공판중심주의의 이념을 구현하기 위한 제도적 장치로 기능한다.

2. 공판기일 전의 절차

검사가 공소를 제기하면 법원은 지체 없이 공소장 부본을 피고인 또는 변호인에게 제1회 공판기일 전 5일까지 송달해서, 피고인이 방어 준비를 할 수 있도록 해야 한다(§266). 이 기간이 지켜지지 않거나 송달 자체가 이루어지지 않은 경우, 피고인은 늦어도 피고인의 모두진술 단계까지 이의신청할 수 있다. 피고인 또는 변호인은 공소장 부본을 송달받은 날부터 7일 이내에 공소사실의 인정 여부, 공판준비절차에 관한 의견 등을 기재한 의견서를 법원에 제출해야 한다(§266-2②). 이는 심리계획을 조기에 수립하고 피고인의 입장을 확인하기 위한 제도이다.

공판기일은 공소장 부본 송달 및 국선변호인 선정 후 재판장이 지정하며, 제1회 공판기일은 소환장 송달 후 5일 이상의 유예기간을 두어야 한다(§267, §269). 기일의 변경은 직권 또는 당사자의 신청에 따라 가능하며, 변경된 기일은 검사, 변호인, 보조인에게 통지해야 한다(§267③).

2. 공판준비절차

재판장은 집중적이고 효율적인 심리를 위해 재판장이 사건을 공판준비절차에 부칠 수 있다(§266-5①). 국민참여재판에서는 필요적 절차이다. 준비절차는 서면으로 준비하는 방법 또는 공판준비기일을 여는 방법 중에서 선택할 수 있으며, 검사, 피고인 또는 변호인은 이를 위해 미리 증거를 수집·정리하는 등 절차에 협조해야 한다(§266-5③).

서면 준비방식에서는 당사자가 주장 요지와 입증취지를 기재한 서면을 법원에 제출하고, 법원은 반대당사자에게 그 부본을 송달해야 한다(§266-6③). 공판준비기일이 지정되면 검사와 변호인의 출석이 필수이다. 공판준비기일은 피고인의 출석 없이도 진행할 수 있으나 필요한 경우 소환할 수 있다. 피고인의 출석은 필수요건은 아니다. 준비기일은 원칙적으로 공개되나, 절차의 진행이 방해될 우려가 있는 경우 비공개할 수 있다(§266-7④).

공판준비절차에서는 쟁점정리, 증거정리, 증거개시 및 심리계획의 책정이 이루어진다(§266-9). 쟁점정리에는 공소장의 변경, 증거정리에는 증거신청 및 증거결정, 증거조사의 순서 및 방법을 정하는 행위 등이 포함된다.

특히 공판준비절차에서는 증거개시가 중요한 역할을 한다. 피고인 또는 변호인은 검사의 증거서류 등을 열람·등사할 수 있으며(§266-3①), 검사는 피고인 또는 변호인이 현장부재, 심신상실 또는 심신미약 등의 주장을 하는 경우 그 주장과 관련된 서류 등의 열람·등사만을 요구할 수 있다(§266-11①). 이는 피고인의 방어권 보장을 위해 마련된 것으로, 당사자 간 공격과 방어의 기회를 균형 있게 보장하고, 재판의 예측 가능성과 신속성을 높일 수 있다.

제3절 공판기일의 절차

1. 소송관계인의 출석

공판기일에는 공판정에서 심리한다(§275①). 공판정에서 검사의 좌석과 피고인 및 변호인의 좌석은 대등하며, 법대의 좌우측에 마주보고 위치하고 증인의 좌석은 법대의 정면에 위치한다. 다만, 피고인신문을 하는 때에는 피고인은 증인석에 좌석한다(§275③). 공판기일에 판사는 예외 없이 공판정에 출석해야 하며, 검사의 출석은 공판개정의 필수요건이다. 변호인은 소송주체가 아니므로 출석은 필수가 아니지만, 필요적 변호사건과 국선변호사건인 경우 변호인 없이 개정하지 못한다(§282, §283).

피고인의 출석은 공판개정의 요건이며, 출석한 피고인은 허가 없이 퇴정할 수 없다(§281①). 다만, 피고인이 의사능력 없는 때에는 그 법정대리인이나 특별대리인이 대리하며, 이들의 출석이 필요하다. 법인이 피고인일 경우 대표자 또는 대리인이 출석해야 하며, 이 경우 대표자가 출석하지 않고 대리인이 출석할 수 있다(§276 단서). 다액 500만원 이하의 벌금, 과료에 해당하는 사건 등의 경우 피고인의 출석을 요하지 않는다(§277.1).

2. 공판기일의 절차

공판준비절차가 종료한 후 법원은 공판기일에 피고사건에 대한 실체심리를 하게 된다. 공판기일의 절차는 모두절차, 사실심리절차, 판결선고절차 순으로 진행이 된다.

가. 모두절차

모두절차는 진술거부권의 고지로 시작된다. 재판장은 피고인에게 일체의 진술을 거부할 수 있다는 권리를 고지하여야 하며, 이어 인정신문이 진행되는데, 이는 피고인의 인적사항을 확인하여 공소장 기재 내용과 일치하는지 확인하는 절차이다. 이후 검사가 공소장에 기재된 공소사실, 죄명 및 적용법조를 낭독하는 모두진술을 하며, 피고인은 공소사실에 대한 인정 여부, 그에 대한 의견 등의 모두진술을 하여야 한다. 모두진술이 끝난 다음 재판장은 이의 쟁점을 정리하고, 검사와 변호인에게 주장 및 입증계획 등을 진술하게 할 수 있다.

나. 사실심리절차

사실심리절차는 증거조사로 시작된다. 증거조사는 법원이 심증을 형성하기 위하여 각종 증거방법을 조사하는 절차로, 당사자의 신청 또는 법원의 직권으로 이루어진다. 검사는 증인신문, 서류 제출 등의 신청을 할 수 있고, 피고인도 동일하게 신청할 수 있다. 법원은 신청이 소송지연 목적이거나 요건을 충족하지 못하면 이를 기각하거나 각하할 수 있다. 직권증거조사는 당사자의 입증이 불충분한 경우에 보충적으로 행해지며, 이는 법원의 권한이자 의무로 간주된다. 증거조사의 방법은 증거의 성질에 따라 증인에 대해서는 신문, 증거서류에 대해서는 낭독 또는 내용의 고지, 증거물에 대해서는 제시의 방법으로 해야 한다. 증거물인 서면의 경우 낭독 또는 내용의 고지와 제시의 절차가 함께 이루어져야 한다(判). 당사자는 증거조사에 관하여 이의신청을 할 수 있다(§296①). 이어지는 피고인신문은 공소사실 및 정상을 중심으로 피고인을 신문하는 절차로, 진술거부권이 보장되며 교호신문 방식이 적용된다. 신문 도중 위압적이거나 유도적인 질문은 금지된다.

다. 판결선고절차

모든 심리가 끝나면 최후변론이 이어진다. 검사는 공소사실에 대한 논고와 함께 양형의견을 구형하며, 피고인과 변호인은 이에 대한 의견을 진술한다. 재판장은 피고인과 변호인에게 반드시 최종진술 기회를 주어야 하며(§303), 이를 누락한 경우 위법한 재판이 된다. 최후변론이 종료되면 재판부는 판결을 위한 심리에 들어가며 이를 실무상 '결심'이라 한다.

마지막으로 판결선고절차가 이루어진다. 판결은 변론종결 당일 또는 14일 이내의 선고기일에 공판정에서 공개로 선고되어야 하며, 판결서는 선고일로부터 5일 이내에 작성되어야 한다. 형이 선고되는 경우 재판장은 피고인에게 상소기간과 상소법원을 고지해야 하며(§324), 판결선고 자체는 반드시 공개되어야 한다.

제4절 증거조사

1. 증인신문

가. 의의

'증인신문'이란 증인으로부터 체험사실을 내용으로 하는 진술을 듣는 증거조사를 말한다. 증인신문은 증언과 함께 증인의 표정 · 진술태도 등도 법관의 심증형성에 큰 영향을 미치므로 중요한 증거조사방법이다. 증인에게는 출석, 선서, 증언의 의무가 있고, 의무위반시에는 간접적으로 강제하게 된다.

나. 증인적격

'증인적격'이란 증인으로 선서하고, 증언할 수 있는 자격을 말한다. 증인신문은 증인적격이 있어야 가능하며, 증인적격이 없는 자의 증언은 증거능력이 없다. 원칙적으로 모든 사람이 증인적격을 가진다. 다만, 피고인, 사건을 담당한 법관이나 검사, 변호인 등은 그 소송지위상 증인적격이 인정되지 않는다. 또한 공범인 공동피고인은 소송절차가 분리되기 전에는 증인이 될 수 없지만, 공범이 아닌 공동피고인은 증인적격이 인정된다(判).

다. 증인의 권리와 의무

증인이 소환장을 송달받고도 출석하지 않은 경우 과태료 부과 또는 감치처분을 받게 된다(§151). 증인은 신문 전에 선서해야 한다(§156). 그러나 16세 미만의 자 또는 선서의 취지를 이해하지 못하는 자인 때에는 선서의무가 없다(§159). 증인이 정당한 이유 없이 증언을 거부한 경우 과태료 처분에 처할 수 있다(§161①).

증인에게는 증인거부권도 인정된다. 이는 자기 또는 일정한 관계인의 형사책임과 관련하여 불리한 진술을 거부할 권리로, 근친자에 대한 형사책임이나 업무상 비밀 유지 등에서 그 행사가 가능하다. 법원은 증인신문 전 증언거부권을 고지해야 하며, 증언거부사유가 인정되면 과태료 등의 제재를 받지 않는다.

라. 증인신문의 방법

당사자는 증인신문에 참여할 권리를 가지므로 미리 증인신문의 시간과 장소를 통지해야 한다(§163). 교호신문 절차를 따른다. 당사자에게 통지하지 않고 실시한 증인신문은 위법하고, 그 증언은 증거능력이 없다. 증인신문은 교호신문 절차를 따른다. 증인을 신청한 당사자가 먼저 주신문을 하고, 그 후 상대방이 반대신문을 하며, 이후 재주신문과 재반대신문이 이어진다(§161-2①). 주신문에서는 유도신문이 원칙적으로 금지되나, 반대신문에서는 유도신문이 가능하다. 증인신문 도중에도 재판장은 필요시 신문 순서를 변경하거나 직접 신문할 수 있으며, 간이공판절차에서는 신문방식에 융통성이 인정된다.

2. 감정 · 통역 · 번역

'감정'이란 일정한 지식과 경험을 가진 전문가가 그 지식 · 경험에 의하여 얻은 판단을 법원에게 보고하는 것이다. 감정인에 대하여는 증인신문에 관한 규정이 준용되므로 감정인 적격 및 감정거부권도 증인적격과 증언거부권에 준한다(§177). 감정인 소환은 증인소환의 방법에 의한다. 다만, 대체성이 있으므로 구인당하지 아니한다. 선서하지 않은 감정인의 감정은 증거능력이 없다. 외국어를 사용하는 자의 진술에는 통역인에게 통역을 시켜야 하고, 외국어는 번역하게 해야 한다. 통역과 번역의 방법은 감정에 관한 규정을 준용한다(§183).

3. 검증

법원은 사실발견에 필요한 때에는 검증을 할 수 있다(§139). 당사자는 검증에 참여할 권리를 가지므로 재판장은 미리 검증일시 · 장소를 통지해야 한다(§145, §122). 검증영장을 집행함에는 책임자, 주거주, 등을 참여하게 해야 한다(§145, §123). 신체검사를 할 경우에는 피검사자의 성별, 연령, 건강상태 등을 고려하여 건강과 명예를 침해하지 않도록 주의해야 한다(§141①). 검증을 한 후에는 검증조서를 작성해야 하며(§49①), 검증조서는 법원 · 법관의 조서로서 무조건 증거능력이 있다(§311).

4. 공무소 등에의 조회

법원은 직권 또는 당사자의 신청에 의하여 공무소 또는 공사단체에 조회하여 필요한 사항의 보고 또는 그 보관서류의 송부를 요구할 수 있다(§272①). 소송관계인의 조회신청이 부적합하거나 이유가 없는 경우의 결정으로 기각해야 한다(§272②).

제5절 공판절차의 특칙

1. 간이공판절차

간이공판절차는 피고인이 공판정에서 공소사실을 자백한 경우, 신속한 재판 진행을 위해 증거조사 절차를 간소화하고 일부 증거능력 제한을 완화하는 제도이다. 형사소송법 제286조의2에 따라 법원은 공판정에서 자백한 사건에 대해 간이공판절차로 심판할 수 있으며, 이는 제1심 관할사건에만 적용된다. 자백은 범죄사실 전체를 인정하고 위법성·책임조각사유가 없음을 인정하는 것을 의미한다. 간이공판절차 개시의 결정을 하고자 하는 경우 재판장은 피고인에게 그 절차의 취지를 설명해야 한다. 절차가 개시되면 전문증거에 대해서는 증거동의가 있는 것으로 간주되지만, 위법수집증거배제법칙과 자백배제법칙, 자백보강법칙 등은 그대로 적용된다. 증거조사는 정식 증거조사방식이 아닌 상당하다고 인정하는 방법으로 진행할 수 있다(§297-2). 간이공판절차에서도 유죄판결 이외에 공소기각재판과 면소판결 및 무죄판결도 선고할 수 있다. 피고인의 자백이 신빙할 수 없다고 인정되거나 간이공판절차로 심판하는 것이 현저히 부당하다고 인정할 때에는 법원은 검사의 의견을 들어 그 결정을 취소해야 한다(§286-3). 법원이 간이공판절차를 취소하는 경우 공판절차를 갱신해야 한다(§301-2).

2. 국민참여재판

국민참여재판은 형사재판에 국민이 직접 참여함으로써 사법에 대한 민주적 정당성과 국민의 신뢰를 높이기 위해 2008년부터 시행된 한국형 배심원 제도이다. 이는 전통적인 배심제와 참심제의 요소를 혼합하여 한국의 현실에 맞게 설계된 것으로, 배심원의 평결에 법적 구속력이 없다는 점이 특징이다. 국민참여재판은 형사합의부 관할 제1심 사건에 대해 피고인이 참여를 희망한 경우에 진행되며, 상소심은 적용 대상이 아니다.

피고인은 공소장 부본을 받은 날부터 7일 이내에 국민참여재판을 원하는지 여부를 서면으로 제출해야 하며, 법원은 배제사유가 있는 경우 검사와 피고인의 의견을 들은 후 절차를 배제할 수 있다. 국민참여재판은 사건의 경중에 따라 5~9인의 배심원이 참여하며, 배심원은 무작위로 선정되되 결격·제외·제척 사유가 있는 경우 배제된다. 국민참여재판은 반드시 공판기일 전 공판준비절차를 거쳐야 하며, 공판준비절차에서 증거와 쟁점을 정리하며, 공판정에서는 배심원이 사실인정, 법률적용, 양형에 대해 의견을 제시할 수 있으나, 증거능력에 간한 심리에는 관여할 수 없다.

배심원은 유·무죄에 대해 평의를 거쳐 만장일치 또는 다수결로 평결을 내리고, 유죄 평결이 있을 경우 양형에 대한 의견도 제시한다. 다만 이러한 의견은 법원을 기속하지 않으며, 재판부는 배심원의 평결과 다른 판결을 선고할 수도 있다. 이 경우 그 이유는 판결서에 기재하여야 하고 피고인에게 설명해야 한다. 국민참여재판은 국민이 사법에 참여함으로써 형사재판의 투명성과 공정성을 확보하고, 법에 대한 국민의 이해와 수용도를 높이는 데 기여하고 있다.

제4장

재판

제1절 재판의 의의와 분류

'재판'이란 법원 또는 법관이 수행하는 법률행위적 소송행위를 의미하며, 그 형식에 따라 판결, 결정, 명령으로 나뉜다. 판결은 수소법원이 내리는 종국재판의 원칙적인 형식으로 유죄·무죄 판결과 공소기각·관할위반·면소판결이 있다. 결정은 절차에 관한 재판으로, 증거신청에 대한 결정, 보석허가결정, 공소장변경 허가결정 등이 이에 해당하며, 명령은 재판장 등 법관이 하는 종국 전 재판으로 일반적인 상소방법은 없다.

재판은 그 기능에 따라 소송을 그 심급에서 종결시키는 종국재판과, 절차 진행 중 이루어지는 종국 전 재판으로 나뉘며, 내용상 실체재판과 형식재판으로도 분류된다. 실체재판은 유무죄 판단을 통해 기판력이 발생하지만, 형식재판은 절차적 판단으로 일반적으로 기판력이 없다.

제2절 재판의 성립

합의부의 재판은 법관들의 합의로, 단독판사의 재판은 재판서의 작성시에 내부적으로 성립한다. 판결은 반드시 선고에 의하여 결정 · 명령은 원칙적으로 고지에 의한다. 판결은 선고를 통해, 결정과 명령은 고지를 통해 외부적으로 성립한다. 판결의 선고는 재판장이 주문을 낭독하고 이유의 요지를 설명하는 방식으로 한다(§43). 재판이 외부적으로 성립하면, 재판의 구속력이 발생하고, 재판을 내린 법원조차 함부로 이를 취소 · 변경할 수 없다.

제3절 종국재판

1. 형식재판

공소기각 재판은 절차적 하자가 있는 경우 내려지며, 결정 또는 판결의 형식을 취한다. 공소시각 결정의 사유로는 공소가 취소된 경우, 피고인이 사망한 경우 등이 있다(§328①). 공소기각 판결의 사유로는 재판권이 없는 때, 공소제기의 절차가 법률의 규정에 위반하여 무효인 때, 친고죄에서 고소가 취소되었을 때, 반의사불벌죄에서 합의가 있을 때 등이다(§327). 사건에 대해 법원의 관할이 인정되지 않은 경우 관할위반 판결을 선고한다(§319). 면소 판결은 확정판결이 있은 때, 사면이 있은 때, 공소시효가 완성되었을 때, 범죄 후 법령의 개폐로 형이 폐지되었을 때 선고한다(§326). 면소 판결은 형식재판임에도 불구하고 일사부재리의 효력이 인정된다.

2. 실체재판

피고사건에 대해 범죄의 증명이 있는 때에는 유죄판결을 선고한다. 유죄판결은 실체재판으로 형선고판결, 형선고유예 판결, 형면제 판결로 구분된다. 피고사건이 범죄로 되지 않거나 범죄사실의 증명이 없는 때에는 판결로써 무죄를 선고해야 한다(§325). 무죄판결이 확정되면 형식적 확정력과 기판력이 발생하며, 형사보상의 사유가 된다.

제 4 편

증거

제1장

증거법의 기초

제1절 증거의 의의와 종류

1. 증거의 의의

'증거'란 사실인정의 근거가 되는 자료를 말한다. 즉 형사소송에서 사실인정에 사용되는 객관적인 자료를 증거라 한다. 넓은 의미의 증거에는 증거방법과 증거자료가 있다. '증거방법'이란 사실인정의 자료가 되는 물건이나 사람 그 자체를 뜻한다. 증인, 증거서류 또는 증거물이 여기에 속한다. 이에 대하여 '증거자료'란 증거방법을 조사하여 알게 된 내용을 말한다. 예를 들어 증인신문에 의하여 얻게 된 증언, 증거물 조사에 의하여 알게 된 증거물의 성질 등이 그것이다. 증거방법으로부터 증거자료를 획득하는 절차를 증거조사라고 한다. 예를 들면 증인에 대한 증인신문 등이 이에 속한다. 요증사실(要證事實)이란 증명하고자 하는 사실을 말하며, 입증취지란 증거와 요증사실과의 관계를 뜻한다.

2. 증거의 종류

가. 직접증거와 간접증거

증거자료와 요증사실과의 관계에 따라 증거를 분류한 것이다. 직접증거란 요증사실을 직접적으로 증명하는 증거를 의미한다. 예를 들어 피고인의 자백이나 범행현장을 직접 목격한 증인의 증언 등이 여기에 해당한다. 이에 대하여 요증사실을 간접적으로 추인할 수 있는 사실, 즉 요증사실을 간접적으로 증명하는 증거를 간접증거 또는 정황증거라고 한다. 예를 들어 피고인의 옷에 묻은 피해자의 혈흔, 상해사건에 있어 피해자의 진단서,

범죄현장에서 채취된 피고인의 지문 등이 이에 해당한다. 요증사실에 따라 동일한 증거가 간접증거가 되기도 하고 직접증거가 되기도 한다. 예를 들어 피고인이 무기를 소지하고 있는 것을 보았다는 증언은 살인죄가 요증사실인 경우에는 간접증거가 되지만, 불법무기소지죄가 요증사실인 경우에는 직접증거가 된다.

증거법정주의에서는 직접증거에 높은 증명력을 인정하여 직접증거와 간접증거의 구별이 의미가 있었으나, 직접증거 증명력의 우월성을 인정하지 않는 자유심증주의에서는 그 의미를 잃게 되었다. 특히 과학적 채증의 발달에 따라 간접증거의 중요성은 더욱 강조되고 있다.

《대판 2011.1.27. 2010도12728 (윈저클럽 유리조각 상해 사건)》 상해죄의 피해자가 제출하는 상해진단서는 일반적으로 의사가 당해 피해자의 진술을 토대로 상해의 원인을 파악한 후 의학적 전문지식을 동원하여 관찰 · 판단한 상해의 부위와 정도 등을 기재한 것으로서 거기에 기재된 상해가 곧 피고인의 범죄행위로 인하여 발생한 것이라는 사실을 직접 증명하는 증거가 되기에 부족하다.

《대판 1998.11.13. 96도1783 (치과의사 모녀살해 사건)》 범죄사실의 증명은 반드시 직접증거만으로 이루어져야 하는 것은 아니고 논리와 경험칙에 합치되는 한 간접증거로도 할 수 있으며, 간접증거가 개별적으로 범죄사실에 대한 완전한 증명력을 가지지 못하더라도 전체 증거를 상호 관련 하에 종합적으로 고찰할 경우 그 단독으로는 가지지 못하는 종합적 증명력이 있는 것으로 판단되면 그에 의하여도 범죄사실을 인정할 수가 있다.

《대판 2009.2.12. 2007도300 (외국물품 밀반송죄 사건)》 고의는 내심의 사실이므로, 피고인들이 이를 부정하는 경우에는 사물의 성질상 이와 상당한 관련성이 있는 간접사실을 증명하는 방법에 의하여 입증할 수밖에 없다.

《대판 2005.11.10. 2004도1164 (주식 시세조종 사건)》 공모에 대하여는 직접증거가 없더라도 정황사실과 경험법칙에 의하여 이를 인정할 수 있다.

나. 인적 증거, 물적 증거, 증거서류

인적 증거란 사람의 진술 내용이 증거로 되는 경우를 말하며, 인증(人證)이라고도 한다 예를 들어 피고인의 진술, 증인의 증언, 감정인의 감정이 그것이다. 인적증거에 대해서는 신문의 형식으로 조사가 이루어진다. 물적 증거란 물건의 존재나 그 상태가 증거로 되는 경우를 의미한다. 물증(物證)이라고도 하며, 범행에 사용된 흉기 또는 절취한 장물이 여기에 해당한다. 제시하여 검증의 방법에 의하여 물적 증거에 대한 조사를 한다. 이에 반하여 서면에 담긴 의미 내용이 증거로 되는 것을 증거서류라고 한다. 피의자신문조서 또는 진술조서가 그것이다. 증거물인 서면은 서면의 내용과 동시에 서면의 존재 또는 상태가 증거가 되는 것을 말한다. 위조문서, 협박편지, 음란문서, 명예훼손 문건 등이 여기에 속한다. 증거서류와 증거물인 서면을 합하여 서증(書證)이라고 한다. 증거서류와 증거물인 서면은 공판기일에서의 증거조사의 방식에 차이가 있다. 전자는 낭독 또는 내용의 고지의 방식에 의하지만, 후자는 낭독 또는 내용의 고지와 함께 제시도 필요하다. 증거서류와 증거물인 서면의 구별은 내용기준설에 따라 서증 가운데 내용이 문제되는 것은 증거서류이고, 내용뿐만 아니라 그 존재와 상태도 문제되는 것은 증거물인 서면에 속한다.

《대판 2015.4.23. 2015도2275 (당좌수표 부도 사건)》 피고인이 수표를 발행하였으나 예금부족 또는 거래정지처분으로 지급되지 아니하게 하였다는 부정수표단속법위반의 공소사실을 증명하기 위하여 제출되는 수표는 그 서류의 존재 또는 상태 자체가 증거가 되는 것이어서 증거물인 서면에 해당하고 어떠한 사실을 직접 경험한 사람의 진술에 갈음하는 대체물이 아니므로, 증거능력은 증거물의 예에 의하여 판단하여야 한다.

다. 본증과 반증

증명책임의 부담에 따른 분류이다. '본증'이란 증명책임을 부담하는 당사자가 제출하는 증거를 말하며, '본증'에 의하여 증명하려고 하는 사실의 존재를 부인하기 위하여 제출하는 증거를 반증이라고 한다. 형사소송법상 증명책임은 원칙적으로 검사가 부담하고 있다. 따라서 검사가 제출하는 증거를 본증, 피고인이 제출하는 증거를 반증이라고 할 수 있다. 그러나 피고인에게 증명책임이 전환되는 경우에는 피고인이 제출하는 증거도 본증에 해당한다.

라. 진술증거와 비진술증거

'진술증거'란 사람의 진술을 증거가 되는 것을 말한다. 진술증거에는 구두에 의한 것과 서면에 의한 것을 포함한다. '비진술증거'란 진술증거 이외의 증거물이나 사람의 신체상태 등을 말한다. 진술증거에는 다시 원본증거와 전문증거로 구분된다. 어떤 사실을 체험한 증인이 직접 법원에 경험한 사실을 진술하는 경우의 증거를 원본증거 또는 본래증거라고 하며, 타인으로부터 전해들은 사실을 진술하는 것을 전문증거라고 한다. 전문증거는 체험한 사람의 진술이 서면이나 타인의 진술의 형식으로 간접적으로 전달되는 경우의 증거를 뜻한다. 진술증거와 비진술증거의 구별은 전문법칙이 진술증거에 대하여만 적용된다는 점에 의미가 있다.

《대판 2008.11.13. 2008도8007》 타인의 진술을 내용으로 하는 진술이 전문증거인지 여부는 요증사실과의 관계에서 정하여지는바, 원진술의 내용인 사실이 요증사실인 경우에는 전문증거이나, 원진술의 존재 자체가 요증사실인 경우에는 본래증거이지 전문증거가 아니다.

마. 실질증거와 보조증거

'실질증거'란 주요사실의 존부를 직·간접으로 증명하는 증거를 말하며, 실질증거의 증명력을 다투거나 보강하기 위한 증거를 보조증거라고 한다. 예컨대, 범행을 목격한 증인 甲의 증언은 실질증거이지만, 甲의 기억력이 약하다는 사실에 관한 증인 乙의 증언은 보조증거가 된다. 보조증거에는 증강증거와 탄핵증거가 있다. 증강증거(增强證據)란 실질증거의 증명력을 증강(보강)하기 위한 증거이며, 탄핵증거(彈劾證據)란 증명력을 감쇄하기 위한 증거를 말한다.

3. 증거능력과 증명력

증거능력(證據能力)이란 엄격한 증명의 자료로 사용될 수 있는 법률상의 자격을 말한다. 증거능력이 없는 증거는 사실인정의 자료로 할 수 없다. 증거능력은 미리 법률에 의해서 형식적으로 규정되어 있기 때문에 법관의 자유심증이 허용되지 않는다. 증거능력은 증거가 가지는 실질적 가치를 의미하는 증명력(證明力)과 구별된다. 증명력을 신빙성 또는 증거가치라고도 한다. 증거능력이 미리 법률에 의하여 형식적으로 규정되어 있음에 반하여, 증명력은 법관의 자유심증에 맡겨져 있다. 아무리 증거로서의 가치가 있는 증거라 할지라도 증거능력 없는 증거는 사실인정의 자료가 될 수 없을 뿐만 아니라 공판정에 제출하여 증거조사를 하는 것도 허용되지 않는다. 엄격한 증명에 있어서 증거능력은 증명력 판단의 전제가 되므로, 증거능력 없는 증거는 증거조사를 통해 증명력을 따져볼 필요가 없게 된다. 증거능력이 있다고 하여 반드시 증명력이 있는 것도 아니며, 증명력이 상당하다고 하여 반드시 증거능력이 있는 것도 아니다.

자백배제법칙, 위법수집증거의 배제법칙, 전문법칙이 증거능력에 관한 문제임에 반하여, 증명력과 관련하여 자백의 보강법칙과 공판조서의 배타적 증명력이 문제된다. 증명의 기본원칙에 있어서도 증거재판주의가 증거능력에 관한 것임에 반하여, 자유심증주의는 증명력에 관한 원칙이다.

《헌결 1995.6.29. 93헌바45》 증거능력이란 증거가 엄격한 증명의 자료로 사용될 수 있는 자격을 의미할 뿐이고, 당해 증거가 가지는 실질적 가치인 증명력과는 엄격히 구별되는 개념으로서 비록 증거능력이 인정되는 증거라고 하더라도 그것이 과연 믿을 만한 것인가의 문제 즉 증명력의 유무는 오로지 법관의 자유심증에 맡겨진 것이어서 피고인은 자유로운 방법으로 그 증명력을 탄핵할 수 있으므로 어떤 증거의 증거능력의 유무와 그에 의한 요증사실의 증명 내지는 범죄사실의 인정과는 필연적인 연관성이 있는 것도 아니다.

4. 증거조사의 방법

증거조사의 방법은 증거방법의 차이로부터 도출된다. 인적 증거에 대한 증거조사는 신문의 방법에 의한다. 예컨대 증인신문, 피고인신문, 감정인신문 등이다. 물적 증거에 대한 증거조사는 그 존재나 형상을 명백히 할 필요가 있으므로 '제시'의 방법에 의한다(§292-2). 증거서류에 대한 증거조사는 그 내용을 명백히 하기 위하여 '낭독'한다. 전부 낭독할 필요는 없으므로 낭독 대신 '내용의 고지'로 증거조사할 수 있다. '증거물인 서면'에 대한 증거조사는 증거물의 조사방식인 '제시'와 증거서류의 조사방식인 '낭독'이 함께 필요하다. 문자정보매체의 경우 출력하여 인증한 등본을 재판장이 '낭독'하는 등의 방법에 의한다(형규 §134-7). 녹음·녹화매체의 경우 중요 부분만을 재생하여 청취 또는 시청하는 방법에 의한다(형규 §134-8).

제2절 증명의 기본원칙

1. 증명책임

가. 의의

증명책임(burden of proof)은 요증사실의 존부가 증명되지 않을 경우에 그로 인하여 불이익을 받게 되는 당사자의 법적 지위를 뜻한다. 법원은 당사자가 제출한 증거와 직권으로 조사한 증거에 의하여 심증을 형성하게 되는데, 이러한 입증으로도 요증사실의 존부에 대하여 확신을 갖지 못할 때에는 당사자 일방에게 불이익을 주지 않을 수 없는데 이것이 바로 증명책임이다. 이를 보통 '실질적 증명책임'이라고 한다. 즉 소송이 끝났을 때 피고인의 죄를 증명하지 못하게 되는 경우, 이로 인한 불이익을 누가 부담할 것인가를 의미한다. 소송이 진행되어도 증명책임은 고정되어 변동되지 않는다. 이에 비해 소송과정에서 어떤 사실이 증명되지 않으면 현실적으로 불리한 판단을 받을 염려가 있는 당사자가 그 불이익을 면하기 위해 당해 사실을 증명해야 할 부담을 '형식적 증명책임' 또는 입증의 부담이라 한다. 형식적 증명책임은 소송의 발전에 따라 변화된다. 증명책임은 법원이 확실한 심증을 얻지 못한 경우에 재판불능의 상태를 방지하려는 제도로 볼 수 있다.

나. 증명책임의 분배

형사절차에서는 무죄추정의 원칙과 '의심스러울 때는 피고인의 이익으로(in dubio pro reo)'의 원칙이 지배하므로 원칙적으로 검사가 증명책임을 부담한다. 검사가 합리적 의심이 없는 정도(beyon d a reasonable doubt)의 증명을 다하지 않는 한 설령 피고인에게 유죄의 의심이 간다 하더라도 피고인의 이익으로 판단할 수밖에 없다(判). ① 공소범죄사실에 대한 증명책임은 검사에게 있다. 검사는 구성요건해당사실 뿐만 아니라, 위법성, 책임의 존재에 대해서도 증명책임을 부담한다. 물론 구성요건해당성이 인정되면 위법성과 책임은 추정되지만, 피고인이 위법성조각사유나 책임조각사유를 주장하는 경우에는 그 부존재에 대한 검증책임은 검사에게 있다. ② 처벌조건에 해당하는 객관적 처벌조건과 인적조각사유는 형벌권 발생의 요건이 되는 사실이므로 이에 대한 증명책임도 검사가 부담한다. ③ 형의 가중 · 감면의 이유되는 사실에 대한 증명책임도 검사가 부담한다. 예를 들어 가중사유인 누범전과의 존재나 감면사유인 심신미약, 자수의 부존재에 관하여 검사가 증명책임을 진다. ④ 소송법적 사실에 대해서도 검사가 증명책임을 부담한다. 예를 들어 친고죄의 고소, 공소시효가 완성되지 않았다는 사실에 대한 증명책임도 검사가 부담한다. 증거능력의 전제가 되는 사실에 대한 증명책임도 그 증거를 제출한 검사에게 증명책임이 있다. 예를 들어 자백의 임의성에 대해서 검사가 증명책임을 진다.

《대판 2018.11.1. 2016도10912 全合 (양심적 병역거부 사건)》 구체적인 병역법위반 사건에서 피고인이 양심적 병역거부를 주장할 경우, 그 양심이 과연 위와 같이 깊고 확고하며 진실한 것인지 가려내는 일이 무엇보다 중요하다. 인간의 내면에 있는 양심을 직접 객관적으로 증명할 수는 없으므로 사물의 성질상 양심과 관련성이 있는 간접사실 또는 정황사실을 증명하는 방법으로 판단하여야 한다. 정당한 사유가 없다는 사실은 범죄구성요건이므로 검사가 증명하여야 한다. 다만 진정한 양심의 부존재를 증명한다는 것은 마치 특정되지 않은 기간과 공간에서 구체화되지 않은 사실의 부존재를 증명하는 것과 유사하다. 위와 같은 불명확한 사실의 부존재를 증명하는 것은 사회통념상 불가능한 반면 그 존재를 주장 · 증명하는 것이 좀 더 쉬우므로, 이러한 사정은 검사가 증명책임을 다하였는지를 판단할 때 고려하여야 한다.

《대판 2018.2.8. 2017도13263 (해운대 유흥주점 탈세 사건)》 증거로 제출된 전자문서를 수록한 파일의 원본 동일성은 증거능력의 요건에 해당하므로 검사가 그 존재에 대하여 구체적으로 주장 · 증명해야 한다.

다. 증명책임의 전환

'증명책임의 전환'이란, 원래 검사가 부담하는 증명책임을 예외적으로 상대방인 피고인에게 부담시키는 것을 말한다. 증명책임의 전환은 헌법의 무죄추정 원칙에 대한 예외를 인정하는 것으로서, 명문규정이 있고 예외를 인정할 만한 합리적 근거가 있는 경우에만 허용된다. 증명책임의 전환이 문제되는 것은 상해죄의 동시범 특례와 명예훼손죄의 위법성조각사유 등이 있다.

① 다수설은 상해죄에서 동시범의 특례에 있어서는 증명책임이 피고인에게 전환된다고 본다. 형법 제263조는 '독립행위가 경합하여 상해의 결과를 발생하게 한 경우에 있어서 원인된 행위가 판명되지 아니한 때에 공동정범의 예에 의한다'라고 규정하고 있다. 이는 행위자가 자기의 행위에 의하여 상해의 결과가 발생하지 않았다는 것을 증명해야 하고 그렇지 않으면 공동정범의 예에 의하여 처벌된다고 보아, 증명책임이 피고인에게 전환된다는 것이 다수설의 입장이다.

② 판례는 명예훼손죄의 위법성조각사유인 진실성과 공공성의 증명은 증명책임이 피고인에게 전환된다고 보고 있다. 형법 제310조는 '사실적시의 명예훼손죄가 진실

한 사실로서 오로지 공공의 이익에 관한 때에는 처벌하지 아니한다.'라고 규정하고 있다. 이에 대해 증명책임이 피고인에게 전환되는 것인가에 대해 학설은 견해의 대립이 있다.

《대판 1996.10.25. 95도1473》 공연히 사실을 적시하여 사람의 명예를 훼손하는 행위가 형법 제310조의 규정에 따라서 위법성이 조각되어 처벌대상이 되지 않기 위하여는 명예를 훼손한 행위가 진실한 사실로서 오로지 공공의 이익에 관한 때에 해당된다는 점을 행위자가 증명하여야 한다.

라. 증명의 정도

형사재판에서 공소사실을 증명하기 위해서는 유죄의 고도의 개연성이 있어야 한다. 범죄사실의 인정은 '합리적 의심이 없을 정도의 증명(§307②)' 또는 '확신'이 필요하다. 유죄의 인정은 '합리적인 의심을 할 여지가 없을 정도의 확신이 필요하다(判).

범죄사실의 인정은 합리적인 의심이 없는 정도의 증명에 이르러야 한다(§307②). 유죄의 증명에 있어서는 법관으로 하여금 사실의 존부에 관하여 합리적인 의심의 여지가 없을 정도(proof beyond a reasonable doubt)의 확신을 갖게 해야 한다. 증명이란 합리적 의심의 여지가 없는 '확신'을 말하지만, 소명(疏明)이란 법관으로 하여금 확신을 갖게 할 필요는 없고 단지 '진실할 것이다'는 추측을 갖게 함으로써 충분한 것을 말한다. 소명절차는 엄격한 증명과 같은 형식과 방식에 의하지 않아도 족하며, 법원이 적당하다고 인정하는 방법으로 하면 된다. 소명의 대상은 입법정책의 문제로 특별히 법률에 정해져 있다.

《대판 2002.5.10. 2000도1773 (샤인호 활돔수입 사건)》 공소사실은 검사가 입증하여야 하는 것으로서, 그 입증은 법관으로 하여금 합리적인 의심을 할 여지가 없을 정도의 확신을 생기게 하는 증명력을 가진 엄격한 증거에 의하여야 하는 것이고, 이와 같은 증거가 없다면 설령 피고인에게 유죄의 의심이 간다 하더라도 피고인의 이익으로 판단할 수밖에 없다.

《대판 2009.3.12. 2008도8486 (마약주사기 혈흔확인 사건)》 형사재판에 있어 심증형성은 반드시 직접증거에 의하여 형성되어야만 하는 것은 아니고, 간접증거에 의할 수도 있는 것이며, 간접증거는 이를 개별적 · 고립적으로 평가하여서는 아니 되고 모든 관점에서 빠짐없이 상호 관련시켜 종합적으로 평가하고, 치밀하고 모순 없는 논증을 거쳐야 한다. 형사재판에 있어서 유죄로 인정하기 위한 심증형성의 정도는 합리적인 의심을 할 여지가 없을 정도여야 하나, 이는 모든 가능한 의심을 배제할 정도에 이를 것까지 요구하는 것은 아니며, 증명력이 있는 것으로 인정되는 증거를 합리적인 근거가 없는 의심을 일으켜 이를 배척하는 것은 자유심증주의의 한계를 벗어나는 것으로 허용될 수 없다 할 것인바, 여기에서 말하는 합리적 의심이라 함은 모든 의문, 불신을 포함하는 것이 아니라 논리와 경험칙에 기하여 요증사실과 양립할 수 없는 사실의 개연성에 대한 합리성 있는 의문을 의미하는 것으로서, 피고인에게 유리한 정황을 사실인정과 관련하여 파악한 이성적 추론에 그 근거를 두어야 하는 것이므로 단순히 관념적인 의심이나 추상적인 가능성에 기초한 의심은 합리적 의심에 포함된다고 할 수 없다.

《대판 2017.5.30. 2017도1549 (캄보디아 만삭아내 사망 사건)》 살인죄와 같이 법정형이 무거운 범죄의 경우에도 직접증거 없이 간접증거만으로도 유죄를 인정할 수 있으나, 그 경우에도 주요사실의 전제가 되는 간접사실의 인정은 합리적 의심을 허용하지 않을 정도의 증명이 있어야 하고, 그 하나하나의 간접사실이 상호 모순, 저촉이 없어야 함은 물론 논리와 경험칙, 과학법칙에 의하여 뒷받침되어야 한다. 그러므로 유죄의 인정은 범행 동기, 범행수단의 선택, 범행에 이르는 과정, 범행 전후 피고인의 태도 등 여러 간접사실로 보아 피고인이 범행한 것으로 보기에 충분할 만큼 압도적으로 우월한 증명이 있어야 한다.

2. 증거재판주의

제307조(증거재판주의) ① 사실의 인정은 증거에 의하여야 한다.
② 범죄사실의 인정은 합리적인 의심이 없는 정도의 증명에 이르러야 한다.

가. 의의

1) 증거재판주의의 의의

형사소송법 제307조 제1항은 '사실의 인정은 증거에 의하여야 한다'라고 규정하고 있다. 따라서 사실의 인정은 증거에 의하여야 하는데, 이는 '범죄사실 등 주요사실은 증거능력이 있고 적법한 증거조사를 거친 증거에 의하여야 한다.'는 규범적 의미가 있다. 이를 증거재판주의(證據裁判主義)라고 한다.

2) 증명의 유형

증거재판주의 원칙상 범죄사실 등 주요사실은 ① 법률상 증거능력 있고, ② 적법한 증거조사를 거친 증거에 의해 증명해야 하는데, 이를 엄격한 증명이라 한다. 엄격한 증명의 대상인 주요사실은 형벌권의 존부와 범위에 관한 사실이다. 엄격한 증명에 있어서 증거능력은 증명력 판단의 전제조건이 되는 것이다. 엄격한 증명에 있어서 증거능력이 없는 증거는 증거조사를 하는 것도 허용되지 않는다.

주요사실 이외에 기타 사실은 ① 증거능력 없는 증거 또는 ② 적법한 증거조사 방법을 거치지 아니하고 증명할 수 있는데 이것이 자유로운 증명이다. 엄격한 증명과 자유로운 증명은 증거능력 유무와 증거조사 방법의 차이만 있을 뿐 법관의 심증의 정도에는 차이가 없다. 즉 엄격한 증명과 자유로운 증명 모두 '합리적 의심의 여지가 없는 확신'을 요구한다는 점에서는 같다.

《대전고판 2000.9.22. 2000노337》 증명의 대상이 되는 사항의 성격을 헌법이 규정하는 적정절차의 원리나 공판중심주의, 직접주의, 구두변론주의와 당사자주의 등 형사소송법의 원칙들에 비추어 보아 구체적·개별적으로 판단하여야 할 것이나, 원칙으로 범죄사실의 존부와 형벌권의 양적 범위를 결정하는 데 필요한 사실의 존부 및 내용에 관하여는 모두 엄격한 증명을 요하며, 단지 양형의 자료가 되는 데 불과한 정상 사실에 관하여는 자유로운 증명으로 족하다고 할 것이다.

《대판 2008.12.11. 2008도7112 (전군표 국세청장 수뢰사건)》 구성요건에 해당하는 사실은 엄격한 증명에 의하여 이를 인정하여야 하고, 증거능력이 없는 증거는 구성요건 사실을 추인하게 하는 간접사실이나 구성요건 사실을 입증하는 직접증거의 증명력을 보강하는 보조사실의 인정자료로서도 사용할 수 없다.

나. 엄격한 증명의 대상

1) 범죄사실

가) 구성요건해당사실

공소범죄사실은 공소장에 기재된 범죄사실로서, 구성요건에 해당하고 위법하며 책임이 있는 것을 말한다. 공소장에 기재된 범죄사실은 엄격한 증명의 대상이 된다. 구성요건에 해당하는 사실은 객관적 구성요건요소인가 주관적 구성요건요소인가를 불문하고 엄격한 증명의 대상이 된다. 따라서 범죄일시, 행위의 주체와 객체, 행위, 결과의 발생, 인과관계와 같은 객관적 구성요건요소에 해당하는 사실뿐만 아니라 고의·과실, 목적, 불법영득의사와 같은 주관적 사실도 엄격한 증명을 요한다. 교사범에서 교사의 사실이나 공모공동정범에서 공모의 사실은 인정하기 위해서는 엄격한 증명이 요구된다(대판 2013.3.28. 2012도16086).

《대판 2011.12.22. 2011도9721 (딱지어음 대량 발행·유통사건)》 공동정범에 있어 공모관계를 인정하기 위해서는 엄격한 증명이 요구되지만, 피고인이 범죄의 주관적 요소인 공모의 점을 부인하는 경우에는 사물의 성질상 이와 상당한 관련성이 있는 간접사실 또는 정황사실을 증명하는 방법으로 이를 증명할 수밖에 없다.

《대판 2012.8.30. 2012도7377 (중1이라 14살 입니다 사건)》 성폭력범죄의 처벌 및 피해자보호 등에 관한 법률 제8조의2 제1항에서 정하는 범죄의 성립이 인정되려면, 피고인이 피해자가 13세 미만의 여자임을 알면서 그를 강간하였다는 사실이 검사에 의하여 입증되어야 한다. 물론 피고인이 일정한 사정의 인식 여부와 같은 내심의 사실에 관하여 이를 부인하는 경우에는 이러한 주관적 요소로 되는 사실은 사물의 성질상 그 내심과 상당한 관련이 있는 간접사실 또는 정황사실을 증명하는 방법에 의하여 이를 입증할 수밖에 없다.

나) 위법성과 책임에 관한 사실

구성요건에 해당하는 사실 이외에 위법성과 책임을 기초지우는 사실도 엄격한 증명의 대상이 된다. 구성요건해당사실이 증명되면 위법성과 책임은 추정되지만, 피고인이 위법성조각사유나 책임조각사유를 주장하는 경우, 위법성조각사유와 책임조각사유의 부존재에 대해서 엄격한 증명을 요한다. 따라서 정당방위, 긴급피난, 정당행위의 요건이 되는 사실의 부존재는 엄격한 증명을 요한다. 다만 책임능력과 관련되는 심신장애의 유무 및 정도는 자유로운 증명으로 족하다는 것이 판례의 입장이다. 또한 판례는 명예훼손죄에서 위법성조각사유인 진실한 사실로서 공공의 이익에 관한 것인지 여부는 자유로운 증명의 대상이라고 한다.

다) 처벌조건

처벌조건은 공소범죄사실 자체는 아니다. 그러나 형벌권의 발생에 직접 기초가 되는 사실이므로 엄격한 증명의 대상이 된다. 따라서 사전수뢰죄에서 피의자가 공무원이나 중재인이 된 사실, 친족상도례에 있어 일정한 친족관계의 부존재, 파산범죄에 있어 파선선고의 확정 등은 엄격한 증명의 대상이 된다.

2) 형의 가중 · 감면의 이유되는 사실

형의 가중 · 감면의 이유되는 사실은 범죄사실 그 자체는 아니지만 범죄사실에 준하여 엄격한 증명의 대상이 된다. 중지미수, 방조범에 해당하는 사실, 상습범가중의 경우 상습성, 과잉방위, 과잉긴급피난, 심신미약 등은 엄격한 증명의 대상이 된다. 누범전과, 자수 등도 엄격한 증명의 대상이 된다. 다만, 누범 전과 이외의 일반전과는 정상관계사실로서 자유로운 증명으로 족하다(判).

3) 간접사실 · 경험법칙 · 법규

① '간접사실'이란 주요사실의 존부를 간접적으로 추인하는 사실을 말한다. 요증사실이 주요사실인 때에는 간접사실도 엄격한 증명의 대상이 되어야 한다. 예컨대 음주

운전죄에서 위드마크공식의 적용을 위한 자료인 음주량, 음주시각, 체중 등의 자료(判), 구성요건해당사실을 증명하기 위한 근거가 되는 과학적 연구결과(判) 등 전제사실에 대해서는 엄격한 증명이 필요하다. 피고인이 알리바이를 주장하는 경우 검사가 알리바이의 부존재를 엄격한 증명의 방법으로 입증해야 한다.

② 일반적 경험법칙은 증명을 요하지 않는다. 그것은 공지의 사실이라 할 수 있기 때문이다. 경험법칙의 내용이 명백하지 않을 때에는 증명을 요하며, 이 경우 엄격한 증명의 대상이 된다. 경험법칙은 사실 자체는 아니고 사실판단의 전제가 되는 지식을 뜻한다.

③ 법규의 존부와 그 내용은 법원의 직권조사사항일 뿐 증명의 대상은 아니다. 그러나 외국법, 관습법, 자치법규와 같이 법규의 내용이 명백하지 않을 때에는 법규도 엄격한 증명을 요한다.

다. 자유로운 증명의 대상

1) 소송법적 사실

소송법적 사실은 범죄사실이 아니며 형벌권의 존부 및 범위와 직접적인 관계가 없어 자유로운 증명으로 충분하다. 따라서 친고죄에서 고소의 유무, 피고인의 구속기간, 관할권의 존재, 적법한 피고인 신문여부 등은 엄격한 증명을 요하지 않는다. 마찬가지로 자백의 임의성에 관한 사실, 진술서의 진정성립이나 특신상태에 관한 사실은 소송법적 사실이므로 자유로운 증명으로 족하다는 것이 판례의 입장이다.

2) 정상관계(양형)사실

양형의 기초가 되는 '정상에 관한 사실'은 복잡하고 비유형적이며 또한 양형은 법관의 재량에 해당하므로 엄격한 증명의 대상으로 하기에 부적합하여, 비록 형벌권의 범위에 관한 사실이기는 하지만 양형의 성격상 자유로운 증명으로 족하다(통설). 따라서 피고인의 경력(전과), 성격, 환경, 범죄 후의 정황 등은 자유로운 증명의 대상이다(判). 형의 집행유예, 선고유예 또는 작량감경 및 양형의 조건이 되는 사실 등도 자유로운 증명의 대상이다. 그러므로 양형의 자료가 되는 전과(前科)사실은 조회에 의해 확실히 알 수 있으므로 범죄경력조회에 의하여 인정해도 무방하다.

《대판 2021.9.30. 2021도5777 (변종후 사망진단서 제출 사건)》 사실심 변론종결 후 검사나 피해자 등에 의해 피고인에게 불리한 새로운 양형조건에 관한 자료가 법원에 제출되었다면, 사실심 법원으로서는 변론을 재개하여 그 양형자료에 대하여 피고인에게 의견진술 기회를 주는 등 필요한 양형심리절차를 거침으로써 피고인의 방어권을 실질적으로 보장해야 한다.

3) 몰수·추징에 관한 사실

판례는 몰수·추징의 대상 여부, 추징액은 범죄사실이 아니므로 엄격한 증명의 대상이 아니고 자유로운 증명으로 충분하다고 한다(대판 2006.4.7. 2005도9858 등). 그러나 몰수·추징은 부가형이고 형벌이므로 엄격한 증명의 대상이 된다고 봐야 한다(통설).

4) 보조사실

보조사실은 증거의 증명력에 영향을 미치는 사실로 증명력을 감쇄시키는 사실과 보강시키는 사실이 있다. 유죄증거의 증명력을 감쇄시키는 경우에는 엄격한 증명을 요하지 않으며, 증거능력이 없는 전문증거로도 탄핵할 수 있다. 즉, 자유로운 증명으로 충분하다(判). 반면, 보조사실이 유죄증거의 증명력을 증강시키는 경우에는 사실인정의 근거가 되므로 원칙적으로 엄격한 증명이 필요하다(判).

라. 증명을 요하지 않는 사실

증명을 요하지 않는 사실(불요증사실)이란 성질에 비추어 증명이 필요 없는 사실을 말한다. 불요증사실은 엄격한 증명은 물론 자유로운 증명조차 필요하지 않는 사실이다.

1) 공지의 사실

공지의 사실이란 보통의 지식과 경험이 있는 사람이면 누구나 알고 있는 사실을 말한다. 88올림픽이 개최된 사실, 2020년 코로나19의 대유행 등 역사상 명백한 사실이나 태양의 존재 등 자연계에 현저한 사실이 이에 해당한다. 공지의 사실은 일반적으로 알려진 사실이므로 증명이 필요 없다. 공지의 사실은 일정한 범위의 사람에게 일반적으로 알려져 있으면 족하고, 모든 사람에게 알려져 있음을 요하지 않는다.

2) 추정된 사실

추정된 사실에는 법률상 추정된 사실과 사실상 추정된 사실이 있다. 법률상 추정된 사실이란, 예컨대 A사실이 있으면 '법률의 규정에 의하여' B사실이 추정되는 것을 말한다. 실체적 진실의 규명이 중요한 형사재판에는 이를 인정하지 않는 것이 통설의 입장이다. 사실상 추정된 사실이란 예컨대 A사실이 있으면 '논리와 경험칙에 의하여 사실상' B사실이 추정되는 것을 말한다. 구성요건해당성이 인정되면 사실상 위법성과 책임이 추정되는 것이 이에 해당한다.

3) 증명금지사실

증명금지사실이란 소송법적 이익보다 초소송법적 이익이 크기 때문에 증명이 금지된 사실을 말한다. 예컨대 공무원의 직무상 비밀을 이유로 한 증인거부권이 이에 해당한다 (§147).

비교판례

엄격한 증명의 대상	자유로운 증명의 대상
① 뇌물죄에서 수뢰액은 다과에 따라 범죄구성요건이 되므로 엄격한 증명의 대상이 되고, 특정범죄가중처벌 등에 관한 법률에서 정한 범죄구성요건이 되지 않는 단순 뇌물죄의 경우에도 몰수·추징의 대상이 되는 까닭에 역시 증거에 의하여 인정되어야 한다(대판 2011.5.26. 2009도2453 중국 운항허가 청탁사건). ② 범죄구성 요건사실의 존부를 알아내기 위해 과학공식 등의 경험칙을 이용하는 경우에는 그 법칙 적용의 전제가 되는 개별적이고 구체적인 사실에 대하여는 엄격한 증명을 요한다 할 것이고, 위드마크 공식의 경우 그 적용을 위한 자료로는 음주량, 음주시각, 체중, 평소의 음주정도 등이 필요하므로 그런 전제사실을 인정하기 위해서는 엄격한 증명이 필요하다(대판 2000.6.27. 99도128 안산베스타6밴 음주사고). ③ 범죄단체의 구성, 가입행위 자체는 엄격한 증명을 요하는 범죄의 구성요건에 해당한다(대판 2000.12.27. 2000도4370 마산 백만불파 사건). ④ 알선수재죄는'공무원의 직무에 속한 사항을 알선한다는 명목'으로 '금품 등을 수수'함으로써 성립하고 '공무원의 직무에 속한 사항을 알선한다는 명목'으로 수수하였다는 범의는 범죄사실을 구성하는 것으로서 이를 인정하기 위해서는 엄격한 증명이 요구된다(대판 2002.3.12. 2001도2064 경기은행 퇴출 저지 로비 사건) ⑤ 공모나 모의는 공모공동정범에 있어서의 '범죄될 사실'이라 할 것이므로 이를 인정하기 위하여는 엄격한 증명에 의하지 않으면 아니되고 그 증거는 판결에 표시되어야 한다(대판 1998.9.13. 88도1114 사당동 대흥연립 강도강간 사건). ⑥ 국헌문란의 목적은 범죄 성립을 위하여 고의 외에 요구되는 초과주관적 위법요소로서 엄격한 증명사항에 속하나, 확정적 인식임을 요하지 아니하며, 다만 미필적 인식이 있으면 족하다(대판	① 형법 제310조의 '진실한 사실로서 오로지 공공의 이익에 관한 때에 해당된다'는 점에 대한 증명은 법관으로 하여금 의심할 여지가 없을 정도의 확신을 가지게 하는 증명력을 가진 엄격한 증거에 의하여야 하는 것은 아니므로, 이때에는 전문증거에 대한 증거능력의 제한을 규정한 형사소송법 제310조의2는 적용될 여지가 없다 (대판 1996.10.25. 95도1473 재건축조합 강탈도용 유인물 사건). ② 친고죄에서의 고소 유무에 대한 사실은 자유로운 증명의 대상이 된다(대판 1999.2.9. 98도2074). ③ 출입국사범 사건에서 지방출입국·외국인관서의 장의 적법한 고발이 있었는지 여부가 문제 되는 경우에 법원은 증거조사의 방법이나 증거능력의 제한을 받지 아니하고 제반 사정을 종합하여 적당하다고 인정되는 방법에 의하여 자유로운 증명으로 그 고발 유무를 판단하면 된다 (대판 2021.10.28. 2021도404 중국인 양파밭 취업사건). ④ 반의사불벌죄에서 피고인 또는 피의자의 처벌을 희망하지 않는다는 의사표시 또는 처벌희망 의사표시 철회의 유무나 그 효력 여부에 관한 사실은 엄격한 증명의 대상이 아니라 자유로운 증명의 대상이다(대판 2010.10.14. 2010도5610). ⑤ 피의자의 진술에 관하여 공판정에서 그 임의성 유무가 다투어지는 경우에는 법원은 구체적인 사건에 따라 증거조사의 방법이나 증거능력의 제한을 받지 아니하고 제반사정을 종합 참작하여 적당하다고 인정되는 방법에 의하여 자유로운 증명으로 그 임의성 유무를 판단하면 된다 (대판 1986.11.25. 83도1718). ⑥ 영장 발부의 사유로 된 범죄 혐의사실과 무관한 별개의 증거를 압수하였을 경우 수사기관이 별개의 증거를 피압수자 등에게 환부하고 후에 임의

2015.1.22. 2014도10978 이석기 내란선동 사건).
⑦ 교사범에 있어서의 교사사실은 범죄사실을 구성하는 것으로서 이를 인정하기 위하여는 엄격한 증명이 요구된다(대판 2000.2.25. 99도1252 재산포기각서 협박교사 사건).
⑧ 목적과 용도를 정하여 위탁한 금전을 수탁자가 임의로 소비하면 횡령죄를 구성할 수 있으나, 이 경우 피해자 등이 목적과 용도를 정하여 금전을 위탁한 사실과 그 목적과 용도가 무엇인지는 엄격한 증명의 대상이다
(대판 2013.11.14. 2013도8121).
⑨ 특정범죄 가중처벌 등에 관한 법률 제5조의9 제1항 위반의 죄의 행위자에게 보복의 목적이 있었다는 점 또한 검사가 증명하여야 하고 그러한 증명은 법관으로 하여금 합리적인 의심을 할 여지가 없을 정도의 확신을 생기게 하는 엄격한 증명에 의하여야 한다(대판 2014.9.26. 2014도9030 용서·합의 불응자 살해 사건).
⑩ 범죄구성요건에 해당하는 사실을 증명하기 위한 근거가 되는 과학적인 연구 결과는 적법한 증거조사를 거친 증거능력 있는 증거에 의하여 엄격한 증명으로 증명되어야 한다(대판 2010.2.11. 2009도2338 Carmoisine 묻은 겉보리 수입 사건).
⑪ 대한민국 영역 외에서 대한민국 국민에 대하여 범죄를 저지른 외국인에 대하여 우리 형법을 적용하여 처벌함에 있어 행위지의 법률에 의하여 범죄를 구성하는지는 엄격한 증명을 요한다(대판 2008.7.24. 2008도4085).
⑫ 의사에게 의료행위로 인한 업무상과실치사상죄를 인정하기 위해서는, 의료행위 과정에서 공소사실에 기재된 업무상과실의 존재는 물론 그러한 업무상과실로 인하여 환자에게 상해·사망 등 결과가 발생한 점에 대하여도 엄격한 증거에 따라 합리적 의심의 여지가 없을 정도로 증명이 이루어져야 한다(대판 2023.1.12. 2022도11163 주사부위 황색포도상구균 감염 사건).
⑬ 공연성은 명예훼손죄의 구성요건으로서, 특정소수에 대한 사실적시의 경우 공연성이 부정되는 유력한 사정이 있다고 볼 수 있으므로, 전파가능성에 관해서는 검사의 엄격한 증명이 필요하다(대판 2020.12.30. 2015도12933).
⑭ 공소사실에 특정된 범죄의 일시는 피고인의 방어권 행사의 주된 대상이 되므로 엄격한 증명을 통해 그 특정한 대로 범죄사실이 인정되어야 한다(대판 2017.3.30. 2013도10100).

제출 받아 다시 압수하였다면, 그 제출에 임의성이 있었다는 점에 관하여 검사가 합리적 의심을 배제할 수 있을 정도로 증명하여야 한다다(대판 2016.03.10. 2013도11233 영업실적표 USB 환부 후 재압수 사건).[22]
⑦ 형사소송법 제313조 제1항 단서의 '특히 신빙할 수 있는 상태'는 증거능력의 요건에 해당하므로 검사가 그 존재에 대하여 구체적으로 주장·입증하여야 하는 것이지만, 이는 소송상의 사실에 관한 것이므로, 엄격한 증명을 요하지 아니하고 자유로운 증명으로 족하다(대판 2001.9.4. 2000도1743 유치원 경리직원 횡령 사건).
⑧ 몰수, 추징의 대상이 되는지 여부나 추징액의 인정은 엄격한 증명을 필요로 하지 아니한다(대판 1993.6.22. 91도3346 일본 중고선박 수입 사건).
⑨ 탄핵증거는 범죄사실을 인정하는 증거가 아니므로 엄격한 증거조사를 거쳐야 할 필요가 없음은 형사소송법 제318조의2의 규정에 따라 명백하다고 할 것이나, 법정에서 이에 대한 탄핵증거로서의 증거조사는 필요하다(대판 1998.2.27. 97도1770 남파간첩 불고지 사건).
⑩ 양형의 조건에 관하여 규정한 형법 제51조의 사항은 널리 형의 양정에 관한 법원의 재량사항에 속한다고 해석되므로, 법원은 범죄의 구성요건이나 법률상 규정된 형의 가중·감면의 사유가 되는 경우를 제외하고는, 법률이 규정한 증거로서의 자격이나 증거조사방식에 구애됨이 없이 상당한 방법으로 조사하여 양형의 조건이 되는 사항을 인정할 수 있다(대판 2010.4.29. 2010도750).
⑪ 재심의 청구를 받은 법원은 재심청구 이유의 유무를 판단함에 필요한 경우에는 사실을 조사할 수 있으며, 공판절차에 적용되는 엄격한 증거조사 방식에 따라야만 하는 것은 아니다(대판 2019.3.21. 2015모2229 全合 여순반란 재심사건).
⑫ 증거위조죄의 적용대상인 '증거'에는 범죄의 성립에 관한 증거 외에 양형의 기초가 되는 정상관계사실에 관한 증거도 포함된다. 그런데 양형의 기초가 되는 정상관계사실은 매우 복잡하고 비유형적일 뿐만 아니라 형사소송법 제307조가 규정한 엄격한 증명의 대상에도 해당하지 않는다(대판 2021.1.28. 2020도2642).

⑮ 횡령한 재물의 가액이 특정경제범죄법의 적용 기준이 되는 하한 금액을 초과한다는 점도 다른 구성요건 요소와 마찬가지로 엄격한 증거에 의하여 증명되어야 한다(대판 2017.5.30. 2016도9027 회사 비자금 횡령 사건).	

3. 자유심증주의

제308조(자유심증주의) 증거의 증명력은 법관의 자유판단에 의한다.

가. 의의

자유심증주의(自由心證主義)란 증거의 증명력을 법률로 정하지 않고 법관의 자유로운 판단에 맡기는 주의를 뜻한다. 이와 같이 증거의 증명력을 적극적 또는 소극적으로 법률로 규정하지 않고 법관의 자유로운 판단에 맡기는 것을 자유심증주의라고 한다. 증거법정주의는 증거의 증명력을 법률로써 정하여 두자는 주의로 자유심증주의와 반대되는 개념이다. 우리 형사소송법 제308조는 '증거의 증명력은 법관의 자유판단에 의한다.'고 하여 자유심증주의를 명시하고 있다. 자유심증주의는 실체진실발견에 효과적이지만, 법관의 자의에 흐를 위험성이 있다. 자유심증주의는 증거의 증명력 평가를 법관의 자유판단에 맡기는 방식으로 법적 구속을 가하지 않음으로서 사실인정의 합리성을 도모하여 실체진실발견에 기여하기 위한 제도이다.

나. 자유심증주의의 내용

1) 자유판단의 주체와 대상

증거의 증명력은 법관의 자유판단에 의한다. 따라서 자유판단의 주체는 개개의 법관이며 합의부의 경우에도 구성원인 법관이 각자 증거의 증명력을 판단하며, 자유심증의 결과를 합의의 방식으로 결정하게 된다.

---

22) 서울남부지검 수사관이 2009.2.6.자 압수·수색영장에 의하여 개포동 甲의 사무실에서 'PC 1대', '서류 23박스', '내입·내출 등 전산자료 저장 USB 1개' 등을 압수하였으나 그 압수물들이 영장 기재 혐의사실과 무관한 것임에도(또한 압수목록을 작성·교부하지 않았고 압수조서도 작성하지 않았음), 검사는 甲에게 반환하는 등의 조치를 취하지 않고 보유하고 있다가 2009.5.1.에 이르러 피고인 丙의 동생 乙을 검사실로 불러 '일시보관 서류들의 목록', '압수물건 수령서 및 승낙서'를 작성하게 한 후 환부하게 한 다음 당시 검사실로 오게 한 세무공무원 丁에게 이를 제출하도록 한 경우, 설령 乙이 USB를 세무공무원에게 제출하였다고 하더라도 그 제출에 임의성이 있는지가 증명되었다고 할 수 없다면, 乙이 압수물건 수령서 및 승낙서를 제출하였다는 사정만으로 영장 기재 혐의사실과 무관한 USB가 압수되었다는 절차위반행위와 최종적인 증거수집 사이의 인과관계가 단절되었다고 보기 어려워 USB 및 그에 저장되어 있던 영업실적표는 증거능력이 없다.

자유판단의 대상은 증거의 증명력이다. 증거능력은 그 대상이 아니다. 그 증거는 엄격한 증명의 자료로 사용되는 증거와 자유로운 증명의 자료로 사용되는 증거를 모두 포함한다. 증명력은 증거가 가지는 실질적인 가치로서 신용력과 협의의 증명력을 포함하는 개념이다. 신용력이란 그 자체가 진실일 가능성을 말하고, 협의의 증명력이란 증거의 진실성을 전제로 요증사실의 존부를 인정하게 하는 힘을 말한다. 두 가지 모두 자유판단의 대상이다.

2) 자유판단의 유형

'자유판단'이란 증거의 증명력 판단에서 법관이 법률적 제한을 받지 않고 자신의 주관적 확신으로 자유롭게 판단하는 것을 말한다. 그러므로 모순되는 증거 가운데 어느 것을 믿을 것인가도 법관이 자유롭게 결정할 수 있는 등, 증거의 취사선택은 법관의 자유판단에 맡겨진다. 법관은 증거능력 있는 증거라도 증명력이 없다는 이유로 배척할 수 있게 된다.

《대판 1988.4.12. 87도2709》 증거의 취사와 이를 근거로 한 사실의 인정은 그것이 경험칙에 위배된다는 등의 특단의 사정이 없는 한 사실심법원의 전권에 속한다.

가) 증인의 증언

증언의 경우 증인의 선서유무 또는 책임능력의 유무, 성년 · 미성년의 차이와 관계없이 법관이 자유롭게 증언을 취사선택하여 증명력을 판단한다. 증인이 전 · 후 모순되는 진술을 할 경우에도, 어느 것을 믿는가는 법관의 자유판단에 맡겨져 있다. 법관은 선서한 증인의 증언을 배척하고, 선서하지 아니한 증인의 증언을 채택할 수 있다. 증인의 증언 가운데 일부만 채용할 수도 있다. 증인들의 진술이 대체로 일관되고 공소사실에 부합하는 경우 별도의 신빙성 있는 자료가 없는 한 이를 함부로 배척하여서는 안된다(대판 2002.6.28. 2002도2631).

《대판 1988.6.28. 88도740》 같은 사람의 검찰에서의 진술과 법정에서의 증언이 다른 경우 반드시 후자를 믿어야 된다는 법칙은 없다고 할 것이므로 같은 사람의 법정에서의 증언과 다른 검찰에서의 진술을 믿고서 범죄사실을 인정하더라도 그것이 위법하게 진술된 것이 아닌 이상 자유심증에 속한다.

《대판 2015.8.20. 2013도11650 全合 (한명숙 정치자금 수수사건)》 단지 정치자금 공여자가 법정에서 검찰 진술을 번복하였다는 이유만으로 비자금을 피고인에게 정치자금으로 공여하였다는 검찰 진술의 신빙성이 부정될 수 없다.

《대판 1980.4.8. 79도2125》 증거보전 절차에서의 진술이 법원의 관여 하에 행하여지는 것으로서 수사기관에서의 진술보다 임의성이 더 보장되는 것이기는 하나 보전된 증거가 항상 진실이라고 단정지을 수는 없는 것이므로 법원이 그것을 믿지 않을만한 사유가 있어서 믿지 않는 것에 자유심증주의의 남용이 있다고 볼 수 없다.

《대판 1964.3.19. 63도328》 증인이 14세라 할지라도 의사능력이 전연 없다고는 볼 수 없으므로 증언능력이 있다고 볼 것이고 그 증언의 신빙성 유무는 사실심법관의 자유심증에 의하여 결정할 문제이다.

《대판 2021.6.10. 2020도15891 (김학의 뇌물수수 사건)》 검사가 공판기일에 증인으로 신청하여 신문할 사람을 특별한 사정 없이 미리 수사기관에 소환하여 면담하는 절차를 거친 후 증인이 법정에서 피고인에게 불리한 내용의 진술을 한 경우, 검사가 증인신문 전 면담 과정에서 증인에 대한 회유나 압박, 답변 유도나 암시 등으로 증인의 법정진술에 영향을 미치지 않았다는 점이 담보되어야 증인의 법정진술을 신빙할 수 있다.

나) 피고인의 자백

피고인의 진술도 인적 증거이므로, 법관은 다른 증거와 모순되는 피고인의 진술을 믿을 수도 있다. 피고인이 자백한 경우라도 법관은 자백과 다른 사실을 인정할 수 있고 또한 피고인이 공판정에서 범죄사실을 부인해도 피고인의 수사기관에서의 자백을 믿을 수도 있다.

《대판 1983.9.13. 83도712 (정재파, 박상은양 살해사건)》 피고인의 자백진술의 수차에 걸친 변경이 당초에 의도적으로 숨겼던 사실을 밝히거나 부정확한 기억을 되살린 것이라기보다는 피고인이 허위로 자백한 내용 중 객관적 상황에 맞지 않는 부분을 그 후 객관적 상황에 맞추어 수정한 것으로 보여지는 경우, 이와 같은 자백은 그 진술내용 자체가 객관적인 합리성이 결어된 것으로 신빙성이 없다.

《대판 2019.10.31. 2018도2642 (내 전하번호 아니다 사건)》 검찰에서의 피고인의 자백이 법정진술과 다르다거나 피고인에게 지나치게 불리한 내용이라는 사유만으로는 그 자백의 신빙성이 의심스럽다고 할 수는 없다.

《대판 2010.7.22. 2009도1151 (수원역 노숙소녀 살인사건)》 피고인들이 제1심 공판 이후 일관되게 범행을 부인하고 있고, 수사과정에서 다른 피고인들이 이미 범행을 자백한 것으로 오인하거나, 검사가 선처받을 수도 있다고 말하여 자백한 것으로 보이는 점 등 여러 정황에 비추어 피고인들의 검찰에서의 각 자백진술은 그 신빙성이 의심스럽다고 하면서 피고인들에 대한 상해치사의 공소사실에 대하여 무죄를 선고한 원심판단은 적법하다.

다) 감정인의 감정

감정인의 감정의 경우 법관은 감정인의 감정결과에 반드시 구속되지 않는다. 또한 감정의견이 상충되는 경우 소수의견을 따를 수도 있고, 여러 의견 가운데 일부분만을 채택할 수도 있다. 감정의견의 판단과 그 채택여부는 법원의 자유심증에 따르며(대판 1976.3.23. 75도2068), 법원이 감정결과를 전문적으로 비판할 능력을 가지지 못하는 경우에는 그 결과가 사실상 존중되는 수가 많게 된다 해도 감정의견은 법원이 가지고 있지 못한 경험칙 등을 보태준다는 이유로 항상 따라야 하는 것도 아니다(대판 1976.3.23. 75도2068).

《대판 1990.11.27. 90도2210》 심신장애 유무와 그 정도를 판단함에 있어 반드시 감정인의 의견에 따라야 하는 것은 아니다.

《대판 1995.2.24. 94도3163 (대학 도서관 병적 도벽 사건)》 심신장애의 유무는 법원이 형벌제도의 목적 등에비추어 판단하여야 할 법률문제로서, 그 판단에 있어서는 전문감정인의 정신감정결과가 중요한 참고자료가 되기는 하나, 법원으로서는 반드시 그 의견에 기속을 받는 것은 아니고, 그러한 감정 결과뿐만 아니라 범행의 경위, 수단, 범행 전후의 피고인의 행동 등 기록에 나타난 제반 자료 등을 종합하여 단독적으로 심신장애의 유무를 판단하여야 한다.

《대판 1976.3.23. 75도2068》 감정의견이 상충된 경우 다수 의견을 안 따르고 소수 의견을 채용해도 되고 여러 의견 중에서 그 일부씩을 채용하여도 무방하며 여러개의 감정의견이 일치되어 있어도 이를 배척하려면 특별한 이유를 밝히거나 또는 반대감정의견을 구하여야 된다는 법리도 없다.

라) 증거서류

증거서류나 물증의 경우에도 인증과 마찬가지로 법관이 자유롭게 증명력을 판단할 수 있다. 공판정 외에서 작성된 조서 기재내용이 공판조서의 기재내용보다 증명력이 약한 것이 아니다. 증거서류에 기재된 내용이 피고인의 공판정 진술보다 열등한 증명력을 가지는 것도 아니다. 수사기관의 진술기재와 같은 사람의 공판정에서의 증인진술이 상반되는 경우 반드시 공판정에서의 증언을 믿어야 하는 것은 아니고, 상반된 진술 중 어느 것을 증거로 할 것인가는 오로지 사실심법원의 자유심증에 속한다.

《대판 1986.9.23. 86도1547 (민청련 김근태 사건)》 경찰에서의 자술서, 검사작성의 각 피의자 신문조서, 다른 형사사건의 공판조서의 기재와 당해 사건의 공판정에서의 같은 사람의 증인으로서의 진술이 상반되는 경우 반드시 공판정에서의 증언은 믿어야 된다는 법칙은 없고, 상반된 증언, 감정 중에 그 어느 것을 사실인정의 자료로 인용할 것인가는 오로지 사실심법원의 자유심증에 속한다.

《대판 1980.3.11. 80도145》 진술조서의 기재중 일부분을 믿고 다른 부분을 믿지 아니한다고 하여도 그것이 곧 부당하다고 할 수 없다.

마) 간접증거와 종합증거

법관은 반드시 직접증거에 의해서가 아니라 간접증거 내지 정황증거에 의해서도 사실을 인정할 수 있다. 법관은 하나의 증거 중에서 일부분만을 믿을 수도 있고, 단독으로 증명력이 없는 여러 증거를 결합한 종합증거에 의해서도 사실을 인정할 수 있다. 유죄의 심증이 반드시 직접증거에 의하여 형성되어야만 하는 것은 아니고 경험칙과 논리법칙에 위반되지 아니하는 한 간접증거에 의하여 형성될 수도 있다(대판 2001.11.27. 2001도4392).

《대판 2009.2.12. 2007도300 (보세구역 밀반송죄 사건)》 고의는 내심의 사실이므로, 피고인들이 이를 부정하는 경우에는 사물의 성질상 이와 상당한 관련성이 있는 간접사실을 증명하는 방법에 의하여 입증할 수밖에 없다.

《대판 2007.5.20. 2007도136》 상해진단서는 피해자의 진술과 더불어 피고인의 상해사실에 대한 유력한 증거가 되고, 합리적인 근거 없이 그 증명력을 함부로 배척할 수 없다.

《대판 2000.2.25. 99도5350 (부부싸움 끝에 남편살해 사건)》 목격자의 진술 등 직접증거가 전혀 없는 사건에 있어서는 적법한 증거들에 의하여 인정되는 간접사실들에 논리법칙과 경험칙을 적용하여 공소사실이 합리적인 의심이 없을 정도로 추단될 수 있을 경우에만 이를 유죄로 인정할 수 있다.

《대판 1998.11.13. 96도1783 (치과의사 모녀 살해사건)》 간접증거가 개별적으로는 범죄사실에 대한 완전한 증명력을 가지지 못하더라도 전체 증거를 상호 관련하에 종합적으로 고찰할 경우 그 단독으로는 가지지 못하는 종합적 증명력이 있는 것으로 판단되면 그에 의하여도 범죄사실을 인정할 수 있다.

《대판 2008.3.13. 2007도10754 (대전 방동저수지 살인)》 살인죄 등과 같이 법정형이 무거운 범죄의 경우에도 직접증거 없이 간접증거만에 의하여 유죄를 인정할 수 있고, 피해자의 시체가 발견되지 아니하였더라도 간접증거를 상호 관련하에서 종합적으로 고찰하여 살인죄의 공소사실을 인정할 수 있다.

《대판 2011.5.26. 2011도1902 (대전차 방호벽 사건)》 살인죄 등과 같이 법정형이 무거운 범죄의 경우에도 직접증거 없이 간접증거만으로 유죄를 인정할 수 있으나, 그러한 유죄 인정에는 공소사실에 대한 관련성이 깊은 간접증거들에 의하여 신중한 판단이 요구되므로, 간접증거에 의하여 주요사실의 전제가 되는 간접사실을 인정할 때에는 증명이 합리적인 의심을 허용하지 않을 정도에 이르러야 하고, 하나하나의 간접사실 사이에 모순, 저촉이 없어야 하는 것은 물론 간접사실이 논리와 경험칙, 과학법칙에 의하여 뒷받침되어야 한다.

《대판 2022.6.16. 2022도2236 (구미 여아 바꿔치기 사건)》 간접증거만으로 유죄를 인정하는 경우에는 여러 간접사실로 보아 피고인이 범행한 것으로 보기에 충분할 만큼 압도적으로 우월한 증명이 있어야 한다.

《대판 1999.4.13. 98도4022 (법무사 사무장 등기지연 사건)》 피고인이 배임죄의 범의를 부인하는 경우에는 사물의 성질상 배임죄의 주관적 요소로 되는 사실(고의, 동기 등의 내심적 사실)은 고의와 상당한 관련성이 있는 간접사실을 증명하는 방법에 의하여 입증할 수밖에 없다고 할 것이고, 이 경우 그 간접 사실 중에는 피고인이 배임행위를 하였다고 볼 만한 징표와 어긋나는 사실의 의문점이 해소되어야 할 것이다.

《대판 2022.12.15. 2021도14234》 공소사실을 인정할 증거로 사실상 피해자의 진술이 유일한 경우에 피고인의 진술이 경험칙상 합리성이 없고 그 자체로 모순되어 믿을 수 없다고 하여 그것이 공소사실을 인정하는 직접증거가 되는 것은 아니지만, 이러한 사정은 법관의 자유판단에 따라 피해자 진술의 신빙성을 뒷받침하거나 직접증거인 피해자 진술과 결합하여 공소사실을 뒷받침하는 간접정황이 될 수 있다.

《대판 2003.2.26. 2001도1314 (치과의사 모녀 살해사건)》 공소사실을 인정할 수 있는 직접증거가 없고, 간접증거를 모두 종합하여 보더라도 공소사실을 뒷받침할 수 있는 증명력이 부족한 경우, 피고인의 진술에 신빙성이 부족하다는 점을 더하여 보아도 제출된 증거만으로는 합리적인 의심의 여지없이 공소사실을 유죄로 판단할 수 없다.

《대판 2020.9.24. 2020도7869 (엉덩이 툭툭 사건)》 '성추행 피해자가 추행 즉시 행위자에게 항의하지 않은 사정'이나 '피해 신고 시 성폭력이 아닌 다른 피해사실을 먼저 진술한 사정'만으로 곧바로 피해자 진술의 신빙성을 부정할 것이 아니고, 가해자와의 관계와 피해자의 구체적 상황을 모두 살펴 판단하여야 한다.

바) 과학적 증거

DNA, 혈액형 등의 과학적 증거방법은 일반적인 감정과는 달리 오류 가능성이 매우 적기 때문에 법관이 사실을 인정함에 있어 상당한 구속력을 가진다. 과학적 증거방법은 ① 그 전제사실이 모두 진실인 것이 입증되고, ② 추론의 방법이 과학적으로 정당하여 오류의 가능성이 전혀 없거나 무시할 정도로 극소한 것으로 인정되는 경우라야, 법관이 사실인정에 상당한 정도로 구속력을 가진다. 과학적 증거방법이 법관의 심증형성에 상당한 구속력을 갖기 위한 요건으로는, 감정인의 전문자격, 공인된 과학적 방법, 보관의 연속성이 강조된다.

《대판 2011.5.26. 2011도1902 (대전차 방호벽 사건)》 공소사실을 뒷받침하는 과학적 증거방법은 전제로 하는 사실이 모두 진실인 것이 입증되고 추론의 방법이 과학적으로 정당하여 오류 가능성이 전혀 없거나 무시할 정도로 극소한 것으로 인정되는 경우라야 법관이 사실인정을 하는 데 상당한 정도로 구속력을 가진다 할 것인데, 이를 위해서는 그 증거방법이 전문적인 지식 · 기술 · 경험을 가진 감정인에 의하여 공인된 표준 검사기법으로 분석을 거쳐 법원에 제출된 것이어야 할 뿐만 아니라, 채취 · 보관 · 분석 등 모든 과정에서 자료의 동일성이 인정되고 인위적인 조작 · 훼손 · 첨가가 없었다는 것이 담보되어야 한다.

《대판 2009.3.12. 2008도8486 (마약주사기 혈흔확인 사건)》 [1] 유전자검사나 혈액형검사 등 과학적 증거방법은 그 전제로 하는 사실이 모두 진실임이 입증되고 그 추론의 방법이 과학적으로 정당하여 오류의 가능성이 전무하거나 무시할 정도로 극소한 것으로 인정되는 경우에는 법관이 사실인정을 함에 있어 상당한 정도로 구속력을 가진다.

[2] 유전자검사 결과 주사기에서 마약성분과 함께 피고인의 혈흔이 확인됨으로써 피고인이 필로폰을 투약한 사정이 적극적으로 증명되는 경우, 반증의 여지가 있는 소변 및 모발검사에서 마약성분이 검출되지 않았다는 소극적 사정에 관한 증거만으로 이를 쉽사리 뒤집을 수 없다.

《대판 2018.2.8. 2017도142222 (눈앞에서 봉인조치 안한 사건)》 과학적 증거방법이 사실인정에 있어서 상당한 정도로 구속력을 갖기 위해서는 감정인이 전문적인 지식 · 기술 · 경험을 가지고 공인된 표준 검사기법으로 분석한 후 법원에 제출하였다는 것만으로는 부족하고, 시료의 채취 · 보관 · 분석 등 모든 과정에서 시료의 동일성이 인정되고 인위적인 조작 · 훼손 · 첨가가 없었음이 담보되어야 하며 각 단계에서 시료에 대한 정확한 인수 · 인계 절차를 확인할 수 있는 기록이 유지되어야 한다.

《대판 2022.6.16. 2022도2236 (구미 여아 바꿔치기 사건)》 과학적 범행에 관한 간접증거만이 존재하고 더구나 그 간접증거의 증명력에 한계가 있는 경우, 범인으로 지목되고 있는 자에게 범행을 저지를 만한 동기가 발견되지 않는다면, 만연히 무엇인가 동기가 분명히 있는데도 이를 범인이 숨기고 있다고 단정할 것이 아니라 반대로 간접증거의 증명력이 그만큼 떨어진다고 평가하는 것이 형사증거법의 이념에 부합하는 것이다.

《대판 2004.2.13. 2003도6905 (호흡 0.134 혈액 0.01 사건)》 호흡측정기에 의한 음주측정치와 혈액검사에 의한 음주측정치가 다른 경우에 어느 음주측정치를 신뢰할 것인지는 법관의 자유심증에 의한 증거취사선택의 문제라고 할 것이나, 혈액의 채취 또는 검사과정에서 인위적인 조작이나 관계자의 잘못이 개입되는 등 혈액채취에 의한 검사결과를 믿지 못할 특별한 사정이 없는 한, 혈액검사에 의한 음주측정치가 호흡측정기에 의한 음주측정치보다 측정 당시의 혈중알콜농도에 더 근접한 음주측정치라고 보는 것이 경험칙에 부합한다.

《대판 2005.2.25. 2004도8387 (혈액 0.046 위드마크 0.051 사건)》 위드마크 공식에 의한 역추산 방식을 이용하여 운전시점 이후의 혈중 알코올 분해량을 가산함에 있어서 시간당 0.008%는 피고인에게 가장 유리한 수치이므로 특별한 사정이 없는 한 이수치를 적용하여 산출된 결과는 운전 당시의 혈중 알코올농도를 증명하는 자료로서 증명력이 충분하다.

사) 범인식별절차

범인식별절차란 피해자와 용의자를 대면시켜 범인인지 여부를 확인하는 절차를 말한다. 범인식별절차의 경우 원칙적으로 다자대면(line-up)에 의해야만 피해자의 진술에 높은 신빙성이 인정된다. 다만, 범죄발생 직후 그 현장이나 부근에서는 일대일 대면(show-up)에 의한 범인식별도 허용된다.

《대판 2009.6.11. 2008도12111 (골목길 집 탐문 용의자식별 사건)》 범죄 발생 직후 목격자의 기억이 생생하게 살아있는 상황에서 현장이나 그 부근에서 범인식별 절차를 실시하는 경우에는, 목격자에 의한 생생하고 정확한 식별의 가능성이 열려 있고 범죄의 신속한 해결을 위한 즉각적인 대면의 필요성도 인정할 수 있으므로, 용의자와 목격자의 일대일 대면도 허용된다.

《대판 2007.5.10. 2007도1950 (울산 문구용칼 강도 사건)》 용의자의 인상착의 등에 의한 범인식별 절차에 있어 용의자 한 사람을 단독으로 목격자와 대질시키거나 용의자의 사진 한 장만을 목격자에게 제시하여 범인 여부를 확인하는 방식의 범인식별 절차에서의 목격자의 진술은, 그 용의자가 종전에 피해자와 안면이 있는 사람이라든가 피해자의 진술 외에도 그 용의자를 범인으로 의심할 만한 다른 정황이 존재한다든가 하는 등의 부가적인 사정이 없는 한 그 신빙성이 낮다.

《대판 2008.7.10. 2006도2520》 범인식별 절차에서 피해자 진술의 신빙성을 높게 평가할 수 있게 하려면, ① 범인의 인상착의 등에 관한 목격자의 진술 내지 묘사를 사전에 상세히 기록화한 다음, 용의자를 포함하여 그와 ② 인상착의가 비슷한 여러 사람을 동시에 목격자와 대면시켜 범인을 지목하도록 하여야 하고, ③ 용의자와 목격자 및 비교대상자들이 상호 사전에 접촉하지 못하도록 하여야 하며, 사후에 증거가치를 평가할 수 있도록 ④ 대질 과정과 결과를 문자와 사진 등으로 서면화하는 등의 조치를 취하여야 하고, 사진제시에 의한 범인식별 절차에 있어서도 기본적으로 이러한 원칙에 따라야 한다.

《대판 2008.1.17. 2007도5201》 강간 피해자가 수사기관이 제시한 47명의 사진 속에서 피고인을 범인으로 지목하자 이어진 범인식별 절차에서 수사기관이 피해자에게 피고인 한 사람만을 촬영한 동영상을 보여주거나 피고인 한 사람만을 직접 보여주어 피해자로부터 범인이 맞다는 진술을 받고, 다시 피고인을 포함한 3명을 동시에 피해자에게 대면시켜 피고인이 범인이라는 확인을 받은 경우, 위 피해자의 진술은 범인식별 절차에서 목격자 진술의 신빙성을 높이기 위하여 준수하여야 할 절차를 지키지 않은 상태에서 얻어진 것으로서 범인의 인상착의에 관한 피해자의 최초 진술과 피고인의 그것이 불일치하는 점이 많아 신빙성이 낮다.

아) 범인식별절차

동일한 사실관계에 관하여 이미 확정된 형사판결을 원칙적으로 상당한 구속력을 가지지만, 민사판결은 그 구속력이 형사판결에 비하여 약하다. 형사재판은 실체적 진실발견주의가 지배하지만, 민사재판은 형식적 진실발견에 그치기 때문이다.

《대판 2009.12.24. 2009도11349 (형식적 동거 위장결혼 사건)》 동일한 사실관계에 관하여 이미 확정된 형사판결이 인정한 사실은 유력한 증거 자료가 되므로, 그 형사재판의 사실 판단을 채용하기 어렵다고 인정되는 특별한 사정이 없는 한 이에 배치되는 사실은 인정할 수 없는 것이다.

《대판 2012.6.14. 2011도15653 (수원역 주차장 살인 위증 사건)》 형사재판에서 이와 관련된 다른 형사사건의 확정판결에서 인정된 사실은 특별한 사정이 없는 한 유력한 증거자료가 되는 것이나, 당해 형사재판에서 제출된 다른 증거 내용에 비추어 관련 형사사건 확정판결의 사실판단을 그대로 채택하기 어렵다고 인정될 경우에는 이를 배척할 수 있다.

《대판 1996.3.8. 95도3081》 형사재판에 있어서 공소된 범죄사실은 어디까지나 검사가 이를 입증하여야 하는 것이다. 민사재판에 있어서의 입증책임분배의 원칙을 형사재판에도 동일하게 적용하여 피고인이 그 쟁점이 된 사항에 대하여 자신에게 유리한 입증을 하지 못하고 있다 하여 형사책임을 인정할 수는 없다.

3) 자유판단의 기준

법관의 자유심증은 합리적 이성에 근거한 것으로서, 자의(恣意)적인 심증형성을 의미하는 것은 아니다. 즉, 법관의 심증형성이 합리적이어서 일반인이면 누구도 의심하지 않을 정도로 보편타당성을 가져야 한다. 이러한 보편타당성을 확보하기 위해서는 법관의 심증형성은 ① 증거자료를 최대한 활용한 것이어야 하고, ② 논리와 경험법칙에 위배되지 않아야 한다.

논리법칙이란 인간의 사고 및 추론능력에 비추어 명백한 법칙을 뜻한다. 법관의 심증은 모순 없는 논증에 의하여 형성되어야 한다. 따라서 계산착오 또는 판결이유의 모순은 논리에 반하여 허용되지 아니한다. 경험법칙이란 인간의 개별적인 체험의 반복을 통한 관찰결과의 일반화에 의하여 경험적으로 얻어진 법칙을 뜻한다. 보편타당한 경험칙은 법관을 구속하게 된다. 경험법칙에는 사회심리적 경험칙과 필연법칙적 경험칙이 있다. 사회심리적 경험칙이란 가능성의 정도 또는 개연성에 불과하므로 예외가 있을 수 있어 법관의 심증형성을 구속하지는 않는다. 필연법칙적 경험칙인 자연법칙이나 물리학상의 원리 등은 예외가 없어 법관의 심증형성을 구속하므로 자유심증이 허락되지 않는다. 예를 들어 법관은 혈중알코올농도 측정에 의한 음주운전의 판단, 혈액감정에 의한 친자관계의 확인 등 과학적 증거의 경우 그 결과를 함부로 배척해서는 안된다.

《대판 1993.1.12. 92도2656》 피고인의 자백이 임의로 진술한 것이어서 증거능력이 인정된다고 하여 자백의 진실성과 신빙성까지도 당연히 인정되는 것은 아니므로 법원은 진술의 내용이 논리와 경험의 법칙에 비추어 볼 때 합리적인 것으로 인정되는지의 여부나 자백 이외의 정황증거들 중에 자백과 저촉되거나 모순되는 것이 없는지의 여부 등을 두루 참작하여 자유심증으로 자백이 신빙할 수 있는 것인지의 여부를 판단하여야 한다.

《대판 2004.6.25. 2004도2221 (가해차량 도난당했다 사건)》 증거의 증명력은 법관의 자유판단에 맡겨져 있으나 그 판단은 논리와 경험칙에 합치하여야 하고, 증명력이 있는 것으로 인정되는 증거를 합리적인 근거가 없는 의심을 일으켜 이를 배척하는 것은 자유심증주의의 한계를 벗어나는 것으로 허용될 수 없다.

《대판 2015.8.20. 2013도11650 全合 (한명숙 정치자금 수수사건)》 충분한 증명력이 있는 증거를 합리적인 근거 없이 배척하거나 반대로 객관적인 사실에 명백히 반하는 증거를 아무런 합리적인 근거 없이 채택 · 사용하는 등으로 논리와 경험의 법칙에 어긋나는 것이 아닌 이상, 법관은 자유심증으로 증거를 채택하여 사실을 인정할 수 있다.

《대판 2007.5.10. 2007도1950 (울산 다세대 문구칼 강도 사건)》 유전자검사나 혈액형검사 등 과학적 증거방법은 그 전제로 하는 사실이 모두 진실임이 입증되고 그 추론의 방법이 과학적으로 정당하여 오류의 가능성이 전무하거나 무시할 정도로 극소한 것으로 인정되는 경우에는 법관이 사실인정을 함에 있어 상당한 정도로 구속력을 가지므로, 비록 사실의 인정이 사실심의 전권이라 하더라도 아무런 합리적 근거 없이 함부로 이를 배척하는 것은 자유심증주의의 한계를 벗어나는 것으로서 허용될 수 없다.

다. 심증형성의 정도

민사재판에서는 '증거의 우월성'으로 충분하지만, 형사재판에서는 이것을 현저히 뛰어 넘는 합리적인 의심을 할 여지가 없을 정도의 확신이 필요하다. 여기서 합리적 의심이란 모든 의문이나 불신을 포함하는 것이 아니라 논리와 경험칙에 기하여 요증사실과 양립할 수 없는 사실의 개연성에 대한 합리적 의문을 의미한다. 단순히 관념적인 의심이나 추상적인 가능성에 기초한 의심은 합리적 의심에 포함되지 않는다.

《대판 2011.1.27. 2010도12728 (원저클럽 유리조각 상해 사건)》 합리적 의심이란 모든 의문, 불신을 포함하는 것이 아니라 논리와 경험칙에 기하여 요증사실과 양립할 수 없는 사실의 개연성에 대한 합리성 있는 의문을 의미하는 것으로서, 단순히 관념적인 의심이나 추상적인 가능성에 기초한 의심은 합리적 의심에 포함된다고 할 수 없다.

《대판 2006.4.27. 2006도735 (BMW 뇌물수수 사건)》 형사재판에서 공소가 제기된 범죄사실에 대한 입증책임은 검사에게 있는 것이고, 유죄의 인정은 법관으로 하여금 합리적인 의심을 할 여지가 없을 정도로 공소사실이 진실한 것이라는 확신을 가지게 하는 증명력을 가진 증거에 의하여야 하므로, 그와 같은 증거가 없다면 설령 피고인에게 유죄의 의심이 간다 하더라도 피고인의 이익으로 판단할 수밖에 없다.

라. 자유심증주의의 합리성 도모방안

형사소송법은 자유심증주의를 규정하고 있는 한편, 법관의 자의적인 사실인정을 배제하기 위하여 여러 가지 제도를 두고 있다.

1) 상소

법관의 심증형성에 따른 확신은 상소의 대상이 아니며, 증거의 취사선택과 이를 근거로 한 사실인정은 사실심의 전권에 속하는 바, 상고심은 사실심의 증거평가에 변경을 가할 수 없다. 그렇지만 논리법칙과 경험법칙에 위배된 증명력 판단은 판결에 영향을 미친 사실오인이므로 항소이유가 되고, 채증법칙위반이 되어 상고이유가 된다.

《대판 2007.5.11. 2007도2020》 공소사실을 뒷받침하는 증거의 경우 증인신문 절차를 진행하면서 진술에 임하는 증인의 모습과 태도를 직접 관찰한 제1심이 증인의 진술에 대하여 그 신빙성을 인정할 수 없다고 판단하였음에도 불구하고, 항소심이 이를 뒤집어 그 진술의 신빙성을 인정할 수 있다고 판단할 수 있으려면, 진술의 신빙성을 배척한 제1심의 판단을 수긍할 수 없는 충분하고도 납득할만한 현저한 사정이 나타나는 경우이어야 할 것이다.

2) 판결이유의 명시

법관에 의한 증거평가의 합리성을 담보하기 위하여 유죄판결의 이유에는 의무적으로 증거의 요지를 명시하도록 한다(§323①). 이는 법관의 증거판단에 대한 재고(再考)의 기회를 주고 소송관계인에게 증거평가의 오류를 시정할 수 있는 계기를 준다는 점에서 합리적인 자유심증주의를 위한 제도라고 할 수 있다. 증거요지 명시에 위반한 경우는 절대적 항소이유가 된다(§361-5.11).

3) 증거능력 제한

형사소송법은 임의성 없는 자백의 증거능력을 절대적으로 부정하고 위법수집증거나 전문증거의 증거능력을 제한하고 있다. 이처럼 증거능력 없는 증거를 증거평가 대상에서 제외함으로써 간접적으로 합리적 자유심증주의를 도모하고 있다. 또한 중요 사항은 엄격한 증명으로 하여, 증거능력이 없는 증거는 증명력판단의 대상에서 제외함으로서 증명력 평가의 합리성을 보장한다.

4) 당사자주의

형사절차에서는 원칙적으로 당사자의 권한으로 증거조사신청 또는 증거제출을 하며, 법관에 의한 직권증거조사는 보충적으로 인정된다. 즉 법관의 자의로부터 자유심증주의의 합리성을 보장하기 위해, 법관은 원칙적으로 당사자가 제출한 증거를 대상으로 증명력을 판단한다.

마. 자유심증주의의 법률상 제한

1) 자백의 보강법칙

피고인의 자백이 그에게 불이익한 유일의 증거일 때에는 이를 유죄의 증거로 하지 못한다(§310). 즉 피고인의 자백에 의하여 법관이 유죄의 확신을 얻었다 하더라도 이에 대한 보강증거가 없으면 법관의 심증에 반하여 무죄판결을 선고할 수밖에 없다는 점에서 자유심증주의의 예외가 된다. 형사소송법은 자유심증주의를 규정하고 있는 한편 범죄의 주관적 구성요건요소(고의, 과실, 목적 등), 전과, 확정판결 존부, 처벌조건 등은 보강증거가 없어도 자백만으로 인정할 수 있다.

2) 공판조서의 배타적 증명력

공판기일의 소송절차로서 공판조서에 기재된 것은 그 조서만으로써 증명한다(§56). 공판조서에 기재된 공판기일의 소송절차는 법관의 심증 여하를 불문하고 공판조서에 기재된 대로 인정해야 하므로 이는 자유심증주의에 대한 예외라고 볼 수 있다. 하지만, 같은 사항에 관하여 두 개의 서로 다른 내용이 기재된 공판조서가 있는 경우라면, 두 공판조서 사이에서 증명력의 우열은 있을 수 없고, 법관의 자유로운 심증에 따라 선택적으로 증명력을 인정할 수 있다.

《대판 2023.6.15. 2023도3038 (국민연금보험료 횡령 사건)》 공판조서의 기재가 명백한 오기인 경우를 제외하고는, 공판기일의 소송절차로서 공판조서에 기재된 것은 조서만으로써 증명하여야 하고 그 증명력은 공판조서 이외의 자료에 의한 반증이 허용되지 않는 절대적인 것이다. 반면에 어떤 소송절차가 진행된 내용이 공판조서에 기재되지 않았다고 하여 당연히 그 소송절차가 당해 공판기일에 행하여지지 않은 것으로 추정되는 것은 아니고 공판조서에 기재되지 않은 소송절차의 존재가 공판조서에 기재된 다른 내용이나 공판조서 이외의 자료로 증명될 수 있고, 이는 소송법적 사실이므로 자유로운 증명의 대상이 된다.

제2장

증거능력 관련 문제

제1절 자백배제법칙

제309조(강제 등 자백의 증거능력) 피고인의 자백이 고문, 폭행, 협박, 신체구속의 부당한 장기화 또는 기망 기타의 방법으로 임의로 진술한 것이 아니라고 의심할 만한 이유가 있는 때에는 이를 유죄의 증거로 하지 못한다.

1. 자백의 의의와 효과

가. 자백의 의의

자백(自白)이란 피의자 또는 피고인이 자기가 저지른 범죄사실의 일부 또는 전부를 인정하는 진술을 뜻한다. 자백은 공소범죄사실을 직접 증명할 수 있는 직접증거인 동시에, 진술이 증거로 되는 진술증거이고, 전문증거에 대해서는 원본증거에 해당하게 된다.

나. 자백의 범위

① 자백을 하는 진술자의 법적 지위는 묻지 않는다. 피고인으로서 진술 외에 참고인·증인·피의자 등의 지위에서 한 진술도 자백에 해당된다. ② 자백의 형식은 따지지 않는다. 따라서 구두, 서면 모두 가능하다. ③ 자백의 상대방은 불문한다. 따라서 수사기관·법원을 불문한다. 따라서 수사기관에 대해 자백한 것에 한정하지 않는다. 상대방이 없이 한 자백(일기장)도 자백으로 본다. ④ 자백은 재판상의 자백과 재판 외의 자백을 묻지 않는다. ⑤ 자기의 범죄사실을 스스로 인정하는 진술이면 충분하고 형사책임까지 인정할

것은 요구하지는 않는다. 따라서 구성요건해당사실을 인정하면서 위법성조각사유나 책임조각사유를 주장하는 것도 자백으로 본다.

《대판 1996.10.17. 94도2865 全合 (슬래그 다대포 무단투기 사건)》 [1] 자기의 범죄사실의 전부 또는 일부를 인정하는 내용의 진술인 이상 그 진술이 어떠한 법적 지위에서 행하여졌는지와는 관계없이 자기의 범죄사실을 시인하는 경우에는 이를 자백으로 보아야 한다.

[2] 범죄사실의 인정 여부와는 관계없이 자기에게 맡겨진 사무를 처리한 사무 내역을 그때그때 계속적, 기계적으로 기재한 상업장부, 항해일지, 진료일지 등은 설사 그 문서가 우연히 피고인이 작성하였고 그 문서의 내용 중 공소사실에 일부 부합되는 사실의 기재가 있다고 하더라도 피고인이 범죄사실을 자백하는 문서라고 볼 수는 없다.

《대판 1996.10.7. 94도2865》 모두절차에서 피고인이 "공소사실은 사실대로다."라고 진술한 경우에도 수사기관에서의 진술이나 검사나 변호인의 신문에 대한 전후의 진술을 종합하여 자백여부를 판단해야 한다.

《대판 1983.5.10. 82도214》 검사가 피고인들에게 공소사실 그대로의 사실유무를 묻자 피고인들이 동시에 '예, 그랬습니다.'라고 대답을 하였으나, 계속되는 검사와 변호인 및 재판장의 물음에서는 다시 범행을 부인하였다면 피고인들이 공모하여 기망 내지 편취하였다는 내용까지 자백한 것이라고는 볼 수 없다.

《대판 1999.11.12. 99도3341 (돈이 급해 죄를 지었습니다 사건)》 피고인이 제출한 항소이유서에 '피고인은 돈이 급해 지어서는 안될 죄를 지었습니다.' '진심으로 뉘우치고 있습니다.'라고 기재되어 있고 피고인은 항소심 제2회 공판기일에 위 항소이유서를 진술하였으나, 곧 이어서 있은 검사와 재판장 및 변호인의 각 심문에 대하여 피고인은 범죄사실을 부인하였고, 수사단계에서도 일관되게 그와 같이 범죄사실을 부인하여 온 점에 비추어 볼 때, 위와 같이 추상적인 항소이유서의 기재만을 가지고 범죄사실을 자백한 것으로 볼 수 없다.

다. 자백의 효과

1) 자백과 유죄의 인정

가) 증거능력 인정 요건

임의성 없는 자백은 증거능력이 부정되므로, 유죄인정의 증거로 사용이 불가능하다(자백배제법칙). 자백을 받아낸 절차의 위법성이 정도가 중대한 경우에는 증거능력이 없어 유죄인정의 증거로 사용할 수 없다(위법수집증거배제법칙). 자백이 기재된 수사기관의 조서,

기타 서류는 공판절차에서 그 성립의 진정이 인정되지 않으면 유죄의 증거로 사용할 수 없다.

《대판 1983.9.13. 83도712 (정재파, 박상은양 살해사건)》 자백의 임의성이 인정된다고 하더라도 이것은 그 자백이 엄격한 증명의 자료로서 사용될 자격 즉 증거능력이 있다는 것에 지나지 않고 그 자백의 진실성과 신빙성 즉 증명력까지도 당연히 인정되어야 하는 것은 아니다.

나) 증명력 인정 요건

자백은 증거능력이 인정된다 하더라도, 법관이 그 자백의 신빙성(신용성)을 인정하지 않으면 유죄로 인정할 수 없다. 증거능력 있는 자백의 신빙성이 인정되어 법관이 유죄의 심증을 얻은 경우라 할지라도 보강증거가 없다면 자백한 범죄사실을 유죄로 인정할 수 없다(자백보강법칙).

2) 간이공판절차로의 진행

피고인이 공판정에서 공소사실에 대하여 자백한 때에는 법원은 그 공소사실에 한하여 간이공판절차에 의하여 심판할 것을 결정할 수 있다(§286-2). 다만 간이공판절차에 의해 심판하기 위해서는 위법성 · 책임조각사유의 부존재도 인정해야 한다. 이 경우 원칙적으로 피고인의 증거동의가 있는 것으로 간주한다. 단, 검사, 피고인 또는 변호인이 증거로 함에 이의가 있는 때에는 그러하지 아니하다(§318-3).

2. 자백배제법칙의 의의

가. 자백배제법칙의 의의와 연혁

헌법 제12조 제7항과 형사소송법 제309조는 '피고인의 자백이 고문, 폭행, 협박, 구속의 부당한 장기화 또는 기망 기타의 방법으로 자의로(임의로) 진술한 것이 아니라고 의심할 만한 이유가 있는 때에는 이를 유죄의 증거로 하지 못한다'라고 규정하고 있다. 이와 같이 고문 등 강제에 의하여 임의성이 없거나 임의성에 의심이 있는 자백의 증거능력을 부정하는 증거법칙을 자백배제법칙이라고 한다. 자백배제법칙은 수사기관에 대해 자백편중의 위법수사에 제동을 걸고, 법원에 합리적인 심증형성을 증진시키는 기능을 한다.

나. 자백배제법칙의 이론적 근거

1) 허위배제설

'허위배제설'이란 임의성에 의심되는 자백은 허위가 숨어들 위험성이 크고, 그 증거사용은 실체적 진실발견을 저해하기 때문에 증거능력을 인정할 수 없다는 견해이다. 이는 자백의 임의성을 내용의 진실성에 따라 판단하는 것은 자백의 증거능력과 증명력을 혼동한 것이고, 자백내용의 진실성이 입증되면 강압, 유도, 사술 등에 의한 자백도 임의성을 인정할 수 있게 된다.

2) 인권옹호설

인권옹호설은 자백배제법칙을 진술거부권의 보장장치로 보아, 임의성이 의심되는 자백은 진술의 자유라는 피고인의 기본권을 침해할 위험이 있기 때문에 인권보장을 위해 그 증거능력을 부정해야 한다는 견해이다. 인권옹호설은 자백배제법칙과 진술거부권의 보장을 동일시하는 것은 옳지 못하고, 약속이나 기망에 의한 자백은 진술의 자유를 침해할 위험이 없음에도 이를 배제하는 근거가 미흡하다는 비판을 받고 있다.

3) 절충설

허위배제설과 인권옹호설을 모두 자백의 증거능력을 제한하는 근거로 사용하는 입장으로, 임의성 없는 자백은 허위의 위험성이 많을 뿐 아니라 자백강요 방지라는 인권보장을 위해서도 증거능력이 배제된다고 한다. 절충설은 제309조 전단의 고문, 폭행, 협박, 신체구속의 부당한 장기화에 의한 자백은 인권침해에 의한 자백이고, 후단의 기망 기타 방법에 의한 자백은 허위배제설에 입각하여 증거능력이 없는 자백이라고 본다. 이에 대해서는 제309조의 근거를 하나의 기준으로 설명하지 못한다는 비판이 있다.

4) 위법배제설

자백배제법칙을 자백취득과정에서의 적법절차(due process)를 보장하기 위한 증거법상의 원칙이라고 이해한다. 즉, 임의성이 의심되는 자백은 자백취득과정의 위법성으로 인하여 증거능력이 부정된다는 견해를 취하고 있다. 따라서 자백배제법칙은 위법수집증거배제법칙의 특칙에 해당하며, 적법절차에 위반하여 위법하게 취득된 자백은 임의성과 상관없이 증거능력이 부정된다는 견해이다. 위법배제설은 임의성이라는 측면을 간과하여 제309조의 입법취지를 무시하고, 임의성이 없는 경우와 임의성은 인정되지만 자백취득의 절차가 위법한 경우의 질적 차이를 설명하기 어렵다는 비난을 받고 있다. 현재 다수설의 입장이다.

종래의 판례는 허위배제설, 인권옹호설 내지 위법배제설 등의 입장을 각각 나타낸 것도 있으나, 최근에는 절충설을 취하고 있는 것으로 분석된다.

3. 자백배제법칙의 적용범위

가. 고문, 폭행, 협박으로 인한 자백

고문, 폭행, 협박의 방법이나 형태에는 아무런 제한이 없다. 자기가 당한 경우뿐만 아니라 타인, 즉 가족이나 다른 피고인이 고문당하는 것을 보고 자백한 경우도 고문에 의한 자백에 해당하며, 자백의 증거능력이 인정되지 않는다(대판 2011.6.3. 2010재노46). 수사기관에서 가혹행위 등으로 인하여 임의성 없는 자백을 하고 그 후 법정에서도 임의성 없는 심리상태가 계속되어 동일한 내용의 자백을 하였다면 법정에서의 자백도 임의성 없는 자백이 된다.

《대판 1985.2.26. 82도2413 (고숙종, 윤노파 살해사건)》 형사소송법 제309조에 규정된 피고인의 진술의 자유를 침해하는 위법사유는 원칙적으로 예시사유로 보아야 한다.

《대판 1992.11.24. 92도2409》 피고인이 검사 이전의 수사기관에서 고문 등 가혹행위로 인하여 임의성 없는 자백을 하고 그 후 검사의 조사단계에서도 임의성 없는 심리상태가 계속되어 동일한 내용의 자백을 하였다면 검사의 조사단계에서 고문 등 자백의 강요행위가 없었다고 하여도 검사 앞에서의 자백도 임의성 없는 자백이라고 볼 수밖에 없다.

《대판 2012.11.29. 2010도3029》 피고인이 수사기관에서 가혹행위 등으로 인하여 임의성 없는 자백을 하고 그 후 법정에서도 임의성 없는 심리상태가 계속되어 동일한 내용의 자백을 하였다면 법정에서의 자백도 임의성 없는 자백이라고 보아야 한다.

《대판 1984.5.29. 84도378 (함주명 간첩조작 사건)》 검사 작성 피의자신문조서가 사건의 송치를 받은 당일에 작성된 것이었다 하여 그와 같은 조서의 작성시기 만으로 그 조서에 기재된 피고인의 자백진술이 임의성이 없거나 특히 신빙할 수 없는 상태에서 된 것이라 의심하여 증거능력을 부정할 수 없다.

나. 신체구속의 부당한 장기화로 인한 자백

구속영장 없이 13여 일간 불법구금 되어 있으면서 고문이나 잠을 재우지 않는 등 진술의 자유를 침해하는 위법사유가 있는 증거의 증거능력을 부정한다(대판 1985.2.26. 82도

2413). 구속기간 만료 후의 부당한 장기구금은 물론이고, 처음부터 불법 구금된 경우도 포함한다. 구속기간이 장기라는 이유만으로 여기에 해당한다고 볼 수는 없다.

《대판 1986.11.25. 83도1718》 설사 경찰에서 부당한 신체구속을 당하였다 하더라도 검사 앞에서의 피고인의 진술에 임의성이 인정된다면 그와 같은 부당한 신체구속이 있었다는 사유만으로는 검사가 작성한 피의자 신문조서의 증거능력이 상실된다고 할 수 없다.

다. 기망에 의한 자백

기망이란 위계를 사용하여 상대방을 착오에 빠지게 한 후 자백을 받아낸 경우의 자백을 뜻한다. 기망이라고 하기 위해서는 국가기관에 의한 신문방법으로서는 정당하지 않다고 비난할 수 있을 정도로 적극적인 사술(詐術)이 있을 것을 필요로 한다. 예를 들어 증거가 발견되었다고 속여 받아낸 자백, 자백하면 피의사실을 불문에 붙이겠다고 하여 얻은 자백, 범행현장에서 지문이 나왔다고 속여 받아낸 자백 등은 기망에 의한 자백에 해당한다. 그러나 단순히 상대방의 착오를 이용하는 것만으로는 족하지 않다.

《대판 1985.12.10. 85도2182 (검찰주사 보호감호 불청구 각서 사건)》 피고인의 자백이 심문에 참여한 검찰주사가 피의사실을 자백하면 피의사실 부분은 가볍게 처리하고 보호감호의 청구를 하지 않겠다는 각서를 작성하여 주면서 자백을 유도한 것에 기인한 것이라면 위 자백은 기망에 의하여 임의로 진술한 것이 아니라고 의심할 만한 이유가 있는 때에 해당하여 증거로 할 수 없다.

라. 기타 방법에 의한 자백

형사소송법 제309조에 규정된 임의성 없는 자백은 원칙적으로 예시사유에 해당한다(대판 1985.2.26. 82도2413). 따라서 약속, 위법한 신문방법, 진술거부권의 불고지, 변호인 조력권 침해, 마취분석 등의 경우 '기타 방법'에 해당할 여지가 있다. ① 약속에 의한 자백이란 국가기관이 자백의 대가로 기소유예, 경한 형의 약속 등과 같은 이익을 제공하겠다고 약속하고 자백하게 하는 것을 뜻한다. 이익에는 형사처벌과 관련이 있는 이익 이외에 세속적 이익도 포함된다. 단, 식사, 담배, 커피 등의 사소한 편의제공은 포함되지 않는다. 이익은 구체적이고, 특수한 것이어야 하므로, 자백하는 것이 유리하다는 일반적인 약속으로는 족하지 않다. 약속된 이익이 실제로 제공된 경우에만 해당하고 제공되지 않은 경우에는 기망에 의한 자백에 해당한다. 법률상 허용된 이익일지라도 자백과의 교환이 신문방법의 정당성을 해칠 경우에는 그 자백은 증거능력이 없다. ② 위법한 신문방법에 의한 자백도 '기타 방법'에 해당할 수 있다. 다만 수사의 본질상 이론적 추궁에 의한 신문은 허용된다. 야간신문은 그 자체가 위법한 것은 아니나 피의자가 피로로 인하여 정상적인 판단능력을 상실한 정도의 수면부족상태에서의 자백은 증거능력이 없다. ③ 진술거부권을 고지하지 않고 받은 자백은 증거능력이 없다. 진술거부권 고지 하지 않고 받은 자백의 증거능력을 부정하는 이유에 대해 다수설은 임의성에 의심이 있는 경우에 해당하여 자백배제법칙에 의하여 증거능력을 부정해야 한다고 한다. 그러나 판례는 적정절차의 원리에 기한 위법수집증거배제법칙에 따라 증거능력을 부정해야 한다는 견해이다. ④ 변호인 접견교통권, 변호인 선임권의 침해를 통해 얻은 자백은 증거능력이 부정된다. 다만, 변호인 아닌 자와의 접견이 금지된 상태하에서 피의자신문조서가 작성된 것만으로는 임의성이 부정되는 것은 아니다. ⑤ 거짓말탐지기 검사의 경우 피검사자의 동의가 있는 경우에는 위법한 침해로 볼 수 없으므로 그 결과 취득한 자백은 증거능력이 인정된다. 약물을 투여하여 무의식적인 상태에서 자백을 하게 하는 마취분석은 인간의 의사결정능력을 배제하고 진술거부권을 침해하는 위법한 수사방법이므로 피분석자의 동의여부를 불문하고 증거능력이 부정된다.

《대판 1984.5.9. 83도2782》 피고인이 처음 검찰조사시에 범행을 부인하다가 뒤에 자백을 하는 과정에서 금 200만원을 뇌물로 받은 것으로 하면 특정범죄가중처벌등에관한법률위반으로 중형을 받게 되니 금 200만원 중 금 30만원을 술값을 갚은 것으로 조서를 허위작성한 것이라면 이는 단순 수뢰죄의 가벼운 형으로 처벌되도록 하겠다고 약속하고 자백을 유도한 것으로 위와 같은 상황하에서 한 자백은 그 임의성에 의심이 가고 따라서 진실성이 없다는 취지에서 이를 배척하였다 하여 자유심증주의의 한계를 벗어난 위법이 있다고는 할 수 없다.

《대판 1983.9.13. 83도712 (정재파, 박상은양 살해사건)》 일정한 증거가 발견되면 피의자가 자백하겠다고 한 약속이 검사의 강요나 위계에 의하여 이루어졌다던가 또는 불기소나 경한 죄의 소추 등 이익과 교환조건으로 된 것으로 인정되지 않는다면 위와 같은 자백의 약속하에 된 자백이라 하여 곧 임의성 없는 자백이라고 단정할 수는 없다.

《대판 1997.6.27. 95도1964 (조흥은행 간부 배임수재 사건)》 피고인의 검찰에서의 자백은 피고인이 검찰에 연행된 때로부터 약 30시간 동안 잠을 재우지 아니한 채 검사 2명이 교대로 신문을 하면서 회유한 끝에 받아낸 것으로 임의로 진술한 것이 아니라고 의심할 만한 이유가 있는 때에 해당한다고 보아, 형사소송법 제309조의 규정에 의하여 그 피의자신문조서는 증거능력이 없다.

《대판 2002.10.8. 2001도3931 (정대철, 경성비리 의혹 사건)》 알선수재 사건의 공여자 등이 별건으로 구속된 상태에서 10여 일 내지 수십여 일 동안 거의 매일 검사실로 소환되어 밤늦게까지 조사를 받았다면 이들은 과도한 육체적 피로, 수면부족, 심리적 압박감 속에서 진술을 한 것으로 보여지므로 이들에 대한 진술조서는 그 임의성을 의심할 만한 사정이 있고, 검사가 그 임의성의 의문점을 해소하는 입증을 하지 못하면 위 진술조서는 증거능력이 없다.

4. 자백배제법칙의 효과

임의성이 의심되는 자백은 증거능력이 절대적으로 부정된다. 따라서 임의성이 없는 자백은 당사자가 동의하더라도 증거능력이 인정되지 않고, 탄핵증거로도 사용이 불가능하다(§309, 헌법 §12⑦).증거능력이 인정되지 않는 자백에 의해 수집된 파생증거도 결국 위법하게 수집된 증거이고 제309조의 입법취지상 그 진실성 여부를 불문하고 증거능력을 전면으로 부정해야 한다(통설).

5. 증명의 문제

가. 인과관계의 요부

임의성을 의심케 하는 사유가 있었고 자백이 있는 경우, 고문 등 사유와 임의성 없는 자백과의 사이에 인과관계가 필요한지 문제된다. 이에 대해 허위배제설과 인권옹호설은 고문 등 사유와 임의성 없는 자백과의 사이에 인과관계를 필요로 한다는 견해이다. 그러나 위법배제설은 고문 등의 위법사유와 임의성 없는 자백과의 사이에 인과관계는 불필요하다고 해석한다. 판례는 임의성 없는 사유들과 자백 사이에 인과관계가 있어야 한다는 입장이다.

《대판 1984.11.27. 84도2252 (송창섭 일가 간첩조작 사건)》 임의성이 없다고 의심할 만한 이유가 있는 자백은 그 인과관계의 존재가 추정되는 것이므로 이를 유죄의 증거로 하려면 적극적으로 그 인과관계가 존재하지 아니하는 것이 인정되어야 한다. 피고인의 자백이 임의성이 없다고 의심할 만한 사유가 있는 때에 해당한다 할지라도 그 임의성이 없다고 의심하게 된 사유들과 피고인의 자백과의 사이에 인과관계가 존재하지 않은 것이 명백한 때에는 그 자백은 임의성이 있는 것으로 인정된다.

나. 임의성의 증명

진술의 임의성을 잃게 하는 사정은 이례적인 것에 속하므로 진술의 임의성은 추정된다. 그러나 임의성에 다툼이 있을 경우에는 검사가 임의성의 의문점을 해소하는 입증을 하여야 한다. 피고인이 자백의 임의성을 의심하게 하는 사유의 존재를 주장하는 경우 이에 대한 입증책임은 검사에게 있다. 다만 자백의 임의성은 소송법적 사실이므로 자유로운 증명으로 족하다는 것이 통설과 판례의 입장이다.

《대판 1983.3.8. 82도3248 (부산 미문화원방화사건)》 고문, 폭행, 협박, 신체구속의 부당한 장기화 또는 기망 기타 진술의 임의성을 잃게 하는 사정은 헌법이나 형사소송법의 규정에 비추어 볼 때 이례에 속한다고 할 것이므로 진술의 임의성은 추정된다고 볼 것이다.

《대판 2008.7.10. 2007도7760 (삼천리 · 신우연립조합 사건)》 검사 작성의 당해 피고인에 대한 피의자신문조서에 기재된 진술의 임의성에 다툼이 있을 때에는 그 임의성을 의심할 만한 합리적이고 구체적인 사실을 피고인이 증명할 것이 아니라 검사가 그 임의성의 의문점을 없애는 증명을 하여야 하고, 검사가 그 임의성의 의문점을 없애는 증명을 하지 못한 경우에는 그 조서는 유죄 인정의 증거로 사용할 수 없는데, 이러한 법리는 피고인이나 그 변호인이 검사 작성의 당해 피고인에 대한 피의자신문조서의 임의성을 인정하는 진술을 하였다가 이를 번복하는 경우에도 마찬가지로 적용되어야 한다. 따라서 증거조사를 마친 조서의 임의성을 다투는 주장이 받아들여지게 되면, 그 조서는 증거배제결정을 통하여 유죄 인정의 자료에서 제외하여야 한다.

《대판 1986.11.25. 83도1718》 피의자의 진술에 관하여 공판정에서 그 임의성 유무가 다루어지는 경우에는 법원은 구체적인 사건에 따라 증거조사의 방법이나 증거능력의 제한을 받지 아니하고 제반사정을 종합 참작하여 적당하다고 인정되는 방법에 의하여 자유로운 증명으로 그 임의성 유무를 판단하면 된다.

《대판 1999.11.12. 99도3801 (탄통 9개 은닉 사건)》 피고인이 피의자신문조서에 기재된 피고인 진술의 임의성을 다투면서 그것이 허위자백이라고 다투는 경우, 법원은 구체적인 사건에 따라 피고인의 학력, 경력, 직업, 사회적 지위, 지능 정도, 진술의 내용, 조서의 형식 등 제반 사정을 참작하여 자유로운 심증으로 위 진술이 임의로 된 것인지 여부를 판단할 수 있다.

《대판 2010.7.22. 2009도1151》 검찰에서의 피고인의 자백이 법정진술과 다르다거나 피고인에게 지나치게 불리한 내용이라는 사유만으로는 그 자백의 신빙성이 의심스럽다고 할 수는 없는 것이고, 자백의 신빙성 유무를 판단할 때에는 그 자백에 형사소송법 제309조에 정한 사유 또는 자백의 동기나 과정에 합리적인 의심을 갖게 할 상황이 있었는지를 판단하여야 한다.

《대판 2003.5.30. 2003도705》 피고인이 피의자신문조서에 기재된 피고인의 진술 및 공판기일에서의 피고인의 진술의 임의성을 다투면서 그것이 허위자백이라고 다투는 경우, 법원은 구체적인 사건에 따라 피고인의 학력, 경력, 직업, 사회적 지위, 지능 정도, 진술의 내용, 피의자신문조서의 경우 그 조서의 형식 등 제반 사정을 참작하여 자유로운 심증으로 위 진술이 임의로 된 것인지의 여부를 판단하면 된다.

제2절 위법수집증거배제법칙

제308조의2(위법수집증거의 배제) 적법한 절차에 따르지 아니하고 수집한 증거는 증거로 할 수 없다.

1. 위법수집증거배제법칙의 도입

가. 의의

위법수집증거배제법칙(exclusionary rule)이란 적법한 절차를 따르지 않고 수집한 증거의 증거능력을 부정하여 증거로 사용할 수 없도록 하는 증거법칙을 말한다. 법원의 적법절차 위반도 문제될 수 있으나, 주로 수사기관의 적법절차 위반이 문제된다.

형사절차는 실체적 진실의 발견을 목적으로 한다. 그러나 실체적 진실규명을 지나치게 강조한다면 수사기관의 활동 자체가 시민들에게 더 큰 인권침해를 초래할 수 있다. 따라서 법정에서 위법수집증거를 배제하는 이론적 근거는 적정절차의 보장에 있고, 정책적 근거는 수사기관의 위법수사를 방지 · 억제하는 것이다.

나. 종래의 위법수집증거

1954년 제정된 우리 형사소송법은 국가기관의 위법한 절차에 의해 수집한 증거의 증거능력을 배제하는 규정을 두지 않았다. 대법원은 1968년 위법수집증거의 증거능력에 대한 판결을 통해 수집절차가 위법하더라도 그 증거의 증거능력이 인정된다고 판시하였다. 즉, 위법하게 수집한 경우라 할지라도 물건 자체의 성질 · 형상에 변경을 가져오는 것은 아니라는 이유로 증거능력을 인정하였다(대판 1968.9.17. 68도932). 그러나 학계에서는 위법한 절차에 의해 수집한 증거를 배제해야 한다는 것을 오랫동안 요청하여 왔다. 그럼에도 대법원은 약 40년간 고집스럽게 '성질 · 형상 불변론'에 따른 위법수집증거의 증거능력을 인정하여왔다(대판 1987.6.23. 87도705).

《대판 1987.6.23. 87도705 (종전 판례)》 압수물은 압수절차가 위법하다 하더라도 그 물건자체의 성질, 형태에 변경을 가져오는 것은 아니어서 그 형태 등에 관한 증거가치에는 변함이 없다 할 것이므로 증거능력이 있다.

다. 진술증거에 위법수집증거배제법칙 도입

1990년 대법원은 변호인과의 접견교통권이 침해된 상태에서 작성된 피의자신문조서(대판 1990.8.24. 90도1285), 진술거부권이 고지되지 않은 채 진행된 피의자와 검사의 대화내용을 녹화한 '비디오테이프'와 검증조서(대판 1992.6.23. 92도682) 등 적법절차를 따르지 않고 수집한 진술증거의 증거능력을 부인하였다. 이에 대해 학설은 대물적 강제수사의 영역에서도 위법수집증거배제법칙을 채택하여, 비진술증거를 포함한 모든 위법수집증거를 배제해야 한다는 주장을 하였다. 그럼에도 대법원 판례는 비진술증거에 대해서는 여전히 위법수집증거의 증거능력을 인정하여 왔다(대판 1994.2.8. 93도3318). 이러한 와중에서도 위법한 절차에 의해 수집한 우편물·전기통신의 내용에 대해 1993년 통신비밀보호법을 제정하여 증거능력을 배제하였다.

라. 위법수집증거배제법칙의 전면적 도입

2005년 대통령 직속 사법개혁추진위원회의 논의를 거쳐 2007년 형사소송법을 개정하여 위법수집 증거배제법칙을 도입하였다. 즉, 형사소송법 제308조의2는 "적법한 절차에 따르지 아니하고 수집한 증거"의 증거능력 배제를 명문화하여 일반적인 형사법의 대원칙으로 자리잡고 있다. 대법원도 진술증거뿐만 아니라 비진술증거를 포함한 모든 위법수집증거에 대해 증거능력이 인정되지 않는다고 판결하였다(대판 2007.11.15. 2007도3061).

2. 위법수집증거배제법칙의 내용

가. 원칙적 배제

2007년 판례는 진술증거뿐만 아니라 비진술증거에 대하여도 그 수집절차가 적법한 절차에 따르지 아니한 경우 그 증거능력을 배제하는 것이 원칙이라는 점을 선언하였다. 즉, '헌법과 형사소송법이 정한 절차에 따르지 아니하고 수집한 증거는 기본적 인권보장을 위해 마련된 적법한 절차를 따르지 않은 것으로서 원칙적으로 유죄인정의 증거로 삼을 수 없다'고 판시하고, 그 근거가 적법절차의 준수와 수사기관의 위법수사 억제에 있음을 분명히 하였다.

《대판 2007.11.15. 2007도3061 全合 (김태환 제주지사실 압색사건)》 헌법과 형사소송법이 정한 절차에 따르지 아니하고 수집한 증거는 기본적 인권 보장을 위해 마련된 적법한 절차에 따르지 않은 것으로서 원칙적으로 유죄 인정의 증거로 삼을 수 없다. 수사기관의 위법한 압수수색을 억제하고 재발을 방지하는 가장 효과적이고 확실한 대응책은 위법한 압수수색을 통하여 수집한 증거는 물론 이를 기초로 하여 획득한 2차적 증거를 유죄 인정의 증거로 삼을 수 없도록 하는 것이다.

《대판 2011.6.30. 2009도6717 (티켓다방 성매매 사건)》 수사기관이 헌법과 형사소송법이 정한 절차에 따르지 아니하고 수집한 증거는 유죄 인정의 증거로 삼을 수 없는 것이 원칙이므로, 수사기관이 피고인 아닌 자를 상대로 적법한 절차에 따르지 아니하고 수집한 증거는 원칙적으로 피고인에 대한 유죄 인정의 증거로 삼을 수 없다.

나. 예외적 허용

다만, 판례는 위법수집증거라 할지라도 예외적으로 증거능력을 인정할 수 있는 여지를 남겨두고 있다. 판례가 제시한 예외적 허용의 기준은 ① 수사기관의 위법이 적법절차의 실질적 내용을 침해하는 것에 해당하지 않고, ② 증거능력을 배제하는 것이 형사사법 정의의 실현에 반하는 결과를 초래하는 것으로 평가되는 경우이다.

《대판 2007.11.15. 2007도3061 全合 (김태환 제주지사실 압색사건)》 수사기관의 절차 위반행위가 적법절차의 실질적인 내용을 침해하는 경우에 해당하지 아니하고, 오히려 그 증거의 증거능력을 배제하는 것이 헌법과 형사소송법이 형사소송에 관한 절차 조항을 마련하여 적법절차의 원칙과 실체적 진실 규명의 조화를 도모하고 이를 통하여 형사 사법 정의를 실현하려 한 취지에 반하는 결과를 초래하는 것으로 평가되는 예외적인 경우라면, 법원은 그 증거를 유죄 인정의 증거로 사용할 수 있다.

《대판 2017.9.21. 2015도12400 (보은군수 비서실 압색 사건)》 구체적 사안에서 적법한 절차를 따르지 아니하고 수집한 증거라도 유죄인정의 증거로 사용할 수 있는 예외적인 경우에 해당한다고 볼 만한 구체적이고 특별한 사정이 존재한다는 점은 검사가 증명하여야 한다.

다. 배제유형

1) 영장주의 위반

헌법상의 영장주의의 위반은 중대한 위법에 해당하므로, 영장주의에 위반하여 수집한 증거는 그 증거능력을 부정한다. 따라서 영장 없이 압수·수색·검증을 행한 경우, 영장발부나 그 집행절차에 중대한 위법이 존재하는 경우, 영장에 기재되지 않은 대상에 대한 압수·수색·검증, 영장 기재 혐의사실과 무관한 대상에 대한 압수·수색·검증, 영장

원본 제시의무 및 압수목록 교부의무를 위반한 경우, 영장주의 예외 요건을 흠결한 압수·수색·검증, 영장 없는 압수·수색·검증 이후 사후영장을 발부받지 않은 경우, 유류물·임의제출물의 압수 요건 흠결, 통신제한조치의 요건을 흠결하거나 허가서 없이 또는 사후허가서를 받지 않은 경우 수집한 증거는 증거능력이 배제된다.

그러나 영장주의를 위반하여 수집한 증거라 하더라도 예외 요건을 구비한 경우 예외적으로 증거능력을 인정할 수 있다. 영장의 방식이나 영장집행절차상의 단순한 위법은 증거능력에 영향이 없다.

《대판 1984.3.13. 83도3006》 사법경찰관사무취급이 행한 검증이 사건발생 후 범행장소에서 긴급을 요하여 판사의 영장없이 시행된 것이라면 이는 형사소송법 제216조 제3항에 의한 검증이라 할 것임에도 불구하고 기록상 사후영장을 받은 흔적이 없다면 이러한 검증조서는 유죄의 증거로 할 수 없다.

《대판 2018.4.26. 2018도2624 (정호성 비서관 청와대 문건누출 사건)》 수사기관이 압수·수색영장의 집행과정에서 별건 범죄혐의와 관련된 증거를 우연히 발견한 경우라면, 더 이상의 추가 탐색을 중단하고 법원으로부터 별도의 압수·수색영장을 발부받아야 한다. 별도의 영장 없이 압수한 경우 위법수집증거에 해당하여 예외적으로도 증거능력을 인정할 수도 없다.

《대판 2010.7.22. 2009도14376 (칼과 합의서 압수 사건)》 사법경찰관이 제215조제2항을 위반하여 영장없이 물건을 압수한 경우 그 압수물은 물론 이를 기초로 하여 획득한 2차적 증거 역시 유죄 인정의 증거로 사용할 수 없는 것이고, 이와 같은 법리는 헌법과 형사소송법이 선언한 영장주의의 중요성에 비추어 볼 때 위법한 압수가 있은 직후에 피고인으로부터 작성받은 그 압수물에 대한 임의제출동의서도 특별한 사정이 없는 한 마찬가지라고 할 것이다.

《대판 2017.11.29. 2017도9747 (시나닷컴 이메일 압색 사건)》 수사기관이 네트워크 카메라 등을 설치·이용하여 피고인의 행동과 피고인이 본 태블릿 개인용 컴퓨터 화면내용을 일반적으로 허용되는 상당한 방법에 의하지 않고 영장 없이 촬영한 것은 수사의 비례성·상당성 원칙과 영장주의 등을 위반한 것이므로 그로 인해 취득한 영상물 등의 증거는 증거능력이 없다.

《대판 2011.6.30. 2009도6717 (티켓다방 성매매영업 사건)》 유흥주점 업주와 종업원인 피고인들이 이른바 '티켓영업' 형태로 성매매를 하면서 금품을 수수하였다고 하여 구 식품위생법 위반으로 기소된 사안에서, 경찰이 피고인 아닌 甲, 乙을 사실상 강제연행한 상태에서 받은 각 자술서 및 이들에 대하여 작성한 각 진술조서는 위법수사로 얻은 진술증거에 해당하여 증거능력이 없다는 이유로, 이를 피고인들에 대한 유죄 인정의 증거로 삼을 수 없다.

《대판 2002.6.11. 2000도5701 (광주군수 초야농장 긴급체포 사건)》 긴급체포 당시의 상황으로 보아서도 그 요건의 충족 여부에 관한 검사나 사법경찰관의 판단이 경험칙에 비추어 현저히 합리성을 잃은 경우에는 그 체포는 위법한 체포라 할 것이고, 이러한 위법은 영장주의에 위배되는 중대한 것이니 위법한 체포에 의한 유치 중에 작성된 피의자신문조서는 위법하게 수집된 증거로서 특별한 사정이 없는 한 이를 유죄의 증거로 할 수 없다.

《대판 2024.10.8. 2024도10062 (우편송부거절 출석수령요구 사건)》 형사소송법 제216조 제3항에 따라 압수수색영장을 청구하였다가 영장을 발부받지 못한 때에는 수사기관은 압수한 물건을 즉시 반환하여야 하고, 즉시 반환하지 아니한 압수물은 유죄의 증거로 사용할 수 없으며, 헌법과 형사소송법이 선언한 영장주의의 중요성에 비추어 볼 때 피고인이나 변호인이 이를 증거로 함에 동의하였다고 하더라도 달리 볼 것은 아니다.

《대판 2024.3.12. 2020도9431 (몰카 현행범 휴대폰 뺏긴 사건)》 피고인이 자신의 휴대전화 카메라를 이용하여 총 9회에 걸쳐 성적 욕망 또는 수치심을 유발할 수 있는 피해자 4명의 신체를 그들의 의사에 반하여 촬영한 공소사실과 관련하여, 수사기관이 피고인을 현행범으로 체포할 당시 임의제출 형식으로 압수한 휴대전화의 증거능력이 문제 된 경우, 제반 사정에 비추어 볼 때, 휴대전화 제출에 관하여 검사가 임의성의 의문점을 없애는 증명을 다하지 못하였으므로 휴대전화 및 그에 저장된 전자정보는 위법수집증거에 해당하여 증거능력이 없다.

《대판 2023.4.27. 2018도8161 (나이트클럽 나체쇼 촬영 사건)》 경찰관들이 피고인 甲, 乙, 丙의 나이트클럽 내에서의 음란행위 영업에 관한 범죄 혐의가 포착된 상태에서 그 증거를 보전하기 위하여 불특정 다수에게 공개된 장소인 클럽에 통상적인 방법으로 출입하여 손님들에게 공개된 丙의 성행위를 묘사하는 장면이 포함된 공연에 대한 촬영이 영장없이 이루어졌다고 하더라도, 이 촬영물과 이를 캡처한 영상사진은 증거능력이 있다.

《대판 2021.11.25. 2019도7342 (모텔방실 성관계 불법촬영 사건)》 수사기관이 임의제출받은 정보저장매체가 그 기능과 속성상 임의제출에 따른 적법한 압수의 대상이 되는 전자정보와 그렇지 않은 전자정보가 혼재될 여지가 거의 없어 사실상 대부분 압수의 대상이 되는 전자정보만이 저장되어 있는 경우에는 소지 · 보관자의 임의제출에 따른 통상의 압수절차 외에 피압수자에게 참여의 기회를 보장하지 않고 전자정보 압수목록을 작성 · 교부하지 않았다는 점만으로 곧바로 증거능력을 부정할 것은 아니다.

《대판 2011.5.26. 2011도1902 (대진자 방호벽 사건)》 형사소송법 제218조에 규정된 유류물에 해당하는 강판조각은 형사소송법 제218조에 의하여 영장 없이 압수할 수 있으므로 증거의 수집과정에 영장주의를 위반한 잘못이 있다 할 수 없다. 유류물인 강판조각을 압수한 후 압수조서의 작성 및 압수목록의 작성 · 교부 절차가 제대로 이행되지 아니한 잘못이 있다 하더라도, 그것이 적법절차의 실질적인 내용을 침해하는 경우가 아니므로 그 증거능력이 배제되지 않고, 이를 비교 분석한 감정인 작성의 감정서 역시 위법절차에 의하여 수집된 증거에 기하여 얻어진 2차 증거에 해당한다고 할 수 없다.

2) 적법절차 위반

헌법상의 적정절차의 원칙을 위반한 경우 그로 인하여 수집한 증거는 증거능력을 인정할 수 없다. 따라서 당사자의 참여권이 보장되지 않은 압수 · 수색 · 검증, 진술거부권을 고지하지 않은 피의자의 진술, 야간집행제한을 위반한 압수 · 수색 · 검증 등의 경우, 공개재판주의를 위반한 증인신문 등의 경우 증거능력이 인정되지 않는다.

그러나 적법절차를 위반하여 수집한 증거라 하더라도 예외 요건을 구비한 경우 예외적으로 증거능력을 인정할 수 있다.

가) 당사자의 참여권을 침해하고 수집한 증거

《대판 2022.3.17. 2016도17054 (소음기 부착후 머리 겨눈 사건)》 특별한 사정이 존재하지 아니하는 이상, 피고인에게 실질적 반대신문권의 기회가 부여되지 아니한 채 이루어진 증인의 법정진술은 위법한 증거로서 증거능력을 인정하기 어렵다. 이 경우 피고인의 책문권 포기로 그 하자가 치유될 수 있으나, 책문권 포기의 의사는 명시적인 것이어야 한다.

《대판 2022.7.28. 2022도2960 (휴대폰 성매매영업 엑셀파일 사건)》 수사기관이 피압수자 측에 참여의 기회를 보장하거나 압수한 전자정보 목록을 교부하지 않는 등 영장주의 원칙과 적법절차를 준수하지 않은 위법한 압수 · 수색 과정을 통하여 취득한 증거는 위법수집증거에 해당하고, 사후에 법원으로부터 영장이 발부되었다거나 피고인이나 변호인이 이를 증거로 함에 동의하였다고 하여 위법성이 치유되는 것도 아니다.

나) 진술거부권을 고지하지 않고 수집한 증거

《대판 1992.6.23. 92도682 (신이십세기파 사건)》 수사기관이 피의자를 신문함에 있어서 피의자에게 미리 진술거부권을 고지하지 않은 때에는 그 피의자의 진술은 위법하게 수집된 증거로서 진술의 임의성이 인정되는 경우라도 증거능력이 부인되어야 한다.

《대판 2009.8.20. 2008도8213》 검사가 국가보안법 위반죄로 구속영장을 발부받아 피의자신문을 한 다음, 구속 기소한 후 다시 피의자를 소환하여 공범들과의 조직구성 및 활동 등에 관한 신문을 하면서 피의자신문조서가 아닌 일반적인 진술조서의 형식으로 조서를 작성한 경우, 진술조서의 내용이 피의자신문조서와 실질적으로 같고, 진술의 임의성이 인정되는 경우라도 미리 피의자에게 진술거부권을 고지하지 않았다면 위법수집증거에 해당하므로, 유죄인정의 증거로 사용할 수 없다.

《대판 2011.11.10. 2011도8125 (필로폰 곡물포대 배달 사건)》 수사기관에 의한 진술거부권 고지 대상이 되는 피의자 지위는 수사기관이 조사대상자에 대한 범죄혐의를 인정하여 수사를 개시하는 행위를 한 때 인정되는 것으로 보아야 한다. 따라서 이러한 피의자 지위에 있지 아니한 자에 대하여는 진술거부권이 고지되지 아니하였더라도 진술의 증거능력을 부정할 것은 아니다.

다) 변호인 접견권을 침해하여 수집한 증거

《대판 1990.8.24. 90도1285)》 검사 작성의 피의자신문조서가 검사에 의하여 피의자에 대한 변호인의 접견이 부당하게 제한되고 있는 동안에 작성된 경우에는 그 피의자신문조서는 증거능력이 없다.

《대판 1990.9.25. 90도1586 (민중화가 홍성담 사건)》 피고인이 구속되어 국가안전기획부에서 조사를 받다가 변호인의 접견신청이 불허되어 이에 대한 준항고를 제기 중에 검찰로 송치되어 검사가 피고인을 신문하여 제1회 피의자신문조서를 작성한 후 준항고 절차에서 위 접견불허처분이 취소되어 접견이 허용된 경우에는 검사의 피고인에 대한 위 제1회 피의자신문은 변호인의 접견교통을 금지한 위법상태가 계속된 상황에서 시행된 것으로 보아야 할 것이므로 그 피의자신문조서는 증거능력이 없다.

《대판 2022.4.28. 2021도17103 (인도네이사인 MDMA 양성반응 사건)》 사법경찰관이 체포 당시 외국인인 피고인에게 영사통보권 등을 지체 없이 고지하지 않았으나, 수사기관이 피고인에게 영사통보권 등을 고지하지 않았더라도 그로 인해 피고인에게 실질적인 불이익이 초래되었다고 볼 수 없어 외국인인 피고인의 권리나 법익을 본질적으로 침해하였다고 볼 수 없어 체포나 구속 이후 수집된 증거와 이에 기초한 증거들은 유죄 인정의 증거로 사용할 수 있다.

라) 통신비밀 및 사생활의 자유를 침해하고 수집한 증거

《대판 2014.10.15. 2011도3509 (선관위 직원 몰래 녹음 사건)》 선거관리위원회 위원 · 직원이 관계인에게 진술이 녹음된다는 사실을 미리 알려 주지 아니한 채 진술을 녹음하였다면, 그와 같은 조사절차에 의하여 수집한 녹음파일 내지 그에 터 잡아 작성된 녹취록은 형사소송법 제308조의2에서 정하는 '적법한 절차에 따르지 아니하고 수집한 증거'에 해당하여 원칙적으로 유죄의 증거로 쓸 수 없다.

《대판 2016.10.13. 2016도8137 (코리아연대 핵심간부 사건)》 수사기관으로부터 통신제한조치의 집행을 위탁받은 통신기관 등이 집행에 필요한 설비가 없을 때에는 수사기관에 설비의 제공을 요청하여야 하고, 그러한 요정 없이 통신제한조치허가서에 기재된 사항을 준수하지 아니한 채 통신제한조치를 집행하였다면, 그러한 집행으로 취득한 전기통신의 내용 등은 헌법과 통신비밀보호법이 국민의 기본권인 통신의 비밀을 보장하기 위해 마련한 적법한 절차를 따르지 아니하고 수집한 증거에 해당하므로(형사소송법 제308조의2), 이는 유죄 인정의 증거로 할 수 없다.

마) 기타 적법절차를 위반하고 수집한 증거

《대판 2005.10.28. 2005도5854 (법원의 위법한 공개금지결정 사건)》 법원의 증인신문절차 공개금지결정이 피고인의 공개재판을 받을 권리를 침해하는 경우, 그 절차에 의하여 이루어진 증인의 증언은 증거능력이 없다고 할 것이고, 변호인의 반대신문권이 보장되었다 하더라도 달리 볼 수 없다.

《대판 1979.3.27. 78도1031 (별개범죄 공동피고인 사건)》 피고인과는 별개의 범죄사실로 기소되고 다만 병합심리된 것 뿐인 공동피고인은 피고인에 대한 관계에서는 증인의 지위에 있음에 불과하므로 선서없이 한 그 공동피고인의 피고인으로서 한 공판정에서의 진술을 피고인에 대한 공소범죄 사실을 인정하는 증거로 쓸 수 없다.

3) 형사소송법상의 효력규정을 위반하여 수집한 증거

형사소송법상 중요한 규정인 효력규정을 위반하여 수집한 증거는 증거능력을 부정한다. 예컨대 증인적격 없는 증인의 증언, 선서 없이 한 증인신문, 공무상비밀 등 거부권을 침해한 압수·수색으로 얻은 증거 등은 증거로 인정될 수 없다. 그러나 절차적 위법이 중대하지 않은 경우에는 증거능력을 인정한다. 예를 들어 증인소환절차에 하자가 있거나 위증의 벌을 경고하지 않고 선서한 증인의 증언은 증거능력에 영향이 없다.

《대판 2011.7.14. 2011도3809 (과테말라 출장조사 사건)》 검찰관이 피고인을 뇌물수수 혐의로 기소한 후, 형사사법공조절차를 거치지 아니한 채 과테말라공화국에 현지출장하여 그곳 호텔에서 뇌물공여자 甲을 상대로 참고인 진술조서를 작성한 경우, 조사의 상대방이 우리나라 국민이고 그가 조사에 스스로 응함으로써 조사의 방식이나 절차에 강제력이나 위력은 물론 어떠한 비자발적 요소도 개입될 여지가 없었음이 기록상 분명한 이상, 위법수집증거배제법칙이 적용된다고 볼 수 없다.

《대판 2019.7.11. 2018도20504 (판사 날인 없는 영장 사건)》 압수·수색영장의 법관 서명날인란에 서명만 있고 날인이 없으므로, 형사소송법이 정한 요건을 갖추지 못하여 적법하게 발부되었다고 볼 수 없다. 그러나 제반 사정을 종합적으로 고려하면 수사기관이 의도적으로 적법절차의 실질적인 내용을 침해한다거나 영장주의를 회피할 의도를 가지고 영장에 따른 압수·수색을 하였다고 보기 어려운 경우 그 영장에 따라 수집한 파일 출력물과 이에 기초하여 획득한 2차적 증거인 검사 작성의 피의자신문조서, 경찰 작성의 피의자신문조서 등은 증거능력을 인정할 수 있다.

《대판 2008.5.8. 2008도2170》 음주운전자가 정당한 이유 없이 상당한 시간이 경과한 후에야 호흡측정 결과에 이의를 제기하면서 2차 호흡측정 또는 혈액채취의 방법에 의한 측정을 요구하는 경우, 경찰공무원이 2차 호흡측정 또는 혈액채취의 방법에 의한 측정을 실시하지 않았다고 하더라도 1차 호흡측정기에 의한 측정의 결과만으로 음주운전 사실을 증명할 수 있다.

《대판 2013.9.12. 2011도12918 (한화그룹 본사 압색사건)》 범죄의 피해자인 검사가 그 사건의 수사에 관여하거나, 압수 · 수색영장의 집행에 참여한 검사가 다시 수사에 관여하였다는 이유만으로 바로 그 수사가 위법하다거나 그에 따른 참고인이나 피의자의 진술에 임의성이 없다고 볼 수는 없다.

3. 2차적 증거

가. 독나무열매이론

독나무열매이론(fruit of the poisonous tree doctrine)이란 위법하게 수집된 1차적 증거(毒樹)에 의하여 발견된 제2차 증거(毒果)의 증거능력을 배제하는 이론을 말한다. 위법수집한 1차 증거의 증거능력만 부인하고 파생한 2차 증거의 증거능력을 인정한다면, 위법수집증거배제법칙이 무의미하게 되기 때문이다. 판례도 위의 이론을 수용하여 위법수집한 1차 증거는 물론 이를 기초로 획득한 2차 증거 역시 증거능력을 배제하고 있다(대판 2007.11.15. 2007도3061). 예를 들어 고문에 의해 살인범행을 자백하게 하고, 그 자백에 따라 그가 살해한 시체를 발견한 경우 그 시체의 증거능력도 배제된다.

《대판 2007.11.15. 2007도3061 全合 (김태환 제주지사실 압색사건)》 수사기관의 위법한 압수수색을 억제하고 재발을 방지하는 가장 효과적이고 확실한 대응책은 이를 통하여 수집한 증거는 물론 이를 기초로 하여 획득한 2차적 증거를 유죄 인정의 증거로 삼을 수 없도록 하는 것이다.

《대판 2008.10.23. 2008도7471 (인천 호프집 강도상해 사건)》 범행 현장에서 지문채취 대상물에 대한 지문채취가 먼저 이루어진 이상, 수사기관이 그 이후에 지문채취 대상물을 적법한 절차에 의하지 아니한 채 압수하였다고 하더라도, 위와 같이 채취된 지문은 위법하게 압수한 지문채취 대상물로부터 획득한 2차적 증거에 해당하지 아니함이 분명하여, 이를 가리켜 위법수집증거라고 할 수 없다.[23]

나. 독나무열매이론에 대한 예외이론

위법수사를 억제하는 가장 실효적인 대책은 위법수집한 1차 증거는 물론, 2차 증거까

23) 피해자 乙의 신고를 받고 현장에 출동한 인천남동경찰서 과학수사팀 소속 경장 P는 乙이 범인과 함께 술을 마신 테이블 위에 놓여 있던 맥주컵에서 지문 6점을, 물컵에서 지문 8점을, 맥주병에서 지문 2점을 각각 현장에서 직접 채취하여 먼저 이루어진 이후, 수사기관이 지문채취 대상물을 적법한 절차에 의하지 아니한 채 압수하였다고 하더라도, 위와 같이 채취된 지문은 위법하게 압수한 지문채취 대상물로부터 획득한 2차적 증거에 해당하지 아니함이 분명하여, 이를 가리켜 위법수집증거라고 할 수 없다.

지 배제하는 것이지만, 위법수집증거배제법칙을 너무 엄격하게 적용하면 증거가치 있는 증거를 사용하지 못하고, 진실발견이 저해된다는 단점이 있다. 따라서 일정한 경우 독수독과에 대한 예외의 인정이 필요하다.

1) 오염순화에 의한 예외

피고인이 자의에 의하여 행한 행위는 기존에 오염된 위법성을 희석하므로 증거로 사용할 수 있다는 것이 오염순화에 의한 예외(the purged taint exception)이다. 피고인의 자유의사에 의한 행위에 의하여 위법한 경찰행위의 오염성이 점차 희석되어 2차적 증거에 영향을 미치지 않는다는 것을 이유로 한다. 예를 들어 경찰관이 위법하게 피의자의 집에 침입하여 자백을 받은 경우에도 며칠 후에 피의자가 경찰서에 자진출석하여 자백서에 서명한 때에는 자유의사에 의한 것이므로 위법성으로 인하여 오염된 증거는 희석된다는 것이다.

2) 불가피한 발견의 예외

위법수사에 의한 1차 증거가 없었더라도, 다른 경로를 통해 2차적 증거가 결국 불가피하게 발견되었을 경우 위법수사와 인과관계가 단절되기 때문에 증거로 인정할 수 있다는 것을 불가피한 발견의 예외(inevitable discovery exception)라고 한다. 수집된 증거가 무기 또는 시체인 경우에 적용되는 이론이다. 예를 들어 살인사건을 수사하던 경찰관이 피의자의 권리를 침해하고 신문한 결과 시체의 소재를 알게 된 때에 경찰의 수색대가 그 장소에 접근해 있었고 시체를 발견한 직후 수색대가 도착한 때에는 증거로 할 수 있다.

3) 독립된 증거원의 예외

위법수사가 있더라도 이와 관계없는 독립된 근원에 의하여 수집된 증거임을 증명할 수 있을 때에는 위법수사와 인과관계가 단절되기 때문에 2차적 증거의 증거능력을 인정할 수 있다는 것을 독립된 증거원의 예외(independent untainted source exception)라고 한다. 파생증거로부터 다시 취득한 증거가 위법수사를 통해 수집한 것이 아니라, 독립한 수사활동에 의한 것이라면 그 파생증거의 증거능력을 인정할 수 있다는 이론이다. 예를 들어 위법한 수색에 의하여 피고인의 집에서 유괴된 소녀를 발견한 경우, 유괴된 소녀의 진술은 소녀의 부모가 이미 실종신고를 하였고 경찰의 정보원이 그 소녀가 피고인의 집에 있다는 것을 파악하고 있었던 때에는 증거로 허용될 수 있게 된다.

4) 선의의 예외

선의의 예외이론(the good faith exception)은 수사기관이 영장을 적법한 것으로 신뢰하여 수색을 하였으나 그 후 영장의 요건이 흠결되어 무효임이 밝혀진 경우 당해 수색으로 수집한 증거는 증거능력이 인정된다는 이론이다. 위법은 경찰에 있는 것이 아니라 판사에게 있고, 배제법칙은 판사가 아닌 경찰관의 행위를 통제하기 위한 것이므로 경찰이 정직하고 합리적인 때에는 예외적으로 증거로 인정된다는 것이다. 미국 연방대법원은 법관에 의하여 발부된 수색영장을 믿고 수집한 증거는 후에 영장이 위법·무효로 인정되는 경우에도 허용된다고 판시하였다(U.S. v. Leon, 468 US 897, 1984).

다. 인과관계의 희석·단절 여부

2차 증거의 예외적 허용에 대한 우리나라의 판례는 위법수집한 1차 증거와 2차적 증거 사이의 인과관계의 희석 또는 단절 여부를 중심으로 모든 사정을 종합적으로 고려하여 판단한다(判).

《대판 2007.11.15. 2007도3061 全合 (김태환 제주지사실 압색사건)》 적법한 절차에 따르지 아니하고 수집한 증거를 기초로 하여 획득한 2차적 증거의 경우, 절차에 따르지 아니한 증거 수집과 2차적 증거 수집 사이 인과관계의 희석 또는 단절 여부를 중심으로 2차적 증거 수집과 관련된 모든 사정을 전체적·종합적으로 고려하여 예외적인 경우에는 유죄 인정의 증거로 사용할 수 있다.

《대판 2024.4.16. 2020도3050 (원주지청 과장 공무상비밀누설 사건)》 법원이 2차적 증거의 증거능력 인정 여부를 최종적으로 판단할 때에는 먼저 절차에 따르지 아니한 1차적 증거수집과 관련된 모든 사정들, 즉 절차 조항의 취지와 위반의 내용 및 정도, 구체적인 위반 경위와 회피가능성, … 등을 살피는 것은 물론, 나아가 1차적 증거를 기초로 하여 다시 2차적 증거를 수집하는 과정에서 추가로 발생한 모든 사정들까지 구체적인 사안에 따라 주로 인과관계 희석 또는 단절 여부를 중심으로 전체적·종합적으로 고려해야 한다.

《대판 2009.3.12. 2008도11437 (자백 40일 후 법정자백 사건)》 강도의 현행범으로 체포되어 진술거부권을 고지받지 않은 상태에서 이루어진 수사기관에서의 최초 자백 이후 몇 시간 뒤 바로 수사기관의 진술거부권 고지가 이루어졌고 그 후 신문시마다 진술거부권 고지가 모두 적법하게 이루어졌을 뿐만 아니라 40여 일이 지난 후에 변호인의 충분한 조력을 받으면서 공개된 법정에서 임의로 자백을 한 경우, 피고인의 그 법정자백은 예외적으로 유죄 인정의 증거로 사용할 수 있다.

《대판 2013.3.28. 2012도13607 (대구백화점 절도 사건)》 수사기관이 법관의 영장도 없이 금융회사로부터 매출전표의 거래명의자에 관한 정보를 획득한 조치는 위법하고, 그러한 위법한 절차에

터 잡아 수집된 증거의 증거능력은 원칙적으로 부정되어야 한다. 그러나 이에 기초하여 범인으로 특정되어 체포되었던 피의자가 석방된 후 상당한 시간이 경과하였음에도 다시 동일한 내용의 자백을 하였다거나 그 범행의 피해품을 수사기관에 임의로 제출하였다는 사정 등을 종합적으로 고려하면 2차적 증거는 증거능력이 인정된다.

《대판 2009.4.23. 2009도526》 사전에 구속영장을 제시하지 아니한 채 구속영장을 집행하고, 그 구속 중 수집한 피고인의 진술증거 중 피고인의 제1심 법정진술은, 피고인이 구속집행절차의 위법성을 주장하면서 청구한 구속적부심사의 심문 당시 구속영장을 제시받은 바 있어 그 이후에는 구속영장에 기재된 범죄사실에 대하여 숙지하고 있었던 것으로 보이고, 변호인과의 충분한 상의를 거친 후 공소사실 전부에 대하여 자백한 것이라면, 유죄 인정의 증거로 삼을 수 있는 예외적인 경우에 해당한다.

《대판 2013.3.14. 2012도13611 (호프집 필로폰커피 마신 사건)》 마약 투약 혐의를 받고 있던 피고인이 임의동행을 거부하겠다는 의사를 표시하였는데도 경찰관들이 피고인을 영장 없이 강제로 연행한 상태에서 마약 투약 여부의 확인을 위한 1차 채뇨절차가 이루어진 후 압수영장에 기하여 2차 채뇨절차가 이루어지고 그 결과를 분석한 소변 감정서 등이 증거로 제출된 경우, 1차 채뇨 요구에 의하여 수집된 증거는 증거능력이 없으나, 제반 사정을 고려할 때 2차적 증거인 소변 감정서 등은 증거능력이 인정된다.

《대판 2013.3.14. 2010도2094 (군산 백미러접촉 음주사고)》 위법한 강제연행 상태에서 호흡측정 방법에 의한 음주측정을 한 다음 강제연행 상태로부터 시간적 · 장소적으로 단절되었다고 볼 수도 없고 피의자의 심적 상태 또한 강제연행 상태로부터 완전히 벗어났다고 볼 수 없는 상황에서 혈액채취가 이루어진 경우 위법한 체포 상태에 의한 영향이 완전하게 배제되었다고 볼만한 다른 사정이 개입되지 않은 이상 불법체포와 증거수집 사이의 인과관계가 단절된 것으로 볼 수는 없다. 따라서 그러한 혈액채취에 의한 측정 결과 역시 유죄 인정의 증거로 쓸 수 없다고 보아야 한다. 피고인이나 변호인이 이를 증거로 함에 동의하였다고 하여도 달리 볼 것은 아니다.

《대판 2016.3.10. 2013도11233 (영업실적표 USB 환부후 재압수 사건)》 수사기관이 별개의 증거를 피압수자 등에게 환부하고 후에 임의제출받아 다시 압수하였다면 증거를 압수한 최초의 절차 위반행위와 최종적인 증거수집 사이의 인과관계가 단절되었다고 평가할 수 있으나, 환부 후 다시 제출하는 과정에서 수사기관의 우월적 지위에 의하여 임의제출 명목으로 실질적으로 강제적인 압수가 행하여질 수 있으므로, 제출에 임의성이 있다는 점에 관하여는 검사가 합리적 의심을 배제할 수 있을 정도로 증명하여야 하고, 임의로 제출된 것이라고 볼 수 없는 경우에는 증거능력을 인정할 수 없다.

4. 사인의 위법수집증거

위법수집증거배제법칙은 국가기관(일반적으로 수사기관)이 위법하게 수집한 증거의 증거능력을 부정하는 법칙이다. 따라서 국가기관이 아닌 일반 사인(私人)이 타인의 기본권을 침해하는 방법으로 수집한 증거에 대해서도 위법수집증거배제법칙이 적용되는지가 문제된다. 예컨대, 일반 사인이 불법감금하여 진술을 받아내거나, 절도나 공갈 등의 방법으로 증거물을 수집한 다음, 수사기관을 통해 증거로 제출하는 경우 법정에서 증거로 인정할 수 있는지 문제된다. 적극설, 부정설 등의 대립이 있으나 판례는 이익형량설의 입장에 있다. 즉, 법원은 사인의 불법수집증거에 대해 국민의 사생활 영역에 관계된 모든 증거의 증거능력을 부인하는 것은 아니고, 효과적인 형사소추 및 형사소송에서 진실발견이라는 공익과 개인의 인격적 이익 등의 보호이익을 비교형량하여 증거능력을 인정하고 있다.

《대판 1997.9.30. 97도1230 (동의받은 나체사진촬영 사건)》 [1] 국민의 사생활 영역에 관계된 모든 증거의 제출이 곧바로 금지되는 것으로 볼 수는 없으므로, 사인의 위법수집 증거에 대해 법원은 효과적인 형사소추 및 형사소송에서의 진실발견이라는 공익과 개인의 사생활의 보호이익을 비교형량하여 그 허용 여부를 결정하여야 한다.

[2] 제3자가 피고인을 공갈할 의도로 피고인의 동의하에 나체사진을 촬영한 경우, 그 사진은 범죄현장의 사진으로서 피고인에 대한 형사소추를 위하여 반드시 필요한 증거로 보이므로, 공익의 실현을 위하여는 그 사진을 범죄의 증거로 제출하는 것이 허용되어야 한다.

《대판 2013.11.28. 2010도12244 (밀양시장 이메일 해킹사건)》 제3자가 권한 없이 비밀보호조치를 해제하는 방법으로 피고인이 공공업무용 전자문서관리시스템을 이용하여 발송한 전자우편을 수집한 후, 이를 공무원의 지위를 이용한 공직선거법 위반행위인 공소사실의 증거로 제출하는 것은 관련 법률에 따라 형사처벌되는 범죄행위일 뿐만 아니라 피고인의 기본권을 침해하는 행위이므로 허용될 수 없다.

《대판 2008.6.26. 2008도1584 (태전사 건축비 소송사기 사건)》 소송사기 범행을 형사소추하기 위해 반드시 필요한 업무일지가 제3자에 의하여 절취된 것으로서 피해자측이 수사기관에 증거자료로 제출하기 위하여 대가를 지급한 경우, 공익의 실현을 위하여 범죄의 증거로 제출하는 것이 허용되어야 한다.

《대판 2010.9.9. 2008도3990 (아내 집 침입 수집한 사건)》 피고인 甲, 乙의 간통 범행을 고소한 甲의 남편 丙이 甲의 주거에 침입하여 수집한 후 수사기관에 제출한 혈흔이 묻은 휴지들 및 침대시트를 목적물로 하여 이루어진 감정의뢰회보는 피고인들에 대한 형사소추를 위하여 반드시 필요한 증거이므로 공익의 실현을 위해서 증거로 제출하는 것이 허용되어야 하므로 증거능력이 인정된다.

5. 관련 문제

가. 증거배제의 주장적격

위법수집증거가 있는 경우 법정에서 위법수사로 기본권을 침해당한 사람만 주장할 수 있는지(제한설) 아니면 모든 사람이 해당 증거의 배제를 주장할 수 있는지(무제한설)가 문제된다. 판례는 무제한설의 입장에서 기본권이 침해된 사람뿐만 아니라 누구든지 위법수집증거의 배제를 주장할 수 있다고 한다.

《대판 2011.6.30. 2009도6717 (성매매 티켓영업 사건)》 수사기관이 헌법과 형사소송법이 정한 절차에 따르지 아니하고 수집한 증거는 유죄 인정의 증거로 삼을 수 없는 것이 원칙이므로, 수사기관이 피고인 아닌 자를 상대로 적법한 절차에 따르지 아니하고 수집한 증거는 원칙적으로 피고인에 대한 유죄 인정의 증거로 삼을 수 없다.

나. 증거동의

위법수집증거라도 당사자가 동의하면 증거능력이 인정되는지 문제된다. 견해가 대립하나 증거로 함에 동의하더라도 증거능력을 인정할 수 없다는 것이 다수설의 입장이다. 판례도 기본적으로 부정설의 입장에 있다(대판 1997.9.30. 97도1230). 그러나 피의자 등의 참여권이 인정되지 않고 작성된 증인신문조서에 대한 증거동의는 인정하고 있다(대판 1988.11.8. 86도1646).

《대판 2000.6.15. 99도1108 (증인소환 추궁번복시킨 사건)》 공판준비 또는 공판기일에서 이미 증언을 마친 증인을 검사가 소환한 후 피고인에게 유리한 그 증언내용을 추궁하여 이를 번복시키는 방식으로 작성한 진술조서는 피고인이 증거로 할 수 있음에 동의하지 아니하는 한 증거능력이 없다.

《대판 1988.11.8. 86도1646 (당사자 참여없는 증인신문 사건)》 판사가 증거보전절차로 증인신문을 할 때 피고인과 변호인에게 참여 기회를 주지 않은 경우에도 피고인과 변호인이 증인신문조서를 증거로 할 수 있음에 동의하여 별다른 이의없이 적법하게 증거조사를 거친 경우에는 증인신문조서는 증인신문절차가 위법하였는지의 여부에 관계없이 증거능력이 부여된다.

다. 탄핵증거

위법수집증거는 탄핵증거로도 사용할 수 없다(다수설). 위법하게 수집된 증거를 탄핵증거로 사용하는 것을 허용할 경우에는 위법수집증거의 증거능력을 절대적으로 제한하는 취지가 무의미해질 우려가 있기 때문이다.

라. 자백배제법칙과의 관계

판례는 자백배제법칙과 위법수집증거배제법칙을 별개로 파악한다. 즉, 진술거부권을 고지하지 않고 피의자의 자백진술을 획득한 경우 위법하게 수집된 증거로서 진술의 임의성이 인정되는 경우라고 증거능력이 부인된다고 한다(判).

제3절 전문법칙

1. 전문증거

가. 의의

전문증거(傳聞證據)란 경험사실을 경험자 자신이 직접 구두로 법원에 진술하지 않고, 서면이나 타인의 진술 형식으로 간접적으로 법원에 전달되는 증거를 뜻한다. 예를 들어 피의자를 신문한 경찰관의 법정증언, 피고인이 스스로 작성한 진술서 등은 전문증거에 해당한다. 그러나 피고인의 공판정에서의 자백이나 현행범인을 체포한 경찰관의 법정증언 등은 전문증거가 아닌 원본증거에 해당한다. 전문증거는 직접주의에 의해 경험자 자신이 자신의 경험사실을 직접 구두로 법원에 보고하는 원칙적인 경우와 다른 예외적인 전달 방법이다. 전문증거는 전문진술과 전문서류로 분류할 수 있다.

전문증거는 어떤 사실을 체험한 사람이, 중간 매개체를 통하지 않고, 직접 법원에 진술하는 원본증거와 차이가 있다. 예를 들어 범죄피해자로부터 피해내용을 전해 들었다는 증인의 법정증언은 전문증거이나 범죄피해자의 법정증언은 본래증거이다. 살인사건 현장을 목격한 甲이 증인으로 법정에 출석하여 "나는 살해현장을 목격하였다"라고 증언하면 이는 원본증거이고, 甲으로부터 목격사실을 전해들은 乙이 법정에 출석하여 "나는 甲으로부터 살해현장을 목격하였다는 말을 전해 들었다."라고 증언하면 이는 전문증거에 해당한다.

《대판 1995.5.9. 95도535 (120번 버스 소매치기 체포 사건)》 현행범을 체포한 경찰관의 진술이라 하더라도 범행을 목격한 부분에 관하여는 여느 목격자와 다름없이 증거능력이 있고, 다만 그 증거의 신빙성만 문제되는 것이라 할 것이며, 위와 같은 경찰관의 체포행위를 도운 자가 범인의 범행을 목격하였다는 취지의 진술은 그 사람이 경찰정보원이라 하더라도 그 증거능력을 부인할 아무런 이유가 없다.

나. 유형

전문진술이란 어떤 사실을 직접적으로 경험한 사람의 진술을 들은 제3자가 그 원진술의 내용을 법원에 대하여 구두로 전달하는 진술을 하는 경우를 말한다. 전문서류에는 진술서와 진술녹취서가 있다. 어떤 사실을 직접 경험한 사람이 자신의 경험내용을 서면에 기재하여, 그 서면을 법원에 제출하는 경우 진술서에 해당한다. 진술서, 자술서, 감정서,

진단서 등 명칭 여하를 불문한다. 진술녹취서란 어떠한 사실을 직접 경험한 사람의 원진술을 청취한 제3자가 경험자의 진술내용을 서면에 기재하여 법원에 제출하는 경우 진술녹취서에 해당한다. 진술녹취서에는 참고인 진술조서, 피의자신문조서가 있다.

다. 전문증거의 범위

전문법칙은 진술증거에 대해서만 적용된다. 전문증거는 요증사실을 직접 경험한 자의 진술을 내용으로 하는 진술증거이기 때문이다. 전문법칙에 의해 전문증거를 증거로 사용하지 못하는 이유는 요증사실을 직접 경험한 자의 진술을 내용으로 하는 진술증거이기 때문에 직접 경험한 자에 대한 반대신문이 곤란하여 현실적으로 증거조사가 어렵기 때문이다. 지문, 위조문서, 흉기 등 비진술증거에는 전문법칙이 적용되지 않는다.

《대판 2007.7.26. 2007도3906 (상해부위 촬영사진 사건)》 '피해자의 상해부위를 촬영한 사진'은 비진술증거로서 전문법칙이 적용되지 않는다.

2. 전문법칙

제310조의2(전문증거와 증거능력의 제한) 제311조 내지 제316조에 규정한 것 이외에는 공판준비 또는 공판기일에서의 진술에 대신하여 진술을 기재한 서류나 공판준비 또는 공판기일 외에서의 타인의 진술을 내용으로 하는 진술은 이를 증거로 할 수 없다.

가. 의의

전문법칙(傳聞法則)이란 전문증거의 증거능력을 부정하는 증거법칙을 말한다. 전문법칙은 영미의 증거법에서 유래한다. 증거능력이 인정되지 않는 증거(전문증거)는 사실인정의 자료로 사용할 수 없고, 증거조사도 허용되지 않는다. 형사소송법은 제310조에 '제311조 내지 제316조에 규정한 것 이외에는 공판준비 또는 공판기일에서의 진술에 대신하여 진술을 기재한 서류나 공판준비 또는 공판기일 외에서의 타인의 진술을 내용으로 하는 진술은 이를 증거로 할 수 없다'고 규정하고 있다.

나. 이론적 근거

전문법칙이 형성된 근거에 대해서는 일반적으로 다음을 들고 있다. ① 영미에서는 전문법칙의 이론적 근거를 반대신문권의 결여에 있다고 해석한다. 진술증거에 의하여 불이익을 받게 될 당사자에게는 반대신문에 의하여 잘못을 시정할 수 있는 권리가 보장되어야 한다. 전문증거는 소송상 불이익을 받게 될 당사자가 원진술자에 대한 반대신문을 통하여 그 오류를 시정할 수 있는 기회가 없으므로 증거능력을 인정해서는 안된다는 것이다. ② 전문법칙의 근거는 신용성의 결여에 있다고도 주장된다. 전문증거는 전달과정에서 와전될 가능성이 많고, 선서가 없어서 신용성이 결여되어 증거능력을 인정할 수 없다고 보는 견해이다. ③ 전문법칙은 공판중심주의와 직접주의의 요청에 따른 것이라고 보는 견해도 있다. 법원은 실질적 직접주의 요청에 의해 공판기일에 공판정에서 직접 조사한 직접적인 증거에 의하여 사실을 인정해야 하는데, 전문증거는 이러한 직접주의에 반하기 때문에 증거능력이 부정된다고 보는 입장이다.

《대판 2001.9.14. 2001도1550》 형사소송법 제310조의2에서 법관의 면전에서 진술되지 아니하고 피고인에 의한 반대신문의 기회가 부여되지 아니한 진술에 대하여는 원칙적으로 증거능력을 부여하지 아니함으로써, 형사재판에 있어서 모든 증거는 법관의 면전에서 진술·심리되어야 한다는 직접주의와 피고인에게 불리한 증거에 대하여는 반대신문할 수 있는 권리를 원칙적으로 보장하고 있다.

《대판 2022.6.16. 2022도364》 형사소송법이 수사기관에서 작성된 조서 등 서면증거에 대하여 일정한 요건을 충족하는 경우에 증거능력을 인정하는 것은 실체적 진실발견의 이념과 소송경제의 요청을 고려하여 예외적으로 허용하는 것일 뿐이므로 증거능력 인정 요건에 관한 규정은 엄격하게 해석·적용하여야 한다.

다. 전문법칙의 적용범위

1) 진술증거 여부

전문법칙은 진술증거에 대하여만 적용되며, 증거물과 같은 비진술증거에는 전문법칙의 적용이 없다. 비진술증거에 대하여는 반대신문이 불가능하며 와전될 가능성이 없어 신용성이 문제될 여지가 없기 때문이다. 따라서 위조문서, 부도수표, 상해진단서, 협박문자, 휴대폰 통화기록 등에는 전문법칙이 적용되지 않는다.

《대판 2015.4.23. 2015도2275 (부도수표 제출 사건)》 [1] 피고인이 수표를 발행하였으나 예금부족 또는 거래정지처분으로 지급되지 아니하게 하였다는 부정수표단속법위반의 공소사실을 증명하기 위하여 제출되는 수표는 그 서류의 존재 또는 상태 자체가 증거가 되는 것이어서 증거물인 서면에 해당하고 어떠한 사실을 직접 경험한 사람의 진술에 갈음하는 대체물이 아니므로, 증거능력은 증거물의 예에 의하여 판단하여야 하고, 이에 대하여는 형사소송법 제310조의2에서 정한 전문법칙이 적용될 여지가 없다.

[2] 수표 원본이 아니라 전자복사기를 사용하여 복사한 사본이 증거로 제출되었고 피고인이 이를 증거로 하는 데 부동의한 경우 위 수표 사본을 증거로 사용하기 위해서는 수표 원본을 법정에 제출할 수 없거나 제출이 곤란한 사정이 있고 수표 원본이 존재하거나 존재하였으며 증거로 제출된 수표 사본이 이를 정확하게 전사한 것이라는 사실이 증명되어야 한다.

2) 요증사실과의 관계

전문법칙이 적용되는 전문증거는 원진술 내용에 의하여 요증사실을 증명하는 경우, 즉 타인의 진술 또는 서류에 포함된 원진술자의 진술내용의 진실성이 요증사실로 된 경우에 제한되고, 그 진술의 존재자체가 요증사실인 경우에는 본래증거이지 전문증거가 아니다. 따라서 전문증거는 요증사실과의 관계에 의하여 결정되는 상대적 개념이다. 예를 들어 A로부터 "甲이 강간하는 것을 보았다"는 말을 들은 B가 그 사실을 증언한 경우 甲의 강간사건에 대해서는 전문증거이지만 A의 명예훼손 사건에 대해서는 원본증거이고 전문증거가 아니다. 또 "甲이 乙을 살해하는 것을 목격했다"라는 丙의 말을 들은 丁이 丙의 진술내용을 증언하는 경우, 甲의 살인 사건에 대하여는 전문증거이지만, 丙의 명예훼손 사건에 대하여는 전문증거가 아니다.

《대판 2012.7.26. 2012도2937 (88체육관부지 사기 사건)》 [1] 타인의 진술을 내용으로 하는 진술이 전문증거인지는 요증사실과 관계에서 정하여지는데, 원진술의 내용인 사실이 요증사실인 경우에는 전문증거이나, 원진술의 존재 자체가 요증사실인 경우에는 본래증거이지 전문증거가 아니다.

[2] 피해자 乙이 법정에서 '피고인 甲이 88체육관 부지를 공시지가로 매입하게 해주고 KBS와의 시설이주 협의도 2개월 내로 완료하겠다고 말하였다'고 진술한 경우, 甲의 위와 같은 원진술의 존재 자체가 사기죄에 있어서의 요증사실이므로, 이를 직접 경험한 乙 등이 甲으로부터 위와 같은 말을 들었다고 하는 진술은 전문증거가 아니라 본래증거에 해당한다.

《대판 2019.8.29. 2018도14303 全合 (박근혜 뇌물수수 사건)》 어떤 진술이 기재된 서류가 어떠한 내용의 진술을 하였다는 사실 자체에 대한 정황증거로 사용될 것이라는 이유로 서류의 증거능력을 인정한 다음 그 사실을 다시 진술 내용이나 그 진실성을 증명하는 간접사실로 사용하는 경우에 그 서류는 전문증거에 해당한다. 이 경우 형사소송법 제311조부터 제316조까지 정한 요건을 충족하지 못한다면 증거능력이 없다.

《대판 2008.11.13. 2008도8007 (사례비를 주어야 한다 사건)》 乙은 전화를 통하여 甲으로부터 "건축허가 담당 공무원이 외국연수를 가므로 사례비를 주어야 한다"는 말과 "건축허가 담당 공무원이 4,000만 원을 요구하는데 사례비로 2,000만 원을 주어야 한다"는 말을 들었다는 취지로 수사기관과 법정에서 진술하였음을 알 수 있는데, 甲의 알선수재 사건에서는 위와 같은 원진술의 존재 자체가 요증사실이므로, 이를 직접 경험한 乙이 甲으로부터 위와 같은 말들을 들었다고 하는 진술들은 전문증거가 아니라 본래증거에 해당된다.

3) 언어적 행동

원진술자의 행동의 의미를 설명하는 언어적 행동(verbal act)을 듣고 옮기는 경우에는 진술증거로 볼 여지가 있다고 해도 전문증거는 될 수 없다. 예컨대 甲이 乙을 껴안은 것이 폭행인지 우정의 표현인지를 설명하기 위해 껴안을 당시에 甲이 한 말을 乙이 듣고 증언하는 경우 전문법칙이 적용되지 않는다. 강제추행죄에서 甲이 乙에게 "꼼짝마라", 살인죄에서 甲이 乙에게 "죽여버린다"라고 말한 경우에 형식적으로는 甲의 말이지만, 실질적으로는 행위의 일부로서 '행위 그 자체'라고 볼 수 있다.

4) 정황증거

전문진술이 원진술자의 심리적, 정신적 상황을 증명하기 위한 정황증거로 사용되는 경우에는 전문증거가 아니므로 전문법칙이 적용되지 않는다(대판 2000.2.25. 99도1252). 이 경우에는 원진술 내용의 진실성이 요증사실이 되는 것이 아니라 전문사실이 원진술자의 정신상태를 알아보기 위해 간접사실로 사용된 것에 불과하기 때문이다. 예를 들어 살인 피의자 乙이 범행 직후 "나는 신이다."라는 말을 하는 것을 들은 甲이 그 사실을 증언하는 경우 전문법칙이 적용되지 않는다. 상습도박사건에서 "평소 甲은 끼니는 거를 수 있어도 도박은 거를 수 없다는 말을 자주 하고 다녔다."라고 乙이 증언하는 경우 甲이 도박습벽자라는 간접사실을 증명하기 위한 정황증거가 된다.

《대판 2000.2.25. 99도1252》 어떤 진술이 범죄사실에 대한 직접증거로 사용함에 있어서는 전문증거가 된다고 하더라도 그와 같은 진술을 하였다는 것 자체 또는 그 진술의 진실성과 관계없는 간접사실에 대한 정황증거로 사용함에 있어서는 반드시 전문증거가 되는 것은 아니다.

《대판 2013.2.15. 2010도3504》 정보저장매체에 기억된 문자정보의 내용의 진실성이 아닌 그와 같은 내용의 문자정보의 존재 자체가 직접 증거로 되는 경우에는 전문법칙이 적용되지 아니한다.

《대판 2015.1.22. 2014도10978 全合 (이석기 내란선동죄 사건)》 녹음파일에 담긴 진술 내용의 진실성이 아닌 그와 같은 진술이 존재하는 것 자체가 증명의 대상이 되는 경우에는 전문법칙이 적용되지 아니한다. 나아가 어떤 진술을 범죄사실에 대한 직접증거로 사용할 때에는 그 진술이 전문증거가 된다고 하더라도 그와 같은 진술을 하였다는 것 자체 또는 그 진술의 진실성과 관계없는 간접사실에 대한 정황증거로 사용할 때에는 반드시 전문증거가 되는 것은 아니다.

5) 증거동의와 탄핵증거

전문증거라도 당사자가 증거로 함에 동의한 경우에는 전문법칙이 적용되지 않는다(§318). 간이공판절차에서는 증거동의가 의제된다(§318-3). 전문증거라도 증인의 신용성을 탄핵하기 위한 탄핵증거로 제출되는 경우에는 전문법칙이 적용되지 않는다. 진술의 증명력을 다투기 위한 증거에 불과하기 때문이다.

라. 전문법칙이 배제되는 절차

① 간이공판절차에서는 당사자가 증거로 함에 이의를 하지 않는 한 증거동의가 의제되어 전문법칙에 의해 증거능력이 부정되는 증거일지라도 증거능력이 부여된다. ② 서면심리를 원칙으로 하는 약식절차에서는 전문법칙이 적용되지 않는다. ③ 즉결심판절차에 있어서는 일부 전문법칙(§312③, §313)은 적용되지 않는다(즉심법 §10).

3. 전문법칙의 예외이론

가. 예외인정의 필요성

전문법칙을 지나치게 엄격하게 적용하게 되면 재판을 불필요하게 지연시키고 재판에 필요한 증거를 상실하게 되어 오히려 진실발견에 중대한 장애가 생길 우려가 있다. 따라서 전문증거로서 신용성이 보장되어 있는 경우 실체적 진실발견과 소송경제를 위해서 전문법칙의 예외를 인정할 필요가 있다.

나. 예외인정의 기준

1) 필요성

필요성이란 원진술과 같은 가치의 증거를 얻는 것이 불가능하거나 곤란한 상황 때문에 전문증거라도 사용할 필요가 있는 것을 말한다. 원진술자의 사망, 질병, 소재불명, 국외거주 등으로 인하여 원진술자를 공판정에 출석시켜 다시 진술하게 하는 것이 불가능하거나 현저히 곤란한 경우가 여기에 해당한다.

2) 신용성의 정황적 보장

신용성의 정황적 보장이란 원진술 당시의 여러 정황에 의하여 공판정 외에서의 원진술의 진실성이 고도로 보장되어 있는 경우를 뜻한다. 신용성은 증거능력과 관련된 것으로 진실성을 보장할 만한 외부적 정황을 의미하는 것으로 진술내용의 진실성을 의미하는 것이 아니다. 신용성의 정황적 보장이 인정되는 경우로는 죽음에 직면한 자의 임종시의 진술, 사건 중의 객관적 사실에 대한 충동적 진술, 이익에 반하는 진술 등을 들 수 있다.

3) 양자의 관계

필요성과 신용성의 정황적 보장이 모두 구비되면 전문증거라 할지라도 예외적으로 증거능력을 인정받게 된다. 다만, 신용성의 정황적 보장과 필요성은 모든 경우에 동등한 정도로 엄격하게 요구되는 것이 아니라 상호보완관계 또는 반비례관계에 있다. 따라서 신용성이 강하게 보장된 때에는 필요성의 요건은 어느 정도 완화될 수 있다.

다. 전문법칙의 예외규정

형사소송법은 제311조에서 제316조에 이르기까지 전문법칙의 예외를 규정하고 있다. 전문법칙의 예외규정은 크게 진술을 대신하는 서면, 즉 전문서류(§311~§315)의 증거능력을 인정하는 것과 전문진술(§316)에 관한 것으로 나눌 수 있다. 여기서는 증거의 실질적 내용에 따라 공판조서, 피의자신문조서, 참고인진술조서, 진술서, 검증조서, 당연히 증거능력 있는 서류, 전문진술로 나누어 그 증거능력이 인정되는 요건을 살펴보기로 한다.

4. 법원 또는 법관의 면전조서

제311조(법원 또는 법관의 조서) 공판준비 또는 공판기일에 피고인이나 피고인 아닌 자의 진술을 기재한 조서와 법원 또는 법관의 검증의 결과를 기재한 조서는 증거로 할 수 있다. 제184조 및 제221조의2의 규정에 의하여 작성한 조서도 또한 같다.

가. 의의

제311조에서 열거한 조서는 법원 또는 법관의 면전에서의 진술을 기재한 조서이므로 그 성립이 진정하고 신용성의 정황적 보장이 높기 때문에 당연히 증거능력이 인정된다. 여기에는 당해 사건에 대한 공판조서, 공판준비조서, 검증조서, 증거보전조서, 증인신문조서 등이 이에 해당한다. 다른 사건에 대한 조서는 제315조 제3호의 문서로서 증거능력이 당연히 증거능력이 인정된다.

나. 공판조서 또는 공판준비조서

1) 피고인의 진술을 기재한 조서

공판준비기일에서 피고인의 진술을 기재한 조서란 공판준비기일조서를 말한다. 공판기일에서 피고인의 진술을 기재한 조서란 공판조서를 말한다. 공판준비 또는 공판기일에서 피고인의 진술을 기재한 조서는 당연히 증거능력이 인정된다.

《대판 1966.5.17. 66도316》 공판정에 있어서의 공동피고인의 진술을 기재한 조서는 피고인의 동의를 필요로 할 것 없이 증거능력이 있다.

2) 피고인 아닌 자의 진술을 기재한 조서

공판준비 또는 공판기일에서 피고인 아닌 자의 진술을 기재한 조서는 당연히 증거능력이 인정된다. 피고인 아닌 자에는 증인, 감정인은 물론 공범자도 포함된다. 공동피고인도 피고인 아닌 자에 속한다. 공범인 공동피고인의 진술을 기재한 조서는 당연히 증거능력이 인정된다. 공범에는 공동정범, 교사범, 종범은 물론 합동범, 필요적 공범도 포함되지만, 절도범과 장물범은 공범에 포함되지 않는다. 그러나 피고인과는 별개의 범죄사실로 기소되고 다만 병합심리된 것에 불과한 경우, 즉 공범이 아닌 공동피고인은 피고인에 대한 관계에서 증인의 지위에 있으므로 선서없이 한 공동피고인의 공판정에서의 진술을 당해 피고인에 대한 공소사실을 인정하는 증거로 사용할 수 없다.

다. 법원·법관의 검증조서

당연히 증거능력이 인정되는 검증조서는 당해사건의 검증조서로 한정되고 다른 사건의 검증에는 당사자가 참여하지 않았으므로 다른 사건의 검증조서는 여기에 포함되지 않는다(다수설). 검증조서의 첨부된 사진, 도화는 검증결과의 이해를 쉽게 하기 위한 표시방법에 불과하므로 검증조서와 일체를 이루는 것으로 보아서 검증조서와 같이 취급한다. 검증조서에 기재된 참여인의 현장진술 부분은 진술조서로 취급하고, 현장지시에 대해서는 검증활동의 동기를 설명하는 비진술증거로 이용될 때에는 검증조서와 일체로 취급한다.

《대판 2008.7.10. 2007도10755 (주취 횡설수설 확인 사건)》 사인이 피고인 아닌 사람과 대화내용을 녹음한 녹음테이프에 대해 법원이 그 진술 당시 진술자의 상태 등을 확인하기 위하여 작성한 검증조서는 법원의 검증의 결과를 기재한 조서로서 형사소송법 제311조에 의하여 당연히 증거로 할 수 있다.

라. 증거보전조서, 증인신문조서

증거보전절차(§184)에서 작성된 조서와 검사의 증인신문청구(§221-2)에 의하여 작성한 조서도 선서와 법관의 직권신문에 의한 강한 신용성이 인정되므로 공판조서와 같이 취급된다. 따라서 공동피고인이 증거보전절차에서 증언한 증인신문조서는 당연히 증거능력이 인정된다(대판 1966.5.17. 66도276).

5. 당연히 증거능력 있는 서류

제315조(당연히 증거능력이 있는 서류) 다음에 게기한 서류는 증거로 할 수 있다.
1. 가족관계기록사항에 관한 증명서, 공정증서등본 기타 공무원 또는 외국공무원의 직무상 증명할 수 있는 사항에 관하여 작성한 문서
2. 상업장부, 항해일지 기타 업무상 필요로 작성한 통상문서
3. 기타 특히 신용할 만한 정황에 의하여 작성된 문서

가. 의의

제315조의 서류는 진술서 또는 진술기재서에 해당하나 특히 신용성이 높으며, 그 작성자인 공무원이나 업무자를 증인으로 신문하는 것이 부적절하고, 실익이 없기 때문에 당연히 증거능력을 인정한다.

나. 공적 증명문서

'가족관계기록사항에 관한 증명서, 공정증서등본 기타 공무원 또는 외국공무원의 직무상 증명할 수 있는 사항에 관하여 작성한 문서'는 당연히 증거능력이 있다(§315.1). 작성주체와 작성과정에서 고도의 신용성이 보장되며, 원본제출이 곤란하고 작성공무원의 소환도 부적당하다는 점에서 필요성도 있다. 위의 문서는 예시에 지나지 않는다. 등기부등·초본, 인감증명, 전과조회회보, 신원증명서, 주민등록등본 등은 당연히 증거능력 있는 공문서에 해당한다. 이외에 판례가 인정하는 것은 ① 군의관 작성 진단서, ② 일본 시모노세키(下關)세관서 통괄심리관 작성의 범칙물건 감정서등본, ③ 국립과학수사연구소장 작성의 감정의뢰회보서, ④ 보건복지부장관의 시가보고서, ⑤ 세관공무원의 시가감정서 등이다. 그러나 수사기관이 작성한 문서는 여기에 해당하지 않는다. 따라서 공소장 또는 외국수사기관의 수사결과는 당연히 증거능력이 인정되는 서류라 할 수 없다.

다. 업무상 통상문서

'상업장부, 항해일지 기타 업무상 필요로 작성한 통상문서'는 증거로 할 수 있다(§315.2). 일상업무의 과정에서 작성된 문서는 업무의 기계적 반복성으로 인하여 허위가 개입될 여지가 적고, 고도의 신용성이 인정되어 반대신문권의 필요가 없다는 점을 근거로 한다. 상업장부, 항해일지는 예시에 불과하고 금전출납부, 전표, 통계표, 업무일지 등이 여기에 속한다. 의사의 진단서는 당연히 증거능력 있는 문서에 해당하지 않지만, 진료기록부, 진료일지는 여기에 포함된다. 판례는 업무수첩, 성매매 업소에서 상대방 정보를 입력하여 작성한 메모리카드, 지출내역을 기재한 비밀장부 등이 이에 해당한다고 보고 있다. 체포·구속인접견부는 여기에 해당하지 않는다.

라. 기타 특신문서

'기타 특히 신용할 만한 정황에 의하여 작성된 문서'는 증거로 할 수 있다(§315.3). 위의 제315조 1·2호에서 예시된 문서에 준하여 굳이 반대신문의 기회 부여 여부가 문제되지 않을 정도로 고도의 신용성이 문서 자체에 의하여 보장되는 서면을 말한다. 공공기록, 보고서, 정기간행물의 시장가격표, 스포츠기록, 공무소 작성의 통계와 연감 등이 여기에 속한다. 판례는 ① 다른 피고사건의 공판조서, ② 법원의 구속적부심문조서, ③ 구속 전 피의자심문조서, ④ 군법회의 판결문 사본, ⑤ 사법경찰관 작성 국가보안법상의 이적표현물(새세대 제16호)에 대한 수사보고서 등이 이에 해당한다고 보고 있다.

《대판 1965.6.22. 65도372》 다른 형사피고사건의 공판조서 중 다른 피고인의 공술기재는 형사소송법 제315조 제3호의 규정에 의하여 당연히 증거능력이 있는 서류이다.

비교판례

제315조가 적용되는 경우	제315조가 적용되지 않는 경우
① 군의관이 작성한 진단서는 공무원이 직무상 증명할 수 있는 사항에 관하여 작성한 문서이므로 그 증거조사를 거친 이상 당연히 증거능력이 있다(대판 1972.6.13. 72도922). ② 외국공무원이 직무상 증명할 수 있는 사항에 관하여 작성한 문서는 이를 증거로 할 수 있으므로, 일본하관(下關) 세관서 통괄심리관 작성의 범칙물건감정서등본과 분석의뢰서 및 분석 회답서등본 등은 증거가 인정된다(대판 1984.2.28. 83도3145).	① 검사의 공소장은 법원에 대하여 형사재판을 청구하는 서류로서 그 기재내용이 실체적 사실인정의 증거자료가 될 수는 없다(대판 1978.5.23. 78도575). ② 육군과학수사연구소 실험분석관이 작성한 감정서는 피고인들이 이를 증거로 함에 동의하지 아니하는 경우에는 유죄의 증거로 할 수 있는 증거능력이 없다(대판 1976.10.12. 76도2960). ③ 미국 범죄수사대(CID), 연방수사국(FBI)의 수사관들이 작성한 수사보고서 및 피고인이 위 수사

③ 국립과학수사연구소장 작성의 감정의뢰 회보서는 공무원인 위 연구소장이 직무상 증명할 수 있는 사항에 관하여 작성한 문서라고 할 것이므로 당연히 증거능력있는 서류라고 할 것이다(대판 1982.9.14. 82도1504).
④ 특별한 자격이 있지는 아니하나 범칙물자에 대한 시가감정업무에 4~5년 종사해온 세관공무원이 세관에 비치된 기준과 수입신고서에 기재된 가격을 참작하여 작성한 감정서는 공무원이 그 직무상 작성한 공문서라 할 것이므로 피고인의 동의여부에 불구하고 형사소송법 제315조 제1호에 의하여 당연히 증거능력이 있다고 할 것이며 또 그 증명력에 무슨 하자가 있다고도 할 수 없다(대판 1985.4.9. 85도225).
⑤ 성매매업소에 고용된 여성들이 성매매를 업으로 하면서 영업에 참고하기 위하여 성매매 상대방의 아이디와 전화번호 및 성매매방법 등을 메모지에 적어두었다가 직접 메모리카드에 입력하거나 업주가 고용한 다른 여직원이 그 내용을 입력한 사안에서, 위 메모리카드의 내용은 형사소송법 제315조 제2호의 '영업상 필요로 작성한 통상문서'로서 당연히 증거능력 있는 문서에 해당한다(대판 2007.7.26. 2007도3219).
⑥ 상업장부나 항해일지, 진료일지 또는 이와 유사한 금전출납부 등과 같이 범죄사실의 인정 여부와는 관계없이 자기에게 맡겨진 사무를 처리한 내역을 그때그때 계속적, 기계적으로 기재한 문서는 사무처리 내역을 증명하기 위하여 존재하는 문서로서 형사소송법 제315조 제2호에 의하여 당연히 증거능력이 인정된다(대판 2015.7.16. 2015도2625 국정원 댓글조작 사건).
⑦ 다른 피고인에 대한 형사사건의 공판조서는 형사소송법 제315조 제3호에 정한 서류로서 당연히 증거능력이 있는바, 공판조서 중 일부인 증인신문조서 역시 형사소송법 제315조 제3호에 정한 서류로서 당연히 증거능력이 있다고 보아야 할 것이다(대판 2005.4.28. 2004도4428).
⑧ 구속적부심문절차에서 구속된 피의자를 심문하고 그에 대한 피의자의 진술 등을 기재한 구속적부심문조서는 형사소송법 제311조가 규정한 문서에는 해당하지 않는다 할 것이나, 특히 신용할 만한 정황에 의하여 작성된 문서라고 할 것이므로 특별한 사정이 없는 한, 피고인이 증거로 함에 부동의하더라도 형사소송법 제315조 제3호에 의하여 당연히 그 증거능력이 인정된다(대판 2004.1.16. 관들에 의한 조사를 받는 과정에서 작성하여 제출한 진술서는 피고인이 그 내용을 부인하는 이상 증거로 쓸 수 없다(대판 2006.1.13. 2003도6548 금성장여관 103호 살인사건).
④ 외국수사기관이 수사결과 얻은 정보를 회답하여 온 문서들은 고도의 신용성이 보장된 경우에 관한 본조 제1호의 이른바 외국의 공무원이 직무상 증명할 수 있는 사항에 관하여 작성한 문서 또는 본조 제3호의 이른바 특히 신용할 만한 정황에 의하여 작성된 문서에 해당한다고 볼 수 없다(대판 1979.9.25. 79도1852).
⑤ 사인인 의사가 작성한 진단서는 증거법칙상 당연히 증거능력이 있는 서류로는 볼 수 없으므로 피고인이 그 서류에 대하여 증거로 할 수 있음을 동의하지 아니하는 한 당해 진단서의 진정성립의 증거책임은 검사에게 있다(대판 1969.3.31. 69도179).
⑥ 체포·구속인접견부는 유치된 피의자가 죄증을 인멸하거나 도주를 기도하는 등 유치장의 안전과 질서를 위태롭게 하는 것을 방지하기 위한 목적으로 작성되는 서류로 보일 뿐이어서 형사소송법 제315조 제2, 3호에 규정된 당연히 증거능력이 있는 서류로 볼 수는 없다(대판 2012.10.25. 2011도5459).
⑦ 국가정보원 심리전단 직원의 이메일 계정에서 압수한 전자문서, '425논지 파일', '시큐리티 파일'이 형사소송법 제315조 제2호 또는 제3호에 정한 문서에 해당하여 당연히 증거능력이 인정된다고 할 수 없다(대판 2015.7.16. 2015도2625 全合).
⑧ 주민들의 진정서 사본은 피고인이 증거로 함에 동의하지 않고 기록상 원본의 존재나 그 진정성립을 인정할 아무런 자료도 없을 뿐 아니라 형사소송법 제315조 제3호의 규정사유도 없으므로 이를 증거로 할 수 없다(대판 1983.11.24. 83도2613).
⑨ 보험사기 사건에서 건강보험심사평가원이 수사기관의 의뢰에 따라 그 보내온 자료를 토대로 입원진료의 적정성에 대한 의견을 제시하는 내용의 '건강보험심사평가원의 입원진료 적정성 여부 등 검토의뢰에 대한 회신'은 형사소송법 제315조 제3호의 '기타 특히 신용할 만한 정황에 의하여 작성된 문서'에 해당하지 않는다
(대판 2017.12.5. 2017도12671).
⑩ 甲의 업무수첩은 甲이 사무처리의 편의를 위하

2003도5693). ⑨ 사법경찰관 작성의 새세대 16호에 대한 수사보고서는 피고인이 검찰에서 소지 탐독사실을 인정하고 있는 새세대 16호라는 유인물의 내용을 분석하고, 이를 기계적으로 복사하여 그 말미에 그대로 첨부한 문서로서 그 신용성이 담보되어 있는 형사소송법 제315조 제3호 소정의 "기타 특히 신용할 만한 정황에 의하여 작성된 문서"에 해당되는 문서로서 당연히 증거능력이 인정된다 (대판 1992.8.14. 92도1211). ⑩ 군법회의판결사본(교도소장이 교도소에 보관중인 판결등본을 사본한 것) 은 특히 신용할 만한 정황에 의하여 작성된 문서라고 볼 여지가 있으므로 피고인이 증거로 함에 부동의하거나 그 진정성립의 증명이 없다는 이유로 그 증거능력을 부인할 수 없다(대판 1981.11.24. 81도2591).
여 자신이 경험한 사실 등을 기재해 놓은 것에 지나지 않는다. 이것은 '굳이 반대신문의 기회 부여가 문제 되지 않을 정도로 고도의 신용성에 관한 정황적 보장이 있는 문서'라고 보기 어려우므로, 형사소송법 제315조 제3호 의 '기타 특히 신용할 만한 정황에 의하여 작성된 문서'에 해당하지 않는다(대판 2019.8.29. 2018도14303 全合). ⑪ 대한민국 주중국 대사관 영사가 작성한 사실확인서 중 공인 부분을 제외한 나머지 부분이 비록 영사의 공무수행 과정 중 작성되었지만 공적인 증명보다는 상급자 등에 대한 보고를 목적으로 하는 것인 경우, 형사소송법 제315조 제1호의 '공무원의 직무상 증명할 수 있는 사항에 관하여 작성한 문서' 또는 제3호의 '기타 특히 신뢰할 만한 정황에 의하여 작성된 문서'라고 볼 수 없으므로 증거능력이 없다(대판 2007.12.13. 2007도7257 일심회 사건).

6. 피의자신문조서

제312조(검사 또는 사법경찰관의 조서 등) ① 검사가 작성한 피의자신문조서는 적법한 절차와 방식에 따라 작성된 것으로서 공판준비, 공판기일에 그 피의자였던 피고인 또는 변호인이 그 내용을 인정할 때에 한정하여 증거로 할 수 있다. 〈개정 2020. 2. 4.〉
② 삭제 〈2020. 2. 4.〉
③ 검사 이외의 수사기관이 작성한 피의자신문조서는 적법한 절차와 방식에 따라 작성된 것으로서 공판준비 또는 공판기일에 그 피의자였던 피고인 또는 변호인이 그 내용을 인정할 때에 한하여 증거로 할 수 있다.

가. 의의

피의자신문조서란 수사기관(검사 또는 사법경찰관)이 피의자를 신문하고 그 진술을 기재하여 작성한 조서를 말한다. 수사기관이 작성한 피의자신문조서에 대한 신용성은 법관의 면전조서에 비하여 매우 약하다. 따라서 형사소송법은 법관의 면전조서와 달리 피의자신문조서에 대하여는 일정한 요건 아래 증거능력을 인정하고 있다. 피의자의 진술내용이 자백이면 제309조에 의해, 자백 이외 진술인 경우 제317조에 의해 진술의 임의성이 인정되어야 한다.

종래 검사 작성 피의자신문조서는 실질적 성립의 진정과 특신상태가 증명되면 증거로 사용할 수 있도록 규정하여, 내용의 인정을 요구하는 사법경찰관 작성 피의자신문조서에 비해 증거능력 인정요건을 완화하여 왔다. 그러나 검사 작성 피의자신문조서의 증거능력을 완화하는 것이 공판중심주의에 배치되고 피고인의 방어권을 약화시킨다는 비판에 따라 2020년 형사소송법을 개정하여 검사와 사법경찰관 작성 피의자신문조서의 증거능력 인정요건을 동등하게 변경하였다. 따라서 검사와 사법경찰관 작성 피의자신문조서는 모두 ① 적법한 절차와 방식에 따라 작성되고, ② 피고인 또는 변호인이 그 내용의 인정하여야 증거능력이 인정된다.

나. 작성주체

검사가 작성한 경우 제312조 제1항이, 사법경찰관이 작성한 경우 제312조 제3항이 적용된다. 사법경찰관에는 검찰수사관, 국가정보원 직원, 미국 범죄수사대(CID) · 연방수사국(FBI)의 수사관 등 외국의 권한 있는 수사기관은 물론 사법경찰관사무취급에 해당하는 '사법경찰리'도 포함된다. 단, 선거관리위원회 직원은 '검사 이외의 수사기관'에 포함되지 않는다.

《대판 1990.9.28. 90도1483 (검사가 개괄적 질문한 사건)》 검찰주사가 검사의 지시에 따라 검사가 참석하지 않은 상태에서 피의자였던 피고인을 신문하여 작성하고 검사는 검찰주사의 조사 직후 피고인에게 개괄적으로 질문한 사실이 있을 뿐인데도 검사가 작성한 것으로 되어 있는 피고인에 대한 피의자신문조서는 검사의 서명 · 날인이 되어 있다고 하더라도 검사가 작성한 것이라고는 볼 수 없다.

《대판 2009.7.9. 2009도2865 (발행수표 지급불능 사건)》 형사소송법 제312조 제3항은 검사 이외의 수사기관이 작성한 당해 피고인에 대한 피의자신문조서를 유죄의 증거로 하는 경우뿐만 아니라 검사 이외의 수사기관이 작성한 당해 피고인과 공범관계에 있는 다른 피고인이나 피의자에 대한 피의자신문조서를 당해 피고인에 대한 유죄의 증거로 채택할 경우에도 적용된다.

《대판 2023.6.1. 2023도3741》 형사소송법 제312조 제1항에서 정한 '검사가 작성한 피의자신문조서'란 당해 피고인에 대한 피의자신문조서만이 아니라 당해 피고인과 공범관계에 있는 다른 피고인이나 피의자에 대하여 검사가 작성한 피의자신문조서도 포함되고, 여기서 말하는 '공범'에는 강학상 필요적 공범 또는 대향범까지 포함한다. 따라서 피고인이 자신과 공범관계에 있는 다른 피고인이나 피의자에 대하여 검사가 작성한 피의자신문조서의 내용을 부인하는 경우에는 형사소송법 제312조 제1항에 따라 유죄의 증거로 쓸 수 없다.

《대판 2020.6.11. 2016도9367 (환자 소개 · 알선한 사무국장 사건)》 형사소송법 제312조 제3항을 해당 피고인과 공범관계에 있는 다른 피고인이나 피의자에 대한 피의자신문조서를 해당 피고인에 대한 유죄의 증거로 채택할 경우에도 적용된다는 법리는 공동정범이나 교사범, 방조범 등 공범관계에 있는 자들 사이에서뿐만 아니라, 양벌규정에 따라 처벌되는 행위자와 행위자가 아닌 법인 또는 개인 사이의 관계에서도 마찬가지로 적용된다.

다. 문서의 명칭

수사기관이 수사과정에서 피의자의 진술을 기재한 조서라면 그 명칭이 진술조서, 진술서, 자술서의 형식을 취했다고 하더라도 피의자신문조서로 본다. 특히 사법경찰관이 작성한 검증조서에 피의자가 자백한 범행내용을 현장에 따라 진술·재연한 내용이 기재되어 있는 경우 피의자신문조서로 취급된다(判). 영상녹화물은 공소사실을 직접 증명하는 독립적인 증거로 사용할 수 없다(判). 피의자의 진술을 기재한 서류가 수사기관의 수사과정에서 작성된 것이라면 진술조서의 형식을 취한 경우에도 피의자신문조서로 본다(대판 1983.7.26. 82도385).

《대판 1992.6.23. 92도682 (신이십세기파 사건)》 공범으로서 별도로 공소제기된 다른 사건의 피고인 甲에 대한 수사과정에서 담당 검사가 피의자인 甲과 그 사건에 관하여 대화하는 내용과 장면을 녹화한 비디오테이프에 대한 법원의 검증조서는 이러한 비디오테이프의 녹화내용이 피의자의 진술을 기재한 피의자신문조서와 실질적으로 같다고 볼 것이므로 피의자신문조서에 준하여 그 증거능력을 가려야 한다.

《대판 1992.4.14. 92도442》 피의자의 진술을 녹취 내지 기재한 서류 또는 문서가 수사기관에서의 조사과정에서 작성된 것이라면 그것이 진술조서, 진술서, 자술서라는 형식을 취하였다 하더라도 피의자신문조서와 달리 볼 수 없다.

《대판 2007.10.25. 2007도6129》 수사기관에서 피의자로 조사하는 과정을 녹화한 비디오테이프, CD 또는 이에 준하는 것들은 실질적으로 피의자의 진술을 기재한 수사기관 작성의 피의자신문조서와 다를 바 없으므로 피의자신문조서에 준하여 그 증거능력을 가려야 한다.

《대판 2009.8.20. 2008도8213》 피의자의 진술을 녹취 내지 기재한 서류 또는 문서가 수사기관에서의 조사 과정에서 작성된 것이라면, 그것이 '진술조서, 진술서, 자술서'라는 형식을 취하였다고 하더라도 피의자신문조서와 달리 볼 수 없다. 수사기관이 피의자를 신문함에 있어서 피의자에게 미리 진술거부권을 고지하지 않은 때에는 그 피의자의 진술은 위법하게 수집된 증거로서 진술의 임의성이 인정되는 경우라도 증거능력이 부인된다.

《대판 2024.5.30. 2020도16796 (여자화장실 몰카촬영 사건)》 피의자의 진술을 기재한 서류 내지 문서가 수사기관의 수사과정에서 작성된 것이라면 그 서류나 문서의 형식과 관계없이 피의자신문조서와 달리 볼 이유가 없으므로, 수사기관이 작성한 압수조서에 기재된 피의자였던 피고인의 자백 진술 부분은 피고인 또는 변호인이 내용을 부인하는 이상 증거능력이 없다.

라. 증거능력의 요건

1) 적법한 절차와 방식

작성주체와 관계 없이 피의자신문조서가 증거능력이 인정되려면 우선 적법한 절차와 방식에 의해 작성한 것이어야 한다. 적법한 절차와 방식이란 조서의 형식적 진정성립을 포함하는 보다 넓은 개념으로, 그밖에 조서작성의 절차와 방식에 관한 규정을 준수해야 한다는 것을 의미한다. 예컨대, 조사가 끝난 후 피의자가 조서에 간인하고 말미에 기명날인 또는 서명(§244③)을 하여야 하는 형식적 성립의 진정을 위반한 경우 증거능력이 인정되지 않는다. 이외에 피의자신문과 참여자(§243), 변호인의 참여(§243-2), 진술거부권 고지 확인방식(§244-3②), 수사과정의 기록(§244-4) 등의 규정을 준수해야 한다.

《대판 2015.4.23. 2013도3790 (강원도지사 불법정치자금수수 사건)》 형사소송법 제312조 제4항에서 '적법한 절차와 방식에 따라 작성'한다는 것은 피고인이 아닌 자의 진술에 대한 조서 작성 과정에서 지켜야 할 형사소송법이 정한 여러 절차를 준수하고 조서의 작성 방식에도 어긋남이 없어야 한다는 것을 의미한다.

《대판 1999.4.13. 99도237》 조서말미에 피고인의 서명만이 있고, 그 날인(무인 포함)이나 간인이 없는 검사 작성의 피고인에 대한 피의자신문조서는 그 날인이나 간인이 없는 것이 피고인이 그 날인이나 간인을 거부하였기 때문이어서 그러한 취지가 조서말미에 기재되었다거나, 피고인의 법정에서 그 피의자신문조서의 임의성을 인정하였다고 하여도 증거능력이 없다.

《대판 2001.9.28. 2001도4091》 검사 작성의 피의자신문조서에 작성자인 검사의 서명날인이 되어 있지 아니한 경우 그 피의자신문조서는 공무원이 작성하는 서류로서의 요건을 갖추지 못한 것으로서 위 법규정에 위반되어 무효이고 따라서 증거능력을 인정할 수 없다.

《대판 2013.3.28. 2010도3359 (인천공항 버스기사 운임횡령 사건)》 비록 사법경찰관이 피의자에게 진술거부권을 행사할 수 있음을 알려 주고 그 행사 여부를 질문하였다 하더라도, 형사소송법 제244조의3 제2항에 규정한 방식에 위반하여 진술거부권 행사 여부에 대한 피의자의 답변이 자필로 기재되어 있지 아니하거나 그 답변 부분에 피의자의 기명날인 또는 서명이 되어 있지 아니한 사법경찰관 작성의 피의자신문조서는 특별한 사정이 없는 한 형사소송법 제312조 제3항에서 정한 '적법한 절차와 방식에 따라 작성'된 조서라 할 수 없으므로 그 증거능력을 인정할 수 없다.

2) 내용의 인정

'내용의 인정'이란 조서의 기재내용이 진술내용대로 기재되어 있다는 의미(성립의 진정)가 아니고, 그 진술내용이 실제사실과 부합한다는 것(조서내용의 진실성)을 의미한다. 내용의 인정은 피의자였던 피고인이나 변호인의 진술에 의하여야 한다. 따라서 경찰에서 자백한 피의자신문조서라 하더라도 피고인이 법정에서 '자백한 진술은 진실이 아니다'라고 내용을 부인하면 증거로 할 수 없다. 이는 단순한 전문법칙의 예외차원을 떠나서 사법경찰단계에서의 위법수사 억제장치로 기능한다. 조서의 기내내용을 들었다는 다른 증인이나 조사한 경찰관의 증언에 의하여 그 증거를 인정할 수도 없다.

제312조 제1항과 제3항은 당해 사건에서 피의자였던 피고인에 대한 피의자신문조서뿐만 아니라 전혀 별개의 사건에서 피의자였던 피고인에 대한 피의자신문조서에도 적용된다. 당해 피고인과 공범관계에 있는 다른 공동피고인 또는 피의자에 대한 피의자신문조서는 원신술사인 피의사 또는 그의 변호인이 내용을 인정한 것으로 부족하고 당해 피고인 또는 변호인이 그 내용을 인정하여야 한다(대판 2004.7.15. 2003도7185 全合; 대판 2019.11.14. 2019도11552). 예를 들어 경찰 작성 공범 乙의 피의자신문조서에 대해 공판정에서 피고인 甲이 그 내용을 부인하면 공범 乙이 그 내용을 인정하였더라도 피고인 甲에 대한 유죄의 증거로 사용할 수 없다.

《대판 1995.5.23. 94도1735》 형사소송법 제312조 제3항에서 "그 내용을 인정할 때"라 함은 피의자신문조서의 기재내용이 진술내용대로 기재되어 있다는 의미가 아니고(문서의 진정성립에 속하는 사항), 그와 같이 진술한 내용이 실제 사실과 부합한다는 것을 의미한다.

《대판 2009.10.15. 2009도1889》 당해 피고인과 공범관계에 있는 공동피고인에 대해 검사 이외의 수사기관이 작성한 피의자신문조서는 그 공동피고인의 법정진술에 의하여 성립의 진정이 인정되더라도 당해 피고인이 공판기일에서 그 조서의 내용을 부인하면 증거능력이 부정된다. 공동피고인이 법정에서 경찰수사 도중 피의자신문조서에 기재된 것과 같은 내용으로 진술하였다는 취지로 증언하였다고 하더라도, 이러한 증언은 그 자신에 대한 경찰 작성의 피의자신문조서의 (실질적) 진정성립을 인정하는 취지에 불과하며, 이와 같은 증언 역시 이를 유죄 인정의 증거로 쓸 수 없다.

《대판 2010.6.24. 2010도5040 (일관된 부인 사건)》 공소사실이 최초로 심리된 제1심 제4회 공판기일부터 피고인이 공소사실을 일관되게 부인하여 경찰 작성 피의자신문조서의 진술 내용을 인정하지 않는 경우, 제1심 제4회 공판기일에 피고인이 위 서증의 내용을 인정한 것으로 공판조서에 기재된 것은 착오기재 등으로 보아 위 피의자신문조서의 증거능력을 부정하여야 한다.

마. 증거동의와 탄핵증거

피의자신문조서도 증거동의의 대상이 된다. 피고인이 증거로 함에 동의한 때에는 적법성, 내용인정 등을 조사할 필요가 없다. 피고인이 내용을 부인하는 피의자신문조서도 탄핵증거로는 사용할 수 있다.

《대판 1998.2.27. 97도1770》 사법경찰리 작성의 피고인에 대한 피의자신문조서와 피고인이 작성한 자술서들은 피고인이 그 내용을 부인하는 이상 증거능력이 없으나 그러한 증거라 하더라도 그것이 임의로 작성된 것이 아니라고 의심할 만한 사정이 없는 한 피고인의 법정에서의 진술을 탄핵하기 위한 반대증거로 사용할 수 있다.

7. 진술조서

제312조(검사 또는 사법경찰관의 조서 등) ④ 검사 또는 사법경찰관이 피고인이 아닌 자의 진술을 기재한 조서는 적법한 절차와 방식에 따라 작성된 것으로서 그 조서가 검사 또는 사법경찰관 앞에서 진술한 내용과 동일하게 기재되어 있음이 원진술자의 공판준비 또는 공판기일에서의 진술이나 영상녹화물 또는 그 밖의 객관적인 방법에 의하여 증명되고, 피고인 또는 변호인이 공판준비 또는 공판기일에 그 기재 내용에 관하여 원진술자를 신문할 수 있었던 때에는 증거로 할 수 있다. 다만, 그 조서에 기재된 진술이 특히 신빙할 수 있는 상태하에서 행하여졌음이 증명된 때에 한한다.

가. 의의

진술조서란 검사 또는 사법경찰관이 피의자 아닌 자를 조사하여 그의 진술을 기재한 조서를 말한다. 진술조서는 검사 작성이건 사법경찰관 작성이건, 증거능력을 인정하기 위한 요건에는 차이가 없다. 수사기관이 작성한 진술조서는 ① 적법한 절차와 방식에 따라 작성되고, ② 실질적 진정성립이 증명(대체증명 가능)되고, ③ 반대신문의 기회가 보장되고, ④ 특신상태가 증명되면 증거능력이 있다(§312④).

《대판 2009.6.23. 2009도1322 (양산시 TM실 선거운동 사건)》 만약 동석한 사람이 피의자를 대신하여 진술한 부분이 조서에 기재되어 있다면 그 부분은 피의자의 진술을 기재한 것이 아니라 동석한 사람의 진술을 기재한 조서에 해당하므로, 그 사람에 대한 진술조서로서의 증거능력을 취득하기 위한 요건을 충족하지 못하는 한 이를 유죄 인정의 증거로 사용할 수 없다.

나. 문서의 명칭

수사기관이 '피고인 아닌 자'의 진술을 기재한 조서는 '피고인'에 대한 관계에서 명칭을 불문하고 진술조서로 취급된다. 작성 대상은 피해자, 목격자, 고소인, 참고인 등 피고인 아닌 자이기만 하면 상관없다. '공범 아닌 자'에 대한 피의자신문조서도 진술조서에 해당한다. 그러나 '공범자'에 대한 피의자신문조서는 제312조 제3항에 따라 증거능력이 인정된다. 피의자 아닌 자가 스스로 작성한 진술서라 하더라도, 수사과정에서 작성한 것이면 명칭을 불문하고 진술조서로 취급된다(判). 한편, 수사과정에서 피의자의 진술을 기재한 서류라면, 그 명칭이 진술조서라 하더라도 피의자신문조서로 본다(判).

《대판 2015.4.23. 2013도3790》 피고인이 아닌 자가 수사과정에서 진술서를 작성하였지만 수사기관이 그에 대한 조사과정을 기록하지 아니하여 형사소송법 제244조의4 제3항, 제1항에서 정한 절차를 위반한 경우, 특별한 사정이 없는 한 '적법한 절차와 방식'에 따라 수사과정에서 진술서가 작성되었다 할 수 없으므로 증거능력을 인정할 수 없다.

다. 증거능력의 요건

1) 적법한 절차와 방식

검사 또는 사법경찰관이 작성한 진술조서도 적법한 절차와 방식에 따라 작성된 것이어야 한다. 여기서 적법한 절차와 방식이 진술자의 간인과 서명날인의 진정이라는 형식적 진정성립(§48⑦)뿐만 아니라 조서의 작성방법(§48), 제3자의 출석요구 등(§221), 수사과정의 기록에 관한 규정(§244-4)에 따라 진술조서가 작성된 것임을 요한다.

《대판 1997.4.11. 96도2865》 사법경찰리 작성의 피해자에 대한 진술조서가 피해자의 화상으로 인한 서명불능을 이유로 입회하고 있던 피해자의 동생에게 대신 읽어주고 그 동생으로 하여금 서명날인하게 하는 방법으로 작성된 경우, 이는 형사소송법 제312조 제4항 소정의 형식적 요건을 결여한 서류로서 증거로 사용할 수 없다

《대판 2012.5.24. 2011도7757 (가명 진술조서 사건)》 형사소송법은 조서에 진술자의 실명 등 인적사항을 확인하여 이를 그대로 밝혀 기재할 것을 요구하는 규정을 두고 있지 않으므로, 수사기관이 진술자의 성명을 가명으로 기재하여 조서를 작성하였다고 해서 그 이유만으로 그 조서가 '적법한 절차와 방식'에 따라 작성되지 않았다고 할 것은 아니다.

《대판 1993.4.23. 92도2908 (문래동 도금공장 실화사건)》 말미에 서명 또는 기명날인이 되어 있지 아니한 피고인에 대한 진술조서는 증거능력을 인정할 수 없다.

《대판 1999.2.26. 98도2742 (외국거주자 전화수사보고서 사건)》 외국에 거주하는 참고인과의 전화 대화내용을 문답형식으로 기재한 검찰주사보 작성의 수사보고서는 전문증거로서 제312조 제4항의 진술을 기재한 서류에 해당하여야만 제314조의 적용 여부가 문제될 것인바, 제312조 제4항이 적용되기 위하여는 그 진술을 기재한 서류에 그 진술자의 서명 또는 날인이 있어야 한다.

2) 실질적 진정성립

진술조서의 기재내용이 수사기관 앞에서 진술한 내용과 동일하게 기재되어 있음이 증명되어야 한다. 즉 실질적 진정성립이 증명되어야 한다. 실질적 진정성립은 공판준비 또는 공판기일에서 원진술자의 진술이나 영상녹화물 기타 객관적 방법으로 증명되어야 한다. 증명의 정도는 합리적인 의심을 배제할 정도에 이르러야 한다(대판 2015.1.22. 2014도10978 全合). 원진술자가 실질적 진정성립을 인정한 이상, 그 내용을 부인하거나 조서내용과 다른 진술을 하여도 증거능력을 인정할 수 있다(대판 1985.10.8. 85도1843).

원진술자가 실질적 진정성립을 부인하는 경우 '영상녹화물 기타 객관적인 방법'에 의한 대체증명이 가능하다(§312④). '기타 객관적인 방법'에 대해서 판례는 영상녹화물에 준할 정도의 객관적인 증거방법이어야 한다고 판시하였다(대판 2016.2.18. 2015도16586).

《대판 2004.12.16. 2002도537 全合》 진술조서는 공판준비 또는 공판기일에서 원진술자의 진술에 의하여 형식적 진정성립 뿐만 아니라 실질적 진정성립까지 인정된 때에 한하여 비로소 그 성립의 진정함이 인정되어 증거로 사용할 수 있다.

《대판 1983.8.23. 83도196》 피의자 아닌 자의 진술을 기재한 조서는 공판정에서 원진술자에 의하여 그 성립의 진정함이 인정된 것이 아니면 설사 공판정에서 피고인이 그 성립을 인정하여도 이를 증거로 할 수 있음에 동의한 것이 아닌 이상 증거로 할 수 없다.

《대판 2005.6.10. 2005도1849》 수사기관이 작성한 조서의 내용이 원진술자가 진술한 대로 기재된 것이라 함은 조서 작성 당시 원진술자의 진술대로 기재되었는지의 여부만을 의미하는 것으로, 그와 같이 진술하게 된 연유나 그 진술의 신빙성 여부는 고려할 것이 아니다.

《대판 2005.6.10. 2005도1849》 검사가 피의자나 피의자 아닌 자의 진술을 기재한 조서 중 일부에 관하여만 원진술자가 공판준비 또는 공판기일에서 실질적 진정성립을 인정하는 경우에는 법원은 당해 조서 중 어느 부분이 원진술자가 진술한 대로 기재되어 있고 어느 부분이 달리 기재되어 있는지 여부를 구체적으로 심리한 다음 진술한 대로 기재되어 있다고 하는 부분에 한하여 증거능력을 인정하여야 하고, 그밖에 실질적 진정성립이 부정되는 부분에 대해서는 증거능력을 부정하여야 한다.

《대판 2008.7.10. 2007도7760》 피고인이나 그 변호인이 검사 작성의 당해 피고인에 대한 피의자신문조서의 성립의 진정함을 인정하는 진술을 하였다 하더라도, 증거조사가 완료되기 전에는 최초의 진술을 번복함으로써 그 피의자신문조서를 유죄 인정의 자료로 사용할 수 없도록 할 수 있다. 그러나, 증거조사가 완료된 뒤에는 그와 같은 번복의 의사표시에 의하여 이미 인정된 조서의 증거능력이 당연히 상실되는 것은 아니다.

3) 반대신문의 기회보장

참고인 진술조서는 피고인 또는 변호인이 공판준비 또는 공판기일에 조서내용에 대해 원진술자를 신문할 기회가 주어져야 증거능력이 인정된다. 참고인의 진술의 허위와 부정확을 방지하고 이를 밝히는 유일한 수단이 반대신문이다. 따라서 증인에 대한 반대신문의 기회는 피고인의 가장 중요한 권리에 속한다. 반대신문의 기회를 주면 증거능력이 인정되고, 당사자가 현실적으로 반대신문권을 행사하여야만 증거능력이 인정되는 것은 아니다.

《대판 2001.9.14. 2001도1550 (변호인의 반대신문에 묵비한 사건)》 검사가 피의자 아닌 자의 진술을 기재한 조서에 대하여 그 원진술자가 공판기일에서 그 성립의 진정을 인정하면 그 조서는 증거능력이 있는 것이고, 원진술자가 공판기일에서 그 조서의 내용과 다른 진술을 하거나 변호인 또는 피고인의 반대신문에 대하여 아무런 답변을 하지 아니하였다 하여 곧 증거능력 자체를 부정할 사유가 되지는 아니한다.

《대판 1994.11.11. 94도343 (사실대로 진술하였다 사건)》 원진술자가 법정에서 증인으로 나와 그 진술기재의 내용을 열람하거나 고지받지 못한 채 단지 검사나 재판장의 신문에 대하여 수사기관에서 사실대로 진술하였다는 취지의 증언만을 하고 있을 뿐이라면, 그 진술조서는 증거능력이 없다.

4) 특히 신빙할 수 있는 상태

조서에 기재된 진술이 특히 신빙할 수 있는 상태에서 행하여졌음이 증명되어야만 한다. 특히 신빙할 수 있는 상태(특신상태)의 의미는 신용성의 정황적 보장과 같은 의미로 그 진술내용이나 조서의 작성에 허위개입의 여지가 없고 진술내용의 신빙성이나 임의성을 담보할 구체적이고 외부적인 정황이 있는 것을 뜻한다. 특신상태는 증거능력의 요건이므로 외부적 부수사정에 따라 판단해야 한다. 피의자신문시에 변호인이 참여한 때에는 그 진술이 특히 신빙할 수 있는 상태에서 행하여졌다고 할 수 있다.

특신상태 존재에 대한 증명책임은 검사가 부담하며, 특신상태의 증명은 소송법상의 사실이므로 자유로운 증명으로 족하다(대판 2012.7.26. 2012도2937). 증명의 정도는 그러한 개연성이 있다는 정도로는 부족하고 합리적인 의심의 여지를 배제할 정도가 되어야 한다(대판 2014.4.30. 2012도725).

《대판 1987.3.24. 87도81 (142번 버스 소매치기 사건)》 형사소송법 제314조 단서에 규정된 진술 또는 작성이 '특히 신빙할 수 있는 상태 하에서 행하여진 때'라 함은 그 진술내용이나 조서 또는 서류의 작성에 허위개입의 여지가 거의 없고 그 진술내용의 신용성이나 임의성을 담보할 구체적이고 외부적인 정황이 있는 경우를 가리킨다.

《대판 2023.10.26. 2023도7301》 특신상태는 증거능력의 요건에 해당하므로 검사가 그 존재에 대하여 구체적으로 주장 · 증명하여야 하는데, 피고인의 수사기관 진술이 '특히 신빙할 수 있는 상태하에서 행하여졌음에 대한 증명'은 단지 그러할 개연성이 있다는 정도로는 부족하고 합리적인 의심의 여지를 배제할 정도에 이르러야 한다.

《대판 2011.7.14. 2011도3809 (과테말라 출장조사 사건)》 검찰관이 피고인을 뇌물수수 혐의로 기소한 후, 형사사법공조절차를 거치지 아니한 채 과테말라공화국에 현지출장하여 그곳 호텔에서 뇌물공여자 甲을 상대로 참고인 진술조서를 작성한 경우, 제반 사정에 비추어 볼 때, 진술이 특별히 신빙할 수 있는 상태에서 이루어졌다는 점에 관한 증명이 있다고 보기 어려워 甲의 진술조서는 증거능력이 인정되지 아니하므로, 이를 유죄의 증거로 삼을 수 없다.

8. 수사과정에서 작성한 진술서

제312조(검사 또는 사법경찰관의 조서 등) ⑤ 제1항부터 제4항까지의 규정은 피고인 또는 피고인이 아닌 자가 수사과정에서 작성한 진술서에 관하여 준용한다.

가. 진술서의 의의

진술서(陳述書)란 작성자 스스로가 자신이 진술을 기재한 서면을 말한다. 자술서, 진술서, 시말서, 전말서, 반성문 등 명칭 여부를 불문하며, 반드시 자필일 것도 요하지 않는다. 작성주체에 따라 피의자진술서, 참고인진술서, 피고인진술서 등이 있고, 작성과정에 따라 수사과정의 진술서, 수사과정 밖의 절차에서 작성한 진술서, 공판과정의 진술서 등으로 구분된다. 작성동기에 따라 스스로 작성한 자진형, 수사기관의 요구에 따라 작성한 요구형 등이 있다. 수사과정에서 작성한 진술서의 경우는 제312조 제5항을, 수사과정 이외의 절차에서 작성한 진술서의 경우에는 제313조를 적용한다.

나. 증거능력의 요건

피고인 또는 피고인이 아닌 자가 수사과정에서 작성한 진술서는 검사 또는 사법경찰관 작성 피의자신문조서 또는 참고인진술조서에 준하여 증거능력 유무를 판단한다(§312⑤). 따라서 수사과정에서 작성된 피의자의 진술서는 검사 앞에서 작성한 경우 제312조 제1항, 사법경찰관 앞에서 작성한 경우 동조 제3항을 각각 준용하여 ① 적법한 절차와 방식에 따라 작성되고, ② 공판정에서 피고인 또는 변호인이 내용을 인정한 경우에 한하여 증거로 할 수 있다. 수사과정에서 작성된 참고인 진술서는 제312조 제4항을 준용하여 ① 적법한 절차와 방식에 따라 작성되고, ② 원진술자의 진술이나 영상녹화물 등 객관적인 방법으로 실질적 진정성립이 증명되며, ③ 원진술자에 대한 반대신문권의 기회가 보장되고, ④ 특신상태가 증명된 경우 증거능력을 인정할 수 있다.

《대판 1982.9.14. 82도1479 全合 (김시훈 사건)》 사법경찰관이 피의자를 조사하는 과정에서 형사소송법 제244조에 의하여 피의자신문조서에 기재됨이 마땅한 피의자의 진술내용을 진술서의 형식으로 피의자로 하여금 기재하여 제출케 한 경우에는 그 진술서의 증거능력 유무는 검사 이외의 수사기관이 작성한 피의자 신문조서와 마찬가지로 형사소송법 제312조 제3항에 따라 결정되어야 할 것이고 동법 제313조 제1항 본문에 따라 결정할 것이 아니다.

《대판 2006.1.13. 2003도6548 (금성장여관 103호 살인 사건)》 검사 이외의 수사기관에는 특별한 사정이 없는 한 외국의 권한 있는 수사기관도 포함된다. 피고인이 미군 범죄수사대(CID), 연방수사국(FBI)의 수사관들에게 범행을 자백한 내용과 경위에 관한 증거가 포함된 수사보고서 및 위 수사관들에 의한 조사를 받는 과정에서 작성하여 제출한 진술서는 피고인이 그 내용을 부인하는 이상 증거로 쓸 수 없다.

《대판 2022.10.27. 2022도9510 (입당원서 작성자 방문조사 사건)》 [1] 피고인이 아닌 자의 진술조서의 증거능력이 인정되려면 '적법한 절차와 방식에 따라 작성된 것'이어야 한다는 법리가 피고인이 아닌 자가 수사과정에서 작성한 진술서의 증거능력에 관하여도 적용된다. 따라서 수사기관이 피의자가 아닌 자로부터 진술서를 작성 · 제출받는 경우에도 조사과정의 진행경과를 확인하기 위하여 필요한 사항을 그 진술서에 기록하거나 별도의 서면에 기록한 후 수사기록에 편철하는 등 적절한 조치를 취하지 아니한 경우 증거능력을 인정할 수 없다.

[2] 경찰관이 입당원서 작성자의 주거지 · 근무지를 방문하여 입당원서 작성경위 등을 질문한 후 진술서 작성을 요구하여 이를 제출받은 경우 그 진술서를 경찰서에서 작성한 것이 아니라 작성자가 원하는 장소를 방문하여 받았다 하더라도, 위 진술서는 형사소송법 제312조 제5항이 적용되어야 하므로 형사소송법 제244조의4에서 정한 절차(수사과정확인서 작성)를 준수하지 않았다면 증

거능력이 인정되지 않는다.

9. 검증조서

제312조(검사 또는 사법경찰관의 조서 등) ⑥ 검사 또는 사법경찰관이 검증의 결과를 기재한 조서는 적법한 절차와 방식에 따라 작성된 것으로서 공판준비 또는 공판기일에서의 작성자의 진술에 따라 그 성립의 진정함이 증명된 때에는 증거로 할 수 있다.

가. 의의

수사기관이 시각, 청각 등 오관의 작용에 의하여 사람, 물건, 장소의 성질과 상태를 인식하는 강제처분인 검증을 실시하고 이를 기재한 조서를 검증조서라 한다. 검증조서는 검증 당시 인식한 것을 직접 기재한 서명이므로 진술에 의하는 경우보다 정확성을 기할 수 있고, 기술적 성격을 가지기 때문에 허위가 개입될 여지가 없다는 점에서 전문법칙에 대한 예외를 인정하고 있다. 법원 또는 법관의 검증조서는 당연히 증거능력이 인정된다(§311).

나. 증거능력의 요건

검사 또는 사법경찰관이 검증의 결과를 기재한 조서는 ① 적법한 절차와 방식에 따라 작성된 것으로서 ② 공판준비 또는 공판기일에서의 작성자의 진술에 따라 그 성립의 진정함이 증명된 때에는 증거로 할 수 있다(§312⑥). 여기서 작성자란 검증조서를 작성한 검사 또는 사법경찰관을 말한다. 법원의 검증조서와 달리 수사기관의 검증은 당사자의 참여권이 인정되지 않는 경우 많기 때문에(예를 들어 영장없이 하는 긴급검증) 이를 고려하여 성립의 진정을 요구하고 있다. 진술조서와 달리 대체증명은 허용되지 않는다. 작성자는 당해 검증조서를 작성한 검사 또는 사법경찰관을 말하고, 단순히 검증에 참여한 경찰관은 제외된다.

다. 검증조서에 기재된 진술의 증거능력

검증조서에 기재된 참여인의 현장진술은 진술증거로서 실질적으로는 피의자신문조서 또는 진술조서이므로, 조서의 작성주체와 진술자에 따라 제312조 내지 제313조를 적용하여 증거능력을 판단한다. 즉, 사법경찰관 작성의 검증조서 중 피의자의 현장진술은 제312조 제3항, 피의자 아닌 자의 현장진술은 제312조 제4항에 따라 증거능력이 인정된다. 따라서 경찰 작성의 검증조서에 기재된 피의자의 진술내용 및 범행을 재연한 부분에 대해서는 제312조 제3항이 적용된다.

《대판 2006.1.13. 2003도6548 (금성장여관 103호 살인사건)》 사법경찰관이 작성한 검증조서에 피의자이던 피고인이 검사 이외의 수사기관 앞에서 자백한 범행내용을 현장에 따라 진술 · 재연한 내용이 기재되고 그 재연 과정을 촬영한 사진이 첨부되어 있다면, 그러한 기재나 사진은 피고인이 공판정에서 그 진술내용 및 범행재연의 상황을 모두 부인하는 이상 증거능력이 없다.

다. 실황조사서의 증거능력

실황조사서(또는 실황조서)란 수사기관이 임의수사로서 행하는 실황조사의 결과를 기재한 서면을 말한다. 실황조사서는 주로 교통사고, 화재사고 등 사고현장의 상황을 조사하고 그 결과를 기재한 서면이다. 실황조사서도 검증조서와 마찬가지로 제312조 제6항에 의하여 증거능력이 인정되는가에 대해 견해의 대립이 있다. 실황조사는 임의수사이기는 하지만 실질적으로 수사기관의 검증과 동일하다고 보아 실황조사서도 검증조서와 같이 제312조 제6항이 적용된다는 것이 통설이다.

다만 사법경찰관이 작성한 실황조사서에 피고인이 사법경찰관의 면전에서 자백한 범행내용을 현장에 따라 진술 · 재연하고 사법경찰관이 그 진술재연의 상황을 기재하거나 이를 사진으로 촬영한 것 외에 다른 기재가 없는 경우에 피고인이 진술내용 및 범행재연의 상황을 부인하는 경우 증거능력이 없다(대판 1984.5.29. 84도378).

라. 압수조서

수사기관이 압수물을 압수하는 경우에는 압수조서를 작성해야 한다(§49①). 압수조서에는 공판과정에서 '압수 당시 압수물의 존재상황'을 증명하기 위한 증거로 사용될 수 있다. 압수물의 존재상황을 증명하는 경우 압수조서는 수사기관의 검증조서와 성질상 유사하므로 제312조 제6항이 적용된다. 다만, 압수조서 중 '압수경위'란에 피의자의 범행장면을 현장에서 목격한 사람의 진술이 담긴 경우 제312조 제5항에 따른 증거능력 인정요건을 갖추어야 한다.

《대판 1995.1.24. 94도1476 (백화점 물품 절도 사건)》 사법경찰리가 작성한 "피고인이 임의로 제출하는 별지 기재의 물건(공소장에 기재된 물건)을 압수하였다"는 내용의 압수조서는, 피고인이 공판정에서 증거로 함에 동의하지 아니하였고 원진술자의 공판기일에서의 증언에 의하여 그 성립의 진정함이 인정된 바도 없다면 증거로 쓸 수 없다.

《대판 2019.11.14. 2019도13290 (지하철 E/C 몰카촬영 사건)》 압수조서 중 '압수경위'란에 기재된 내용은 피고인이 범행을 저지르는 현장을 직접 목격한 사람의 진술이 담긴 것으로서 형사소송법 제312조 제5항에서 정한 '피고인이 아닌 자가 수사과정에서 작성한 진술서'에 준하는 것으로 볼 수 있고, 이에 따라 휴대전화기에 대한 임의제출절차가 적법하였는지에 영향을 받지 않는 별개의 독립적인 증거에 해당한다.

10. 수사절차 밖에서 작성한 진술서·진술기재서, 감정서

제313조(진술서 등) ① 전2조의 규정 이외에 피고인 또는 피고인이 아닌 자가 작성한 진술서나 그 진술을 기재한 서류로서 그 작성자 또는 진술자의 자필이거나 그 서명 또는 날인이 있는 것(피고인 또는 피고인 아닌 자가 작성하였거나 진술한 내용이 포함된 문자·사진·영상 등의 정보로서 컴퓨터용디스크, 그밖에 이와 비슷한 정보저장매체에 저장된 것을 포함한다. 이하 이 조에서 같다)은 공판준비나 공판기일에서의 그 작성자 또는 진술자의 진술에 의하여 그 성립의 진정함이 증명된 때에는 증거로 할 수 있다. 단, 피고인의 진술을 기재한 서류는 공판준비 또는 공판기일에서의 그 작성자의 진술에 의하여 그 성립의 진정함이 증명되고 그 진술이 특히 신빙할 수 있는 상태하에서 행하여 진 때에 한하여 피고인의 공판준비 또는 공판기일에서의 진술에 불구하고 증거로 할 수 있다.
② 제1항 본문에도 불구하고 진술서의 작성자가 공판준비나 공판기일에서 그 성립의 진정을 부인하는 경우에는 과학적 분석결과에 기초한 디지털포렌식 자료, 감정 등 객관적 방법으로 성립의 진정함이 증명되는 때에는 증거로 할 수 있다. 다만, 피고인 아닌 자가 작성한 진술서는 피고인 또는 변호인이 공판준비 또는 공판기일에 그 기재 내용에 관하여 작성자를 신문할 수 있었을 것을 요한다.

가. 의의

1) 진술서와 진술기재서

진술서란 작성자 스스로가 자신이 진술을 기재한 서면을 말한다. 한편 진술기재서는 진술자의 진술을 제3자가 기재한 서류를 말하며, 진술기재서류라고도 한다. 변호인 또는 피의자가 제3자의 진술을 기재한 서면도 진술기재서류에 포함된다. 진술서는 진술자와 작성자가 일치하나, 진술기재서는 진술자와 작성자가 서로 다르다. 진술서와 진술기재서 중에서 법원·법관의 면전조서는 제311조, 수사기관의 피의자신문조서와 진술조서, 수사과정에서 작성한 진술서는 제312조를 우선 적용한다. 제311조 및 제312조의 규정 이외의 일반적인 모든 서류를 제313조를 적용한다.

제313조의 적용대상은 '수사과정 이외의 단계'에서 작성된 진술서와 진술기재서에 한정된다. 진술서에는 자술서, 진술서, 전말서, 반성문 등 명칭 여부를 묻지 않는다. 사인

인 의사가 작성한 진단서, 본인 작성 고소장, 피해내용을 적은 문자메세지, 각종 징계절차의 경위서·시말서, 메모, 수첩, 일기장 등도 진술서에 해당하고, 선관위 등 정부기관이 작성한 문답서 등은 진술기재서가 된다.

《대판 2024.11.14. 2024도11314 (형사조정위원 조정조서 사건)》 피고인의 진술을 기재한 서류가 비록 수사기관이 아닌 자에 의하여 작성되었다고 하더라도, 수사가 시작된 이후 수사기관의 관여나 영향 아래 작성된 경우로서 서류를 작성한 자의 신분이나 지위, 서류를 작성한 경위와 목적, 작성 시기와 장소 및 진술을 받는 방식 등에 비추어 실질적으로 고찰할 때 그 서류가 수사과정 외에서 작성된 것이라고 보기 어렵다면, 이를 형사소송법 제313조 제1항의 '전 2조의 규정 이외에 피고인의 진술을 기재한 서류'에 해당한다고 할 수 없다.

2) 디지털진술서, 디지털진술기재서

전기통신기술의 비약적인 발전에 따라 컴퓨터 등 각종 정보저장매체의 이용이 일상화되어 종이문서가 아닌 디지털화되어 있는 전자정보의 증거능력을 심리하기 위해 2016년 형사소송법 제313조를 개정하였다. 제1항에서 '피고인 또는 피고인 아닌 자가 작성하였거나 진술한 내용이 포함된 문자, 사진, 영상 등의 정보로서 컴퓨터용디스크, 그밖에 이와 비슷한 정보저장매체에 저장된 것'도 진술서 또는 진술기재서와 동일하게 취급하고 있다(§313①). 이를 진술자와 작성자의 관계에 따라 디지털진술서 또는 디지털진술기재서라 한다.

《대판 1999.9.3. 99도2317 (영남위원회 사건)》 컴퓨터 디스켓에 들어 있는 문건이 증거로 사용되는 경우 그 컴퓨터 디스켓은 그 기재의 매체가 다를 뿐 실질에 있어서는 피고인 또는 피고인 아닌 자의 진술을 기재한 서류와 크게 다를 바 없고, 압수 후의 보관 및 출력과정에 조작의 가능성이 있으며, 기본적으로 반대신문의 기회가 보장되지 않는 점 등에 비추어 그 기재내용의 진실성에 관하여는 전문법칙이 적용된다고 할 것이고, 따라서 형사소송법 제313조 제1항에 의하여 그 작성자 또는 진술자의 진술에 의하여 그 성립이 진정함이 증명된 때에 한하여 이를 증거로 사용할 수 있다.

《대판 2007.12.13. 2007도7257 (일심회 사건)》 압수물인 디지털 저장매체로부터 출력한 문건을 증거로 사용하기 위해서는 디지털 저장매체 원본에 저장된 내용과 출력한 문건의 동일성이 인정되어야 하고, 이를 위해서는 디지털 저장매체 원본이 압수시부터 문건 출력시까지 변경되지 않았음(무결성)이 담보되어야 한다. 특히 디지털 저장매체 원본을 대신하여 저장매체에 저장된 자료를 '하드카피' 또는 '이미징'한 매체로부터 출력한 문건의 경우에는 디지털 저장매체 원본과 '하드카피' 또는 '이미징'한 매체 사이에 자료의 동일성도 인정되어야 할 뿐만 아니라, 이를 확인하는 과정에서 이용한 컴퓨터의 기계적 정확성, 프로그램의 신뢰성, 입력 · 처리 · 출력의 각 단계에서 조작자의 전문적인 기술능력과 정확성이 담보되어야 한다. 그리고 압수된 디지털 저장매체로부터 출력한 문건을 진술증거로 사용하는 경우, 그 기재 내용의 진실성에 관하여는 전문법칙이 적용되므로 형사소송법 제313조 제1항에 따라 공판준비나 공판기일에서의 그 작성자 또는 진술자의 진술에 의하여 그 성립의 진정함이 증명된 때에 한하여 이를 증거로 사용할 수 있다.

나. 증거능력의 인정요건

1) 개관

제313조의 적용대상인 일반서류는 크게 ① 원진술자가 피고인인 경우와 피고인이 아닌 자인 경우, ② 서류가 진술서인 경우와 진술기재서류인 경우로 구분되며, 이에 따라 증거능력 인정요건에 차이가 있다. 수사과정 밖의 절차에서 작성된 모든 진술서 및 진술기재서의 증거능력 인정요건을 진술주체와 작성주체로 구분하여 살펴보면 다음의 표와 같다. 여기서 피고인 아닌 자란 당해 피고인을 제외한 모든 제3자로서 피해자, 참고인, 공범자, 공동피고인 등이 이에 해당한다.

디지털서류의 경우에도 종이서류와 증거능력 인정요건이 같다. 따라서 디지털서류의 경우에도 진술주체와 작성주체를 구분하여 디지털진술서의 경우 종이진술서의 요건을, 디지털진술기재서의 경우 종이진술기재서의 요건을 준용한다. 다만, 디지털서류는 종이서류와 달리 성질상 원진술자의 자필이나 서명 또는 날인의 직접성 요건을 생각하기는 쉽지 않다. 판례는 디지털 문서의 경우 이를 별도로 요구하지 않으며, 녹음테이프의 경우에도 마찬가지이다. 디지털서류의 경우 정보저장매체 원본에 저장된 내용과 출력 문건의 동일성과 복사과정에서 인위적으로 편집 · 개작되어 변경되지 않았다는 사정, 무결성이 추가로 증명되어야 한다.

〔진술서, 진술기재서의 증거능력 요건〕

구분	진술자	작성자	증거능력 인정요건
진술서	피고인	피고인	작성자의 자필/서명/날인 + 작성자의 진정성립 진술(부인시 대체증명) + 특신상태(判)
	피고인 아닌 자	피고인 아닌 자	작성자의 자필/서명/날인 + 작성자의 진정성립 진술(부인시 대체증명 + 작성자에 대한 반대신문)
진술기재서	피고인	피고인 아닌 자	진술자의 서명/날인 + 진술자/작성자의 진정성립 진술 + 특신상태
	피고인 아닌 자	피고인 아닌 자(타인)	진술자의 서명/날인 + 진술자의 진정성립 진술

2) 피고인이 작성한 진술서

피고인의 진술에 대해 피고인 스스로 작성한 경우이다. 피고인이 작성한 진술서는 ① 작성자인 피고인의 자필이거나 그 서명 또는 날인이 있고, ② 그 피고인의 법정진술에 의하여 성립의 진정함이 증명되고, ③ 제313조 단서에 의하여 그 진술의 특신상태가 증명되면 증거능력이 있다. 피고인의 법정진술에 의해 성립의 진정함이 증명되지 않는 경우 객관적 방법에 의한 대체증명이 허용된다. 그러나 원진술자는 피고인이므로 반대신문의 기회보장은 요건이 아니다.

《대판 2001.9.4. 2000도1743》 피고인의 자필로 작성된 진술서의 경우에는 서류의 작성자가 동시에 진술자이므로 진정하게 성립된 것으로 인정되어 형사소송법 제313조 단서에 의하여 그 진술이 특히 신빙할 수 있는 상태하에서 행하여진 때에는 증거능력이 있다.

3) 피고인 아닌 자가 작성한 진술서

피고인이 아닌 자가 작성한 진술서는 ① 원진술자인 '피고인 아닌 자'의 자필이거나 서명 또는 날인이 있고, ② 원진술자의 법정진술에 의하여 성립의 진정이 증명되면 증거능력이 인정된다. 원진술자의 법정진술에 의해 성립의 진정함이 증명되지 않는 경우 객관적 방법에 의한 대체증명이 가능하고, 이 경우 법정에서 작성자인 원진술자에 대한 당사자의 반대신문의 기회가 보장되면 증거능력이 인정된다.

《대판 2010.11.25. 2010도8735 (남동생에게 문자메시지 보낸 사건)》 피해자가 피고인으로부터 풀려난 당일에 피고인이 협박한 말을 포함하여 공갈 등 피고인으로부터 피해를 입은 내용을 담아 남동생에게 보낸 문자메시지를 촬영한 사진은 제313조에 규정된 '피해자의 진술서'에 준하는 것인데, 문자메시지의 작성자인 피해자가 법정에 출석하여 이 사건 문자메시지를 자신이 작성하여 동생에게 보낸 것과 같음을 확인하고, 동생도 법정에 출석하여 피해자가 보낸 문자메시지를 촬영한 사진이 맞다고 확인한 이상, 그 성립의 진정함이 증명되었다고 볼 수 있으므로 이를 증거로 할 수 있다.

4) 피고인 아닌 자가 작성한 피고인의 진술기재서

피고인의 진술을 피고인 아닌 자가 기재한 서류는 ① 진술자인 피고인의 서명 또는 날인이 있고, ② 그 피고인의 법정진술에 의하여 성립의 진정이 인정되고, ③ 그 진술의 특신상태가 증명되면 증거능력이 있다. 다만, 성립의 진정은 작성자인 '피고인 아닌 자'의 법정진술에 의하여 증명할 수도 있다(§313①단서). 원진술자인 피고인이 진술을 거부하거나 진정성립을 부인하는 경우 동일한 내용의 진술을 재차 획득할 수 없는 문제상황에 대처하기 위하여 진정성립의 요건을 완화한 것이다. 그러나 원진술자는 피고인이므로 반대신문의 기회보장은 요건이 아니다. 객관적 방법에 의한 대체증명도 허용되지 않는다.

《대판 2012.9.13. 2012도7461》 피고인과 상대방 사이의 대화 내용에 관한 녹취서가 증거로 제출되어 녹음테이프의 녹음내용이 동일한지 여부에 대하여 법원이 검증한 경우, 녹음테이프에 녹음된 피고인의 진술 내용은 피고인이 그 녹음테이프를 증거로 할 수 있음에 동의하지 않은 이상, 형사소송법 제313조 제1항 단서에 따라 공판준비 또는 공판기일에서 그 작성자인 상대방의 진술에 의하여 녹음테이프에 녹음된 피고인의 진술 내용이 피고인이 진술한 대로 녹음된 것임이 증명되고 나아가 그 진술이 특히 신빙할 수 있는 상태하에서 행하여진 것임이 인정되어야 한다.

《대판 2008.3.13. 2007도10804 (영광군수 뇌물수수 사건)》 [1] 피고인의 진술을 피고인 아닌 자가 녹음한 경우 그 진술내용은 실질적으로 형사소송법 제311조, 제312조의 규정 이외에 피고인의 진술을 기재한 서류와 다름없어 피고인이 그 녹음테이프를 증거로 할 수 있음에 동의하지 않은 이상 피고인의 진술내용을 증거로 사용하기 위해서는 형사소송법 제313조 제1항 단서에 따라 공판준비 또는 공판기일에서 그 작성자인 피해자의 진술에 의하여 녹음테이프에 녹음된 피고인의 진술내용이 피고인이 진술한 대로 녹음된 것임이 증명되고 나아가 그 진술이 특히 신빙할 수 있는 상태하에서 행하여진 것임이 인정되어야 한다.

[2] 녹음테이프는 그 성질상 작성자나 진술자의 서명 혹은 날인이 없을 뿐만 아니라, 녹음자의 의도나 특정한 기술에 의하여 그 내용이 편집, 조작될 위험성이 있음을 고려하여, 그 대화내용을 녹음한 원본이거나 혹은 원본으로부터 복사한 사본일 경우에는 복사과정에서 편집되는 등의 인위적 개작 없이 원본의 내용 그대로 복사된 사본임이 입증되어야만 하고, 그러한 입증이 없는 경우에는 쉽게 증거능력을 인정할 수 없다.

5) 타인이 작성한 피고인 아닌 자의 진술기재서

피고인 아닌 자의 진술을 또 다른 제3자(타인)가 기재한 서류는 ① 원진술자인 '피고인 아닌 자'의 서명 또는 날인이 있고, ② 원진술자의 법정진술에 의하여 성립의 진정함이 증명되면 증거능력이 있다. 원진술자에 대한 반대신문의 기회보장이나 특신상태의 증명이 별도로 요구되는 것은 아니다. 객관적 방법에 의한 대체증명도 허용되지 않는다.

《대판 2008.7.10. 2007도10755 (주취 횡설수설 확인 사건)》 사인(私人)이 피고인 아닌 자와의 전화대화를 녹음한 녹음테이프에 대하여 법원이 실시한 검증의 내용이 녹음테이프에 녹음된 전화대화의 내용이 검증조서에 첨부된 녹취서에 기재된 내용과 같다는 것에 불과한 경우에는 실질적으로 형사소송법 제311조, 제312조 규정 이외의 피고인 아닌 자의 진술을 기재한 서류와 다를 바 없어서, 피고인이 그 녹음테이프를 증거로 할 수 있음에 동의하지 않은 이상 그 녹음테이프 검증조서의 기재 중 피고인 아닌 자의 진술내용을 증거로 사용하기 위해서는 형사소송법 제313조 제1항에 따라 공판준비나 공판기일에서 원진술자의 진술에 의하여 그 녹음테이프에 녹음된 진술내용이 자신이 진술한 대로 녹음된 것이라는 점이 인정되어야 한다.
《대판 1999.3.9. 98도3169 (송파갑 홍준표 당선포상금 사건)》 사인이 피고인 아닌 사람과의 대화내용을 녹음한 녹음테이프는 피고인의 증거동의가 없는 이상 그 증거능력을 부여하기 위하여는 첫째, 녹음테이프가 원본이거나 인위적 개작 없이 원본 내용 그대로 복사된 사본일 것, 둘째 형사소송법 제313조 제1항에 따라 공판준비나 공판기일에서 원진술자의 진술에 의하여 녹음테이프에 녹음된 각자의 진술내용이 자신이 진술한 대로 녹음된 것이라는 점이 인정되어야 한다. 사인이 피고인 아닌 사람과의 대화내용을 상대방 몰래 비디오로 촬영 · 녹음한 경우에도 그 비디오테이프의 진술부분에 대하여도 마찬가지이다.

다. 감정서

제313조(신술서 등) ③ 감정의 경과와 결과를 기재한 서류도 제1항 및 제2항과 같다.

감정서란 감정의 경과 및 그 결과를 기재한 서면을 말한다. 감정은 수사기관의 촉탁에 의한 경우(§221-3)와 법원의 명령에 의한 경우(§171)로 나눌 수 있다. 감정내용이 복잡하고 전문지식을 요하는 사항이므로 서면에 의하여 보고하는 것이 정확하므로 감정서는 진술서에 준하여 증거능력이 인정된다(§313③).

감정인은 피고인이 아닌 자이므로 감정서는 '피고인 아닌 자의 진술서'와 요건이 같다. 따라서 ① 감정인의 자필이거나 서명 또는 날인이 있어야 하고, ② 감정인의 법정진술에 의하여 성립의 진정함이 증명되면 증거능력이 인정된다. 다만, 감정인이 법정에서 성립의 진정을 부인하는 경우에는 대체증명이 가능하고, 그 기재 내용에 관하여 감정인을 반대신문할 기회가 보장되어야 한다. 사인이 의사에게 의뢰하여 작성한 진단서는 진술서에 해당하며 감정서라고 할 수 없으므로 제313조 제1항에 의하여 증거능력이 인정된다.

11. 전문서류의 증거능력에 대한 예외

제314조(증거능력에 대한 예외) 제312조 또는 제313조의 경우에 공판준비 또는 공판기일에 진술을 요하는 자가 사망 · 질병 · 외국거주 · 소재불명 그밖에 이에 준하는 사유로 인하여 진술할 수 없는 때에는 그 조서 및 그 밖의 서류(피고인 또는 피고인 아닌 자가 작성하였거나 진술한 내용이 포함된 문자 · 사진 · 영상 등의 정보로서 컴퓨터용디스크, 그 밖에 이와 비슷한 정보저장매체에 저장된 것을 포함한다)를 증거로 할 수 있다. 다만, 그 진술 또는 작성이 특히 신빙할 수 있는 상태하에서 행하여졌음이 증명된 때에 한한다.

가. 의의

전문법칙에 따르면 전문서류는 증거로 할 수 없는 것이 원칙이다. 예외적으로 제312조 또는 제313조에 의해 원진술자의 법정진술에 의하여 성립의 진정이 증명되는 등의 요건을 충족하면 증거능력이 인정된다. 원진술자가 법정에 출석 또는 진술할 수 없는 경우에는 진실발견과 소송경제의 측면에서 전문법칙에도 불구하고 증거능력을 인정할 필요가 있다. 제314조는 전문법칙에 대한 예외의 예외를 규정한 것이다. 제314조는 진술불능의 사정(필요성)과 특신상태(신용성의 정황적 보장)가 증명되면 증거능력을 인정하고 있다. 이는 전문법칙의 예외의 전형적인 경우를 규정한 것이며, 전문증거의 증거능력을 지나치게 제한하여 사실인정의 자료를 확보하지 못하게 되면 확실한 범죄자를 처벌하지 못할 경우가 생기는 것을 방지하기 위한 것이다.

나. 적용범위

진술서, 진술조서, 감정서, 검증조서 등의 경우에도 제314조가 적용된다. 외국수사기관에서 작성된 문서도 적용된다. 최근 전기통신 기술의 비약적 발전에 따라 진술서에는 피고인 또는 피고인 아닌 자가 작성하였거나 진술한 내용이 포함된 문자 · 사진 · 영상 등의 정보로서 컴퓨터용디스크, 그 밖에 이와 비슷한 정보저장매체에 저장된 것을 포함한다(§314).

피의자신문조서는 당해 피고인으로부터 내용의 인정을 받아야 하기 때문에 제314조가 적용되지 않는다. 따라서 당해 피고인에 대한 피의자신문조서는 원칙적으로 피고인의 출석 없이는 개정할 수 없으므로 제314조의 적용이 문제될 경우가 없다. 당해 피고인과 공범관계에 있는 다른 피의자에 대하여 사법경찰관이 만든 피의자신문조서에 대해서는 견해의 대립이 있다. 공범관계에 있는 피고인에 대한 사법경찰관 작성 피의자신문조서도 결국 당해 피고인이나 변호인이 공판정에서 내용을 부인하면 증거능력이 부정되기 때문에 다른 피의자에 대한 피의자신문조서를 그 피의자가 사망 등의 사유로 진술할 수 없는 때에 증거능력을 인정하는 규정인 제314조는 적용될 여지가 없다(대판 2004.7.15. 2003도7185 全合; 대판 2020.6.11. 2016도9367). 검사 작성 피의자신문조서도 같다.

《대판 2004.7.15. 2003도7185 全合》 당해 피고인과 공범관계가 있는 다른 피의자에 대한 사법경찰관 작성의 피의자신문조서는 그 피의자의 법정진술에 의하여 그 성립의 진정이 인정되더라도 당해 피고인이 공판기일에서 그 조서의 내용을 부인하면 증거능력이 부정되므로 그 당연한 결과로 그 피의자신문조서에 대하여는 사망 등 사유로 인하여 법정에서 진술할 수 없는 때에 예외적으로 증거능력을 인정하는 규정인 형사소송법 제314조가 적용되지 아니한다.

《대판 2020.6.11. 2016도9367 (종업원이 사망한 사건)》 양벌규정에 의해 기소된 사업주인 피고인이 법정에서 사법경찰관 작성한 행위자의 피의자신문조서를 증거로 함에 동의하지 않았고 오히려 그 내용을 부인하고 있는 이상, 형사소송법 제312조 제3항이 적용되어 그 증거능력이 없고, 따라서 이 경우에는 형사소송법 제314조를 적용하여 위 피의자신문조서의 증거능력을 인정할 수도 없다고 보아야 한다.

《대판 1997.7.25. 97도1351 (뉴저지 지방검사 Deposition 사건)》 범행 직후 미합중국 주검찰 수사관이 작성한 피해자 및 공범에 대한 질문서와 우리나라 법원이 형사사법공조요청에 따라 미합중국 법원의 지명을 받은 수명자(미합중국 검사)가 작성한 피해자 및 공범에 대한 증언녹취서는 형사소송법 제312조 또는 제313조에 해당하는 조서 또는 서류로서 그 원진술자가 공판기일에서 진술을 할 수 없는 때에 해당하고, 그 진술 또는 서류의 작성이 특히 신빙할 수 있는 상태하에서 행하여진 것이라고 보기에 충분하므로, 형사소송법 제314조의 규정에 의하여 증거능력을 인정할 수 있다.

《대판 1999.2.26. 98도2742 (중국교포 국내취업 사기 사건)》 외국에 거주하는 참고인과의 전화 대화내용을 문답형식으로 기재한 검찰주사보 작성의 수사보고서는 제311조, 제312조, 제315조, 제316조의 적용대상이 되지 아니함이 분명하므로, 제313조의 진술을 기재한 서류에 해당하여야만 제314조의 적용 여부가 문제될 것인바, 제313조가 적용되기 위하여는 그 진술을 기재한 서류에 그 진술자의 서명 또는 날인이 있어야 한다.

다. 증거능력 인정요건

1) 원진술자의 진술불능(필요성)

가) 사망, 질병, 외국거주

질병이란 진술을 요할 자가 공판이 계속되는 동안 임상신문이나 출장신문도 불가능할 정도의 중병임을 요한다. 정신적 질환도 포함된다. 노인성 치매로 인해 기억력에 장애가 있고 분별력을 상실한 경우(대판 1992.3.13. 91도2281)는 여기에 해당하지만 출산을 앞두고 있다는 사정(대판 1999.4.23. 99도915) 만으로는 여기에 해당하지 않는다. 외국거주가 일시적인 경우도 포함되며, 영구적임을 요하지 아니한다. 단순히 원진술자가 외국에 있다는 사정만으로는 부족하고 상당하고 가능한 수단을 동원해도 원진술자를 법정에 출석하게 할 수 없는 사정이 있어야 한다.

《대판 2016.2.18. 2015도17115 (호주시민권 받아주겠다 사건)》 형사소송법 제314조의 '외국거주'란 진술을 요하는 자가 외국에 있다는 것만으로는 부족하고, 그를 공판정에 출석시켜 진술하게 할 모든 수단을 강구하는 등 가능하고 상당한 수단을 다하더라도 진술을 요할 자를 법정에 출석하게 할 수 없는 사정이 있어야 예외적으로 적용이 있다.

나) 소재불명 기타 이에 준하는 사유

소재불명이라고 하기 위해서는 소환장이 송달불능된 것으로는 부족하고, 송달불능이 되어 소재수사를 하였어도 소재를 확인할 수 없을 것을 요한다. 따라서 소재탐지촉탁을 통해 소재확인을 하지 않거나 소재탐지촉탁을 하였으나 그 회보가 오지 않은 경우, 주거지가 아닌 곳에 소재탐지촉탁을 한 경우에는 소환장이 송달불능이더라도 필요성이 인정되지 않는다. 증인이 법정에 출석을 위한 가능하고도 충분한 노력을 다하였음에도 불구하고 부득이 증인의 법정 출석이 불가능하게 되었다는 사정이 있어야만, 증인이 '소재불명이거나 그밖에 이에 준하는 사유로 인하여 진술할 수 없는 때'에 해당한다고 인정할 수 있다. 요건에 해당하는지 여부는 검사가 증명하여야 한다.

《대판 1989.6.27. 89도351》 법정에서 진술을 요할 자가 일정한 주거를 가지고 있더라도 법원의 소환에 계속 불응하고 구인하여도 구인장이 집행되지 않는 등 법정에서의 심문이 불가능한 상태이면 제314조의 요건은 충족되었다고 보아야 한다.

《대판 2006.4.14. 2005도9561》 형사소송법 제314조에서 말하는 '원진술자가 진술을 할 수 없는 때'에는 사망, 질병 등 명시적으로 열거된 사유 외에도, 원진술자가 공판정에서 진술을 한 경우라도 증인신문 당시 일정한 사항에 관하여 기억이 나지 않는다는 취지로 진술하여 그 진술의 일부가 재현 불가능하게 된 경우도 포함한다.

2) 특신상태(신용성의 정황적 보장)

원진술의 진술불능사유가 존재하더라도 그 진술 또는 작성이 행하여지는 과정에서

'특히 신빙할 수 있는 상태'가 인정되어야만 증거능력이 인정될 수 있다. '특히 신빙할 수 있는 상태'란 그 진술내용이나 조서 또는 서류의 작성에 허위 개입의 여지가 거의 없고 그 진술내용의 신빙성이나 임의성을 담보할 구체적이고 외부적인 정황이 있는 경우를 말한다. 특신상태는 단지 그러한 개연성이 있다는 정도로는 부족하고 합리적인 의심의 여지를 배제할 수 있을 정도로 검사가 증명하여야 한다(대판 2017.12.22. 2016도15868).

《대판 2024.4.12. 2023도13406 (14년 후 유서 쓰고 자살한 사건)》 형사소송법 제314조에서 '특히 신빙할 수 있는 상태하에서 행하여졌음에 대한 증명'은 단지 그러할 개연성이 있다는 정도로는 부족하고, 합리적 의심의 여지를 배제할 정도, 즉 법정에서의 반대신문 등을 통한 검증을 굳이 거치지 않더라도 진술의 신빙성을 충분히 담보할 수 있어 실질적 직접심리주의와 전문법칙에 대한 예외로 평가할 수 있는 정도에 이르러야 한다.

비교판례

제314조 필요성이 인정되는 경우	제314조 필요성이 인정되지 않는 경우
① 피해자(사건 당시 4세 6개월, 증언 당시 6세 11개월)가 공판정에서 진술을 한 경우라도 증인신문 당시 일정한 사항에 관하여 기억이 나지 않는다는 취지로 진술하여 그 진술의 일부가 재현 불가능하게 된 경우 형사소송법 제314조에 규정된 '진술을 요하는 자가 … 진술할 수 없는 때'에 해당한다(대판 1999.11.26. 99도3786 일본인 현지처 살인사건). ② 甲을 증인으로 채택하여 국내의 주소지 등으로 소환하였으나 소환장이 송달불능되었고, 甲이 미국으로 출국하여 그곳에 거주하고 있음이 밝혀지자 다시 미국 내 주소지로 증인소환장을 발송하였으나, 甲이 제1심법원에 경위서를 제출하면서 장기간 귀국할 수 없음을 통보한 경우 증인이 외국거주 등 사유로 인하여 법정에서의 신문이 불가능한 상태의 경우에 해당된다(대판 2007.6.14. 2004도5561 신승남 전검찰총장 외사부장 확인전화 사건). ③ 일본에 거주하는 사람을 증인으로 채택하여 환문코자 하였으나 외무부로부터 현재 일본측에서 형사사건에 대하여는 양국 형법체계상의 상이함을 이유로 송달에 응하지 않고 있어 그 송달이 불가능하다는 취지의 회신을 받고 위 증인을 취소한 경우, 형사소송법 제314조의 '…진술을 할 수 없는 때'에 해당한다(대판 1987.9.8. 87도1446). ④ 피고인의 보복이 두렵다는 이유로 주거를 옮기고 또 소환에도 응하지 아니하여 결국 구인장을 발	① 피고인이 증거서류의 진정성립을 묻는 검사의 질문에 대하여 진술거부권을 행사하여 진술을 거부한 경우는 형사소송법 제314조의 '그밖에 이에 준하는 사유로 인하여 진술할 수 없는 때'에 해당하지 아니한다(대판 2013.6.13. 2012도16001). ② 만 5세 무렵에 당한 성추행으로 인하여 외상 후 스트레스 증후군을 앓고 있다는 등의 이유로 공판정에 출석하지 아니한 약 10세 남짓의 성추행 피해자에 대한 진술조서가 형사소송법 제314조에 정한 필요성의 요건과 신용성 정황적 보장의 요건을 모두 갖추지 못하여 증거능력이 없다(대판 2006.5.25. 2004도3619). ③ 증인으로 소환받고 출산을 앞두고 있다는 사유로 출석하지 아니한 경우, 형사소송법 제314조의 '진술을 할 수 없는 때'에 해당하지 아니한다(대판 1999.4.23. 99도915). ④ 증인의 주소지가 아닌 곳으로 소환장을 보내 송달불능이 되자 그곳을 중심으로 한 소재탐지 끝에 소재불능회보를 받은 경우, 형사소송법 제314조의 '진술을 할 수 없는 때'에 해당하지 아니한다(대판 1979.12.11. 79도1002). ⑤ 단지 소환장이 주소불명 등으로 송달불능되었다거나 소재탐지촉탁을 하였으나 그 회보가 오지 않은 상태인 것만으로는 이에 해당한다고 보기에 부족하다(대판 1996.5.14. 96도575).

부하였지만 그 집행조차 되지 아니한 경우 형사소송법 제314조의 '진술을 할 수 없는 때'에 해당한다(대판 1995.6.13. 95도523). ⑤ 진술을 요할 자가 일정한 주거를 가지고 있더라도 법원의 소환에 계속 불응하고 구인하여도 구인장이 집행되지 아니하는 경우 형사소송법 제314조의 '진술을 할 수 없는 때'에 해당한다(대판 2000.6.9. 2000도1765). ⑥ 노인성 치매로 인한 기억력 장애 등으로 진술할 수 없는 상태는 형사소송법 제314조의 '진술을 할 수 없는 때'에 해당한다(대판 1992.3.13. 91도2281). ⑦ 소환장이 주소불명 등으로 송달불능이 되어 소재탐지촉탁까지 하여 소재수사를 하였어도 그 소재를 확인할 수 없는 경우, 형사소송법 제314조의 '진술을 할 수 없는 때'에 해당한다(대판 2004.3.11. 2003도171). ⑧ 중풍, 언어장애 등 장애등급 3급 5호의 장애로 인하여 법정에 출석할 수 없었던 것이고, 그 후 신병을 치료하기 위하여 속초로 간 후에는 그에 대한 소재탐지가 불가능하게 된 경우, 형사소송법 제314조 소정의 공판기일에 진술을 요할 자가 질병 기타 사유로 인하여 진술할 수 없는 때에 해당한다(대판 1999.5.14. 99도202). ⑨ 피고인이 증인의 증언거부 상황을 초래하였다는 등의 특별한 사정이 있는 경우에는 형사소송법 제314조의 적용을 배제할 이유가 없다(대판 2019.11.21. 2018도13945 全合 필로폰 매수인 증언거부 사건).	⑥ 법정에 출석한 증인이 형사소송법 제148조, 제149조 등에서 정한 바에 따라 정당하게 증언거부권을 행사하여 증언을 거부한 경우는 형사소송법 제314조의 '…진술할 수 없는 때'에 해당하지 아니한다(대판 2012.5.17. 2009도6788). ⑦ 수사기관에서 진술한 참고인이 법정에서 증언을 거부하여 피고인이 반대신문을 하지 못한 경우에는 정당하게 증언거부권을 행사한 것이 아니라도, 피고인이 증인의 증언거부 상황을 초래하였다는 등의 특별한 사정이 없는 한 형사소송법 제314조의 '…진술할 수 없는 때'에 해당하지 않는다고 보아야 한다(대판 2019.11.21. 2018도13945 全合 필로폰 매수인 증언거부 사건).

12. 전문진술

제316조(전문의 진술) ① 피고인이 아닌 자(공소제기 전에 피고인을 피의자로 조사하였거나 그 조사에 참여하였던 자를 포함한다. 이하 이 조에서 같다)의 공판준비 또는 공판기일에서의 진술이 피고인의 진술을 그 내용으로 하는 것인 때에는 그 진술이 특히 신빙할 수 있는 상태하에서 행하여졌음이 증명된 때에 한하여 이를 증거로 할 수 있다.
② 피고인 아닌 자의 공판준비 또는 공판기일에서의 진술이 피고인 아닌 타인의 진술을 그 내용으로 하는 것인 때에는 원진술자가 사망, 질병, 외국거주, 소재불명 그 밖에 이에 준하는 사유로 인하여 진술할 수 없고, 그 진술이 특히 신빙할 수 있는 상태하에서 행하여졌음이 증명된 때에 한하여 이를 증거로 할 수 있다.

가. 의의

전문진술(傳聞陳述)이란 경험사실을 들은 타인이 전문한 사실을 법원에서 진술하는 것을 말한다. 공판정에서의 타인의 진술을 내용으로 하는 진술은 증거로 할 수 없다(§310-2). 전문진술에 대하여 예외적으로 증거능력을 인정한 것이 바로 제316조이다.

나. 피고인의 진술을 내용으로 하는 전문진술

1) 증거능력 인정요건

제316조 제1항은 '피고인이 아닌 자의 공판준비 또는 공판기일에서의 진술이 피고인의 진술을 그 내용으로 하는 것인 때에는 그 진술이 특히 신빙할 수 있는 상태하에서 행하여졌음이 증명된 때에 한하여 이를 증거로 할 수 있다.'라고 규정하고 있다. 원진술자인 피고인이 출석하여 진술할 수 있으므로 사망, 외국거주 등의 필요성은 요건이 아니며 신용성의 정황적 보장을 조건으로 증거능력을 인정한 것이다.

피고인의 진술을 내용으로 하는 제3자의 진술은 특신상태를 요건으로 증거능력이 인정된다. 즉 피고인의 원진술이 특히 신빙할 수 있는 상태하에서 행하여진 경우에 한하여 증거능력이 인정된다. 특신상태의 유무는 법원이 실체적 진실발견과 정의의 실현이라는 관점에서 구체적으로 판단하여야 한다.

피고인의 진술은 피고인의 지위에서 행하여진 것임을 요하지 않으므로 피의자, 참고인, 기타의 지위에서 행해진 것도 포함한다. 피고인은 당해 피고인만을 의미하므로 공동피고인이나 공범자는 피고인에 해당하지 않고 제316조 제2항의 피고인 아닌 자에 해당한다.

《대판 2006.4.14. 2005도9561 (대전 관저동 여아 강간사건)》 [1] 전문의 진술을 증거로 함에 있어서는 전문진술자가 원진술자로부터 진술을 들을 당시 원진술자가 증언능력에 준하는 능력을 갖춘 상태에 있어야 할 것인데, 증인의 증언능력은 증인 자신이 과거에 경험한 사실을 그 기억에 따라 공술할 수 있는 정신적인 능력을 말한다.

[2] 유아의 증언능력에 관해서도 그 유무는 단지 공술자의 연령만에 의할 것이 아니라 그의 지적수준에 따라 개별적이고 구체적으로 결정하여야 하므로, 사고 당시 만 3세 3개월 내지 만 3세 7개월 가량이던 피해자인 여아도 대화 내지 진술 당시 증언능력에 준하는 능력을 갖추었던 것으로 인정되고, 나아가 그 각 진술의 신빙성도 인정된다.

2) 조사자 증언

'피고인 아닌 자'에는 공소제기 전에 피고인을 피의자로 조사하였거나 그 조사에 참여하였던 자를 포함한다. 따라서 피의자를 조사하였거나 조사에 참여했던 경찰관이 피고인의 수사과정에서의 진술에 관하여 증언할 경우 특신상태가 증명되면 증거능력이 인정된다. 이를 조사자증언이라고 한다. 종래 대법원은 피고인이 사법경찰관 앞에서의 진술의 내용을 부인하고 있는 이상 피고인을 수사한 경찰관이 증인으로 나와서 수사과정에서 피고인이 범행을 자백하게 된 경위를 진술한 증언은 위 형사소송법 제312조 제2항의 규정과 그 취지에 비추어 볼 때 역시 증거능력이 없다(대판 1983.6.14. 83도1011)고 하며, 조사자 증언을 인정하지 않았다. 조사자증언제도는 2007년 개정 형사소송법을 통해 도입되었다. 따라서 현행 형사소송법하에서는 이 경우 피고인의 원진술이 특히 신빙할 수 있는 상태에서 행하여졌음이 증명되면 조사자의 법정진술은 증거능력을 인정받게 되었다.

다. 피고인 아닌 자의 진술을 내용으로 하는 전문진술

제316조 제2항은 전문법칙의 예외에 대한 전형적인 경우를 규정한 것으로, 피고인 아닌 자의 진술을 내용으로 하는 전문진술이 법정에서 증거로 인정받기 위해서는 원진술자의 진술불능과 특신상태가 인정되어야 한다. 원진술자인 피고인 아닌 자에는 원칙적으로 증인의 지위에 있는 자로 제3자는 물론이고 공범자와 공동피고인도 포함된다. 전문진술자인 '피고인 아닌 자'에는 수사단계에서 피고인 아닌 자를 조사하였거나 그 조사에 참여하였던 자를 포함한다. 조사자증언을 의미한다.

원진술자의 진술불능이란 제314조와 같다. 따라서 원진술자가 사망, 질병, 외국거주, 소재불명 그밖에 이에 준하는 사유로 인하여 진술할 수 없어야 한다. 원진술자가 공판정에 출석한 경우에는 제314조에 의해 증거능력이 인정되지 않는다. 특신상태란 신용성의 정황적 보장을 의미하는 것이다. 따라서 원진술이 특히 신빙할 수 있는 상태하에서 행하여진 경우에 한하여 증거능력이 인정된다.

《대판 2019.8.29. 2018도13792 全合 (최순실 국정농단 사건)》 乙이 甲에게 말한 내용에 관한 甲의 업무수첩 등에는 '乙이 甲에게 지시한 내용'과 '乙과 개별 면담자가 나눈 대화 내용을 乙이 단독 면담 후 甲에게 불러주었다는 내용'이 함께 있다. 甲의 업무수첩 중 지시사항 부분은 형사소송법 제313조 제1항에 따라 공판준비나 공판기일에서 그 작성자인 甲의 진술로 성립의 진정함이 증명된 경우에는 진술증거로 사용할 수 있다. 乙과 개별면담자가 나눈 대화내용 부분은 형사소송법 제316조 제2항에 따라 원진술자가 사망, 질병, 외국거주, 소재불명 그밖에 이에 준하는 사유로 진술할 수 없고 그 진술이 특히 신빙할 수 있는 상태에서 한 것임이 증명된 때에 한하여 증거로 사용할 수 있다.

《대판 1984.11.27. 84도2279 (머리 감는 사이 귀가한 사건)》 형사소송법 제316조 제2항에서의 '피고인 아닌 타인'이라 함은 제3자는 말할 것도 없고 공동피고인이나 공범자를 모두 포함한다.

《대판 2014.4.30. 2012도725》 형사소송법 제314조의 '특신상태'와 관련된 법리는 마찬가지로 원진술자의 소재불명 등을 전제로 하고 있는 형사소송법 제316조 제2항의 '특신상태'에 관한 해석에도 그대로 적용된다.

《대판 2008.9.25. 2008도6985 (조사당시의 진술 부인한 사건)》 형사소송법 제316조 제2항에 따라 조사자의 증언에 증거능력이 인정되기 위해서는 원진술자가 사망, 질병, 외국거주, 소재불명, 그밖에 이에 준하는 사유로 인하여 진술할 수 없어야만 하는 것이라서 원진술자가 법정에 출석하여 수사기관에서 한 진술을 부인하는 취지로 증언한 이상 원진술자의 진술을 내용으로 하는 조사자의 증언은 증거능력이 없다.

《대판 2001.7.27. 2001도2891》 전문진술이나 전문진술을 기재한 조서는 형사소송법 제310조의2의 규정에 의하여 원칙적으로 증거능력이 없는 것인데, 다만 피고인 아닌 자의 공판준비 또는 공판기일에서의 진술이 피고인 아닌 타인의 진술을 그 내용으로 하는 경우 그 전문진술이 기재된 조서는 형사소송법 제312조 또는 제314조의 규정에 의하여 각 그 증거능력이 인정될 수 있는 경우에 해당하여야 함은 물론 나아가 형사소송법 제316조 제2항의 규정에 따른 위와 같은 요건을 갖추어야 예외적으로 증거능력이 있다.

라. 재전문증거

1) 의의

재전문(再傳聞)이란 이중의 전문을 뜻한다. 즉 전문증거가 그 내용에서 다시 전문증거를 포함하는 경우를 말한다. 재전문에는 타인의 전문진술을 들었다는 진술(재전문진술), 타인의 전문진술을 들었다는 진술을 기재한 조서(재재전문서류), 전문진술을 기재한 조서(재전문서류) 등이 모두 포함된다. 예를 들어 성폭력 피해사인 비성년사 甲이 어머니인 乙에게 피해사실을 얘기하자 乙이 성폭력 상담원 丙에게 甲의 피해진술을 얘기하고, 경찰서에서 그 내용으로 조사를 받은 경우 ① 乙이 법정에 나와서 甲의 피해진술을 증언하는 경우는 전문진술, ② 丙이 법정에 나와서 乙로부터 들은 甲의 피해진술을 증언하는 경우는 재전문진술, ③ 乙의 경찰조서는 재전문서류가 된다.

2) 증거능력의 인정

재전문증거에 대하여 현행법상 직접 규정이 없으므로 증거능력 인정여부에 대하여 견해의 대립이 있다. 대법원은 재전문서류와 재전문진술을 구분하여, 재전문서류는 일정한 요건하에 증거능력을 인정하고, 재전문진술 및 재재전문서류 등은 증거동의가 없는 한 증거능력을 부정한다(대판 2000.3.10. 2000도159). 전문진술이 기재된 조서의 경우 ① 제312조 또는 제314조의 규정에 의하여 증거능력이 인정되고, ② 나아가 제316조의 규정에 따른 요건도 갖춘 경우 예외적으로 증거능력이 인정된다. 즉, 전문서류로서의 요건과 전문진술로서의 요건을 모두 충족한다면 전문진술이 기재된 조서의 증거능력이 인정된다. 예컨대 경찰관에게 乙이 甲의 진술을 전달하는 내용의 진술조서가 작성된 경우, 전문진술이 기재된 서류의 원진술인 甲의 진술내용을 법원이 증거로 하기 위해서는 乙이 법정진술로써 제312조 제4항의 요건을 충족하고 제316조 제2항에 따라 甲의 진술불능 및 특신상태가 증명되어야 한다(判).

《대판 2001.7.27. 2001도2891 (아저씨와 놀자 사건)》 전문진술이 기재된 조서는 형사소송법 제312조 또는 제314조의 규정에 의하여 각 그 증거능력이 인정될 수 있는 경우에 해당하여야 함은 물론 나아가 형사소송법 제316조 제2항의 규정에 따른 위와 같은 요건을 갖추어야 예외적으로 증거능력이 있다.

《대판 2000.3.10. 2000도159 (인천 성폭력상담소 사건)》 [1] 형사소송법은 전문진술에 대하여 제316조에서 실질상 단순한 전문의 형태를 취하는 경우에 한하여 예외적으로 그 증거능력을 인정하는 규정을 두고 있을 뿐, 재전문진술이나 재전문진술을 기재한 조서에 대하여는 달리 그 증거능력을 인정하는 규정을 두고 있지 아니하고 있으므로, 피고인이 증거로 하는 데 동의하지 아니하는 한 형사소송법 제310조의2의 규정에 의하여 이를 증거로 할 수 없다.

[2] 성폭력 피해아동이 어머니에게 진술한 내용을 어머니가 상담원에게 전한 후, 상담원이 그 내용을 검사 면전에서 진술하여 작성된 진술조서는 이른바 '재전문진술을 기재한 조서'로서, 피고인이 동의하지 않는 한 증거능력이 인정되지 않는다.

3) 증거동의와 탄핵증거

재전문증거(재전문진술이나 전문진술을 기재한 조서)는 원칙적으로 증거능력이 없으나, 증거동의의 본질상 당사자의 동의가 있으면 재전문증거도 증거능력이 인정된다(대판 2012.5.24. 2010도5948). 탄핵증거로 사용되는 때에는 증거로 사용할 수 있다.

13. 진술의 임의성

第317조(진술의 임의성) ① 피고인 또는 피고인 아닌 자의 진술이 임의로 된 것이 아닌 것은 증거로 할 수 없다.
② 전항의 서류는 그 작성 또는 내용인 진술이 임의로 되었다는 것이 증명된 것이 아니면 증거로 할 수 없다.
③ 검증조서의 일부가 피고인 또는 피고인 아닌 자의 진술을 기재한 것인 때에는 그 부분에 한하여 전2항의 예에 의한다.

가. 의의

임의성 없는 자백의 경우 형사소송법 제309조에 의해 증거능력이 배제된다. 자백을 제외한 피고인 또는 피고인 아닌 자의 진술이 임의성이 없는 경우는 제317조에 의해 증거능력이 배제된다. 진술서류의 경우 작성의 임의성이 없는 경우에도 제317조에 의해 배제된다.

나. 제317조의 적용대상

제317조의 적용범위, 즉 임의성이 요구되는 진술의 범위에 대하여는 견해의 대립이 있다. 전문증거에만 적용된다는 견해도 있으나, 조문상 아무런 제한이 없으므로 자백 이외의 일체의 진술증거에 제317조가 적용된다는 것이 통설의 입장이다. 통설에 따르면 자백의 임의성이 인정되지 않으면 제309조에 의하여, 자백 이외의 진술의 임의성이 인정되지 않으면 제317조에 의하여 증거능력이 부정된다.

다. 진술의 임의성에 대한 조사와 증명

진술의 임의성은 증거능력의 요건이므로 법원의 직권조사사항이다. 임의성 조사는 증거조사 전에 하는 것이 원칙이다. 다만 증거조사에 들어간 후에도 임의성에 의문이 있으면 다시 조사할 수 있다.

진술의 임의성의 증명책임은 검사에게 있고, 진술의 임의성은 소송법적 사실로서 자유로운 증명의 대상이므로, 법원은 적당한 방법으로 조사하면 충분하다. 임의성을 증명하기 위하여도 법관에게 확신을 줄 것을 요한다. 따라서 합리적인 의심의 여지를 배제할 정도에 이르러야 한다.

14. 특수증거와 전문법칙

정보통신과 과학기술의 발달에 따라 사진, 녹음테이프, 음성파일, 비디오테이프, 영상파일, 컴퓨터용디스크 등의 새로운 증거방법이 등장하고 있다. 이 들 증거가 수사와 공판단계에서 활용되고 있음에도 형사소송법은 아직 그 증거능력이나 증거방법에 관한 명문의 규정이 없다. 특히 전문법칙과의 관계에서 증거물로 보아 무조건 증거능력을 인정할 것인가 또는 진술증거로 보아 전문법칙의 적용을 받는다고 해야 할 것인가에 대해 견해가 대립되고 있다.

가. 사진의 증거능력

1) 의의

사진은 역사적 장면을 그대로 담고 있다는 점에서 정확성과 신용성과 증거가치가 매우 높은 증거방법이다. 그러나 촬영과정에서 피사체의 선정이나 촬영조건은 물론 현상과 인화과정에 인위적인 조작의 위험성도 배제할할 수 없다. 따라서 사진을 비진술증거로 취급할 것인가, 아니면 진술기재서로 보아 전문법칙을 적용할 것인가 하는 것이 문제가 되고 있다. 사진의 증거능력은 사진의 성질과 용법에 따라 ① 현장사진, ② 사본인 사진, ③ 진술의 일부인 사진으로 나누어 검토해야 한다.

2) 현장사진

현장사진이란 범인의 행동에 중점을 두어 범행장면과 그 전후상황을 촬영한 사진으로서 독립증거로 이용되는 경우를 말한다. 그밖에 현장을 촬영한 영상녹화물(VTR, CCTV 등)의 영상부분, 현장을 녹음한 녹음테이프의 음성부분도 이에 준한다.

가) 현장사진의 증거능력

현장사진의 증거능력에 대해서는 비진술증거설, 진술증거설, 검증조서유추설이 대립하고 있다. 사진은 과거의 역사적 사실에 대한 흔적이지 사람의 지각에 의한 진술이 아니므로 독립된 비진술증거라는 견해가 타당하다고 본다. 따라서 현장사진에는 전문법칙이 적용되지 않는다. 그러나 증거일반에서 요구되는 진정성과 관련성은 진정되어야 증거능력이 있다. 판례는 피해자의 상해 부위를 촬영한 사진에 대해 전문법칙이 적용되지 않는다고 하여 사진 자체에 대해 비진술증거로 보고 있다(대판 2007.7.26. 2007도3906).

《대판 1997.9.30. 97도1230 (나체사진 공갈 사건)》 피고인이 현장사진 중 그 촬영일자 부분이 조작된 것이라고 다투는 경우 이 부분은 전문증거에 해당되어 별도로 증거능력이 있는지를 살펴보면 족한 것이고, 사진이 진정한 것으로 인정되는 한, 사진은 증거능력을 취득한다.

나) 비밀촬영사진

피촬영자의 동의 없이 촬영한 사진을 비밀촬영사진이라고 한다. 비밀촬영사진은 수사기관의 비밀촬영과 사인의 비밀촬영으로 나누어 살펴봐야 한다. 수사기관이 피촬영자의 동의 없이 촬영한 사진은 일정한 요건 하에서 당사자의 동의가 없더라도 영상 없는 사진촬영이 예외적으로 허용된다. 판례는 ① 현행범 · 준현행범적 상황, ② 증거보전의 필요성 및 긴급성, ③ 촬영방법의 상당성 등의 요건을 갖춘 경우에는 상대방의 동의 또는 법관의 영장이 없다고 하더라도 증거능력일 인정한다(判). 사인이 비밀촬영한 현장사진에 대해서는 진실발견이라는 공익과 개인의 사생활 보호라는 사익을 비교형량하여 결정한다(判).

《대판 2013.7.26. 2013도2511 (왕재산 사건)》 누구든지 자기의 얼굴이나 모습을 함부로 촬영당하지 않을 자유를 가지나, 이러한 자유도 무제한으로 보장되는 것은 아니고 국가의 안전보장 · 질서유지 · 공공복리를 위하여 필요한 경우에는 그 범위 내에서 상당한 제한이 있을 수 있으며, 수사기관이 범죄를 수사함에 있어 현재 범행이 행하여지고 있거나 행하여진 직후이고, 증거보전의 필요성 및 긴급성이 있으며, 일반적으로 허용되는 상당한 방법으로 촬영한 경우라면 위 촬영이 영장 없이 이루어졌다 하여 이를 위법하다고 단정할 수 없다.

3) 사본으로서의 사진

사진이 본래 증거로 제출되어야 할 자료의 대용물로 제출되는 경우를 말한다. 예를 들어 범행도구의 사진이나 문서를 찍은 사진 등이 이에 해당한다. 이 경우 최량증거 법칙(best evidence rule)에 의하여 ① 원본의 존재, ② 원본제출이 불능 · 곤란, ③ 전사의 정확성이라는 3가지 요건을 갖추어야 한다(判). 이 경우 원본의 증거능력과 동일한 요건을 갖추어야 한다. 또한 사본으로서의 사진의 원본이 피의자신문조서 등 진술증서이면 그 사진도 전문증거의 예외요건까지 모두 구비하여야 증거능력이 있다.

《대판 2008.11.13. 2006도2556 (불구덩이 속으로 가봅시다 사건)》 [1] 정보통신망을 통하여 공포심이나 불안감을 유발하는 글을 반복적으로 상대방에게 도달하게 하는 행위를 하였다는 공소사실에 대하여 휴대전화기에 저장된 문자정보가 그 증거가 되는 경우, 그 문자정보는 범행의 직접적인 수단이고 경험자의 진술에 갈음하는 대체물에 해당하지 않으므로, 형사소송법 제310조의2에서 정한 전문법칙이 적용되지 않는다.

[2] 검사가 문자정보가 저장되어 있는 휴대전화기를 법정에 제출하는 경우, 휴대전화기에 저장된 문자정보 그 자체가 범행의 직접적인 수단으로서 증거로 사용될 수 있다. 또한, 검사는 휴대전화기 이용자가 그 문자정보를 읽을 수 있도록 한 휴대전화기의 화면을 촬영한 사진을 증거로 제출할 수도 있는데, 이를 증거로 사용하려면 문자정보가 저장된 휴대전화기를 법정에 제출할 수 없거나 그 제출이 곤란한 사정이 있고, 그 사진의 영상이 휴대전화기의 화면에 표시된 문자정보와 정확하게 같다는 사실이 증명되어야 한다.

《대판 2002.10.22. 2000도5461》 피고인에 대한 검사 작성의 피의자신문조서가 그 내용 중 일부를 가린 채 복사를 한 다음 원본과 상위없다는 인증을 하여 초본의 형식으로 제출된 경우에, 위와 같은 피의자신문조서 초본은 피의자신문조서원본 중 가려진 부분의 내용이 가려지지 않은 부분과 분리 가능하고 당해 공소사실과 관련성이 없는 경우에만, 그 피의자신문조서의 원본이 존재하거나 존재하였을 것, 피의자신문조서의 원본 제출이 불능 또는 곤란한 사정이 있을 것, 원본을 정확하게 전사하였을 것 등 3가지 요건을 전제로 피고인에 대한 검사 작성의 피의자신문조서원본과 동일하게 취급할 수 있다.

4) 진술의 일부인 사진

사진이 진술증거의 일부로 사용되는 경우를 뜻한다. 즉 검증조사나 감정서에 사진이 첨부되는 경우를 말한다. 이 경우 사진의 증거능력은 진술증거인 검증조서나 감정서와 일체적으로 판단된다. 이는 사진이 진술증거의 일부를 이루는 보조수단에 불과하기 때문이다. 그러므로 사진의 증거능력이 인정되기 위해서는 촬영자의 공판진술에 의하여 성립의 진정이 인정되어야 한다. 다만 수사기관이 작성한 검증조서 중 피고인의 범행재연의 영상부분은 피고인에 의하여 재연의 진정함이 인정될 뿐만 아니라 내용이 인정될 때만 증거능력이 인정된다(대판 1998.3.13. 98도159).

《대판 1988.3.8. 87도2692》 사법경찰관 작성의 검증조서 중 피고인의 진술기재 부분과 범행재연의 사진영상에 관한 부분에 대하여 원진술자이며 행위자인 피고인에 의하여 진술 및 범행재연의 진정함이 인정되지 아니하는 경우 그 부분은 증거능력이 없다.

《대판 1998.3.13. 98도159》 사법경찰관이 작성한 검증조서'에는 범행에 부합되는 피고인의 진술기재 부분이 포함되어 있고 또한 범행을 재연하는 사진이 첨부되어 있으나, 피고인이 위 검증조서에 대하여 증거로 함에 동의만 하였을 뿐 공판정에서 검증조서에 기재된 진술내용 및 범행을 재연한 부분에 대하여 그 성립의 진정 및 내용을 인정한 흔적을 찾아 볼 수 없고 오히려 이를 부인하고 있으므로 증거능력을 인정할 수 없다.

5) 증거조사의 방법

증거물의 사본인 사진과 현장사진은 이를 제시하여 보여 주는 방법으로 증거조사해야 한다. 서증의 사본인 사진인 경우에는 제시뿐만 아니라 내용의 고지(낭독)가 필요하다(§292③). 이에 비해 진술의 일부인 사진은 낭독이나 내용의 고지에 의한 증거조사가 불가능하므로 소송관계인에게 제시하여 열람하게 할 것을 요한다(§292⑤).

나. 녹음테이프 및 녹음파일의 증거능력

1) 의의

녹음기로 녹음한 녹음테이프(디지털녹음기로 녹음한 녹음파일도 포함한다)는 기록과 재생의 정확성에서 사람의 지각이나 기억보다 정확성이 뛰어나 높은 증거가치를 가진다. 그러나 편집자의 주관적 의도대로 기술적으로 조작될 위험성을 배제할 수 없다. 녹음테이프의 증거능력도 사진과 마찬가지로 현장녹음과 진술녹음으로 구분하여 증거능력유무를 검토한다.

2) 현장녹음

가) 현장녹음의 증거능력

현장녹음이란 범죄현장에서 범행에 수반하여 발성된 말이나 음향을 녹음한 것으로 일정한 시간·장소에서 음향상황이 증명의 대상이 되는 것을 말한다. 현장사진의 경우와 마찬가지로 비진술증거설과 진술증거설 등이 대립하고 있으나, 현장녹음도 비진술증거라고 보는 것이 타당하다. 따라서 현장녹음은 전문법칙이 적용되지 않는다. 그러나 증거일반에서 요구되는 진정성과 관련성은 증명되어야 증거능력이 있다.

나) 비밀녹음

녹음테이프의 증거능력의 전제는 녹음행위의 적법성이다. 녹음행위가 위법한 경우 통신비밀보호법 제3조의 위반으로 형사처벌 대상이고, 그 녹음한 내용은 위법수집증거로서 증거로 사용할 수 없다. 특히 수사기관이 통신비밀보호법에 의한 절차에 따르지 않고 타인의 대화를 녹음한 경우 또는 당사자 일방만의 동의를 얻고 녹음한 경우 불법감청에 해당하여 증거능력이 없다(통비법 §4, §14②).

사인이 타인간의 대화를 비밀녹음한 경우는 제3자 녹음의 경우와 당사자 녹음의 경우로 구분하여 살펴봐야 한다. 제3자가 타인간의 공개되지 아니한 대화(비밀녹음)를 대화자 쌍방의 동의 없이 녹음·청취하는 것은 위법하다. 대화자 일방만의 동의를 받고 통화내용을 녹음하는 경우에도 마찬가지이다(대판 2002.10.8. 2002도123). 그러나 대화당사자 쌍방 모두의 동의가 있는 경우는 위법하지 않다. 이 경우에는 불법감청에 해당하지 않기 때문이다(통비법 §2.6). 대화당사자의 일방이 상대방의 동의 없이 비밀녹음한 경우에도 불법감청에 해당하지 않아 녹음테이프의 증거능력은 인정된다(대판 2008.10.23. 2008도1237). 3인간의 대화에서 그 중 한 사람이 그 대화를 녹음하는 경우에도 '공개되지 아니한 타인간의 대화'에 해당하지 않아 위법이 아니다(대판 2014.5.16. 2013도16404).

《대판 2006.10.12. 2006도4981 (3인간의 대화 녹음 사건)》 통신비밀보호법 제3조 제1항이 "공개되지 아니한 타인간의 대화를 녹음 또는 청취하지 못한다."라고 정한 것은, 대화에 원래부터 참여하지 않는 제3자가 그 대화를 하는 타인들 간의 발언을 녹음해서는 아니 된다는 취지이다. 3인 간의 대화에 있어서 그 중 한사람이 그 대화를 녹음하는 경우에 다른 두 사람의 발언은 그 녹음자에 대한 관계에서 '타인 간의 대화'라고 할 수 없으므로, 이와 같은 녹음행위가 통신비밀보호법 제3조 제1항에 위배된다고 볼 수는 없다.

《대판 2007.12.27. 2007도9053 (유황오리식당 CCTV설치사건)》 음식점 내부에 감시용 카메라와 도청마이크 등을 설치하여 타인간의 대화를 녹음하려 시도하거나 청취한 경우, 위 음식점 내에서 이루어진 타인간의 대화는 통신비밀보호법 제3조 제1항의 '공개되지 아니한 타인간의 대화'에 해당한다.

3) 진술녹음

진술녹음이란 사람의 진술이 녹음되어 있고, 그 진술내용의 진실성이 증명의 대상으로 되는 경우이다. 법원, 수사기관의 녹음이 될 수도 있고, 일반사인의 녹음이 될 수도 있다. 진술녹음은 진술증거의 일종으로 진술에 대신하는 서류와 그 기능이 동일하므로 전문증거에 해당하고, 따라서 전문법칙이 적용된다는 것이 통설과 판례의 입장이다. 진술내용의 진실성 여부가 증명대상이 아니라 진술의 존재 자체가 증명대상인 경우에는 전문증거가 아니며 전문법칙이 적용되지 않는다(判).

전문법칙이 적용되는 경우 진술'서류'가 진술'테이프'로 대체된 것에 불과하다. 따라서 녹음주체와 원진술이 행해지는 단계에 따라 각각 제311조 내지 제313조를 준용하여 진술녹음의 증거능력을 결정한다. 즉 검사가 피의자와 대화하는 내용을 녹화한 비디오테이프는 피의자신문조서에 준하여 증거능력을 가려야 하고(대판 1992.6.23. 92도682), 일반사인이 다른 사람과의 대화내용을 녹화한 녹음테이프는 제313조 제1항에 따라 사인의 진술기재서에 따라 증거능력이 인정되어야 한다(대판 1997.3.28. 96도2417). 제313조 제1항에 의하면 원진술자의 직접성 확인장치로 자필, 서명, 날인의 존재를 요건으로 하고 있다. 그러나 녹음테이프에는 서명 · 날인이 따로 필요없다(대판 2014.8.26. 2011도6035). 다만, 원진술자의 목소리를 음성지문 감정 등으로 검증하여 직접성을 확인할 수 있을 것이다.

나아가 녹음테이프(전자파일 포함)의 증거능력을 인정하기 위해서는 진정성이 입증되어야 한다. 판례는 녹음테이프가 대화내용을 녹음한 원본이거나 원본으로부터 복사한 사본일 경우에는 복사 과정에서 편집되는 등 인위적 개작 없이 원본의 내용 그대로 복사된 사본임이 증명되면 증거로 할 수 있다는 입장이다(대판 2005.12.23. 2005도2945 등).

《대판 2012.9.13. 2012도7461》 대화 내용을 녹음한 파일 등 전자매체는 성질상 작성자나 진술자의 서명 또는 날인이 없을 뿐만 아니라, 녹음자의 의도나 특정한 기술에 의하여 내용이 편집 · 조작될 위험성이 있음을 고려하여, 대화 내용을 녹음한 원본이거나 원본으로부터 복사한 사본일 경우에는 복사과정에서 편집되는 등의 인위적 개작 없이 원본의 내용 그대로 복사된 사본임이 증명되어야 한다.

《대판 2013.6.13. 2012도16001》 압수물인 디지털 저장매체로부터 출력한 문건을 증거로 사용하기 위해서는 디지털 저장매체 원본에 저장된 내용과 출력한 문건의 동일성이 인정되어야 하고, 이를 위해서는 디지털 저장매체 원본이 압수 시부터 문건 출력 시까지 변경되지 않았음이 담보되어야 한다. 그리고 압수된 디지털 저장매체로부터 출력한 문건을 진술증거로 사용하는 경우, 그 기재 내용의 진실성에 관하여는 전문법칙이 적용되므로 형사소송법 제313조 제1항에 따라 공판준비나 공판기일에서의 그 작성자 또는 진술자의 진술에 의하여 그 성립의 진정함이 증명된 때에 한하여 이를 증거로 사용할 수 있다.

《대판 1996.10.15. 96도1669 (근로복지공사 옥상광고 사건)》 수사기관이 아닌 사인이 피고인 아닌 사람과의 대화내용을 녹음한 녹음테이프는 형사소송법 제311조, 제312조 규정 이외의 피고인 아닌 자의 진술을 기재한 서류와 다를 바 없으므로, 피고인이 그 녹음테이프를 증거로 할 수 있음에 동의하지 아니하는 이상 그 증거능력을 부여하기 위하여는 첫째, 녹음테이프가 원본이거나 원본으로부터 복사한 사본일 경우(녹음디스크에 복사할 경우에도 동일하나)에는 복사과정에서 편집되는 등의 인위적 개작 없이 원본의 내용 그대로 복사된 사본일 것, 둘째 형사소송법 제313조 제1항에 따라 공판준비나 공판기일에서 원진술자의 진술에 의하여 그 녹음테이프에 녹음된 각자의 진술내용이 자신이 진술한 대로 녹음된 것이라는 점이 인정되어야 한다(비디오테이프도 같음-대판 2004.9.13. 2004도3161).

《대판 2004.9.13. 2004도3161》 비디오테이프에 촬영, 녹음된 내용을 재생기에 의해 시청을 마친 원진술자가 비디오테이프의 피촬영자의 모습과 음성을 확인하고 자신과 동일인이라고 진술한 것은 비디오테이프에 녹음된 진술내용이 자신이 진술한 대로 녹음된 것이라는 취지의 진술을 한 것으로 보아야 한다.

《대판 2008.3.13. 2007도10804》 피고인의 변호인이 보이스펜을 증거로 함에 동의하였고, 보이스펜, 녹음테이프 등에 녹음된 대화내용과 녹취록의 기재가 일치함을 확인하였으므로, 결국 그 진정성립이 인정된다고 할 것이고, 나아가 녹음의 경위 및 대화내용에 비추어 그 진술이 특히 신빙할 수 있는 상태하에서 행하여진 것으로 인정되므로 이를 증거로 사용할 수 있다.

4) 증거조사의 방법

형사소송법이 규정하고 있는 낭독 또는 제시 등의 방법에 의한 증거조사(§292)는 녹음테이프에 있어서는 적합하지 않다. 따라서 녹음테이프나 녹화매체에 관하여는 테이프를 녹음재생기에 걸어 공판정에서 재생하여 청취 또는 시청하는 방법으로 한다(형규 §134-8③).

다. 영상녹화물 및 비디오테이프의 증거능력

1) 의의

영상녹화물이란 수사기관이 일정한 진술을 청취하는 과정에서 그 진술의 영상과 음성을 함께 녹화하여 기록해 놓은 것을 말한다. 비디오테이프란 영상녹화와 같은 방법으로 그 진술의 영상과 음성을 아날로그 신호로 저장하여 기록해 놓은 것을 말한다. 영상녹화물 및 비디오테이프도 녹음테이프의 경우와 마찬가지로 현장녹화와 진술녹화로 나누어 생각해 볼 수 있다.

2) 현장녹화

가) 현장녹화의 증거능력

현장녹화도 현장사진이나 현장녹음과 마찬가지로 취급하면 된다. 현장사진이나 현장녹음과 마찬가지로 현장녹화도 비진술증거로 취급한다. 다만 현장녹화라도 녹음된 진술의 존재자체가 요증사실로 문제되는 것이 아니라 그 내용의 진실성 여부가 문제되는 경우에는 진술녹화와 마찬가지로 취급한다. 일반적인 현장녹화는 비진술증거로서 전문법칙이 적용되지 않는다. 그러나 증거 일반에서 요구되는 진정성과 관련성은 증명되어야 증거능력이 있다.

나) 비밀녹화

피촬영자의 동의 없는 비밀녹화의 경우 현장사진이나 현장녹음에 준하여 판단하면 된다. 영상부분은 현장사진에 준한다. 수사기관의 비밀촬영은 당사자의 동의가 없더라도 영장 없는 사진촬영과 마찬가지로 일정한 예외 요건하에서 증거능력이 인정된다. 사인의 비밀촬영은 공익과 사익을 비교형량하여 증거능력 여부를 판단한다. 피촬영자의 동의 없는 비밀녹화에서 음성부분에 관해서는 비밀녹음에 준하여 그 녹음행위가 통신비밀보호법상의 적법한 절차를 준수하였는지를 기준으로 판단한다.

3) 진술녹화

가) 수사기관의 진술녹화

수사기관이 피조사자의 진술을 기재한 영상녹화물은 피조사자의 진술내용을 사실대로 녹화하여 재생시킬 수 있는 과학적 증거방법이다. 피의자신문을 진술녹화하는 경우 수사기관의 재량이나 참고인 조사의 경우 참고인의 동의를 얻어야 영상녹화할 수 있다(§221①). 현행법상 수사기관의 영상녹화물은 참고인진술조서의 실질적 진정성립의 대체증명수단(§312④) 및 진술자의 기억환기를 위한 보조 수단(§318-2②)에 국한하여 허용된다.

영상녹화물에 대하여 독립된 증거능력을 인정할 것인가가 문제되나 판례는 소극설의 입장이다. 즉, 판례는 참고인 진술에 대한 영상녹화물은 피고인의 동의가 없는 이상 독립적인 증거로 사용할 수 없다고 판시하였다(대판 2014.7.10. 2012도5041). 현행법상 영상녹화무른 공소사실을 직접 증명할 수 있는 본증으로 사용할 수 없고, 탄핵증거로도 사용할 수 없다(§318-2② 해석).

《대판 2014.7.10. 2012도5041 (가정폭력 남편 감금 · 살해 사건)》 수사기관이 참고인을 조사하는 과정에서 형사소송법 제221조 제1항에 따라 작성한 영상녹화물은, 다른 법률에서 달리 규정하고 있는 등의 특별한 사정이 없는 한, 공소사실을 직접 증명할 수 있는 독립적인 증거로 사용될 수는 없다.

나) 사인의 진술녹화

사인의 진술녹화도 진술녹음과 마찬가지로 사인이 작성한 진술기재서에 해당하여 제313조를 적용한다. 피고인 아닌 자가 '피고인'의 진술을 녹화한 경우 작성자인 촬영자의 법정진술에 의해 성립의 진정을 증명하고, 제313조 제1항 단서에 의해 특신상태가 인정되어야 한다. 피고인 아닌 자가 '피고인 아닌 타인'의 진술을 녹화한 경우 원진술자인 '피고인 아닌 타인'의 법정진술에 의해 성립의 진정을 증명되어야 증거능력이 있다.

라. 전자정보의 증거능력

1) 의의

전자정보란 전자적 형태로 생성되거나 처리된 정보로, 컴퓨터 시스템이나 통신망을 통해 생성, 저장, 전송, 수신되어 사람의 지각에 의하여 그 존재 및 상태를 인식할 수 없는 방식으로 작성된 디지털 신호의 집합체를 말한다. 전자정보의 증거능력은 문자정보파일, 사진파일, 음성파일, 동영상파일 등 정보저장매체에 저장된 내용에 따라 증거능력 인정요건에 차이가 있다.

2) 사진 · 녹음 · 녹화파일

사진, 녹음테이프, 비디오테이프의 예에 따라 증거능력을 판단한다.

3) 문자정보 파일

문자정보파일의 경우 전문서류와 마찬가지로 증거능력을 인정하면 된다. 파일에 들어있는 문건이 증거로 사용되는 경우 실질에 있어 제313조의 진술기재서와 다를 바 없으므로 그 기재내용의 진실성에 관하여는 전문법칙이 적용된다. 따라서 원진술자 또는 작성자의 법정진술에 의하여 성립의 진정이 증명된 경우에 증거능력이 인정된다. 원본파일이 제315조에 해당하는 전자문서인 경우에는 진정성 요건을 갖추는 한 당연히 증거능력이 인정된다(判).

다만, 전자정보를 증거로 사용하기 위해서는 정보저장매체 원본에 저장된 내용과의 동일성이 인정되어야 하고, 그 원본이 문서 출력시까지 인위적 편집 · 조작 등으로 변경되지 않았다는 사정, 즉 무결성이 인정되어야 한다(判).

4) 증거조사 방법

컴퓨터용디스크 그 밖에 이와 비슷한 정보저장매체에 기억된 문자정보를 증거자료로 하는 경우에는 읽을 수 있도록 출력하여 인증한 등본을 낼 수 있고, 이를 증거로 하는 경우에 증거조사를 신청한 당사자는 컴퓨터디스크 등에 '입력한 사람과 입력한 일시, 출력한 사람과 출력한 일시'를 밝혀야 한다(형규 §134-7①,②).

마. 거짓말탐지기 검사결과의 증거능력

1) 의의

거짓말탐지기 검사란 피의자 등 피검자에 대하여 일정한 질문을 하여 진술하게 하여,

피검자의 호흡, 혈압, 맥박 등에 나타난 생리적 반응을 거짓말탐지기의 검사지에 기록한 후 이를 관찰·분석하여 피검자 진술의 진실여부를 판단하는 것을 말한다. 거짓말탐지기는 과학수사기술의 발달에 따라 현재 우리나라에서도 본격적으로 활용되고 있는 수사방법이다. 거짓말탐지기 검사에 의한 수사방법은 피검사자의 동의가 있는 경우에 한하여 임의수사로서 허용된다(대판 1987.7.21. 87도968).

나. 검사결과의 증거능력

거짓말탐지기 검사결과의 증거능력에 대해 견해의 대립이 있으나 판례는 ① 심리상태의 변동, ② 생리적 반응, ③ 거짓 여부 판정의 정확성 등의 인과관계의 충족 및 기계적 장치의 정확성, 검사방법의 합리성, 검사자의 전문성 등 엄격한 전제요건을 요구하고 있다(대판 1983.9.13. 83도712; 대판 2005.5.26. 2005도130). 또한 증거능력이 인정되는 경우라 할지라도 그 검사결과는 검사를 받는 사람의 진술의 신빙성을 가늠하는 정황증거에 불과하다고 한다(대판 1984.2.14. 83도3146; 2017.1.25. 2016도15526).

거짓말탐지기 검사결과보고서는 실실적으로 감성서로서의 성질을 가지므로, 전문법칙과의 관계에서도 동의에 의한 검사결과는 형사소송법 제313조 제3항에 따라 증거능력을 인정할 수 있다. 증거능력이 없는 경우에도 진술의 신빙성을 판단하는 탄핵증거로 사용하는 것은 가능하다.

《대판 1987.7.21. 87도968》 거짓말탐지기의 검사는 그 기구의 성능, 조작기술 등에 있어 신뢰도가 극히 높다고 인정되고 그 검사자가 적격자이며, 검사를 받는 사람이 검사를 받음에 동의하였으며 검사서가 검사자 자신이 실시한 검사의 방법, 경과 및 그 결과를 충실하게 기재하였다는 등의 전제조건이 증거에 의하여 확인되었을 경우에만 형사소송법 제313조 제3항에 의하여 이를 증거로 할 수 있는 것이고, 증거능력이 있는 경우에도 그 검사결과는 검사를 받는 사람의 진술의 신빙성을 가늠하는 정황증거로서의 기능을 하는데 그친다.

제4절 당사자의 동의와 증거능력

제318조(당사자의 동의와 증거능력) ① 검사와 피고인이 증거로 할 수 있음을 동의한 서류 또는 물건은 진정한 것으로 인정한 때에는 증거로 할 수 있다.
② 피고인의 출정없이 증거조사를 할 수 있는 경우에 피고인이 출정하지 아니한 때에는 전항의 동의가 있는 것으로 간주한다. 단, 대리인 또는 변호인이 출정한 때에는 예외로 한다.

1. 동의의 의의와 본질

형사소송법 제318조 제1항은 '검사와 피고인이 증거로 할 수 있음을 동의한 서류 또는 물건은 법원이 진정한 것으로 인정한 때에는 증거로 할 수 있다.'고 규정하고 있다. 전문법칙에 의하여 증거능력이 없는 증거라도 당사자가 동의한 때에는 증거로 할 수 있도록 하여 신속한 재판과 소송경제를 도모하기 위한 것이다.

당사자가 동의하여 증거의 증거능력을 인정하는 경우 동의의 본질이 무엇인가에 대해 크게 반대신문권포기설과 처분권설이 대립한다. 통설과 판례는 증거동의는 실질적으로 반대신문권의 포기를 의미한다는 반대신문권포기설의 입장이다(대판 1983.3.8. 82도2873). 반대신문권포기설에 따르면 반대신문권과 관련이 없을 경우에는 동의가 있어도 증거로 사용하는 것이 불가능하다.

당사자의 동의와 전문법칙과의 관계에 대하여 전문법칙예외설과 전문법칙부적용설의 대립하고 있다. 제318조는 증거방법이 제311조 내지 제316조의 요건을 충족하는가를 불문하고 당사자의 동의를 조건으로 증거능력을 부여하고 있으므로 전문법칙의 적용이 없는 경우라고 보는 것이 타당하다(다수설).

《대판 1983.3.8. 82도2873 (이철희 · 장영자 사건)》 형사소송법 제318조 제1항은 전문증거금지의 원칙에 대한 예외로서 반대신문권을 포기하겠다는 피고인의 의사표시에 의하여 서류 또는 물건의 증거능력을 부여하려는 규정이므로 피고인의 의사표시가 위와 같은 내용을 적극적으로 표시하는 것이라고 인정되는 경우이면 증거동의로서의 효력이 있다.

2. 증거동의의 방법

가. 동의의 주체와 상대방

동의의 주체는 당사자인 검사와 피고인이다. 일방당사자가 신청한 증거에 대하여는 상대방의 동의가 있으면 된다. 그러나 법원이 직권으로 채택한 증거에 대해서는 양당사자의 동의가 필요하다. 변호인도 동의를 할 수 있다. 변호인의 동의권에 대해 판례는 독립대리권으로 보아 피고인의 명시의 의사에 반하지 않는 한 피고인을 대리하여 동의할 수 있다고 한다(대판 1999.8.20. 99도2029). 변호인은 피고인의 묵시적 의사에 반하여 증거동의를 할 수 있다고 보는 것이다.

동의의 상대방은 법원이다. 증거동의의 본질은 반대신문권의 포기이고, 증거능력 없는 전문증거에 대해서 증거능력을 부여하는 의사표시이기 때문이다. 그러므로 동의의 의사표시는 법원에 대해서 해야 한다. 반대당사자(검사)에 대한 동의의 의사표시는 증거동의로서 효력이 없다.

《대판 2013.3.28. 2013도3》 피고인이 출석한 공판기일에서 증거로 함에 부동의한다는 의견이 진술된 경우에는 그 후 피고인이 출석하지 아니한 공판기일에 변호인만이 출석하여 종전 의견을 번복하여 증거로 함에 동의하였다 하더라도 이는 특별한 사정이 없는 한 효력이 없다고 보아야 한다.

《대판 1999.8.20. 99도2029》 증거로 함에 대한 동의의 주체는 소송주체인 당사자라 할 것이지만 변호인은 피고인의 명시한 의사에 반하지 아니하는 한 피고인을 대리하여 이를 할 수 있음은 물론이므로 피고인이 증거로 함에 동의하지 아니한다고 명시적인 의사표시를 한 경우 이외에는 변호인은 서류나 물건에 대하여 증거로 함에 동의할 수 있고 이 경우 변호인의 동의에 대하여 피고인이 즉시 이의하지 아니하는 경우에는 변호인의 동의로 증거능력이 인정되고 증거조사 완료 전까지 동의가 취소 또는 철회하지 아니한 이상 일단 부여된 증거능력은 그대로 존속한다.

나. 동의의 대상

1) 서류

동의의 대상이 되는 것은 증거능력이 없는 '서류 또는 물건'이다(§318①). 동의가 반대신문권의 포기를 의미하므로 진술증거인 '서류'와 서류 이외에 전문증거가 되는 '진술'도 동의의 대상이 된다(대판 2019.11.14. 2019도11552). 원진술을 내용으로 하는 구두진술도 전문증거이므로 동의가 가능하다.

증거동의의 대상이 되는 것은 모든 전문증거이다. 이미 증거능력이 있는 증거는 증거로 삼을 수 있으므로 동의의 대상이 되지 않는다. 피의자신문조서, 진술조서, 검증조서, 압수조서, 전문진술, 감정서, 진단서, 사진 등은 물론 재전문증거, 조서의 일부분이나 조서나 서류의 사본에 대한 동의도 가능하다(判). 공동피고인에 대한 피의자신문조서뿐만 아니라 진술조서는 물론 조서나 서류의 사진(대판 1969.8.19. 69도938), 대화내용이 녹음된 보이스펜(대판 2008.3.13. 2007도10804)도 동의의 대상에 포함된다. 특히, ① 증언번복 진술조서, ② 공소제기 후 작성된 증인예정자 진술조서, ③ 증거보전절차에서 당사자에게 증인신문의 참여기회를 주지 아니한 증인신문조서는 증거능력이 없지만 증거동의하면 증거능력이 인정된다는 점을 주의해야 한다.

임의성 없는 자백이나 위법하게 수집된 증거는 동의의 대상이 되지 않는다(통설 · 판례). 판례는 유죄증거에 대한 반대증거로 제출한 서류는 성립의 진정이 증명되지 않거나 동의가 없어도 증거판단의 자료로 삼을 수 있으므로 동의의 대상이 아니라고 보고 있다(대판 1971.1.31. 71도2060).

《대판 1986.7.8. 86도893》 증거동의의 대상이 될 서류는 원본에 한하는 것이 아니라 그 사본도 포함된다.

《대판 2006.11.23. 2004도7900》 기록상 진술증거의 임의성에 관하여 의심할 만한 사정이 나타나 있는 경우에는 법원은 직권으로 그 임의성 여부에 관하여 조사를 하여야 하고, 임의성이 인정되지 아니하여 증거능력이 없는 진술증거는 피고인이 증거로 함에 동의하더라도 증거로 삼을 수 없다.

《대판 2009.12.24. 2009도11401》 사법경찰관이 긴급체포시 압수한 물건에 관하여 사후 압수수색영장을 청구하여 이를 발부받지 않고 즉시 반환도 하지 않은 경우 피고인이나 변호인이 이를 증거로 함에 동의하였다고 하더라도 달리 유죄의 증거로 사용할 수 없다.

《대판 1981.12.22. 80도1547》 유죄의 자료가 되는 것으로 제출된 증거의 반대증거 서류에 대하여는 그것이 유죄사실을 인정하는 증거가 되는 것이 아닌 이상 반드시 그 진정성립이 증명되지 아니하거나 이를 증거로 함에 있어서의 상대방의 동의가 없다고 하더라도 증거판단의 자료로 할 수 있다.

《대판 1979.8.31. 79도1431》 진술서에 작성자의 서명이나 날인이 없고 단지 기명 다음에 싸인이 되어 있을 뿐이라도 위 진술서가 진정한 것으로 인정되는 경우에는 당사자가 증거로 함에 동의하고 있는 위 진술서를 판시사실에 대한 증거로 한 조치는 정당하다.

《대판 2006.12.8. 2005도9730》 수사기관이 참고인의 진술을 기재한 조서는 그 내용을 피고인이 부인하고 원진술자의 법정 출석과 피고인에 의한 반대신문이 이루어지지 못하였다면, 이를 주된 증거로 하여 공소사실을 인정하는 것은 원칙적으로 허용될 수 없다. 이는 원진술자의 사망이나 질병 등으로 인하여 원진술자의 법정 출석 및 반대신문이 이루어지지 못한 경우는 물론 수사기관의 조서를 증거로 함에 피고인이 동의한 경우에도 마찬가지이다.

2) 물건

물건(증거물)이 동의의 대상이 되는가에 대해서는 견해가 대립하고 있다. 적극설은 제318조에 명문의 규정이 있으므로 증거물에 대해서도 증거동의를 할 수 있다는 입장이다. 이에 비해 소극설은 물건은 반대신문과 관계없는 증거이며 현행법은 물건의 증거능력을 제한하고 있지 않으므로 물건은 증거동의의 대상이 되지 않는다고 한다(다수설).

《대판 2007.7.26. 2007도3906》 '乙의 상해부위를 촬영한 사진'은 비진술증거로서 전문법칙이 적용되지 않는다. 그러나 피고인이 제1심 제1회 공판기일에 증거로 함에 동의한 이상 위 사진의 증거능력을 인정한 조치는 정당하다.

다. 동의의 시기와 방식

1) 동의의 시기

증거동의는 원칙적으로 증거조사 전(증거결정단계)에 하여야 한다. 동의가 증거능력의 요건이고 증거능력 없는 증거에 대한 증거조사는 허용되지 않기 때문이다. 그러나 증거조사 도중 또는 증거조사 후에 전문증거임이 밝혀진 경우에는 사후 동의도 가능하다. 이 경우 사후동의는 변론종결시까지 동의가 가능하며, 동의가 이루어지면 그 하자가 치유되어 증거능력이 소급적으로 인정된다. 동의는 공판기일 이외에 공판준비기일에서도 가능하다.

2) 동의의 방식

증거동의는 증거능력을 부여하는 중요한 소송행위이므로 원칙적으로 개개의 증거에 대해 명시적·개별적으로 행해져야 한다. 서면이나 구두로 할 수 있다. 그러나 판례는 묵시적 동의도 허용하고 있다. 예컨대 진술조서에 대해 '이견이 없다'고 진술하였다면 증거로 함에 동의한 것으로 볼 수 있다고 판시하였다(대판 1972.6.13. 72노922).

동의의 의사표시가 개별적 동의여야 하는가 포괄적 동의도 가능한가에 대해서도 견해의 대립이 있으나 판례는 '검사가 제시한 모든 증거에 대하여 증거로 함에 동의한다.'는 식의 포괄적인 동의도 가능하다고 보고 있다(대판 1983.3.8. 82도2873).

《대판 1984.10.10. 84도1552》 검사 작성의 피고인 아닌 자에 대한 진술조서에 관하여 피고인이 공판정 진술과 배치되는 부분은 부동의 한다고 진술한 것은 조서내용의 특정 부분에 대하여 증거로 함에 동의한다는 특별한 사정이 있는 때와는 달리 그 조서를 증거로 함에 동의하지 아니한다는 취지로 해석하여야 한다.

《대판 1983.9.27. 83도516》 피고인이 신청한 증인의 증언이 피고인 아닌 타인의 진술을 그 내용으로 하는 전문진술이라고 하더라도 피고인이 그 증언에 대하여 '별 의견이 없다.'고 진술하였다면 그 증언을 증거로 함에 동의한 것으로 볼 수 있으므로 이는 증거능력 있다.

《대판 2019.11.14. 2019도11552》 피고인이 공소사실을 부인하는 상황에서 검사가 신청한 증인의 법정진술이 전문증거로서 증거능력이 없는 경우, 피고인 또는 변호인에게 의견을 묻는 등의 적절한 방법으로 고지가 이루어지지 않은 채 증인신문이 진행되었다면, 피고인이 그 증거조사 결과에 대하여 대하여 별 의견이 없다고 진술하였더라도 증인의 법정증언을 증거로 삼는 데에 동의한 것으로 볼 수 없다.

《대판 1983.3.8. 82도2873》 개개의 증거에 대하여 개별적인 증거조사방식을 거치지 아니하고 검사가 제시한 모든 증거에 대하여 피고인이 증거로 함에 동의한다는 방식으로 이루어진 것이라 하여도 증거동의로서의 효력을 부정할 이유가 되지 못한다.

《대판 1990.7.24. 90도1303》 피고인들이 제1심 법정에서 경찰의 검증조서 가운데 범행부분만 부동의하고 현장상황 부분에 대해서는 모두 증거로 함에 동의하였다면, 위 검증조서 중 범행상황 부분만을 증거로 채용한 제1심판결에 잘못이 없다.

《대판 1989.10.10. 87도966》 [1] 법원이 직권으로 증거조사를 할 때에는 양 당사자의 동의가 필요함은 물론이라 하겠으나 당해 서류를 제출한 당사자는 그것을 증거로 함에 동의하고 있음은 명백한 것이므로 상대방의 동의만 얻으면 충분하다.

[2] 피고인이나 변호인이 피고인의 무죄에 관한 자료로 제출한 서증 가운데 도리어 유죄임을 뒷받침하는 내용이 있는 경우 법원은 상대방의 원용(동의)이 없는 한 당해 서류의 진정성립 여부 등을 조사하고 아울러 당해 서류에 대한 피고인이나 변호인의 의견과 변명의 기회를 준 다음이 아니면 당해 서증을 유죄인정의 증거로 쓸 수 없다.

3. 증거동의의 의제

가. 피고인의 불출석

피고인 출정 없이 증거조사 할 수 있는 경우에 피고인이 출정하지 아니한 때에는 피고인 대신 대리인 또는 변호인이 출정한 때를 제외하고는 증거동의가 있는 것으로 간주한다(§318②). 이는 피고인의 불출석으로 인한 소송지연을 방지하기 위함이다. 피고인이 법인인 경우에 대리인이 출석하지 아니한 경우(§276)와 경미사건(다액 500만원 이하의 벌금과 과료에 해당하는 사건)과 공소기각 또는 면소의 재판을 할 것이 명백한 사건에 피고인이 출석하지 아니한 경우(§277)가 여기에 해당한다.

피고인이 항소심의 공판기일에 2회 이상 불출석한 경우(§365)나 약식명령에 대하여 정식재판을 청구한 피고인이 정식재판절차의 공판기일에 출석하지 아니하고, 정당한 사유없이 다시 정한 기일에 출석하지 아니한 때(§458②)에도 증거동의가 있는 것으로 간주된다.

피고인이 재판장의 허가 없이 퇴정하거나, 재판장의 퇴정명령에 의하여 출석하지 않은 때에도 동의가 의제될 것인가에 대해 견해의 대립이 있으나 판례는 피고인과 변호인이 출석하지 않은 상태에서 증거조사를 할 수밖에 없는 경우에는 동의가 있는 것으로 간주한다고 하고 있다(대판 1991.6.28. 91도865; 대판 1991.3.10. 2010도15977). 그러나 재판장의 퇴정명령에 의해 퇴정한 경우에는 피고인에게 귀책사유가 없으므로 증거동의는 의제되지 않는다고 보는 것이 통설이다.

《대판 1991.6.28. 91도865 (민자당 중앙당사 점거농성 사건)》 필요적 변호사건이라 하여도 피고인이 재판거부의 의사를 표시하고 재판장의 허가 없이 퇴정하고 변호인마저 이에 동조하여 퇴정해 버린 것은 모두 피고인 측의 방어권의 남용 내지 변호권의 포기로 볼 수밖에 없는 것이므로 수소법원으로서는 형사소송법 제330조에 의하여 피고인이나 변호인의 재정 없이도 심리판결 할 수 있고, 형사소송법 제318조 제2항의 규정상 피고인의 진의와는 관계없이 형사소송법 제318조 제1항의 동의가 있는 것으로 간주된다.

《대판 2011.3.10. 2010도15977 (공판기일 2회 이상 불출석 사건)》 피고인이 공시송달의 방법에 의한 공판기일의 소환을 2회 이상 받고도 출석하지 아니하여 법원이 피고인의 출정 없이 증거조사를 하는 경우에는 형사소송법 제318조 제2항에 따른 피고인의 증거동의가 있는 것으로 간주된다.

《대판 2010.7.15. 2007도5776 (정식재판 2회 불출석 사건)》 약식명령에 불복하여 정식재판을 청구한 피고인이 정식재판절차에서 2회 불출정하여 법원이 피고인의 출정 없이 증거조사를 하는 경우에 법 제318조 제2항에 따른 피고인의 증거동의가 간주된다. 비록 피고인이 항소심에 출석하여 공소사실을 부인하면서 간주된 증거동의를 철회 또는 취소한다는 의사표시를 하더라도 그로 인하여 적법하게 부여된 증거능력이 상실되는 것이 아니다.

나. 간이공판절차의 특칙

간이공판절차의 결정(§286-2)이 있는 사건의 경우 당사자 또는 변호인이 증거로함에 이의가 엇는 한 전문증거에 대한 (제318조 제1항의) 증거동의가 있는 것으로 간주한다(§318-3). 이는 피고인이 공소사실에 관하여 자백했기 때문에 반대신문권을 포기하거나 직접주의에 의한 심리를 포기한 것으로 추정되기 때문이다.

4. 증거동의의 효과

가. 증거능력 인정

당사자가 동의한 서류 또는 물건은 제311조 내지 제316조의 요건을 갖추지 않은 때에도 법원이 진정한 것으로 인정한 때에 한하여 증거능력이 부여된다(§318①). 따라서 증거동의를 하더라도 법원이 진정성을 인정하지 않으면 증거능력이 인정되지 않는다. 진정성은 증거동의 대상인 증거의 '신용성을 의심스럽게 하는 유형적 정황'이 없음을 의미한다. 진정성 여부는 소송법적 사실이므로 자유로운 증명으로 충분하다.

동의를 한 당사자도 탄핵증거를 제출하여 그 증거의 증명력을 다툴 수 있다. 증거능력과 증명력은 구별되는 것이고 반대신문권은 증명력을 다투는 권리와는 다른 것이므로 반대신문 이외의 방법으로 증명력을 다투는 것은 허용된다(통설). 다만, 동의의 본질은 반대신문권 포기이기 때문에 동의한 증거에 대하여 반대신문을 하기 위하여 원진술자를 증인으로 신청하는 것은 허용되지 않는다.

《대판 2015.8.27. 2015도3467 (구미 KEC노조 점거농성 사건)》 형사소송법 제318조 제1항은 "검사와 피고인이 증거로 할 수 있음을 동의한 서류 또는 물건은 진정한 것으로 인정한 때에는 증거로 할 수 있다."고 규정하고 있을 뿐 진정한 것으로 인정하는 방법을 제한하고 있지 아니하므로, 증거동의가 있는 서류 또는 물건은 법원이 제반 사정을 참작하여 진정한 것으로 인정하면 증거로 할 수 있다. 그리고 증거동의의 의사표시는 증거조사가 완료되기 전까지 취소 또는 철회할 수 있으나, 일단 증거조사가 완료된 뒤에는 취소 또는 철회가 인정되지 아니하므로 취소 또는 철회 전에 이미 취득한 증거능력은 상실되지 아니한다.

《대판 1982.3.9. 82도63》 진술조서 말미의 진술자란의 서명 옆에 날인이 없고 진술자란의 서명이 그의 필적이라고 단정하기 분명하지 않다하더라도 위 조서에는 진술자의 간인이 되어 있고 그 인영이 압수물가환부청구서와 압수물영수증 중의 인영과 동일한 것으로 인정되는 등의 정황에 비추어 위 날인이 없는 것은 단순한 착오에 의한 누락이라고 보여질 뿐 위 조서는 진정한 것으로 인정된다.

나. 동의의 효력이 미치는 범위

증거동의는 동의한 피고인에 대해서만 그 효력이 미치고 다른 공동 피고인에게는 미치지 않는다. 공동피고인은 각자가 반대신문권을 가지기 때문이다. 따라서 공동피고인 중의

1인이 동의한 경우에도 다른 공동피고인에 대하여는 동의의 효력이 미치지 않는다.

증거동의는 동의의 대상인 서류 또는 물건의 전체에 미치므로 일부에 대한 동의는 원칙적으로 허용되지 아니한다. 다만, 증거가 가분적인 경우에는 일부에 대한 동의도 가능하다. 예를 들어 검증조서 가운데 현장상황을 기재한 부분에 대해서만 동의를 한 경우 현장 진술 부분에 대해서는 동의효력이 미치지 않는다.

증거동의의 효력은 공판절차의 갱신이 있거나, 심급을 달리하는 경우에도 소멸되지 아니한다. 따라서 제1심에서 한 증거동의는 항소심에서도 그 효력이 있다.

《대판 1984.10.10. 84도1552》 검사작성의 피고인 아닌 자에 대한 진술조서에 관하여 피고인이 공판정 진술과 배치되는 부분은 부동의한다고 진술한 것은 조서내용의 특정부분에 대하여 증거로 함에 동의한다는 특별한 사정이 있는 때와는 달리 그 조서를 증거로 함에 동의하지 아니한다는 취지로 해석하여야 한다.

《대판 2011.7.14. 2011도3809 (과테말라 출장조사 사건)》 뇌물공여자 甲이 작성한 고발장에 대하여 피고인의 변호인이 증거 부동의 의견을 밝히고, 같은 고발장을 첨부문서로 포함하고 있는 검찰주사보 작성의 수사보고에 대하여는 증거에 동의하여 증거조사가 행하여진 경우, 수사보고에 대한 증거동의의 효력이 첨부된 고발장에도 당연히 미치는 것은 아니고 별도의 증거조사 절차가 필요하다. 따라서 고발장을 유죄의 증거로 삼을 수 없다.

《대판 1994.7.29. 93도955》 제1심 공판조서 및 그 조서의 일부를 이루는 증거목록에 피고인 또는 변호인이 증거로 함에 동의한다는 의사표시를 한 것으로 기재되어 있고, 증거조사가 완료되기 전까지 그 의사표시를 철회 또는 취소하였다고 볼 흔적을 찾아 볼 수 없는 사법경찰관 사무취급 작성의 참고인 진술조서는 진정한 것으로 인정되는 한 제2심에서 피고인이 증거로 함에 부동의하거나 범행을 부인하였어도 이미 적법하게 부여된 증거능력이 상실되는 것은 아니다.

《대판 2016.3.10. 2015도19139》 증거동의는 소송 주체인 검사와 피고인이 하는 것이고, 변호인은 피고인을 대리하여 증거 동의에 관한 의견을 낼 수 있을 뿐이므로, 피고인이 변호인과 함께 출석한 공판기일의 공판조서에 검사가 제출한 증거에 대하여 동의한다는 기재가 되어 있다면 이는 피고인이 증거 동의를 한 것으로 보아야 하고, 그 기재는 절대적인 증명력을 가진다.

5. 증거동의의 철회와 취소

가. 동의의 철회

증거동의는 절차형성행위이므로 절차의 안정성을 해하지 않는 범위에서 철회가 허용된다(대판 1999.8.20. 99도2029). 다만 언제까지 철회가 허용되는가에 대하여는 견해가 대립되고 있다. 이에 대해 증거동의는 증거조사 완료 전까지 철회할 수 있다는 것이 다수설과 판례의 입장이다(대판 1999.8.20. 99도2029).

《대판 1996.12.10. 96도2507》 형사소송법 제318조에 규정된 증거동의의 의사표시는 증거조사가 완료되기 전까지 취소 또는 철회할 수 있으나, 일단 증거조사가 완료된 뒤에는 취소 또는 철회가 인정되지 아니하므로 제1심에서 한 증거동의를 제2심에서 취소할 수 없고, 일단 증거조사가 종료된 후에 증거동의의 의사표시를 취소 철회하더라도 취소 또는 철회 이전에 이미 취득한 증거능력이 상실되지 않는다.

나. 동의의 취소

증거동의 과정에서 착오·강박이 있었던 경우, 증거동의를 취소할 수 있는가에 대해 견해의 대립이 있다. 절차의 형식적 확실성에 비추어 착오나 강박을 이유로 증거를 취소할 수 없다고 보는 견해가 일반적이다. 그러나 동의가 중대한 착오에 기한 경우 또는 수사기관의 강박에 의한 경우와 같이 특별한 사유가 있는 경우에는 허용된다고 본다. 이 경우 동의는 소급적으로 효력을 상실한다.

제3장

증명력 관련 문제

제1절 탄핵증거

제318조의2(증명력을 다투기 위한 증거) ① 제312조부터 제316조까지의 규정에 따라 증거로 할 수 없는 서류나 진술이라도 공판준비 또는 공판기일에서의 피고인 또는 피고인이 아닌 자(공소제기 전에 피고인을 피의자로 조사하였거나 그 조사에 참여하였던 자를 포함한다. 이하 이 조에서 같다)의 진술의 증명력을 다투기 위하여 증거로 할 수 있다.
② 제1항에도 불구하고 피고인 또는 피고인이 아닌 자의 진술을 내용으로 하는 영상녹화물은 공판준비 또는 공판기일에 피고인 또는 피고인이 아닌 자가 진술함에 있어서 기억이 명백하지 아니한 사항에 관하여 기억을 환기시켜야 할 필요가 있다고 인정되는 때에 한하여 피고인 또는 피고인이 아닌 자에게 재생하여 시청하게 할 수 있다.

1. 의의

가. 탄핵증거의 의의

증거능력이 없는 전문증거라도 공판정에서의 진술의 증명력을 다투기 위하여는 이를 증거로 할 수 있다(§318-2①). 전문법칙에 의하여 증거능력 없는 전문증거를 진술의 증명력을 다투기 위하여 사용하는 경우 이를 탄핵증거라고 한다. 예를 들어 A가 "현장에서 甲이 C를 살해하는 것을 보았다"라고 증언하자 B가 "A가 甲의 살해 현장을 본적이 없다고 말하는 것을 들었다."라고 법정에서 증언했을 때 B의 증언은 탄핵증거에 해당한다.

나. 증명력을 '다툰다'는 의미

형사소송법 제318조의2의 탄핵증거는 진술의 "증명력을 다투기 위한" 경우에만 허용된다. 탄핵한다는 것은 증거의 증명력을 다툰다는 의미, 즉 증명력을 감소시킨다는 의미이다. 따라서 처음부터 증명력을 지지하거나, 보강하는 것은 허용되지 아니한다. 문제는 감쇄된 증명력을 회복하는 경우에도 '증명력을 다투기 위하여'에 해당한다고 볼 것인가에 있다. 이에 견해의 대립이 있으나 일단 감쇄된 증명력을 회복하기 위한 경우도 공평의 원칙상 포함되어야 한다는 것이 다수설의 입장이다.

《대판 1996.9.6. 95도2945》 탄핵증거는 진술의 증명력을 감쇄하기 위하여 인정되는 것이고 범죄사실 또는 그 간접사실의 인정의 증거로서는 허용되지 않는다.

다. 전문법칙의 부적용

탄핵증거는 전문법칙의 예외가 아니라, 전문법칙의 적용이 없는 경우이다. 탄핵증거는 주요사실의 존부를 증명하는 실질증거가 아니라 진술의 증명력을 탄핵하는 용도로만 사용되기 때문이다. 전문법칙은 주요사실의 존부를 증명하는 경우에 적용되는 원칙이다. 탄핵증거는 자유심증주의의 예외가 아니며 이를 보강하는 제도이다. 탄핵증거에 의해 탄핵되는 증거의 증명력이 법관의 자유판단에 의하여 결정되기 때문이다. 탄핵증거제도를 통해 법관이 증거가치를 재음미하게 함으로써 증명력 판단에서 합리성을 확보할 수 있고, 당사자의 반대신문권을 효과적으로 보장할 수 있으며, 엄격한 반증 절차를 거치지 않아도 증거가치를 판단할 수 있으므로 소송경제에 도움이 된다.

2. 탄핵증거의 조사

가. 탄핵증거의 제출

탄핵증거는 탄핵의 대상이 되는 진술이 행해진 이후에 신청할 수 있다. 제출시기는 증인신문의 도중 또는 종료 후가 된다. 탄핵증거를 제출하는 경우 입증취지를 구체적으로 명시해야 한다(형규 §132-2①). 즉 탄핵증거의 어느 부분에 의하여 진술의 어느 부분을 다투려고 하는지를 사전에 명시하여야 한다는 것이다.

《대판 2005.8.19. 2005도2617》 탄핵증거의 제출에 있어서도 상대방에게 이에 대한 공격방법의 수단을 강구할 기회를 사전에 부여하여야 한다는 점에서 그 증거와 증명하고자 하는 사실과의 관계 및 입증취지 등을 미리 구체적으로 명시하여야 할 것이므로, 증명력을 다투고자 하는 증거의 어느 부분에 의하여 진술의 어느 부분을 다투려고 한다는 것을 사전에 상대방에게 알려야 한다.

나. 탄핵증거의 조사방식

탄핵증거는 증거능력 없는 전문증거를 범죄사실의 증명에 사용하는 것이 아니므로, 엄격한 증거능력을 요하지 않고 엄격한 증거조사 방식을 거칠 필요는 없다(判). 공개재판의 요청에 비추어 공판정에서 탄핵증거로서의 증거조사는 필요하다(대판 2006.5.26. 2005도2617). 엄격한 방식이 아닌 상당한 방법으로 조사하면 충분하다.

《대판 1996.1.26. 95도1333》 형사소송법 제318조의2에 규정된 이른바 탄핵증거는 범죄사실을 인정하는 증거가 아니어서 엄격한 증거능력을 요하지 아니하는 것이므로, 이를 유죄 증거의 증명력을 다투기 위한 반대증거로 채택함에는 아무런 잘못이 없다.

《대판 1998.2.27. 97도1770》 [1] 탄핵증거는 범죄사실을 인정하는 증거가 아니므로 엄격한 증거조사를 거쳐야 할 필요가 없지만, 법정에서 이에 대한 탄핵증거로서의 증거조사는 필요한 것이다.

[2] 법정에서 증거로 제출된 바가 없어 전혀 증거조사가 이루어지지 아니한 채 수사기록에만 편철되어 있는 1995년 9월분 소득세징수액집계표를 피고인 甲과 그 사무실 직원 乙 등의 진술을 탄핵하는 증거로 사용할 수는 없다.

《대판 2006.5.26. 2005도6271 (신용카드 사용내역승인서 사건)》 비록 증거목록에 기재되지 않았고 증거결정이 있지 아니하였다 하더라도 공판과정에서 그 입증취지가 구체적으로 명시되고 제시까지 된 이상 위 각 서증들에 대하여 탄핵증거로서의 증거조사는 이루어졌다고 보아야 할 것이다.

2. 탄핵의 대상과 탄핵증거의 허용범위

가. 탄핵의 대상

1) 공판정에서의 진술

제318조의2는 탄핵대상을 '공판준비 또는 공판기일에서의 피고인 또는 피고인 아닌 자의 진술'이다. 형사소송법은 공판정에서 법관 면전에서의 진술의 증명력이 탄핵의 대상이 됨을 규정하고 있다. 탄핵대상인 진술에는 구두진술과 진술이 기재된 서면도 포함된다. 증명력을 다투는 대상은 증인의 경험, 기억 또는 표현의 정확성 등 증언의 신빙성에 관한 사항 및 증인의 이해관계, 편견 또는 예단 등 증인의 신용성에 관한 사항에 한한다.

2) 피고인 또는 피고인 아닌 자의 진술

피고인 아닌 자가 공판정에서 행한 진술이 탄핵대상이라는 점에 이견이 없다. 따라서 '공소제기 전 피고인을 피의자로 조사하였거나 그 조사에 참여한 자'의 진술도 '피고인 아닌 자'의 진술이므로 탄핵의 대상이 될 수 있다. 즉 조사자의 증언도 탄핵의 대상이 될 수 있다.

피고인의 진술이 탄핵의 대상이 될 수 있는가에 대해서는 견해의 대립이 있으나 판례는 적극설의 입장이다. 판례는 피고인이 내용을 부인하여 증거능력이 없는 사법경찰관 작성의 피의자신문조서라도 피고인의 법정에서의 부인진술을 탄핵하는 증거로 사용할 수 있다고 한다(대판 1998.2.27. 97도1770).

3) 자기측 증인의 탄핵

자기 측에서 신청한 증인이 자기 측에 불리한 증언을 한 경우에는 자기 측 증인의 증언을 탄핵할 수 있다(통설). 자신이 신청한 증인이 기대와 달리 자신에게 불리한 내용의 증언을 하는 경우 이를 탄핵할 수 없다면 불합리한 것이다.

나. 탄핵증거의 허용범위

탄핵증거로서 제출할 수 있는 증거의 범위에 관하여는 견해가 대립하고 있다. 이에 대해 한정설은 탄핵증거로 제출될 수 있는 증거를 '자기모순의 진술에 제한'한다는 견해이고 이에 비해 비한정설은 자기모순의 진술에 한하지 않고 증명력을 다투기 위한 증거에는 널리 모든 전문증거를 사용할 수 있다는 견해이다. 절충설은 자기모순의 진술 이외에 증인의 신빙성에 대한 순수한 보조사실의 증거도 탄핵증거로 허용하는 입장이다. 이원설은 피고인은 증명력을 다투기 위한 모든 전문증거를 제출할 수 있으나 검사는 자기모순의 진술만을 제출할 수 있다는 견해이다. 살펴보면, 탄핵증거는 진술자의 전후 진술이 일치하지 않는다는 사실 자체를 부각시켜서 증명의 대상으로 하는 것이므로 자기모순의 진술 또는 그 진술이 기재된 서면에 한해 탄핵증거로 사용할 수 있다고 본다. 이에 관해 판례는 절충설 또는 2원설로 이해되나 어느 학설의 입장에 있는지 직접 명백하게 밝힌 판례는 없다.

3. 탄핵증거의 제한

탄핵증거로 사용될 수 있는 증거는 '증거능력 없는 전문증거'이다. 그러나 증거능력 없는 모든 전문증거가 탄핵증거로 사용될 수 있는 것은 아니며 일정한 경우 탄핵증거로 사용될 수 없는 경우가 있다.

가. 임의성 없는 진술 및 위법수집증거

자백배제법칙에 의하여 임의성이 없는 자백(§309) 또는 임의성이 없는 진술이나 서류(§317)는 피고인의 부인진술의 증명력을 감쇄시키기 위한 탄핵증거로 허용되지 않는다. 위법수집증거배제법칙에 의하여 적법절차를 위반하여 수집한 증거(§308-2)도 마찬가지이다.

《대판 1998.2.27. 97도1770》 사법경찰리 작성의 피고인에 대한 피의자신문조서와 피고인이 작성한 자술서들은 내용을 부인하는 이상 증거능력이 없으나 임의로 작성된 것이 아니라고 의심할 만한 사정이 없는 한 피고인의 법정에서의 진술을 탄핵하기 위한 반대증거로 사용할 수 있다.

나. 서명 · 날인이 없는 전문서류

탄핵증거의 대상은 증거능력이 인정되지 않는 전문증거이다. 전문법칙에 의하여 증거능력이 없는 전문증거라도 탄핵증거로 사용될 수 있다. 판례는 피고인이 법정에서 내용을 부인한 피의자신문조서도 탄핵증거로 사용할 수 있다고 한다. 또한 탄핵증거에 성립의 진정을 요구하지 않으며, 성립의 진정이 인정되지 않은 전문서류도 탄핵증거로 사용할 수 있다는 입장이다(대판 1981.12.22. 80도1547). 그러나 통설은 진술자의 서명 · 날인조차 없는 전문서류는 진술내용의 진실성뿐만 아니라 그 정확성을 확인할 수 없어 탄핵증거로 허용되지 않는다고 한다.

《대판 1981.12.22. 80도1547》 유죄의 자료가 되는 것으로 제출된 증거의 반대증거 서류에 대하여는 그것이 유죄사실을 인정하는 증거가 되는 것이 아닌 이상 반드시 그 진정성립이 증명되지 아니하거나 이를 증거로 함에 있어서의 상대방의 동의가 없다고 하더라도 증거판단의 자료로 할 수 있다.

다. 공판정 진술 이후의 자기모순 진술

공판정에서의 이미 증언을 마친 증인을 수사기관이 출석요구하여 피고인에게 유리한 증언 내용을 추궁하여 이를 일방적으로 번복시키는 방식으로 작성한 진술조서(증언번복진술조서)는 탄핵증거로 허용되지 않는다. 허용하게 되면 공판중심주의와 공정한 재판의 이념을 심각하게 약화시킬 위험이 있기 때문이다. 판례도 증인에 대한 공판정 외의 진술조서를 공판정에서의 증언에 대한 탄핵증거로 사용하는 것은 허용될 수 없다고 한다(대판 2000.6.15. 99도1108).

라. 공판기일 이전 사전면담 진술조서

공판기일에 증인으로 신청하여 신문할 수 있는 사람을 특별한 사정 없이 미리 수사기관이 출석요구하여 작성한 진술조서(증인예정자 진술조서)의 경우 탄핵증거로 허용되지 않는다.

마. 수사기관의 영상녹화물

피고인 또는 피고인 아닌 자의 진술을 기재한 영상녹화물도 전문증거에 해당한다. 따라서 영상녹화물을 탄핵증거로 제출할 수 있는가가 문제된다. 제318조의2 제2항의 취지에 비추어 볼 때 영상녹화물은 탄핵증거로 사용할 수 없다. 형사소송법상 영상녹화물은 진술조서의 실질적 진정성립 증명(§312④) 또는 참고인의 기억환기를 위한 것으로 한정된다(§318-2②). 영상녹화물을 탄핵증거로 사용할 수 없는 이유는 수사기관 재출의 영상녹화물 중심의 재판이 공판중심주의를 훼손할 수 있다고 보기 때문이다. 영상녹화물의 재생은 검사의 신청이 있는 경우에 한하고, 기억의 환기가 필요한 피고인 또는 피고인 아닌 자에게만 이를 재생하여 시청하게 해야 한다(형규 §134-5).

바. 탄핵증거의 유죄증거 사용

탄핵증거는 진술의 증명력을 다투기 위하여 사용되는 것이므로 그 입증취지에 비추어 적극적으로 유죄인정의 범죄사실이나 그 간접사실을 인정하는 증거로 사용될 수 없다(대판 2012.10.25. 2011도5459).

《대판 2012.10.25. 2011도5459 (인천 간석재개발 경비원 강간 사건)》 [1] 탄핵증거는 진술의 증명력을 감쇄하기 위하여 인정되는 것이고 범죄사실 또는 그 간접사실의 인정의 증거로서는 허용되지 않는다.

[2] 검사가 탄핵증거로 신청한 체포 · 구속인접견부 사본은 피고인의 부인진술을 탄핵한다는 것이므로 결국 검사에게 입증책임이 있는 공소사실 자체를 입증하기 위한 것에 불과하므로 형사소송법 제318조의2 제1항 소정의 피고인의 진술의 증명력을 다투기 위한 탄핵증거로 볼 수 없다.

제2절 자백의 보강법칙

제310조(불이익한 자백의 증거능력) 피고인의 자백이 그 피고인에게 불이익한 유일의 증거인 때에는 이를 유죄의 증거로 하지 못한다.

1. 의의

가. 의의

자백의 보강법칙이란 증거능력과 신빙성이 인정되는 자백이 있더라도 법관은 다른 보강증거 없이는 유죄로 판단할 수 없다는 원칙을 뜻한다(§310). 헌법 제12조 제7항 후단은 '정식재판에 있어서 피고인의 자백이 그에게 불리한 유일한 증거일 때에는 이를 유죄의 증거로 삼거나 이를 이유로 처벌할 수 없다'고 규정하여 자백의 보강법칙을 헌법상의 원칙으로 삼고 있다. '자백보강법칙'은 영미법에서 확립된 것으로서 증명력 판단과 관련하여 자유심증주의에 대한 예외이다. 이는 자백편중의 수사를 억제함으로써 인권침해를 방지하고 재판에서의 오판의 방지를 위해서 만들어진 법칙이다.

나. 보강법칙의 적용범위

자백의 보강법칙은 통상의 형사절차, 다시 말해 정식재판에 대해서만 자백보강법칙이 적용된다. 통상의 형사공판절차 이외에 간이공판절차나 약식명령절차에는 자백보강법칙이 적용된다(§310). 그러나 즉결심판(즉심법 §10)과 소년보호사건에는 자백보강법칙이 적용되지 않는다(대결 1982.10.25. 82모36).

2. 보강을 필요로 하는 자백

가. 피고인의 자백

보강증거가 필요한 자백은 '피고인의 자백'이다. 참고인의 진술, 증인의 증언 등은 보강증거가 없어도 유죄의 증거가 될 수 있다. 피고인의 자백이란 반드시 피고인이 피고인의 지위에서 한 자백에 한하지 않는다. 피의자의 지위에서 수사기관에 대하여 한 자백이나 참고인 또는 증인으로서 한 자백도 그가 후에 피고인이 되었을 때에는 피고인의 자백이 된다. 자백의 방법은 구두·서면을 불문하고, 상대방도 수사기관·사인을 불문한다.

자백의 내용이 적힌 진술서나 일기장, 수첩, 비망록, 편지 등에 기재된 자백도 여기의 자백에 해당하여 보강증거가 필요하다.

보강증거가 필요한 자백은 모든 자백이 아니라 증거능력 있고 신빙성 있는 자백을 전제로 한다. 따라서 임의성 없는 자백이나 전문법칙의 예외요건을 충족하지 못한 자백조서는 보강증거가 있어도 유죄의 증거로 될 수 없다. 증거능력 있는 자백의 신빙성 판단은 법관의 자유심증에 의한다.

공판정에서의 피고인의 자백에도 보강법칙이 적용되는지에 대해서는 견해가 대립된다. 영미법이나 일본의 판례는 공판정의 자백에 대하여는 보강법칙이 적용되지 않는다고 한다. 그러나 우리나라 판례는 형사소송법 제310조의 자백은 공판정의 자백과 공판정 외의 자백을 묻지 않는다고 판시하여 공판정에서 이루어진 자백에도 보강법칙이 적용된다고 본다(대판 1981.7.7. 81도1314).

《대판 1978.6.27. 78도743》 비록 수사기관에서 행한 자백을 공판정에서의 자백에 대한 보강증거로 사용할 수 없다.
《대판 1969.4.29. 60도376》 제1심 공판정에서의 자백을 기재한 조서가 항소심 공판정에서의 피고인의 자백에 대한 보강증거로 될 수 없다.

《대판 1966.7.26. 66도634 全合 (남파간첩 최동권 사건)》 피고인의 자백이 그에게 불리한 유일한 증거인 때에는 그 자백이 공판정에서의 자백이든 피의자로서의 조사관에 대한 진술이든 그 자백의 증거능력이 제한되어 있고 그 어느 것이나 독립하여 유죄의 증거가 될 수 없으므로 위 자백을 아무리 합쳐 보더라도 그것만으로는 유죄의 판결을 할 수 없다.

나. 공범자의 자백

공범자의 자백이 피고인의 공소사실에 대한 유일한 증거일 경우 공범자의 자백만으로 피고인에게 유죄판결을 할 수 있는지 아니면 공범자의 자백에도 보강증거가 필요한지에 대해 견해가 대립하고 있다. 공범자의 자백이 제310조의 '피고인의 자백'에 포함된다면, 피고인에게 유죄를 인정하기 위해서는 공범자의 자백에 보강증거가 필요하다. 그러나 피고인에 대한 관계에서 공범자는 피고인이 아니므로 제310조의 해석상 공범자의 자백을 피고인의 자백으로 볼 수 없다. 따라서 보강증거 없이도 유죄를 인정할 수 있다. 판례는 보강증거 불필요설의 입장에서 제310조의 피고인의 자백에 공범자의 진술은 포함되지 아니하므로 공범자의 자백에는 보강증거가 필요 없다고 한다(대판 1960.7.8. 4293형상258; 대판 2008.5.29. 2008도2343).

《대판 1990.10.30. 90도1939》 형사소송법 제310조 소정의 "피고인의 자백"에 공범인 공동피고인의 진술은 포함되지 아니하므로 공범인 공동피고인의 진술은 다른 공동피고인에 대한 범죄사실을 인정하는 증거로 할 수 있는 것일 뿐만 아니라 공범인 공동피고인들의 각 진술은 상호간에 서로 보강증거가 될 수 있다.

만일 공범 2명 중 1인만 자백하고 1인은 부인한 경우 자백한 공범은 보강증거가 없어 무죄가 되고, 부인한 공범은 그 공범자의 자백만으로 보강증거가 없어도 유죄로 인정할 수 있다.

3. 보강증거의 자격

가. 증거능력 있는 증거

보강증거 또한 유죄의 증거이므로, 엄격한 증명의 법리에 따라 증거능력 있는 증거라야 한다. 따라서 위법수집증거배제법칙, 자백배제법칙에 의해 증거능력이 없는 증거는 보강증거가 될 수 없다. 전문증거의 경우 보강증거가 되기 위해서는 전문증거의 예외요건을 충족하여야 한다.

나. 독립된 증거

보강증거는 증거능력이 있고 자백과는 실질적으로 독립된 증거이어야 한다. 따라서 증거능력이 없다면 비록 독립된 증거라도 보강증거가 될 수 없고, 반대로 증거능력이 있더라도 그것이 자백이라면 보강증거가 될 수 없다.

보강증거는 자백의 증명력을 보강하는 것이므로 피고인의 자백과는 독립된 별개의 증거이어야 한다. 본인의 자백으로 자백을 보강할 수는 없다. 따라서 피고인의 공판정 외의 자백으로 공판정의 자백을 보강할 수 없고 서면에 의한 자백으로 구두에 의한 자백을 보강할 수 없다. 피고인의 자백을 내용으로 하는 피고인 아닌 자의 진술도 보강증거가 될 수 없다. 피고인이 범인으로 검거 되기 전에 범죄혐의와 관계없이 작성한 일기장, 수첩, 메모 또는 상업장부도 피고인의 진술을 내용으로 하는 것인 한 보강증거가 될 수 없다(대판 2008.2.14. 2007도10937) 다만 판례는 금전지출 내역을 기재해 둔 수첩의 기재내용은 자백에 해당하지 않으므로 보강증거가 될 수 있다고 한다(대판 1996.10.17. 94도2865). 피고인이 범행장면을 재연하는 것도 실연에 의한 자백에 지나지 않으므로 독립증거가 될 수 없다. 그러나 자백 이외의 증거능력 있는 독립된 증거이면 인증이든 물증이든 서증이든 묻지 않고 보강증거가 될 수 있다.

보강증거는 증거능력을 갖추고 있어야 한다. 보강증거는 자백의 증명력을 보강함으로서 유죄판단을 하게 하는 증거이므로 원칙적으로 전문증거는 보강증거로 사용할 수 없다. 전문법칙의 예외의 경우는 제외한다. 따라서 적법한 증거조사절차를 거친 흔적이 없는 진술서는 자백에 대한 보강증거가 될 수 없다(대판 1971.5.31. 71도415). 자백에 대한 보강증거는 반드시 직접 범죄사실을 증명하는 직접증거에 한하지 않고 간접증거 내지 정황증거로도 충분하다.

보강증거는 피고인의 자백과 관계에서 실질적인 독립증거로서 가치를 가져야 한다(대판 2008.2.14. 2007도10937). 독립된 증거라 하더라도 그 증거와 피고인의 자백을 합쳐 보아도 자백이 진실한 것이라고 인정하기에 부족한 경우 또는 자백한 사실과 직간접적으로 아무런 관계가 없는 경우에는 보강증거가 될 수 없다.

《대판 1981.7.7. 81도1314》 피고인이 범행을 자인하는 것을 들었다는 피고인 아닌 자의 진술내용은 형사소송법 제310조의 피고인의 자백에는 포함되지 아니하나 이는 피고인의 자백의 보강증거로 될 수 없다.

《대판 2018.3.15. 2017도20247 (필로폰 · 러미나 투약 사건)》 자백에 대한 보강증거는 범죄사실의 전부 또는 중요 부분을 인정할 수 있는 정도가 되지 않더라도, 피고인의 자백이 가공적인 것이 아닌 진실한 것임을 인정할 수 있는 정도만 되면 충분하다. 또한 직접증거가 아닌 간접증거나 정황증거도 보강증거가 될 수 있고, 자백과 보강증거가 서로 어울려서 전체로서 범죄사실을 인정할 수 있으면 유죄의 증거로 충분하다.

다. 공범자의 자백

공범자의 자백이 피고인의 자백에 대한 보강증거가 될 수 있는지가 문제된다. 이 문제는 보강을 필요로 하는 자백에 공범자의 자백이 포함되느냐와 관련되는 문제이다. 피고인의 자백에는 공범자의 자백이 포함되지 않는다는 부정설에 의하면 공범자의 자백은 독립된 증거가 되므로 당연히 보강증거로 될 수 있다. 이에 반하여 공범자의 자백을 피고인의 자백이라고 해석하는 견해에 의하면 공범자의 자백을 보강증거가 될 수 없다고 하는 것은 논리상 당연하다. 판례는 일관하여 공범자의 자백이나 공범자인 공동피고인의 자백은 보강증거가 될 수 있다고 판시하고 있다(대판 1959.3.27. 4292형상569; 대판 1997.1.21. 96도2715; 대판 2006.5.11. 2006도1944).

《대판 1990.10.30. 90도1939》 형사소송법 제310조의 "피고인의 자백"에 공범인 공동피고인의 진술은 포함되지 아니하므로 공범인 공동피고인의 진술은 다른 공동피고인에 대한 범죄사실을 인정하는 증거로 할 수 있는 것일 뿐만 아니라 공범인 공동피고인들의 각 진술은 상호간에 서로 보강증거가 될 수 있다.

《대판 2006.5.11. 2006도1944》 공동피고인의 자백은 이에 대한 피고인의 반대신문권이 보장되어 있어 증인으로 신문한 경우와 다를 바 없으므로 독립한 증거능력이 있고, 이는 피고인들 간에 이해관계가 상반된다고 하여도 마찬가지라 할 것이다.

4. 보강증거의 범위

가. 보강증거의 범위

보강증거가 자백한 사실 중 어느 범위까지 보강해야 하는가를 보강증거의 범위의 문제라고 한다. 자백한 범죄사실의 모두에 대해서 보강증거를 필요로 하는 것은 사실상 불가능할 뿐만 아니라 자백의 증거가치를 완전히 부정하는 결과가 된다. 반대로 보강증거로 어떤 증거라도 있기만 하면 충분하다고 해석하면 자백의 보강법칙은 무의미하게 된다. 따라서 자백에 대하여 보강증거를 필요로 하는 범위를 명확히 할 필요가 있다.

보강증거의 범위에 대해서는 객관적 범죄구성사실인 죄체(罪體)의 전부 또는 중요부분에 대하여 보강증거가 필요하다는 죄체설, 자백의 진실성을 담보할 정도이면 충분하다는 진실성 담보설이 대립하나 진실성담보설이 다수설 · 판례의 태도이다. 판례는 일관하여 '보강증거는 범죄사실 전체에 대한 것이 아니라 하더라도 임의적인 자백사실이 가공적인 것이 아니고 진실한 것이라고 인정할 수 있는 정도의 증거이면 족하다'고 판시하고 있다. 자백에 보강증거를 요구하는 이유가 오판의 방지에 있는데 진실성이 담보되면 오판의 위험은 없어지므로 진실성담보설을 취하고 있다.

《대판 2008.5.29. 2008도2343 (다세대 304호 사건)》 자백에 대한 보강증거는 범죄사실의 전부 또는 중요부분을 인정할 수 있는 정도가 되지 아니하더라도 피고인의 자백이 가공적인 것이 아닌 진실한 것임을 인정할 수 있는 정도만 되면 족한 것으로서, 자백과 서로 어울려서 전체로서 범죄사실을 인정할 수 있으면 유죄의 증거로 충분하고, 나아가 사람의 기억에는 한계가 있는 만큼 자백과 보강증거 사이에 어느 정도의 차이가 있어도 중요부분이 일치하고 그로써 진실성이 담보되면 보강증거로서의 자격이 있다.

나. 보강증거가 필요한지 여부

1) 범죄구성요건사실

자백한 범죄의 객관적 구성요건 사실에 한해서만 보강증거를 필요로 한다. 고의나 목적과 같은 범죄의 주관적 요소는 보강증거를 필요 없으며, 자백만으로 이를 인정할 수 있다(判).

2) 범죄구성요건사실 이외의 사실

구성요건 사실 이외의 사실, 예를 들어 처벌조건에 관한 사실이나 전과, 확정판결의 존부 등은 범죄사실과는 구별되는 것이므로 피고인의 자백에 의하여 인정하면 충분하고 보강증거를 필요로 하지 않는다(대판 1961.8.16. 4294형상171; 대판 1979.8.21. 79도1528).

《대판 1973.3.20. 73도280》 전과에 관한 사실은 엄격한 의미에서의 범죄사실과는 구별되는 것으로서 피고인의 자백만으로서도 이를 인정할 수 있다.

3) 죄수와 보강증거

경합범은 수개의 죄이므로 독립된 범죄에 대하여 각각 보강증거가 필요하다(대판 2008.2.14. 2007도10937). 상상적 경합도 실체법상 수죄이므로 각 범죄에 대하여 보강증거가 필요하다는 견해가 옳다. 포괄일죄의 경우에는 개개의 행위가 구성요건상 독립된 의미를 가지는 경우(연속범, 상습범 등)에 한해 개별행위별로 보강증거가 필요하다(대판 1996.2.13. 95도1794). 개별적인 행위가 독립된 의미가 없는 영업범의 경우에는 개개 행위에 대하여 개별적인 보강증거는 필요 없다.

《대판 1996.2.13. 95도1794》 피고인의 습벽을 범죄구성요건으로 하며 포괄1죄인 상습범에 있어서도 이를 구성하는 각 행위에 관하여 개별적으로 보강증거가 있어야 한다.

《대판 2008.2.14. 2007도10937 (동대구 모텔 히로뽕 주사 사건)》 실체적 경합범은 실질적으로 수죄이므로 각 범죄사실에 관하여 자백에 대한 보강증거가 있어야 한다.

비교판례

보강증거가 인정된 경우	보강증거가 인정되지 않은 경우
① 피고인이 뇌물공여 혐의를 받기 전에 이와는 관계없이 준설공사에 필요한 각종 인·허가 등의 업무를 위임받아 이를 추진하는 과정에서 그 업무수행에 필요한 자금을 지출하면서, 스스로 그 지출한 자금내역을 자료로 남겨두기 위하여 뇌물자금과 기타 자금을 구별하지 아니하고 그 지출 일시, 금액, 상대방 등 내역을 그때 그때 계속적, 기계적으로 기입한 수첩의 기재 내용은, 피고인이 자신의 범죄사실을 시인하는 자백이라고 볼 수 없으므로, 증거능력이 있는 한 피고인의 금전출납을 증명할 수 있는 별개의 증거라고 할 것인즉, 피고인의 검찰에서의 자백에 대한 보강증거가 될 수 있다(대판 1996.10.17. 94도2865 全合 뇌물수첩 사건). ② 피고인이 위조신분증을 제시·행사한 사실을 자백하고 있고, 위조신분증을 제시 행사한 신분증이 현존한다면 그 자백이 임의성이 없는 것이 아닌 한 위 신분증은 피고인의 위 자백사실의 진실성을 인정할 간접증거가 된다(대판 1983.2.22. 82도3107). ③ 피고인이 자신이 거주하던 다세대주택의 여러 세대에서 7건의 절도행위를 한 것으로 기소되었는데 기 중 4건은 범행장소인 구체적 호수가 특정되지 않은 사안에서, 위 4건에 관한 피고인의 범행 관련 진술이 매우 사실적·구체적·합리적이고 진술의 신빙성을 의심할 만한 사유도 없어 자백의 진실성이 인정되므로, 피고인의 집에서 해당 피해품을 압수한 압수조서와 압수물 사진은 위 자백에 대한 보강증거가 된다(대판 2008.5.29. 2008도2343 다세대 304호 사건). ④ 피고인이 간통사실을 자인하는 것을 들었고 공소사실 기재의 간통범행 일시경에 피고인의 가출과 외박이 잦아 의심을 하게 되었다는 취지의 피고인의 남편에 대한 진술조서 기재는 피고인의 간통사실 자백에 대한 보강증거가 될 수 있다(대판 1983.5.10. 83도686). ⑤ 자동차등록증에 차량의 소유자가 피고인으로 등록·기재된 것이 피고인이 그 차량을 운전하였다는 사실의 자백 부분에 대한 보강증거가 될 수 있고 결과적으로 피고인의 무면허운전이라는 전체 범죄사실의 보강증거로 충분하다(대판 2000.9.26. 2000도2365). ⑥ 2010.2.18. 01:35경 자동차를 타고 온 피고인으로부터 필로폰을 건네받은 후 피고인이 위 차량	① [1] 필로폰 시가보고는 몰수 및 추징 구형시 참고자료로 삼기 위해 필로폰의 도·소매가격을 파악한 것에 불과하여 피고인의 필로폰 투약행위 자백에 대한 보강증거로 삼을 수 없다. [2] 실체적 경합범은 실질적으로 수죄이므로 각 범죄사실에 관하여 자백에 대한 보강증거가 있어야 하는바, 제1심의 유죄의 증거로 삼지 않은 증거 중 '피고인이 甲으로부터 필로폰을 매수하면서 그 대금을 은행계좌로 송금한 사실'에 대한 압수수색검증영장 집행보고는 필로폰 매수행위에 대한 보강증거는 될 수 있어도 그와 실체적 경합범 관계에 있는 필로폰 투약행위에 대한 보강증거는 될 수 없다(대판 2008.2.14. 2007도10937 동대구 모텔 히로뽕주사사건). ② 검사가 보강증거로서 제출한 증거의 내용이 피고인과 甲이 현대자동차 춘천영업소를 점거했다가 甲이 처벌받았다는 것이고, 피고인의 자백내용은 현대자동차 점거로 甲이 처벌받은 것은 학교측의 제보 때문이라 하여 피고인이 그 보복으로 학교총장실을 침입점거했다는 것이라면, 위 증거는 공소사실의 객관적 부분인 주거침입, 점거사실과는 관련이 없는 범행의 침입동기에 관한 정황증거에 지나지 않으므로 위 증거와 피고인의 자백을 합쳐 보아도 자백사실이 가공적인 것이 아니고 진실한 것이라 인정하기에 족하다고 볼 수 없으므로 검사 제출의 위 증거는 자백에 대한 보강증거가 될 수 없다(대판 1990.12.7. 90도2010). ③ 피고인이 1968.11.경 군청직원에게 20,000원을 뇌물로 교부한 사실을 자백하였다 하더라도 피고인에게 같은 해 9.경 20,000원을 장사자금으로 내어준바 있다는 증인의 증언은 위 자백에 대한 보강증거가 될 수 없다(대판 1970.1.27. 69도2200). ④ 자기집 앞에 세워둔 봉고화물차 1대를 도난당하였다는 乙의 진술은 피고인 甲이 위 차를 타고 그 무렵 충주까지 가서 소매치기 범행을 하였다고 자백하고 있는 경우, 甲의 자백이 그 차량을 범행의 수단·방법으로 사용하였다는 취지가 아니고 甲이 범행장소인 충주까지 가기 위한 교통수단으로 이용하였다는 취지에 불과하여 위 소매치기범행과는 직접적으로나 간접적으로 아무런 관계가 없어 이는 위 甲의 자백에 대한 보강증거가 될 수 없다(대판 1986.2.25. 85도2656).

을 운전해 갔다고 한 甲의 진술과 2010.2.20. 피고인으로부터 채취한 소변에서 나온 필로폰 양성 반응은, 피고인이 2010.2.18. 02:00경의 필로폰 투약으로 정상적으로 운전하지 못할 우려가 있는 상태에 있었다는 도로교통법위반 공소사실 부분에 대한 자백을 보강하는 증거가 되기에 충분하다(대판 2010.12.23. 2010도11272).

⑦ 피고인 甲이 乙과 합동하여 丙의 재물을 절취하려다가 미수에 그쳤다는 내용의 공소사실을 자백한 사안에서, 甲을 현행범으로 체포한 丙(私人)의 수사기관에서의 진술과 현장사진이 첨부된 수사보고서가 甲 자백의 진실성을 담보하기에 충분한 보강증거가 된다(대판 2011.9.29. 2011도8015 노루발못뽑이와 쇠창살 사건).

⑧ 甲이 지하철역 에스컬레이터에서 휴대전화기의 카메라를 이용하여 乙의 치마 속을 몰래 촬영하다가 현행범으로 체포된 경우, 甲은 공소사실에 대해 자백하고 검사가 제출한 모든 서류에 대하여 증거로 함에 동의하였는데, 그 서류들 중 체포 당시 임의제출 방식으로 압수된 甲 소유 휴대전화기에 대한 압수조서의 '압수경위'란에 기재된 내용은 甲이 범행을 저지르는 현장을 직접 목격한 사람의 진술이 담긴 것으로서 형사소송법 제312조 제5항에서 정한 '피고인이 아닌 자가 수사과정에서 작성한 진술서'에 준하는 것으로 볼 수 있고, 이에 따라 휴대전화기에 대한 임의제출절차가 적법하였는지에 영향을 받지 않는 별개의 독립적인 증거에 해당하여, 甲이 증거로 함에 동의한 이상 유죄를 인정하기 위한 증거로 사용할 수 있을 뿐 아니라 甲의 자백을 보강하는 증거가 된다(대판 2019.11.14. 2019도13290 지하철 E/C 몰카촬영 사건).

⑨ 뇌물수수자가 무자격자인 뇌물공여자로 하여금 건축공사를 하도급 받도록 알선하고 그 하도급계약을 승인받을 수 있도록 하였으며 공사와 관련된 각종의 편의를 제공한 사실을 인정할 수 있는 증거들이 뇌물공여자의 자백에 대한 보강증거가 될 수 있다(대판 1998.12.22. 98도2890).

⑩ 뇌물공여의 상대방이 뇌물 수수 사실을 부인하면서도 뇌물공여자를 만났던 사실 및 청탁을 받은 사실을 시인한 것이 뇌물공여자의 자백에 대한 보강증거가 될 수 있다(대판 1995.6.30. 94도993 천기호, 슬롯머신 수뢰사건).

⑤ 피고인이 자백한 범죄사실은 성명불상여자로부터 동인이 끼고 있는 금반지를 편취하였다는 내용이어서 여자용 반지를 가리키는 것으로 볼 여지가 있는데 참고인 갑(女)의 진술조서기재에 의하면 피고인이 매도한 금반지는 남자용 반지라는 것이므로, 피고인이 자백한 편취물품이 여자용 반지가 틀림없다면 위 甲의 진술은 피고인의 자백한 범죄사실과 저촉되는 내용이어서 그 보강증거가 될 수 없다(대판 1985.11.12. 85도1838).

⑥ 피고인이 점포바닥에 타다 남은 성냥개비를 버렸다는 피고인의 자백에 대해서 점포내의 상품이 화학성섬유로 되어 있는 의류와 같은 경우에는 훈소현상의 발생이 희박하다는 감정 증인의 증언부분을 아울러 보면 동인의 훈소성 화원에 의한 발화라는 감정내용은 위 자백에 대한 보강증거로서 미흡하다(대판 1979.7.24. 78도3226).

제3절 공판조서의 배타적 증명력

第56条(공판조서의 증명력) 공판기일의 소송절차로서 공판조서에 기재된 것은 그 조서만으로써 증명한다.

1. 의의

공판기일의 소송절차를 기재한 조서를 공판조서라 한다(§51). 공판기일의 소송절차로서 공판조서에 기재된 것은 그 조서만으로써 증명한다(§56). 여기서 '조서만으로 증명한다.'라는 의미는 공판조서에 기재된 대로 인정한다는 것이고, 공판조서 이외의 증거를 참작하거나 반증을 허용하지 않는다는 의미이며 이를 공판조서의 설내적 증명력 또는 배타적 증명력이라고 한다. 법관은 공판기일의 소송절차에 관한 것은 심증형성과 상관없이 공판조서에 기재된 대로 인정해야 하므로 자유심증주의의 예외가 된다.

공판조서의 배타적 증명력을 인정하는 취지는 상소심에서 공판절차 진행의 적법여부를 둘러싼 분쟁 때문에 상소심의 심리가 지연되는 것을 방지하는데 그 목적이 있다. 즉 상소심에서 원심공판절차에 대한 다툼이 있는 경우 공판조서를 작성한 법원사무관이나 원심법관 등을 증인으로 소환하여 심문하는 것은 불합리하므로 이를 방지하기 위한 것이다.

《대판 2010.12.9. 2007도10121》 공판조서의 기재가 명백한 오기인 경우를 제외하고는 공판기일의 소송절차로서 공판조서에 기재된 것은 조서만으로써 증명하여야 하고, 그 증명력은 공판조서 이외의 자료에 의한 반증이 허용되지 않는 절대적인 것이다.

2. 배타적 증명력이 인정되는 범위

가. 공판기일의 절차

공판조서만으로 증명할 수 있는 것은 '공판기일'의 절차에 한정된다. 따라서 공판기일의 절차가 아닌 공판준비절차 또는 공판기일 외에서의 증인신문 또는 검증의 절차를 기재한 조서는 배타적 증명력이 인정되지 아니한다. 또한 당해사건이 아닌 다른 사건의 공판조서는 배타적 증명력이 인정되지 아니한다.

나. 소송절차

공판기일의 절차 가운데 '소송절차'에 대해서만 배타적 증명력이 인정된다. 예를 들어 공판을 행한 일시와 법원, 피고인의 출석 여부, 공개의 여부, 판결선고 유무 및 일자 등이 이에 해당한다. 따라서 소송절차가 아닌 실체면에 관한 사항(피고인의 유무죄를 판단하기 위한 사항)은 배타적 증명력이 인정되지 않으므로 다른 증거에 의하여 다툴 수 있다. 예를 들어 피고인의 자백, 증인의 증언, 감정인의 감정 등은 실체면에 관한 사항이기 때문에 진술내용 등이 공판조서에 기재되어 있다고 하더라도 증거능력이 인정(§311)될 뿐 증명력은 다른 증거에 의하여 얼마든지 그 증명력을 다툴 수 있다. 배타적 증명력이 인정되는 범위에 대해서는 소송절차에 관한 것인 이상 소송절차의 적법성뿐만 아니라 그 존부에 대해서도 배타적 증명력이 인정된다.

《대판 2012.5.10. 2012도2496》 검사 제출의 증거에 관하여 동의 또는 진정성립 여부 등에 관한 피고인의 의견이 증거목록에 기재된 경우에는 그 증거목록의 기재는 공판조서의 일부로서 명백한 오기가 아닌 이상 절대적인 증명력을 가지게 된다.

다. 공판조서에 기재된 것

공판조서의 배타적 증명력은 공판조서에 '기재'된 것에 한하여 인정된다. 판례에 의하면 공판조서에 압수물에 대한 증거조사를 거친 것으로 기재되어 있는 경우라면, 그 조서만으로 그 사실은 증명된다(대판 1959.8.31. 4292형상182). 공판조서에 기재되지 않은 소송절차는 공판조서 이외의 다른 자료에 의한 증명이 허용된다. 소송법적 사실에 관한 증명이므로 자유로운 증명으로 족하다. 공판조서에 기재되지 않았다고 하여 그 소송절차의 부존재가 추정되는 것은 아니다. 오히려 법원이 통상 행하는 소송절차인 경우에는 기재가 없어도 그 절차가 적법하게 행해졌다고 사실상 추정된다. 공판조서에 명백한 오기가 있는 경우라면 그 올바른 내용에 따라 증명력이 인정된다. 동일한 사항에 관하여 두 개의 서로 다른 내용이 기재된 공판조서가 병존하는 경우 법관은 자유로운 심증으로 둘 중 어느 것 하나만 인정하여야 한다. 공판조서에 배타적 증명력은 당해 사건의 공판조서에 대해서만 인정되고, 다른 사건의 공판조서에 대해서는 인정되지 않는다. 공판조서가 처음부터 작성되지 않은 경우나 중대한 방식위반으로 무효인 경우에는 배타적 증명력이 인정되지 않는다.

《대판 2016.3.10. 2015도19139》 형사소송법 제318조에 규정된 증거 동의는 소송 주체인 검사와 피고인이 하는 것이고, 변호인은 피고인을 대리하여 증거 동의에 관한 의견을 낼 수 있을 뿐이므로, 피고인이 변호인과 함께 출석한 공판기일의 공판조서에 검사가 제출한 증거에 대하여 동의한다는 기재가 되어 있다면 이는 피고인이 증거 동의를 한 것으로 보아야 하고, 그 기재는 절대적인 증명력을 가진다.

《대판 1995.4.14. 95도110》 소송절차에 관한 사실은 공판조서에 기재된 대로 공판절차가 진행된 것으로 증명되고 다른 자료에 의한 반증은 허용되지 아니하나, 공판조서의 기재가 소송기록상 명백한 오기인 경우에는 공판조서는 그 올바른 내용에 따라 증명력을 가진다.

3. 공판조서의 정확성 보장

공판조서의 배타적 증명력은 공판조서의 정확한 기재를 전제로 하므로 형사소송법은 공판조서의 정확성을 담보하기 위한 장치를 두고 있다. 공판조서의 정확성을 보장하기 위한 몇 가지 제도가 있다. 첫째, 재판장과 참여 법원사무관 등이 공판조서에 기명날인 또는 서명하도록 하고 있다(§53①). 둘째, 다음 공판기일에 전회의 공판심리에 관한 주요사항의 요지를 고지하고, 당사자 또는 변호인이 공판조서 기재에 대한 이의제기권을 보장하여 공판조서 기재의 정확성을 담보하고 있다(§54②,③). 셋째, 피고인에게 공판조서의 열람 또는 등사청구권을 보장하고 있다(§55①). 법원이 피고인의 열람·등사 청구권 침해하는 경우 원칙적으로 증거능력이 인정되지 않는다(대판 2012.12.27. 2011도15869).

《대판 2003.10.10. 2003도3282》 피고인의 공판조서에 대한 열람 또는 등사청구에 법원이 불응하여 피고인의 열람 또는 등사청구권이 침해된 경우에는 그 공판조서를 유죄의 증거로 할 수 없을 뿐만 아니라, 공판조서에 기재된 당해 피고인이나 증인의 진술도 증거로 할 수 없다.

제 5 편

상소와 특별절차

제1장

상소

제1절 상소통칙

1. 상소의 의의와 종류

가. 상소의 의의

상소(上訴)란 미확정된 재판을 상대로 상급법원에 그 시정을 구하는 불복신청제도를 말한다. 법원의 '재판'에 대한 불복신청이 상소이다. 확정되지 않은 재판에 대한 불복신청이라는 점에서 확정된 재판에 대한 비상구제절차인 재심이나 비상상고와 구별된다. 상소는 상급법원에 대한 구제신청이라는 점에서 재판을 한 법원이나 동급법원에 대한 이의신청이나 약식명령 또는 즉결심판에 대한 정식재판의 청구를 통한 구제는 상소가 아니다. 상소제도는 원판결의 잘못을 시정함으로서 불이익 당사자를 구제하고 법령해석의 통일(오판시정)을 유지하기 위해 만들어진 제도이다.

나. 상소의 종류

상소에는 항소, 상고 및 항고가 있다. 항소(抗訴)는 제1심 판결을 상대로 제2심 법원에 한 상소를 말한다. 제1심법원의 판결에 대하여 불복이 있으면 지방법원 단독판사가 선고한 것은 지방법원 본원합의부에 항소할 수 있으며 지방법원 합의부가 선고한 것은 고등법원에 항소할 수 있다(§357). 제2심 판결에 대해 제3심 법원에 한 상소를 상고(上告)라 한다. 항소심이 법률문제와 사실문제를 모두 심리하는 사실심에 속하고, 상고심은 법률문제만을 심리하는 법률심에 해당한다.

법원에 결정에 대한 상소를 항고(抗告)라 한다. 제1심법원의 결정에 대해 제2심 법원에 하는 항고를 일반항고라고 한다. 일반항고는 보통항고와 즉시항고로 구분된다. 재항고란 제3심인 대법원에 제기하는 항고를 말한다.

2. 상소권

상소권이란 재판에 불복하여 상급심에 심사를 청구할 수 있는 권리를 말한다. 상소권자는 검사와 피고인을 포함한 재판을 받은 자이며, 경우에 따라 피고인의 법정대리인 등도 상소할 수 있다. 상소권은 재판의 선고 또는 고지에 의해 발생한다. 항소와 상고는 판결을 선고한 날로부터 7일 이내에 제기해야 한다. 즉시항고는 7일 이내, 보통항고는 기간의 제한이 없다. 상소권을 포기 또는 취하하면 다시 상소할 수 없다. 상소는 원심법원에 상소장을 제출함으로써 이루어지며, 상소가 제기되면 재판의 확정과 집행은 정지된다. 상소장 접수 후 소송기록이 상소법원으로 넘어가면 이심의 효력이 발생한다.

3. 불이익변경금지의 원칙

'불이익변경금지의 원칙'이란, ① 피고인만이 상소한 사건과 ② 피고인의 법정대리인, 배우자, 직계친족, 형제자매, 원심의 변호인 등이 피고인을 위하여 상소한 사건에 대한 상소심에서 원심판결보다 더 무거운 형을 선고하지 못하는 원칙을 말한다. 이는 피고인이 중형 우려로 상소를 포기하는 것을 방지하기 위한 제도적 장치로, 형사소송법 제368조에 근거를 둔다. 검사만 상소했거나 검사와 피고인이 함께 상소한 경우에는 적용되지 않는다. 불이익 판단 기준은 형의 선고에 한하며, 형의 실질적 무게를 전체적으로 비교해 판단한다. 집행유예, 추징, 미결구금 산입 등도 불이익에 포함되나, 소송비용은 제외된다는 것이 판례 입장이다.

4. 파기판결의 구속력

상소심이 원판결을 파기환송 또는 파기이송 한 경우에 상급심의 판단이 당해 사건에 관하여 파기환송 또는 파기이송받은 하급심 법원을 구속하는 효력을 파기판결의 구속력이라고 한다. 법원조직법 제8조는 '상급법원의 재판에 있어서의 판단은 당해 사건에 관하여 하급심을 기속한다.'고 명문으로 이를 규정하고 있다. 하급심이 상급심 판단에 구속되지 않는다면, 사건의 종국적 해결이 불가능해지고 끊임없이 심급을 반복하는 불합리한 결과가 발생하기 때문이다.

제2절 항소

항소(抗訴)란 제1심판결에 불복하여 제2심 법원에 제기하는 상소를 말한다(§357). 항소는 오판으로 인하여 불이익을 받는 당사자의 구제를 주목적으로 한다. 항소는 제1심판결에 대한 상소이기 때문에 결정 또는 명령에 대해서는 항소할 수 없다.

항소심의 구조에 대해 다수설과 판례는 현행법상 원칙적으로 속심(續審)이고 사후심적 구조를 보충적으로 채택하고 있다고 보고 있다. 속심(續審)이란 원심법원의 심리결과를 토대로 원심의 소송자료를 승계하고, 상소심이 새로운 사실과 증거를 추가하여 피고사건에 대하여 심리를 속행하는 제도를 뜻한다. 사후심(事後審)은 원심의 소송자료에 의해서 원판결 당시를 기준으로 하여 원심판결의 당부를 사후적으로 심사하는 제도이다.

항소이유란 적법하게 항소를 제기할 수 있는 법률상의 이유를 말하며, 우리 형사소송법은 항소이유를 11가지로 제한하여 열거하고 있다(§361-5). 항소이유에는 판결에의 영향 여부를 불문하고 일정한 객관적 사유가 있으면 항소이유로 되는 절대적 항소이유와 일정한 객관적 사유의 존재가 판결에 영향을 미친 경우에만 항소이유로 되는 상대적 항소이유가 있다.

제3절 상고

상고(上告)란 제2심 판결에 불복하여 대법원에 제기하는 상소를 말한다(§371). 제1심판결에 대해서 예외적으로 항소제기 없이 곧바로 상고가 인정되는 경우가 있는데 이를 비상상고라 한다. 상고도 오판시정에 의한 당사자의 권리구제기능을 가지고 있으나, 상고심의 가장 중요한 기능은 법령해석의 통일에 있다.

상고심은 원칙적으로 원심판결의 법률문제만을 판단하는 법률심이다. 상고심은 원칙적으로 원판결의 당부를 사후적으로 심사하는 사후심이다. 상고심 심판대상은 원칙적으로 항소심심판대상에 제한되며, 변론 없이 서면심리에 의하여 판결할 수 있다. 원심판결을 파기하는 때에는 파기환송 · 파기이송을 원칙으로 한다. 형사소송법은 상고이유를 ① 판결에 영향을 미친 헌법 · 법률 · 명령 또는 규칙의 위반이 있는 때, ② 재심청구의 사유가 있는 때 등 4가지로 제한하여 열거하고 있다(§383).

제4절 항고 · 재항고

법원의 결정에 대한 상소를 항고(抗告)라고 한다. 항고에는 제1심법원의 결정에 대한 불복인 일반항고와 항소심법원의 결정에 대한 불복인 재항고(특별항고)가 있다. 일반항고에는 보통항고와 즉시항고가 있다. 보통항고는 즉시항고 이외의 항고로써 명문규정이 없어도 허용된다. 보통항고는 집행정지의 효력이 없으며 기간의 제한이 없어 언제든지 제기할 수 있다(§404). 법원의 결정에 대하여 불복이 있으면 (보통)항고를 할 수 있다. 즉시항고는 명문의 규정이 있는 경우에 한하여 허용되며, 재판의 집행정지의 효력을 갖는 항고로 제기기간이 7일로 제한된다.

재항고란 항고법원 또는 고등법원의 결정에 대하여 대법원에 제기하는 항고를 뜻한다. 재항고 사건은 대법원이 관할한다(§415 해석). 재항고는 예외적인 사유가 있을 경우에만 허용된다(§415). 재항고 절차는 즉시항고 절차와 같다(§415 해석).

제5절 준항고

준항고(準抗告)란 재판장 또는 수명법관의 명령이나 검사 또는 사법경찰관의 처분에 대하여 관할법원에 그 취소·변경을 청구하는 불복수단이다(§416, §417). 준항고는 상급법원에 대하여 구제를 신청하는 것이 아니고, 명령을 한 법관 소속 법원에 청구하는 것이다. 재판장 또는 수명법관의 재판에 대한 준항고는 ① 구금, 보석, 압수 또는 압수물환부에 관한 재판, ② 감정하기 위하여 피고인의 유치를 명한 재판 등을 명한 재판에 불복을 하기 위해 그 법관 소속 법원에 재판의 취소·변경을 청구하는 것이다(§416①). 법관의 재판에 대한 준항고의 청구는 재판의 고지 있는 날로부터 7일 이내에 서면으로 재판을 한 법관 소속 법원에 제출 해야 한다(§416③, §418).

준항고는 일정한 요건을 갖춘 수사기관의 처분에 대한 불복절차로서도 인정된다. 즉 검사 또는 사법경찰관의 구금, 압수 또는 압수물의 환부에 관한 처분과 변호인의 참여(§243-2) 등에 관한 처분에 대하여 불복이 있는 경우 그 직무집행지의 관할법원 또는 검사의 소속검찰청에 대응한 법원에 그 처분의 취소 또는 변경을 청구할 수 있다(§417). 구금에 관한 처분에는 접견금지 처분이 포함되며, 압수에 관한 처분에 압수·수색영장의 집행이 포함되고, 압수물 환부에 관한 처분에는 압수물의 가환부에 관한 처분이 포함된다. 수사기관의 처분에 대한 준항고의 경우 기간의 제한은 없다. 지방법원이 준항고의 청구를 받은 때에는 합의부에서 결정을 해야 한다(§416②).

제2장

비상구제절차

제1절 재심

재심(再審)은 유죄 확정판결에 중대한 사실오인이 있을 경우, 그 판결을 받은 자의 이익을 위하여 이를 시정하는 비상구제절차이다(§420). 확정판결을 대상으로 하여, 미확정판결이 대상인 상소와 구별된다. 재심은 사실오인이 대상이고, 비상상고는 법령위반이 대상이다.

재심은 재심개시절차와 재심심판절차의 두 단계로 진행된다. 재심개시절차에서 재심사유의 유무를 심사하여 다시 심판할지를 결정하고, 이후 본격적인 재심이 진행된다. 재심은 유죄의 확정판결과 항소 또는 상고의 기각판결에 대하여만 인정되는 비상구제절차이다. 재심은 형선고 판결, 형면제 판결, 약식명령, 즉결심판으로 유죄의 확정판결을 대상으로 한다. 특별사면된 유죄의 확정판결도 포함된다.

재심이유는 허위증거에 의한 재심이유, 신증거에 의한 재심이유의 두 가지로 나뉜다. 허위증거에 의한 재심이유는 위·변조된 서류, 허위증언이나 감정, 무고로 인한 유죄판결 등이 있다. 신증거에 의한 재심사유는 판결의 사실인정을 뒤집을 명백한 새로운 증거가 발견된 경우이다. 이는 피고인에게 무죄나 면소 또는 가벼운 형을 인정할 수 있을 정도로 결정적인 증거일 것을 요구하며, 실무상 가장 중요한 재심사유로 평가된다.

제2절 비상상고

비상상고(非常上告)는 확정판결에 법령 위반이 있는 경우 이를 시정하기 위한 비상구제 절차로, 검찰총장만이 대법원에 제기할 수 있다(§441). 이는 법령 해석과 적용의 통일을 주된 목적으로 하며, 재심처럼 피고인의 사실오인을 다투는 절차가 아니다. 그 대상은 모든 확정판결로, 유·무죄뿐만 아니라 공소기각, 면소 등 형식재판도 포함된다. 판결이나 소송절차에서 법령위반이 있었던 경우에만 가능하며, 단순한 사실오인은 이유가 되지 않는다. 신청에는 기간 제한이 없고, 형의 시효가 완성되었거나 피고인이 사망한 경우에도 허용된다. 비상상고는 확정판결의 권위를 존중하면서도 법의 통일성과 정의를 확보하기 위한 예외적 제도이다.

제3장

특별형사절차

제1절 약식절차

1. 약식절차의 의의

약식절차는 지방법원이 비교적 경미한 사건에 대해 공판절차 없이 서면심리만으로 벌금, 과료, 몰수형을 선고할 수 있는 간이한 재판절차이다(§448). 약식절차에서 내리는 재판을 '약식명령'이라 하며, 이는 판결 · 결정과는 구별되는 특별한 형식의 재판이다. 약식절차는 공개재판을 요하지 않으며, 검사의 청구에 의해 개시되므로 경찰이 청구하는 즉결심판과도 구별된다. 이 제도는 소송경제와 신속한 형사사건 처리를 목적으로 한다.

2. 약식명령의 청구와 심판

약식명령의 청구는 검사만이 할 수 있으며, 벌금 · 과료 · 몰수형만이 가능한 사건에 한하여 지방법원에 공소제기와 동시에 서면으로 청구할 수 있다(§449). 법원은 서면심리에 따라 검사의 제출 자료를 토대로 심사하며, 필요한 경우에 한해 사실조사를 진행할 수 있다. 약식절차에서는 전문법칙은 적용되지 않지만, 자백배제법칙, 위법수집증거배제법칙, 자백보강법칙은 적용된다. 약식명령은 청구일로부터 14일 내에 내려야 하며, 약식명령 고지를 받은 날로부터 7일 이내에 정식재판을 청구할 수 있음을 명시하여야 한다(§451, §453).

3. 정식재판의 청구

약식명령에 불복하기를 원하는 경우 정식재판을 청구한다. 정식재판 청구는 검사와 피고인이 모두 가능하며, 피고인의 법정대리인이나 배우자, 직계친족 등도 피고인을 위하여 청구할 수 있다. 청구는 약식명령을 내린 법원에 서면으로 제출하며, 제1심 판결 선고 전까지 취하할 수 있다(§454). 정식재판이 청구되면 통상의 공판절차에 따라 심리가 이루어지며, 법원은 약식명령에 구속되지 않고 자유롭게 판단할 수 있다. 다만, 피고인이 정식재판을 청구한 경우에는 약식명령보다 중한 종류의 형은 선고할 수 없으며, 이를 위반할 경우 양형 이유를 명시해야 한다(§457-2). 정식재판에서 판결이 확정되면 약식명령의 효력은 소멸된다(§456).

제2절 즉결심판절차

1. 즉결심판절차의 의의

즉결심판은 비교적 경미한 범죄에 대하여 공판절차를 거치지 않고 신속하게 처리하기 위한 특별절차로서, 지방법원 지원 또는 시군법원의 판사가 20만원 이하의 벌금·구류·과료형을 선고할 수 있는 제도이다. 이는 형사소송법상의 일반 공판절차와 달리, 간이화된 재판절차로서 신속한 사건처리와 형사절차의 효율성을 도모한다는데 의의가 있다. 즉결심판은 특별법인 '즉결심판에 관한 절차법'에 따라 운영되며, 확정되면 일반 형사판결과 동일한 효력을 갖는다.

2. 즉결심판의 청구

즉결심판의 청구는 경찰서장 또는 해양경찰서장이 관할법원에 제기하며, 이는 일반적인 검사의 기소독점주의에 대한 예외로 인정된다. 즉결심판 청구서에는 피고인의 인적사항, 죄명, 범죄사실, 적용법조를 명시해야 하고, 청구시 피고인에게 즉결심판의 절차에 대해 고지해야 한다. 즉결심판을 할 수 없거나 적당하지 않다고 인정되면 판사는 청구를 기각할 수 있고, 이 경우 사건은 검찰에 송치되어 통상의 공판절차에 따라 처리된다.

3. 즉결심판의 심리

즉결심판의 심리는 통상의 형사재판과 여러 면에서 다르다. 공판준비절차는 생략되고, 벌금 또는 과료만을 선고할 경우 출석 없이도 심리가 가능하다. 적당한 방법으로 증거조사 방법도 완화되며, 자백보강법칙과 전문법칙은 적용되지 않는다(동법 §10). 적용되지 않는 전문법칙은 피의자신문조서의 증거능력(§312③)과 진술조서의 증거능력(§313)이다. 자백배제법칙과 위법수집증거배제법칙은 즉결심판에도 적용된다.

4. 즉결심판의 재판

판사는 심리를 거쳐 피고인에게 유죄를 인정할 경우 20만 원 이하의 벌금·구류·과료형을 선고할 수 있고, 선고 시에는 범죄사실 및 적용법조, 그리고 피고인이 7일 이내에 정식재판을 청구할 수 있음을 고지해야 한다(동법 §11①). 만약 구류형을 선고받은 피고인이 일정한 주거가 없거나 도망의 우려가 있다면 5일을 초과하지 않는 범위 내에서 유치장 유치를 명령할 수 있다(동법 §17①). 또한 벌금 또는 과료형이 선고될 경우, 형 확정 후 집행이 곤란할 사정이 있을 경우 가납 명령을 할 수 있으며(동법 §17③), 납부하지 않을 경우 노역장 유치가 가능하다.

즉결심판이 정식재판 청구 없이 7일이 경과하거나 청구가 기각 또는 취하된 경우에는 확정판결과 동일한 기판력 및 집행력이 발생한다. 형의 집행은 경찰서장이 담당하며, 결과는 검사에게 보고해야 한다. 구류형은 경찰서 유치장·구치소 또는 교도소에서 집행한다. 벌금, 과료, 몰수의 집행은 종료 즉시 검찰에 인계되어야 한다.

5. 정식재판의 청구

피고인 또는 경찰서장은 즉결심판에 불복하여 정식재판을 청구할 수 있다. 피고인은 즉결심판의 선고 또는 고지를 받은 날로부터 7일 이내에 정식재판청구서를 제출해야 하며, 경찰서장은 무죄, 면소, 공소기각 판결에 대해 7일 이내에 정식재판을 청구할 수 있다(동법 §14①). 정식재판이 청구되면, 경찰서장은 관할 지방검찰청 또는 지청의 장을 통해 사건기록과 증거물을 관할법원에 이를 송부해야 한다(동법 §14③). 공소장일본주의는 적용되지 않는다.

정식재판청구가 법령상의 방식에 위반되거나 청구권 소멸 후인 것이 명백한 때에는 결정으로 기각해야 하며, 이에 대한 불복은 즉시항고로 가능하다(동법 §14④). 정식재판이 적법하게 청구되면 일반 공판절차에 따라 심리되어야 하며, 이 경우 형종상향금지의 원칙에 따라 즉결심판보다 중한 형은 선고할 수 없다(동법 §19). 정식재판의 판결이 확정되면 즉결심판의 효력은 소멸하게 된다. 정식재판청구권자는 정식재판청구권을 포기하거나 취하할 수 있고, 일단 포기 또는 취하한 자는 그 사건에 대해 다시 정식재판을 청구할 수 없다(동법 §14④).

저자 약력

세종사이버대학교 경찰학과 교수
국립경찰대학교 졸업
연세대학교 행정대학원 법학석사
동국대학교 대학원 경찰학 박사

[경력]

연성대학교, 경찰교육원, 중앙경찰학교 전임교수
성균관대 · 경희대 등 법학전문대학원 겸임교수
순천향대 · 용인대 외래교수
공무원재해보상심의회 위원
경기남부경찰청 자치경찰 성과평가위원
경기북부경찰청 징계위원
경찰법학회 이사
한국범죄심리학회 이사
한국공안행정학회 이사

[저서]

형법총론(2025), 진영사
형법각론(2024), 진영사
범죄예방론(2021), 대영문화사
경찰과 법(2015), 경찰대학출판부
경찰실무문제집(1999, 2000), 경찰청
미국경찰의 영업비밀(2025, 역서), 대영문화사